[MIRROR]

i

理想国译丛

imaginist

035

想象另一种可能

理
想
国
imaginist

理想国译丛序

"如果没有翻译，"批评家乔治·斯坦纳（George Steiner）曾写道，"我们无异于住在彼此沉默、言语不通的省份。"而作家安东尼·伯吉斯（Anthony Burgess）回应说："翻译不仅仅是言词之事，它让整个文化变得可以理解。"

这两句话或许比任何复杂的阐述都更清晰地定义了理想国译丛的初衷。

自从严复与林琴南缔造中国近代翻译传统以来，译介就被两种趋势支配。

它是开放的，中国必须向外部学习，它又有某种封闭性，被一种强烈的功利主义所影响。严复期望赫伯特·斯宾塞、孟德斯鸠的思想能帮助中国获得富强之道，林琴南则希望茶花女的故事能改变国人的情感世界。他人的思想与故事，必须以我们期待的视角来呈现。

在很大程度上，这套译丛仍延续着这个传统。此刻的中国与一个世纪前不同，但她仍面临诸多崭新的挑战，我们迫切需要他人的经验来帮助我们应对难题，保持思想的开放性是面对复杂与高速变化的时代的唯一方案。但更重要的是，我们希望保持一种非功利的兴趣：对世界的丰富性、复杂性本身充满兴趣，真诚地渴望理解他人的经验。

理想国译丛主编

梁文道　刘瑜　熊培云　许知远

[美] 巴巴拉·W.塔奇曼 著　　何卫宁 译

圣经与利剑：

英国和巴勒斯坦
——从青铜时代到贝尔福宣言

BARBARA W. TUCHMAN

BIBLE AND SWORD:
ENGLAND AND PALESTINE FROM
THE BRONZE AGE TO BALFOUR

上海三联书店

著作权登记图字：09-2018-824

图书在版编目（CIP）数据

圣经与利剑：英国和巴勒斯坦——从青铜时代到贝尔福宣言 /
（美）巴巴拉·塔奇曼（Barbara W. Tuchman）著；何卫宁译 .
-- 上海：上海三联书店，2019.3（2023.12 重印）
（理想国译丛）
ISBN 978-7-5426-6492-1

Ⅰ. ①圣… Ⅱ. ①巴… ②何… Ⅲ. ①英国 – 历史 – 研究
②巴勒斯坦 – 历史 – 研究 Ⅳ. ① K561.07 ② K381.07

中国版本图书馆 CIP 数据核字 (2018) 第 211832 号

圣经与利剑：英国和巴勒斯坦——从青铜时代到贝尔福宣言
【美】巴巴拉·塔奇曼 著　何卫宁 译

责任编辑 / 殷亚平
特约编辑 / 黄　燕　王家胜
装帧设计 / 陆智昌
内文制作 / 李丹华
监　　制 / 姚　军
责任校对 / 张大伟

出版发行 / 上海三联书店
　　　　　（200030）上海市漕溪北路331号A座6楼
邮购电话 / 021-22895540
印　　刷 / 山东临沂新华印刷物流集团有限责任公司
版　　次 / 2019 年 3 月第 1 版
印　　次 / 2023 年 12 月第 5 次印刷
开　　本 / 965mm×635mm　1/16
字　　数 / 280千字
印　　张 / 22.5
书　　号 / ISBN　978-7-5426-6492-1/K · 499
定　　价 / 78.00元（精装）

如发现印装质量问题，影响阅读，请与印刷厂联系：0539-2925659

纪念我的父母

阿尔玛·摩根索和莫里斯·沃特海姆

"在我们这个时代，再无其他问题如此深深植根于过去。"

——皇家巴勒斯坦调查委员会报告，1937

目 录

序 言（1983—1984 年版）

在以色列复国的激励之下，我开始致力于写作这本书，那是 35 年前的 1948 年，首次出版则要等到八年后的 1956 年。从酝酿到面世花了这么长的时间，一部分原因是我要分神去照顾三个年幼的孩子——其中最小的孩子出生于 1948 年；另一部分原因是书稿完成后，出版商不愿冒险去出版不知名作者写的相当陌生的专题。不知名作者写的未有先例的作品，很难找到热心为之投入精力的出版商。最后，纽约大学出版社决定冒险为我出书，由于他们对我的信心，这才有了我出版的第一本书，我要在此记录下对他们的感谢。

在同一片土地上，原来的民族，操着原有的语言，在经历一千九百年的流散之后，以色列复国了，这在我看来是绝无仅有的历史事件。我找不到任何可类比的事件。无论从哪个角度看，犹太人的历史都是很独特的，他们是西方的历史渊源，赋予了西方一神教和伦理传统，今天西方主流宗教的创始者也是他们送来的，但他们自己却被迫背井离乡，失去了祖国，遭受着无休止的迫害，甚至于就在我们这个时代，他们差点被种族灭绝，此后才戏剧性地实现了从来没有放弃过的返回故土的梦想。回望这段奇异的历史，你必然会感觉它包含了人类历史的某种特殊意义，必然会认为犹太人是以某种方式被挑选出来讲述人类命运故事的主角，无论你是信神或是信命。

　　我自幼主要兴趣就在历史上，从小就把能写一本书视为最辉煌的成就，此时我突然有了可写的主题。我的主题不是犹太复国主义的历史，因为我不具备足够的语言和背景知识；但关于那个正式将巴勒斯坦向犹太人重新开放的《贝尔福宣言》（Balfour Declaration）的历史根源问题，我觉得我是能处理好的。我比较熟悉英国历史，至少知道到哪里去找资料，这部分内容在我能处理的范围之内。有经验的学者可能不愿意把写作的时间跨度从青铜时代一直延伸到贝尔福时代，可我没有什么顾虑，我只是不知畏惧地一头扎入历史之中。后来有评论家说我敢这样是因为我是自学成才的缘故。

　　或许我应该解释为什么没有写巴勒斯坦长达30年的托管期——一直延续到1948年以色列建国，又为什么在度过了30年的动荡岁月之后，仍然没有把这段历史补齐。个中缘由基于我眼中历史学家的功能。写历史的人做不到绝对客观，除非人可以断绝独立的观点、情感和判断。但至少应该尽可能地保持距离。就犹太人和以色列的命运而言，我无法在情感上超然物外。这对记者来说可能是允许的，或是不可避免的，因为记者要强烈地表达拥护或反对，但历史学家不能这样工作。在出版社的要求下，我确实试过写到1948年托管期结束，但我发现我的行文充满火药味。英国背叛了他们建立民族家园的初衷，违背了白皮书的政策，与阿拉伯人共谋，强行阻拦"出埃及"号并向在塞浦路斯新建的拘留营里填满逃离希特勒的犹太人，最后在撤离时鼓励阿拉伯人发动针对以色列人的攻击，这些事说起来无法不让我义愤填膺。历史学家不适合在这样的情况下写作。我为这段历史写的部分与本书的其他部分完全不一致，破坏了本书的整体价值。我放弃了这一部分，并维持了在1918年结束这一最初安排。

1948年以后，国家和领土使犹太民族的状态发生了两个转变。他们自公元70年之后第一次不再流浪，不再背井离乡，不再是外国土地上的寄居者。他们有了自己的土地和主权，这使他们发生了变化。他们有能力为自己谋利益了，可以制定自己的目标和政策，即使在这个全球化的世界里没有国家可以完全掌控自己的命运，他们至少在做自己的主人，就如同他们的祖先摩西和马加比（Maccabees）一样。

这种变化反映在背井离乡的犹太人的地位上，并不是非犹太人改变了对他们的态度，而是犹太人对自己的态度改变了，这一点很重要。以色列的主权，给了犹太人尊严、信心和自尊，让他们挺直了腰板，无论他们在哪里生活。在长达20个世纪中，犹太人没有国家的保护，他们是任人迫害的对象，如今不是了，这倒不是因为反犹太主义将会消失——仍然会有社会由于各种原因受到扰动，为了发泄自己的怨恨，拿犹太人出气——而是因为犹太人不再觉得自己是受害者了。懦弱和无助引来迫害，但自从犹太人再次拥有了主权，以色列国内外的犹太人便获得了自卫的勇气和信心。

第二个转变是负面的，建国的必然结果是使犹太国变得像其他国家一样。每个国家都需要自卫，犹太人必须利用这个世界通行的办法，仰赖武力去抵御邻居的武力威胁。没有条件实现早期犹太复国主义者那种建立一个富饶、和平的国家的梦想。由于生存受到威胁，以色列必须使自己强大起来，比周围的敌人更有效地使用武力。这引发了各国的道德愤慨，就好像以色列向国际关系和人类事务中引入了什么新的暴行一样。以色列人在占领的巴勒斯坦领土上建立定居点引发了健忘的美国人的谴责，他们忘了当年自己是如何在毫无生存之忧的情况下定居进而吞并得克萨斯的。

生存一直是犹太人的最高原则，因为有犹太十支派的流散，有犹太圣殿的第一次倒塌，有巴比伦流亡、罗马人的征服、第二次流亡，以及贯穿多个世纪的基督教的长期敌视和迫害。在以色列终于获得再生的今天，这个原则恐怕不会被舍弃，即使哈科沃·蒂梅尔曼捶胸顿足。变成正常国家是一个悲剧，但这是为防止以色列消失必须付出的代价，因为再次消失是更大的悲剧。

巴巴拉·塔奇曼

于科斯科布，康涅狄格州

1983 年 6 月

前　言

　　英国在以色列复国运动中扮演了重要的角色，其起源是本书的主题。英国支持以色列复国有两个动机，一个是宗教的，另一个是政治的。宗教的动机是向创造《圣经》的民族偿还良心债；政治的动机是帝国战略要求英国必须占有这块土地。1917 年，英国人在与土耳其人作战时，发现面对的是大英帝国历史上最棘手的领土。英国可以直接夺取巴勒斯坦，不必顾忌谁是其古代宗主，但英国人没有这样做。就在艾伦比（Allenby）进入耶路撒冷之前，英国人发表了《贝尔福宣言》，这个宣言表达了一种怪异的态度——犹太人可以自由地回到那片土地定居。作为征服者对一个没有国土的民族的自愿承诺，这份宣言创造了一种新型保护国关系。后来，虽然这份宣言被发起人所摒弃，但它却导致一个在历史上绝无仅有的事件——一个丧失主权长达两千年之久的国家又重现了。

　　巴勒斯坦这片圣土，是西方犹太—基督教文明的发源地，其历史之复杂使得其绝不能像英国管理其他征服地一样以一种"心不在焉"的态度进行征服。历史上，这片土地是众多民族的战场——希伯来人和亚述人，希腊人和波斯人，罗马人和叙利亚人，撒拉逊人和法兰克人，土耳其人和欧洲人。人类为巴勒斯坦流的血，比为地球上任何地方流的都要多。正如寇松勋爵[*]所说，对信奉基督教新教的英格兰来说，它是"地球上最神圣的土地"，是基督教经文的诞生地，是十字军东征之地，是"我们埋入教堂墓地后脸要朝向的那片土地"。[1]不仅如此，这片土地是东方和西方的分界线，是三个大陆交汇的桥头堡，是帝国战略的焦点，保卫苏伊士运河的战略要地，通往印度和摩苏尔油田的必经之地。

　　显然，巴勒斯坦注定是大英帝国的囊中之物。然而，为什么英国要在即将得手的时候加上《贝尔福宣言》呢？用帝国思维难以解释这一点。远在不列颠成为帝国之前，甚至于在成为海上强国之前，不列颠人对巴勒斯坦就形成了一种依恋，形成这种依恋的原因，是精神的、感情的、伦理的、宗教的，或统称为文化的。在这些文化因素中，英译《圣经》及其对未来的预言是最重要的因素。《圣经》是一本史书，记述了希伯来人的历史和被希伯来人排斥的先知的历史，但按照托马斯·赫胥黎[†]的形容，《圣经》被英国人采纳并当作"英国人的史诗"。[2]此后，可以说英格兰的一只脚就踏在巴勒斯坦这片土地上了。另一只脚，因帝国的需要，也必须踏上来。1830年，爆发了"东方危机"，英国的这种需要变得很明显。到了1917年，这种需要又被一位作家总结为"苏伊士运河两岸军事形势的迫切逻辑"[3]。

　　本书试着回溯上述两个动机的本源和发展历程。这两个动机，一个是文化的，另一个是帝国的；一个是精神的，另一个是物质的。简言之，就是回溯《圣经》和"利剑"是如何使英国最终实现对巴勒斯坦托管的。帝国方面的动机是很容易便能加以追踪的，因为它

---

[*]　寇松勋爵（Lord Curzon，1859—1925），英国政治家，曾任印度总督（1899—1905）、英国外交大臣（1919—1924）。——译注

[†]　托马斯·赫胥黎（Thomas Huxley，1825—1895），英国博物学家、教育家。——译注

是基于地理、时间、战役、协约及权力政治方面的客观事实。另一个动机的基础比较松散：神话、传说、传统和理念。尽管如此，这些方面的线索在历史的脉络中、在驱动政府和国家行为方面同样重要。正如特纳（Turner）教授所言，"历史源自神话"，此后变成了"社会的记忆"，当人们想为自己当前的行动和信念找理由时可以加以利用。[4]

如果不是为了遵循时间次序，这本书本来可以采取倒叙的方式，就像一本侦探小说那样，从结局说起，然后追踪至犯罪的原始动机。这种倒叙的写法不会使读者误认为本书前面几章谈到的情况必然导致本书的结局，实际上这些情况确实不代表某种必然性。当时许多国家与英国一样同巴勒斯坦保持着类似的关系。法国在十字军东征中发挥了比英格兰更大的作用。德国进行的宗教改革和《旧约》教化同样深刻。荷兰与黎凡特*的贸易量更大，并先于英国为犹太人提供庇护。把英国历史上与巴勒斯坦相关的各种事件、矛盾和影响收集在一起加以描述，目的不是为了说明它们之间有必然的因果关系，而是想说明它们都在"社会的记忆"中发挥着各自的作用，最终才导致英国对以色列人复国的支持。在1830年前，这个最终结果并不是必然的。沙夫茨伯里伯爵（Lord Shaftesbury）的冒进，标志着迈向这一结果的逻辑进程的开始。到了1874年至1878年间，迪斯累里（Disraeli）获取了苏伊士运河和塞浦路斯，这可能使武力征服巴勒斯坦变成必然。此后，再无回头的可能。

1918年，艾伦比将军进入耶路撒冷，实现了狮心王理查（Richard the Lion-Hearted）的未竟事业。但这次胜利不意味着以色列的复国得以实现。如果没有理查的尝试——如果基督教没有提供对这片

---

* Levant，地中海东部自土耳其至埃及地区诸国。——译注

圣土的依恋之情的话——艾伦比根本不可能成功。有一件事，既奇怪，又讽刺——犹太人收复家园，部分是依靠他们送给非犹太人的宗教所采取的军事行动。

在我们这个时代，贝文*尽全力想取消《贝尔福宣言》，这是历史上无法涂抹掉的悲剧。考虑到犹太人最终实现了自己的夙愿，他们也许能把贺瑞斯·普伦基特爵士†庄严地对自己国家的历史说的一句话用在以色列身上："这是一件英国人想牢记，但爱尔兰人想忘却的事。"5

历史上，巴勒斯坦的占领者总是遇到灾难，犹太人的遭遇就是首例。巴勒斯坦的地缘政治打败了所有的占领者。如今，这片土地最初的占领者又回来了，也许上述诅咒就要失灵了，或许这块历史上最有名气的土地终于该有和平了。

---

* 贝文（Ernest Bevin，1881—1951），英国政治家。参与组织和领导英国 1926 年大罢工，1940 年起先后任劳工大臣和外交大臣。——译注

† 贺瑞斯·普伦基特爵士（Sir Horace Plunkett，1854—1932），英裔爱尔兰农业改革家。——译注

第1章

起源

公认的神话

1.寻找祖先

"我们关注巴勒斯坦,因为巴勒斯坦是我们的家园。这话我说过,以后我还照样说。"

说话人是英国人,约克大主教威廉·汤姆逊博士(Dr. William Thomson),这番话是他在 1875 年于巴勒斯坦探险基金会(Palestine Exploration Fund)做演讲时说的。接着,他解释了为什么巴勒斯坦是他的家园,因为他从那里获得了"赖以生存的法律"和"我所拥有的最好的知识"。[1] 显然他在说《圣经》,这是一本有关希伯来人及其先知的书。后来,正如托马斯·赫胥黎所言,这本书成为了"英国人的史诗"。

几千年以来,英国人一直向往着巴勒斯坦,寻找自己的根源,就好像大马哈鱼从大海洄游自己的出生地一样。远在现代考古学提供科学答案之前,英国人就隐约感到自己的祖先来自东方。人类最原始的本能就是寻找祖先——或许是先找上帝,再找祖先。人自从有了思想之后,就一直在猜测祖先是谁,给祖先画像,给祖先编故事。在英国人的想象中,自己的祖先具有双重人格,混合了特洛伊人埃涅阿斯（Aeneas）的孙子布鲁特斯（Brutus）与挪亚（Noah）的孙子歌篾（Gomer）的人格特质。简言之，英国人的祖先是古典希腊罗马神话和巴勒斯坦的希伯来传说的合成品，是从人类文明的摇篮小亚细亚迁徙而来的民族。

这些为英国人画像的人并不知道自己的想象在某种意义上是正确的。有趣的是，几个世纪之后，人类学家从所收集到的头骨形状、头发颜色、燧石碎片，发现不列颠的祖先确实来自上述地区。可以说在凯尔特人迁入不列颠之前，不列颠的居民即使不是来自中东，也应该是地中海沿岸的居民。到目前为止，科学家寻找英国祖先的成果仅是一具石器时代的人体骨骼，它蜷曲着身体，躺在被挖掘开的地穴中，是那么的沉默，那么的裸露。

他是谁？从何处来？民间传说先于考古学找到了答案。不列颠的祖先来自小亚细亚，那是个遥远的、令人感到飘忽不定的地方，在大洪水之后，挪亚这家人就在这个地方重新开始为世界繁衍后代。当然，民间传说不是科学事实，但科学事实并非想有就有。真理是可以证实的事实。当真理还难以获得的时候，民间传说必然挺身而出。历史学家约翰·莫里斯－琼斯爵士（Sir John Morris-Jones）曾经把民间传说定义为"对过去的通俗叙述"[2]。他还补充说，民间传说"是有待我们分析和解释的数据"。所以，民间传说往往比事实更能影响国家的行为。国家的历史支配国家当下的行为——这里的历史指国民所相信的历史。历史，按照拿破仑的精辟说法，"是公认的神话"。

不列颠神话的起点是布鲁特斯、歌篾以及他俩的祖父埃涅阿斯和挪亚的传奇轶事。埃涅阿斯这个人，真的生活在特洛伊城吗？挪亚真的生活在美索不达米亚的某地？谁有答案？但我们能说，从据说是埃涅阿斯和挪亚生活过的那片土地上，走出了大批移民，他们迁徙到了西方。也许在凯尔特人迁入不列颠群岛之前，在不列颠岛的原住民中仍然流传着他们东方祖先的轶事和传说。所以，有关布鲁特斯和歌篾的神话，可能跟考古学家提出的理论有同样可靠的基础。而考古学家做出的结论与神话也相去不远。

　　无论如何，在盎格鲁—撒克逊时代的初期，就是在公元 7 世纪的时候，不列颠完成了向基督教的第二次皈依，这时有关不列颠的神话开始成形。在公元后的头三个世纪里，罗马人占领了不列颠，不仅带来古典神话，还带来了一种源自东方的新宗教，这就是犹太—基督教。新宗教在凯尔特人中间广泛传播，形成了稳固的信众基础，熬过了公元 410 年罗马人的撤退和接下来盎格鲁—撒克逊人的异教涌入。与此同时，不列颠人，至少其中与罗马官僚有直接接触的人学会了拉丁文，熟悉了拉丁通行本《圣经》（Vulgate）。英格兰历史上保存下来的最古老的文章（由不列颠人所作，而非罗马人）是吉尔达斯（Gildas）的书信（*Epistle*），这篇大约写于公元 550 年的文章，显示出作者对《旧约》十分熟悉。吉尔达斯的故事讲述了撒克逊人、朱特人、丹麦人对他的同胞的进攻，而且还把这些人的进攻与亚述人和非利士人对古代以色列人的蹂躏相提并论。每打完一仗，他就引用《旧约》进行比较，每一页都有对《摩西五经》、《先知书》或《诗篇》的引用。

　　二百年之后，英国历史之父尊者比德（Venerable Bede），对不列颠民族的起源提出一些谨慎的推测。他说不列颠的始祖来自西徐亚（Scythia），古代地理学家用这个地名称呼黑海沿岸地区。这里的人认为亚拉腊山（Ararat）是挪亚方舟登陆的地方，世界上的种族都源自挪亚的后裔。比德说，一个来自那个地区、名叫坎布里（Cymbri）的部落，是不列颠的最早定居者。[3] 在寻找不列颠最古老居民的过程中，你会遇到坎布里这个来自东方部落的名字，或是凯布里、赛布里等上百种其他拼法。根据现代人类学家的说法，这是个真实存在过的部落，出现在欧洲的北部，与条顿部落相伴，有些部落成员在高卢定居下来，另外一些则去了不列颠岛。

　　比德关于布鲁特斯和挪亚其他子孙的记述并非毫无根据。作为不列颠人的祖先，布鲁特斯等人的名字，最初是出现在身世神秘的南尼厄斯（Nennius）写的《不列颠人的历史》（*Historia Britonum*）中。南尼厄斯，可能生活在 8 世纪，也可能是 10 世纪，可能在英格兰，也可能在爱尔兰或威尔士，他究竟是两个同名人，或者是另有他人，这些问题一直是学者们在脚注中争论的问题。无论他是谁，南尼厄斯在诺曼人征服英国前留下了一部真正的手稿。他的手稿，按照波拉德（Pollard）教授的说法，"不把盎格鲁—撒克逊人的行径与恶龙的行径区别对待"。谁都不会寄望于南尼厄斯在不列颠人起源问题上过于谨慎。他坚定地说，不列颠是以布鲁特斯的名字命名的。布鲁特斯在 12 世纪编年史家蒙茅斯的杰弗里（Geoffrey of Monmouth）富有激情的笔触下变得相当大众化。不过，更谨慎的历史学家倾向于遵循《圣经》的权威，选择了歌篾作为英国的始祖。在《创世记》中，歌篾是雅弗的儿子，雅弗把外邦人的岛屿分给了儿子们。[4]

宗教改革运动把歌篾确定为英国最古老的居民，而不是布鲁特斯。伴随着宗教改革，作为上帝启示录的《圣经》，变成了终极权威，而《创世记》被视为唯一可以接受的，甚至唯一可以想象的人类起源记述。在中世纪，像杰弗里那样极具色彩的叙事手法非常普遍，但后来遭到了质疑。约翰·贝尔（John Bale）是亨利八世时代的历史学家，他说："如果我们发现那些东西里有迷信的成分，我们就要用《圣经》去衡量。我们可以容忍他们那个时代的一些错误。"贝尔之后有伊丽莎白时代的历史学家威廉·卡姆登（William Camden），他曾试图一劳永逸地解决不列颠起源问题。他抛弃了布鲁特斯，决定用歌篾。针对歌篾，他说："歌篾的后人被称为坎布里……我们不列颠人，或者说我们坎布里人，是歌篾的真正后代。这是我对不列颠人起源的判断，或者说是我的推测。"卡姆登具备真正科学家的谨慎，他警告说，寻找英国始祖的工作也许永远不会成功，"因为这些最初的定居者躲在古代阴暗的深处（如同在密林中），即使我很勤奋，也只有极渺茫的希望甚至根本没有希望从这么多被遗忘的岁月里把他们挖出来"。

在卡姆登之后，寻找英国始祖的工作变成一个知识融合的过程，就是把《圣经》中的故事与不断积累中的古人类科学知识及其迁徙情况融合在一起。当一个世纪之后弥尔顿（Milton）写作《英格兰史》（*History of England*）的时候，上述过程已经把歌篾从一个人变成一个部落。弥尔顿声称，那种认为雅弗的某个儿子在不列颠定居下来的看法，简直是一个"古怪的虚构"。不过，他没有质疑歌篾的后代在大洪水后去北方和西方定居这件事。歌篾的后代，此时一般被认为就是辛梅里安（Cimerii）部落——这个名字源自歌篾，是学者们根据希伯来文、希腊文、凯尔特文字母的互换性，在论文里推导出来的。

今天，人类学家蔑视把语言作为研究历史的线索的做法，而把文物和骨骼视为路标。他们宣称，语法结构才是种族关联性的指标，而不是留存下来的外来词汇。他们说早期的研究人员用语言而不用骨骼是走错了路。然而，他们的结论，似乎与他们的前辈根据《创世记》所做出的推断没有什么惊人的差别。他们所做的，仅是把歌篾这个人，用一个来自东方的部落取代，而这个部落就是不列颠凯尔特人的祖先。

生活在那个我们喜欢称之为"黑暗时代"中的比德找到了坎布里，而在现代人类学之光的指引下，坎布里被留下，但歌篾逐渐消失了。所有这一切表明，虽然民间传说是"对过去的通俗叙述"，但并非总是被科学所取代。

2. 阿尔比恩的腓尼基人

传奇故事让歌篾或布鲁特斯这两个具体的人做了不列颠人的祖先。但在摩西的时代，确实有一些种族在古代阿尔比恩（Albion，即英格兰）和迦南之间就建立起了实实在在的往来，不过这些种族早就消失了：腓尼基人和前凯尔特人。生活在提尔（Tyre）和西顿（Sidon）的腓尼基人是古代杰出的水手和商人。他们虽然没有指南针或六分仪，但可以在陌生海域航行，甚至还去过大西洋。在《列王纪》中，他们为所罗门王驾驶三层桨座战船，最远的地方到过他施（Tarshish）。[5] 他施，就是古代加的斯（Cadiz）。

英国人有求古之心，认为这些种族发现了不列颠，在不列颠定居或与不列颠人做贸易。虽然并非证据确凿，但英国人与腓尼基人有联系是有可能的。但令英国历史学家以如此大的激情为这一观点辩护的原因，并不是这一可能性，而是其与历史上的知名民族、《旧约》中的真实人物发生的联系。

腓尼基人和前凯尔特人之间存在联系的证据，集中在锡这种东方在青铜时代使用过的合金上。大约在这一时期，康沃尔（Cornwall）有锡矿开采。提尔的市场上有锡制品买卖，这一点可以从公元前600年的先知以西结（Ezekiel）的叙述中看到。[6] 根据希罗多德（Herodotus）在公元前440年的文字记载，这里交易的锡来自锡岛（Isles of the Cassiterides），这个岛名没有提供一点地理信息，因为这个名字在希腊语里仅表示"产锡的岛"。然而，希罗多德之后的古典地理学家都认为，这个锡岛要么是康沃尔附近的锡利群岛（Scilly Isles），要么就是康沃尔本身。[7]

由于卡姆登最先以现代语言阐释了歌篾—坎布里—凯尔特谱系，他也是第一个指出腓尼基人与古代不列颠有关联的人。16世纪，欧洲古典学术复兴了，英国学者追随卡姆登，挖掘出了古代与锡贸易有关的所有佐证。他们高兴地发现，用这种办法可以把英国的历史提前到与古希腊、特洛伊，以及《圣经》的发源地相同的时代。17世纪有一位剑桥学者艾利特·萨姆斯（Aylett Sammes），他对这个理论非常狂热，甚至写了一本叫《源自腓尼基人的古不列颠史》（*The Antiquities of Ancient Britain Derived from the Phoenicians*）的书，他在这本书里证明"古代不列颠人的绝大部分语言、习俗、宗教、偶像、政府组织和官阶，显然全是腓尼基人的"。

此外还有一个线索，腓尼基人掌握一种别人都不知道的用贝壳制造紫色染料的工艺，在康沃尔和德文郡的海岸边发现了青铜时代之前这类贝壳的堆积。[8]

石器提供了比锡和贝壳更重要的证据。不列颠原始社会时期的太阳崇拜者，在巨石阵（Stonehenge）和埃夫伯里（Avebury）树立起令人难以置信的巨大石头纪念碑，虽然谁都不知道他们是如何做到的，但它与古代迦南人用圣石供奉诸多当地的神明巴力（Baal）的做法显然存在联系。博莱斯（Borlase）博士是研究康沃尔人的考古学先驱，他在自己的家乡康沃尔挖掘了大量史前坟冢。他认为在英国发现的这些"粗大的石碑"是由造访不列颠的腓尼基人树立起来的，为的是纪念本民族的神灵。他早在 1769 年就写道："众所周知，古代迦南诸民族沉迷于用如此笨重的大石头表达对神灵的敬意。"

博莱斯以及之后的一些学者认为，腓尼基人在公元前 1400 年发现了不列颠。[9] 有意思的是，现代考古学家也认为巨石阵和埃夫伯里的巨石纪念碑，大约是在公元前 1400 年树立起来的。[10] 这些学者认为巨石纪念碑不是腓尼基人或德鲁伊宗教祭司（Druids）所为，而是陶盆人（Beaker）的作品。陶盆人是印欧种族，最初居住在地中海西部的土地上，在公元前 1800 年的青铜时代初期越过阿尔卑斯山来到了不列颠。这是个骨骼健硕、肌肉发达的游牧族群，主要依靠放牧为生，但也具备农业技术，他们有较圆的头颅，建造圆形的坟冢。他们赶走了当地的新石器时代人群，那些新石器时代的居民有长形的脑袋，坟冢也是长形的。考古学家特别喜欢陶盆人，他们的迁徙范围惊人，遗留下的陶器碎片、金属钮、带扣遍及欧洲。然而，无论具有何种资质，他们被发现的年代太晚，在诵读《圣经》的民族的想象中，他们做不了祖先。一具躺在坟冢中的遗骸，无论身旁有多少陶器碎片和带扣，都不如《旧约》中令人极为熟悉的古代提尔和西顿*的统治者那么具有吸引力。

这一传统后来有了正式的表述。皇家艺术学院的主席莱顿勋爵
（Lord Leighton）受命在皇家伦敦证券交易所中绘制一幅名为"古
代商贸"的壁画。在他的壁画中，蓄着黑胡子的腓尼基人，铺开紫
色的布料，等着热切的不列颠人拿兽皮和锡锭来交换。

公元前146年，罗马人赢得了与迦太基争夺地中海控制权的战
争。此后，腓尼基人逐渐退出了历史，对东方的控制权转移到前进
中的意大利人手中。不久之后，意大利人成了巴勒斯坦和不列颠的
主人，并在这两者之间建立起一种新的联系。

3. 罗马治下的朱迪亚和不列颠

当不列颠从史前的迷雾中浮现出来，出现在《恺撒战记》中的
时候，犹太人的圣殿仍然在挺立着。在接下来的一个世纪里，从恺
撒的统治时代算起，至犹太人的圣殿于公元70年陷落为止，罗马
征服了朱迪亚（Judaea）和不列颠。犹太人和不列颠人一起成为了
罗马帝国的臣民，无处不在的罗马军团把这两者联系在了一起。

庞培†在公元前63年进入了耶路撒冷。当时马加比王朝
（Maccabean dynasty）‡软弱的继承人向罗马求救，借以对抗他同样
衰弱不堪的兄弟。事毕，罗马人就留了下来。庞培把朱迪亚降格为

---

* 这个想法仍然有人支持。1924年出版了一本有点炫耀科学知识的书，名字叫《不列颠人、
苏格兰人、盎格鲁—撒克逊人的腓尼基起源》（ *The Phoenician Origin of Britons, Scots and
Anglo-Saxons* ），作者是劳伦斯·沃德尔（Laurence Waddell）。根据石器制品，作者本来
提出了一个有力论证，但由于腓尼基人是闪米特人种，这让他感到难堪，他坚称腓尼基
人是雅利安人种，现存不列颠祖先的图片需要"稍作调整，使鼻型符合雅利安人的类型"。
这使其论证失去可信度。

† 格涅乌斯·庞培（Gnaeus Pompey，前106年—前48年），古罗马共和国末期著名将领。
——译注

‡ 公元前1世纪统治巴勒斯坦的犹太祭司家族。——译注

行省。到了希律王 * 统治时期，朱迪亚升格为附属王国，但仍旧是罗马帝国的一部分。

在同一时期，不列颠的内乱也为罗马征服者的进入铺平了道路。虽然恺撒在最初的战役中打败了不列颠人，但无法彻底征服，因为高卢人和罗马帝国本土也出现了麻烦事。但罗马的阴影笼罩着不列颠。到了公元 1 世纪 40 年代，将阴影变为现实的机会出现了，当时罗马皇帝是克劳狄（Claudius），而不列颠的国王是辛白林（Cymbeline）。国王的儿子们造反了，部落之间相互斗争，贡品的多少引发了争执，这些问题使不列颠陷入了内战。在这个过程之中，一名首领来到罗马求救，透露给罗马人他自己同胞之间的互相残杀。首领带回了急于参与内战的罗马军团。书生气十足的克劳狄，虽然不是战士，但也并不愚蠢，他像军人一样看出这是个征服的机会。当内战的硝烟散去后，罗马人依旧挺立着。克劳狄亲自来不列颠欢庆胜利，并在国内竖起了一座凯旋门庆功。

不列颠和犹太有着相似的遭遇。在同一个十年里，不列颠的凯尔特部落在布狄卡 † 领导下起义，而犹太人在尼禄 ‡ 帝国的另一端也起义了。这两支起义部队，从开始就没有希望获胜，都依靠狂热的爱国主义激励士气，凭借绝望的勇气坚守阵地。最后，他们都失败了。公元 61 年，罗马的残暴激怒了布狄卡女王，她为了争取自由，组织起一支军队，这支军队驾驶着带刺的战车，在罗马人的村落里横冲直撞。如此盲勇的举动是无法长久的。罗马人的增援部队横渡了英吉利海峡，打散了女王的叛军，屠杀了她的人民，这标志着凯尔特人的不列颠推翻罗马帝国统治的最后一次试探。六年后，犹太狂

---

* 希律王（Herod，前 73 或 74 年—前 4 年），朱迪亚王。据《新约》所记，他命令杀死伯利恒（Bethlehem）所有两岁以下的儿童，想借以杀死尚处于襁褓中的耶稣。——译注

† 布狄卡（Boadicea，？—61），不列颠古爱西尼部落的王后和女王，她领导了不列颠诸部落反抗罗马帝国占领军统治的起义。——译注

‡ 尼禄（Nero，37—68），罗马皇帝，他谋杀了自己的母亲和妻子，因执政残酷引发暴动，最终自杀身亡。——译注

热者也试图推翻罗马统治。起义军阻挡韦斯巴芗*和提图斯†的军队长达三年的时间，但最终耗尽了粮草。耶路撒冷在猛攻中陷落，犹太人的圣殿被大火烧毁，此后再也没有复原过，犹太人就此失去了国家。

所有国家都败在罗马手下，可犹太人仍然想打败罗马，驱使犹太人的念头该有多么疯狂？英俊的提图斯问道。他提醒犹太人注意，不列颠人最近被打败了。[11] 巴勒斯坦和不列颠在这位年轻的将军、未来的罗马皇帝、"上帝的宠儿"面前交汇。那天，他极力想制止负隅顽抗的敌人的疯狂和自己军队的暴怒，但他失败了，只能看着圣殿在大火的怒号和噼啪声中变成了废墟。从圣殿的墙里面，能闻到街上几个月以来饿死的尸体发出的恶臭。在墙外，树立着像森林一样的十字架，上面钉着平民腐烂的尸体。这些人饥饿难忍，在晚上想爬出这座死亡的城市，但被围城的罗马人抓住，钉在了十字架上。城墙只给城市带来了死亡。周围的景象使提图斯想起另一道没有能守住的城墙。"我问你，"他向战俘提问道，"有什么城墙能比环绕不列颠人的海洋更难攻破？但他们仍然屈服在罗马人的武力之下。"

如果说犹太和不列颠的相似性使提图斯感到震惊的话，那么这种相似性给耶稣时代的英国人的印象更为深刻。他们认为，罗马人的征服是神的旨意，因为不列颠人是异教徒，而犹太人拒绝了耶稣。对于基督教时代的人们，韦斯巴芗作为惩罚犹太和不列颠的工具出现，显然是上帝的干预。韦斯巴芗是个完全的物质主义者，从来没有听说基督教的上帝。如果他知道后代说他是上帝的工具，肯定会大吃一惊。

历史的浪漫性似乎决定了，在犹太人和不列颠人的命运短暂

---

* 韦斯巴芗（Vespasian, 9—79），罗马帝国弗拉维王朝的第一任皇帝，在位期间犹太战争再启，任其子提图斯为主将攻陷耶路撒冷。——译注

† 提图斯（Titus, 39—81），罗马帝国弗拉维王朝的第二任皇帝，韦斯巴芗之子，公元79年—81年在位。——译注

相会的时刻，两个反抗民族之间肯定有某种接触。我们知道，罗马征调其统治下的各民族参加辅助军团，执行遍及帝国各处的军事任务，犹太人和不列颠人自然也包括其中。在焚烧布狄卡女王的叛军控制下的伦敦（Londinium）时，这支罗马军团中会不会有犹太士兵？在提图斯军团攻陷耶路撒冷城的战斗中，有没有不列颠士兵？

　　如果真能找到什么证据的话，那应该是在当时的两位最伟大的史学家的档案中，一个是罗马人塔西佗（Tacitus），另一个是犹太人约瑟夫斯（Josephus）。他俩都记载了亲身参与的事件，约瑟夫斯写下了《犹太战争》（The Jewish War），塔西佗留下了《阿古利可拉传》（Agricola）。但两者都没有提供证据说有不列颠人在朱迪亚作战，或有犹太人在不列颠作战。[12, 13]

　　约瑟夫斯写道，在这个世界上，所有民族中都有犹太人；看看古代作家提及犹太人团体的作品就能验证这一点，这些作品涉及罗马帝国的每一个行省，从波斯到西班牙都有，但不列颠是个例外。或许犹太商人或巴勒斯坦奴隶跟随罗马人的脚步来到了帝国这个最偏远的角落，这是很有可能的。即便如此，他们却没有留下任何踪迹。在相隔二百年的时间里，在伦敦的地下分别挖出了一块砖头和一枚犹太硬币，引发了热烈的讨论和猜测，但实际上并不能证明什么。这块砖是 1670 年在马克街发现的，制造于罗马时代，砖面上的浅浮雕表现的是参孙火烧狐狸尾，驱赶狐狸进入玉米地的场景。[14] 但这说明不了什么，因为并不是只有犹太人知道《旧约》故事。此外，犹太人极少在图像中表现自己的形象。这枚硬币虽然是在朱迪亚铸造的，铸造时间大约在公元 132—135 年间那段困难的岁月里，当时西蒙·巴尔·科赫巴（Simon Bar Cochba）从罗马人手中夺取了政权，实现了独立。但这同样不能证明有犹太人住在伦敦，因为硬币可能是由商人带入的，或罗马士兵在战场上拾得的战利品。

　　但这使人想起另一桩有趣的巧合。不列颠将军塞维鲁（Julius

Sextus Severus），作为罗马皇帝的使节，应诏去巴勒斯坦镇压了巴尔·科赫巴狂暴的起义。如同两代人之前的提图斯，他用可怕的方式惩罚了犹太人。从那时起，犹太人被禁止进入耶路撒冷，除少数人外几乎全部被驱逐出巴勒斯坦。

虽然存在这些事例，但想寻找在那段时间里不列颠人和犹太人交往证据的历史学家仍然会无功而返。此后，这两个民族的命运出现分化。犹太人失去了自己的国家，却在放逐中保持了民族意识。不列颠的凯尔特人仍然居住在自己的家园里，但在一系列异族征服者的统治下丢失了民族意识。

第2章

不列颠的使徒

亚利马太的约瑟

寻找民族起源，与寻找宗教起源是重合的。民族自豪感需要英国教会有自己的创始人，这个创始人要去巴勒斯坦寻找，他就是亚利马太的约瑟（Joseph of Arimathea）。约瑟是一个富裕的犹太人，耶稣的秘密信徒。他是犹太公会的成员，但当公会投票决定把耶稣交给彼拉多（Pilate）的军队的时候，他默默地坐着没动。后来，约瑟公开地要回了耶稣的尸体掩埋了。他是最先加入耶稣新教派的富人，必定在当时被视为"阶级叛徒"，因为耶稣的加利利福音不是针对富人和贵族的。[1]

他的传说集中在英格兰最古老的格拉斯顿伯里修道院（Abbey of Glastonbury），人们认为这座修道院是他创立的。在丁尼生（Tennyson）的《国王的叙事诗》（*Idylls of the King*）中，一名修道士说：

我从古老的经书上看到，
约瑟在古时候来到了格拉斯顿伯里，
那里有一位不信教的君主，名叫阿佛古斯（Arviragus），
把一片沼泽中的小岛给了约瑟

　　让他建立起一座古老的小教堂。

　　丁尼生的约瑟显然取材于马洛礼 * 的著作《亚瑟王之死》(*Morte d'Arthur*)。在马洛礼的描述中，约瑟"幸运地来到这片在当时被称为伟大的不列颠的土地"，他"说服"了那个统治这片土地的"伟大异教徒"，"此后人们都皈依了基督教"。

　　然而，马洛礼的著作并非是这一说法的起源，而是几个世纪来半历史半传说传统的积累，每个记录者都在前人叙述的基础上进行加工。经过中世纪编年史家和浪漫诗人的加工，约瑟已不仅是使不列颠凯尔特人皈依基督教和带来圣杯的人，还是不列颠最伟大的民族英雄亚瑟王的祖先，而且是亚瑟王和以色列的民族英雄大卫王之间的神秘联系。

　　为什么英国人把自己的历史与约瑟这个人物相联系而不是其他人？也许答案是他确实从巴勒斯坦来到了不列颠。使徒们纷纷从朱迪亚出发，到远方去传播福音，而通往不列颠的罗马大道也是通畅的。至少没人能证明约瑟没有来过不列颠，因为证明一个事物的不存在是不可能的，特别是在历史记录如此少的情况下。约瑟至少有一个重要资历：他参与了基督教的诞生过程。在十二使徒中，罗马选择了彼得，西班牙选中了雅各，法国挑选了腓力，而英国人的民族自豪感绝对不会满足于挑这十二个使徒之外的任何人。

　　我们不知道谁最先把基督教带到不列颠，并且很可能永远也不会知道。不列颠人皈依基督教也许是个缓慢的渗透过程，通过已经皈依的罗马人慢慢传播，与基督教在罗马帝国其他地方的渗透方式类似。耶稣死后仅二百年，当时的作家便在谈论不列颠的基督教团体了。到了公元 314 年，不列颠凯尔特人的教会已经相当成熟，并

---

* 马洛礼（Sir Thomas Malory，1415—1471），英国作家，写有《亚瑟王之死》，此书汇集了法国有关亚瑟王的传说，1485 年由威廉·卡克斯顿（William Caxton）出版。——译注

派遣三位主教作代表参加了阿莱斯会议（Council of Arles）[2]。但神秘而模糊的起源不能满足后世的英国教会。他们需要一个英勇而古老的祖先，于是约瑟逐渐被认定为来到不列颠的最早使徒。

历史证据无法证明这一点。在仔细研究了教会残存的证据之后，斯塔布斯主教（Bishop Stubbs）的结论是，一切关于公元 1 世纪使徒在不列颠布道的说法，都是基于"猜测、误会或者神话"。[3] 亚利马太的约瑟是大家认可的神话。

这个神话是如此深入人心，以致到中世纪末期，约瑟被正式认定为英国教会的创始人。这件事有确切的时间点——1431 年，在巴塞尔会议（Council of Basle）上，各国教会历史的长短决定了相应国家教会的座次和其他事关正式礼节的敏感问题。英国提出约瑟作为依据。英国代表还与西班牙代表发生激烈的争吵，双方用拉丁语争吵了数日。英国人坚称约瑟到达不列颠的时间先于雅各到达西班牙，并且大家都知道雅各其实未到西班牙就被杀死了；格拉斯顿伯里提供了约瑟在英格兰的真实证据，虽然他仅使很少人皈依基督教，但重要的不是人数，而是年代有多古老。为了支撑自己的观点，英国代表团的两位领队——伦敦和罗彻斯特主教写下了如下纪念文字：

> ……在英格兰，情况是清楚的，因为可以找到非常古老的书和档案做依据，特别是巴斯主教区著名的格拉斯顿伯里修道院的档案。这些档案证明，亚利马太的约瑟在 12 名随从的陪伴下，逃脱了希律王或朱迪亚罗马高官的迫害，来到了英格兰。在那个地方（英格兰），他宣讲他所见到和听到的基督圣迹；就这样，他使无数英国人皈依。这些因他皈依的人送给他无数物品，他后来都留给了他建立的基督教堂，而他建立教堂的时候彼得正在安条克（Antioch）布道。后来，约瑟建立的教堂成为一所大修道院，感谢基督，这座修道院被保留至今。[4]

在这段纪念文字中，我们遇到了神话变成历史的关键节点。

约瑟传说的发展动力来自英国人一直以来对罗马的忌妒——英国人渴望能够宣称自己的教会早于罗马教会。英格兰想绕过罗马，把自己的信仰之源直接追溯至巴勒斯坦的圣地，而约瑟恰好能满足这个愿望。在诺曼人征服不列颠之后不久首次有不列颠自己的使徒的说法出现，这位使徒目睹并参与耶稣被钉上十字架并复活的全过程，从巴勒斯坦来到不列颠进行布道。撒克逊人的一切文化被诺曼人唾弃，而凯尔特文化得到复兴。有关亚瑟王的故事突然流行起来，这些故事把不列颠的凯尔特战士和圆桌骑士改造成骑士时代的英雄，同时还融入了寻找圣杯的传说，而曾经的犹太公会成员——亚利马太的约瑟成为故事的主角。

在 12 世纪至 15 世纪之间，编年史家和诗人们不仅相互借鉴，还竞相添油加醋，使传说故事变得越来越高尚、具体，越来越像真正的证据，形成一种包含了福音书、"伪经"、凯尔特民间传说、法国浪漫故事的奇怪混合物，最后变成了不列颠民族传说中不可分割的一部分。到了 1464 年，约翰·哈丁格（John Hardyng）写的有关不列颠历史的诗篇中，将"亚利马太的约瑟与韦斯巴芗来到不列颠，给这里一部分人民施洗"作为事实叙述。[5]

在接下来的三个世纪里，原先比较纯粹的宗教皈依故事，越来越与圣杯的故事紧密相连，而十字军东征为此添加了大量素材。在英格兰，圣杯的传说结合了凯尔特人有关亚瑟王及其骑士的故事，并且在一长串记录者的加工下成为伪历史。其中最主要的参与者是沃尔特·迈普（Walter Map），他于 1170 年写成《寻找圣杯》（*Quete du Saint Graal*）、《亚利马太的约瑟》（*Joseph d'Arimathie*）、《梅林》（*Merlin*）等书。学者们认为，他写作约瑟和圣杯的故事是受亨利二世的委托，基于政治考虑。亨利想领导一个与罗马教廷分庭抗礼的英国教会，为寻找理由，他利用了有关约瑟和圣杯的传说，并授意迈普写作并进行传播。与此同时，亨利在一次盛大的仪式后，挖开了格拉斯顿伯里修道院的墓地，并声称发现了亚瑟王以及其妻子圭尼维尔（Guinevere）的墓穴，此举进一步提升了格拉斯顿伯里修道院的荣耀。从此，格拉斯顿伯里被正式认定为埋葬古代不列颠英雄国王的地方。亨利的真实目的是想把格拉斯顿伯里的地位提升到坎特伯雷之上，因为贝克特（Becket）大主教在这里被杀害，而越来越多的朝圣者去那里参拜大主教的坟墓。

这时，约瑟的声望迅速上升。不仅他和他的后代被视为圣杯的保护者，他还被认为是亚瑟王的祖先。此后，中世纪的编年历史学家又对故事进行了加工，将之作为真正的历史一样描绘：在上帝的神旨下，约瑟被派往不列颠，这片土地是"赐予他个人和他的使命的"。约瑟在不列颠的后代通过一系列追溯，追及一位夫人，即尤瑟·彭德拉根（Uther Pendragon）的夫人，她生下了亚瑟王，"因此亚瑟王是约瑟的子孙"。这位作者被人称为格拉斯顿伯里的约翰，他生活在公元 1400 年左右。[6]

在约瑟身上，逐渐汇集了几种珍贵的民族符号，不仅有圣杯，还有那把给予亚瑟君主地位的神圣利剑。那把利剑最初是以色列国王大卫的，被誉为"世间最好的利剑"。这把利剑被带出圣殿，交给了所罗门。所罗门把它送上一艘非凡的船，出海去寻找利剑的真正主人——一位完美的骑士，"我的最后传人"。[7] 众所周知，这个人就是加拉哈（Galahad），在传说的魔力下，他变成了所罗门和约瑟的后代。不仅如此，他还继承了约瑟从叙利亚带回的那只白盾，盾上有鲜血染成的十字架。在马洛礼写的《亚瑟王之死》中，约瑟临终前把白盾交给了 500 年之后才出生的加拉哈，并且也称加拉哈是"我的最后传人"。

大卫王的利剑和所罗门的船，都是后期加入的传说，出现在 15 世纪的版本中。在接下来的几个世纪里，亚瑟和他的骑士的故事越传越真实，在史书中成了真实的历史人物，并参与了与入侵不列颠的撒克逊人进行的早期战役。也许不可避免的是，人们愿意把他们与《圣经》中鼎盛时期的以色列国王联系在一起。或者这又是一条将凯尔特人传说追溯至巴勒斯坦的线索呢？

传说中还有几个希伯来元素。约瑟这个名字有混淆，因为《旧约》中还有另一个叫约瑟的人，即雅各的儿子。15 世纪出现了一篇足有800 页的长诗，由亨利·龙尼利克（Henry Lonelich）写成。诗中记述，约瑟在抵达不列颠后发现，统治不列颠的是一个"异教徒"，名叫加诺（Gaanor）大公，居民是"撒拉逊人和其他异教徒"。这显然是中世纪版本的"法老和埃及人"。跟法老一样，大公产生了一个异象，但他的"撒拉逊"（Saracen）随从无法解读，于是约瑟被叫来解读，并被大公认为是正确的。跟但以理（Daniel）解读了古巴比伦国王尼布甲尼撒（Nebuchadnezzar）的梦一样，大公随即表示他准备放弃自己的神，转而信奉约瑟的上帝，于是皈依了基督教。

另一个希伯来符号是渔夫王（Fisher King），他是约瑟和圣杯故事中的关键人物。约瑟死后，他一直担任圣杯的保护者，直至加拉哈出现。在某些版本的故事中，渔夫王最初是依瓦莱卡王（King Evalak），他是叙利亚的武士，陪伴约瑟在东方漫游，是最先皈依在约瑟门下的人。他之所以获得渔夫王的美名，是因为上帝让他去捕鱼，供他和约瑟在野外活命之用。[8]就像犹太人传说中的海中巨兽要为等待弥赛亚到来的信众提供食物，或者像《诗篇》中的海中巨兽是上帝"提供给在野外生活者的食物"，[9]这些鱼只有仁义的人能吃。圣杯作为制造生命的宝物，能使荒芜的土地重获生机，在很多教派中都有这类法宝。这个宝物可以是盘子，也可以是杯子，或像沃尔弗拉姆·冯·埃申巴赫（Wolfram von Eschenbach）的史诗《帕西法尔》（Parzival）中描述的那样，是一块神圣的石头，自创世之初即已存在。这块石头被学者们与以赛亚（Isaiah）的"根基稳固的宝贵房角石"、世界中心之石、雅各的枕石、所罗门圣殿的基石等联系起来。凯尔特人的传说中也有这样的主题，英王加冕所用的斯昆石（Stone of Scone）被认为原本是雅各的枕头，被雅各部落中的移民带到了爱尔兰，之后辗转到苏格兰，最后被英格兰征服者偷走。这块石头在 1951 年又戏剧性地再次出现，苏格兰的民族主义者用汽车把它运回了苏格兰。

　　把凯尔特人与犹太人之间的联系建立在约瑟和圣杯传说的泥沼中是愚蠢的。一旦有探寻者冒险走近这片不实之地，就会立即陷入传奇和传说、不同宗教、吟游诗人和歌手、基督教和异教神话、东方和凯尔特神话的流沙中。学者们在这片充满神话和文献的沼泽中绝望地挣扎着。这样的主题是清晰准确的天敌，艾略特（T. S. Eliot）在《荒原》（The Waste Land）中的故作朦胧，以及圣杯传说的愈发离谱即是印证。

　　然而，在中世纪以来的几个世纪的英国传统中，约瑟一直被视为来不列颠布道的使徒。16 世纪古文物研究者约翰·利兰（John Leland）认为约瑟确实是不列颠的使徒。威廉·达格代尔爵士（Sir William Dugdale）在一个世纪之后的 1655 年所著的《英国教会的修道院》（Monasticon Anglicanum）中，通过对古代修道院档案的研究进一步探索英格兰的历史，也认可了这一点。此时正值劳德大主教（Archbishop Laud）的独裁统治期，有关主教制度的争议震撼英格兰，这促使一位神学家为了澄清英国教会的本源，投身于对晦暗过去的研究之中。研究成果之一是理查德·布劳顿（Richard Broughton）的《大不列颠教会史》（Ecclesiastical Historie of Great Britaine），其中一章的标题是："权威证据确凿证明，亚利马太的圣约瑟和他的虔诚追随者来到不列颠布道、生活，并在死后埋在现在的萨默塞特郡格拉斯顿伯里。"[10]

　　如果布劳顿的论断不够严谨，那么与他同时代的教士托马斯·富勒（Thomas Fuller）则是个具有怀疑精神的人。托马斯·富勒在保王派与清教徒的争端中保持了独立立场，并写作了 17 世纪可读性最强的几部著作之一。但是他在 1635 年出版的《不列颠教会史》（Church History of Britain）中也无法完全否定约瑟故事的真实性，尽管他承认"传说被修士大大夸张了"。在承认公元1世纪的情况缺少可证实的资料后，富勒留下一句名言，应该作为不那么坦诚的历史学家的箴言："由于我的材料有限，我不会夸大结论。沉默胜过谎言。"

到这个时候，无论是增添什么正面或反面的证据，显然都无法把约瑟搬出英国历史了。也许他真的属于历史的一部分，我们不止一次看到应用现代科学手段发现的证据证实古代传说的情况。实际上，考古学家已经在格拉斯顿伯里发现了一个石器时代的湖中村落。根据考古学家雅克塔·霍克斯（Jacquetta Hawkes）的描绘，这个村落的情况与约瑟传说中那个沼泽地中用柳条编筑建造的教堂如出一辙。"当时出于安全考虑，教堂的创始人选择了一块沼泽地……他们砍倒土地上蔓生的灌木和柳树，经过艰苦劳动之后在沼泽地中建起了一座人工岛……在上面盖起60间原始房屋，编条为墙，踩实泥土成地板，用芦苇铺成屋顶……在围墙内，形成了一个与世隔绝而充满生机的人类村落。"[11]

也许就是这种与世隔绝的安全状态，使格拉斯顿伯里的古老传统保存了下来。后来，在一个无法确定的日子里，一场大火烧毁了原始社区，但被烤焦的泥土保存下房屋的形状。当它两千年后被发掘出来时，仍然留有编制的芦苇和柳条的痕迹。此外还发掘出了具有叙利亚工艺风格的石块，显示了其与约瑟的家乡存在某种联系。

正如研究古不列颠历史的权威弗里曼（Freeman）教授所言："我们不必相信格拉斯顿伯里的传说是事实，但这些传说的存在却是一个伟大的事实。"[12]

第3章

"耶路撒冷啊，我们站在了你的大门内"
朝圣的浪潮

从不列颠出发，长途跋涉去耶路撒冷朝圣的人群，在罗马帝国的日暮黄昏和中世纪的晨曦中出发了。

朝圣的人流，在公元4世纪初就有了，当时罗马皇帝君士坦丁宣布基督教为正式的国教，即使不算国教，至少也是受到优待的宗教。他的母亲海伦娜（Helena）也皈依了基督教，决定去寻找福音故事的遗址。她于326年来到了巴勒斯坦，在进行一些简单的发掘工作之后，她"发现"了钉耶稣的十字架和耶稣圣墓。此后，她和她的儿子在巴勒斯坦大兴土木，修建了大量的教堂、纪念碑、旅馆，这使得整个基督世界感到兴奋，引发了一股朝圣的浪潮。

在这个时期，凯尔特不列颠的历史被笼罩在迷雾中。但有证据表明不列颠人在公元4世纪开始朝圣，即使证据在不列颠找不到，也能在巴勒斯坦找到。386年，圣哲罗姆*在伯利恒写道："不列颠人刚学了点宗教，马上就离开西方的太阳，去寻找他们仅是在《圣经》或传说中听到的地名。"[1]这也被同时代的埃及的赫利奥波利斯

---

* 圣哲罗姆（St. Jerome, 347—420），罗马天主教教父，386年定居伯利恒，建立一个修道院，致力于研究和写作。曾发表著名的《拉丁通行本圣经》，被罗马天主教认定为唯一可信的拉丁语译本。——译注

（Heliopolis，尼罗河三角洲的古埃及城市）主教帕拉弟乌斯（Palladius Galatea）证实了，他一生中大部分时间生活在巴勒斯坦。在那本以传记的方式描绘修道士、苦行者、隐居者和其他地方名人的书里，帕拉弟乌斯谈到了从世界各地来的朝圣者，指出有些朝圣者甚至来自"波斯和不列颠"。[2] 圣哲罗姆在一封信中也提到来朝拜的不列颠人数目相当多，但这些朝拜者的虔诚心显然不能令作者满意，因为他在告诫潜在的朝圣者时说"在不列颠跟在耶路撒冷一样容易找到去天堂之路"。

这些朝圣者是谁，我们不知道，但我们知道他们是怎样去的——徒步。从北部的爱丁堡起，罗马道路横跨欧洲、巴尔干、小亚细亚，最后抵达朱迪亚。从不列颠出发的朝圣者，先来到多佛尔，跨过海峡至加来，然后跟着罗马军团的足迹经高卢、翻越阿尔卑斯山来到意大利，从布林迪西（Brundisium）乘船横渡亚得里亚海抵达马其顿，穿过色雷斯来到拜占庭，最后经安条克和大马士革抵达耶路撒冷。还有另外一条路径，从西西里的墨西拿（Messina）坐船渡海抵达迦太基，沿着环绕地中海的罗马大道走到埃及的亚历山大港，然后穿越埃及和西奈沙漠，最后抵达目的地。

也许最早一批去朝圣的不列颠人，是受海伦娜和君士坦丁与不列颠的特殊渊源所驱使的。根据中世纪末期广泛流传的说法，海伦娜生在不列颠，她的父亲是威尔士国王，但当时的不列颠人是否这样认为我们无从知晓。历史上，君士坦丁的父亲确实是在约克郡（York）被杀的——由于皮克特人和苏格兰人时常袭击不列颠，他率兵征讨。就在这个地方，君士坦丁被罗马军队拥为罗马皇帝，并开启了他对时代产生巨大影响的人生道路。

从圣哲罗姆提供的证据看，仅在君士坦丁皈依基督教之后两代人的时间里，到耶路撒冷朝圣就变成了一种习俗。圣哲罗姆对朝圣者的过度热情很不满，他抱怨说："耶路撒冷如今成了全世界人的旅游度假地，如此大量的男男女女朝圣者使本可在一定程度上避免的诱惑聚集在一起。"圣哲罗姆天性不喜欢这样，他是个坚定的禁欲主义者，长期呼吁罗马妇女放弃洗浴、情人和其他世俗享乐。然而，在他和他狂热的弟子罗马贵妇保拉的信件之中，我们可以看出巴勒斯坦在当时世界的地位——"万国之都"。学习希腊文只能在雅典，学习拉丁文只能在罗马，保拉写道；同理，"如果谁没有拜访过基督教的雅典，我们能说他作为一个基督徒的教育完成了吗？……世界上最优秀的基督徒正聚集在这里"。

然而，耶路撒冷逐渐让位于罗马，格列高利一世（Gregory the Great）于 590 年确立教皇制标志着基督教权威正式转移到了欧洲。耶路撒冷仍然是基督徒的精神家园，正如艾凡赫的修道院长所说，耶路撒冷是"我们所有人的母亲"。朝圣者仍然把这座城市视为朝圣的目的地。然而，穆斯林在 637 年征服了这座城市，它与罗马帝国的短暂联系就此结束了。此后，除了十字军东征时建立的短暂的耶路撒冷拉丁王国时期，巴勒斯坦陷入了不同形式的穆斯林统治之下，先后有阿拔斯王朝、法蒂玛王朝、塞尔柱和奥斯曼土耳其王朝。这种状况一直延续到 1918 年。

耶路撒冷立即被伊斯兰教徒接纳为圣地。此时它被纳入伊斯兰统治下的时间极短，就如同从穆罕默德的床头柜上跌落的杯子，在落地前被主人接住的瞬间那么短暂。就在这短暂间隔中，先知穆罕默德做了他那段著名的梦，他梦见自己在午夜骑着那匹有翅膀的白马前往耶路撒冷，并升入天堂。[3] 穆罕默德的追随者，是比较晚才信仰一神教的，如今，在占有这座被两个古老宗教视为圣地的城市之后，终于得以利用这座城市的威望。他们继承了其创始人的精明，在《古兰经》允许的范围内尽可能多地借用了犹太教和基督教的信仰和习俗。耶路撒冷的征服者奥马尔（Omar）曾去圣石（Holy Rock）朝拜，那里是亚伯拉罕准备献祭以撒的地方，也是所罗门圣殿的所在地。在清除掉基督徒用来亵渎犹太圣殿的污物后，他决定把这里用作伊斯兰教的礼拜场所，建起奥马尔清真寺。[4] 在这片大卫统治过、耶稣布道过的土地上，穆罕默德成为至尊。

尽管如此，欧洲和巴勒斯坦之间的联系因源源不断的朝圣者而得以维系。奥马尔制定了包容基督徒和犹太人的原则，尊重他们作为其他一神教徒的信仰，有条件地允许他们在巴勒斯坦居住，在交付一定的税款后可以继续拜访圣殿。奥马尔本人因此而获利甚丰。但这些优惠条件完全取决于统治者的个人政策。在实行宽容政策的统治者治下，如哈里发哈伦·赖世德（Harun al-Rashid），朝圣者基本没有什么危险。哈伦·赖世德在 801 年给查理曼大帝*送去耶稣圣墓堂的钥匙表达友谊之情，并承认查理曼大帝是东方基督徒的保护者。但极端反基督教的哈里发也有几位，比如疯狂的哈里发哈基姆（El-Hakim），简直就是阿拉伯世界的尼禄。他于 996 年放火烧毁了耶稣圣墓堂，并屠杀了数千教徒。[5] 此后有几位哈里发爱财胜过荣耀，他们允许基督徒居留，恢复了朝圣者的权利。

欧洲各地的朝圣者长途跋涉来到圣地，部分出于虔诚之心，还有部分原因是出于好奇，想参观、触摸圣地，获得与历史名人相关的纪念物和遗物。这些人中自然有圣者和神父。宗教和信教者统治那个时代的生活。对想了解中世纪的现代人最难的一点，是理解当时人的精神世界在多大程度上被宗教信条、教理和辩论所占据。虽然当时的《旧约》只有不完美的拉丁通行本，但中世纪的宗教知识主要是由福音书和基督教早期教士的作品构成的。其结果是当时人几乎意识不到巴勒斯坦与犹太人有任何关系。不仅没有人意识到耶稣是众多希伯来先知中的一员，早期先知和摩西戒律在当时的影响力也远不如宗教改革之后。对中世纪的欧洲人来说，巴勒斯坦意味着救世主曾经行走的土地，而非上帝选民的家园。中世纪的犹太人因被认为是杀死耶稣的民族和放贷者而成为被仇视的对象。当基督

---

* 查理曼大帝（Charlemagne，768—814），法兰克国王，罗马帝国灭亡后西欧第一个帝国的创始人，他在艾克斯拉沙佩勒的宫廷成为欧洲文化复兴的中心，因加洛林文艺复兴而闻名。——译注

教仍是一个挣扎生存的小教派时，犹太人对于最早的基督徒而言，就如同代表陈腐旧制度的波旁王朝对于法国大革命中的革命者一般，圣殿的最高祭司该亚法（Caiaphas）对于基督教信徒，就如同乔治三世之于美洲殖民地居民。但当基督教在君士坦丁时代成为国教时，圣殿已经被摧毁，犹太人失去了家园，在各处都受到排挤，于是很容易成为被指责的对象。他们曾经统治巴勒斯坦千年的历史很难被朝圣者想起，而中世纪早期的朝圣者肯定想不到。

我们知道的最早到达巴勒斯坦且有名有姓的不列颠人，其实不是严格意义上的朝圣者。他是不列颠修道士贝拉基（Pelagius）——以他的名字命名的著名异端教派的创始人。[6] 他约于 413 年来到圣地。此前，他生活在罗马，在哥特王阿拉里克（Alaric the Goth）攻占罗马后同许多罗马居民一样逃到了迦太基。在迦太基，他与圣奥古斯丁*产生了矛盾。奥古斯丁在他的迦太基花园里操控着基督教世界的一切。贝拉基持一种内心平静的信仰，他既不认同奥古斯丁这位希波圣者（Saint of Hippo）可怕的灵魂斗争之见，也不能接受他所持的人类无力自救只能等待神助之见。为寻找更认同的宗教环境，贝拉基来到了巴勒斯坦。但在这里，他却遇到了乖戾的圣哲罗姆，不久圣哲罗姆就骂他是吃苏格兰麦片粥而变蠢的老傻瓜。彼时，贝拉基的信条已经包含在一系列对圣保罗的评论中在基督教世界传播，这也成为不列颠已知最早的书籍。随着他的影响力逐渐扩大，他在教会内的敌人也成比例增长。

即使在那时，这也是典型的英国式异端——因为贝拉基重新发现了自由意志。他批判了原罪的教条，提出罪是选择的结果，而不是从亚当那里不可避免地继承而来的。这一惊人的理论让教会权威极为恐慌。因为如果人不是生来堕落，而可以通过自身努力实现公

---

* 圣奥古斯丁（St. Augustine, 354—430），古罗马帝国时期天主教思想家，欧洲中世纪天主教神学、教父哲学的重要代表人物。——译注

义和恩惠，那么耶稣在十字架上的赎罪有何用处？如果人类并不一定需要救世主，教会也就不是必不可少的了。如此颠覆性的思想是不被当时的宗教理论家所允许的。在奥古斯丁和哲罗姆的领导下，爆发了一场激烈的争论，最终贝拉基主义被判定为异端。

在贝拉基的时代，罗马帝国为了保护自己的核心地区不受野蛮部落的入侵，从各行省撤回军团，所以罗马人也离开了不列颠。不列颠只好靠自己的力量抵御蠢蠢欲动的皮克特人和苏格兰人，此后不久还有盎格鲁—撒克逊人。在新入侵者的统治下，异教的阴影降临到已经罗马化的居民身上，不过边远的北部和西部没有受到影响。在新的野蛮部族的挤压下，凯尔特人撤退到不列颠岛的边缘地区，凯尔特人的基督教在这里生存下来。另一位从那个暗淡岁月里脱颖而出的人物，是北方苏格兰一座著名修道院的院长艾奥纳的阿达姆南（Adamnan of Iona）。他与巴勒斯坦的联系是偶然形成的。一次偶然事故使他接待了法兰克主教阿尔库夫（Arculf）。阿尔库夫于690年左右历时9个月赴圣地朝圣，归途中在礁石林立的苏格兰海岸触礁沉船。一场海上风暴给不列颠带来了第一部英文写成的巴勒斯坦游记，此后又出现了无以计数的游记作品。

为给客人取暖，他必定拿出了被哲罗姆蔑视的热气腾腾的苏格兰麦片粥。阿达姆南是一个"对经文极有研究"的人，他肯定出神地听阿尔库夫讲述了在圣地的亲身经历。我们可以想象，在修道院空荡荡的大厅里，两个披着蒙头斗篷的人影，在苏格兰的迷雾和海风中，那旅行家述说着远方的故事、圣殿和遗迹，而听者急切地不时提问。阿达姆南用他们共通的语言拉丁文记录下对话，并写成名为《圣地》（De Locis Sanctis）的成书呈交给了诺森布里亚（Northumbria）的国王。最终，这本书辗转到了一位与他俩同时代的伟大同胞尊者比德手里。在比德的努力下，这本书注定会享有相对它的偏远出处而言更广泛的读者。在经过删节和重写之后，比德记录下原作者姓名，并将它收入自己的历史和教会作品集，从而保证了这本书的流传。在中世纪期间，比德的删节本有抄本一百多份，阿达姆南的原稿也有二十份。在靠手工誊抄并且羊皮纸稀缺的年代，这样的数量已经属于畅销书了。阿尔库夫的模式一直为后世追随者效仿，他拜访并描绘了耶稣生活中的每一处重要地点：伯利恒、拿撒勒、迦百农、加利利、约旦，以及耶路撒冷的每一条街道、每一座圣殿、每一块石头，进入基督教时代后修建的每一座教堂、每一座修道院和每一家旅馆。他记录了耶路撒冷是地球中心的信仰，因为"夏至日的正午，市中心的高大柱子在地上没有影子"。他从雅各井中饮水，吃油炸蝗虫，他说这东西"真乏味"。他看见了耶稣最后的脚印，保存在橄榄山的一座圣殿下。尽管"每天都有信徒带走附近的沙土"，但脚印居然奇迹般地保存下来。他用手掌精确地丈量了耶稣圣墓的尺寸。大理石的颜色、十二使徒的十二盏灯、珍藏杯子的壁龛、十字架的用材、建筑和装潢的每一处微小细节，都被旅行者牢记，并被勤奋的记录者记下。

他还观察了那里的自然环境。站在凯撒利亚（Caesarea）的海滩上，他赞叹了内陆富饶的平原。在耶利哥（Jericho），他还记录了约旦河，"宽度约为用投石器投掷一块石子的距离"。

他还拜访了《旧约》中提到的历史故地，主要是耶路撒冷周围最方便可达的地方，都成为后世旅行者必去的地方：希伯伦（Hebron）的列祖墓、耶利哥的城墙，以及吉甲（Gilgal）十二支派的石头。他将自己为了验证关于死海不沉的奇怪传说而下到发着金属光泽的水中游泳也记录下来。虽然仅从文字上看不能确定阿尔库夫是否真到过死海，但阿达姆南确实为死海的奇幻传说增添了不少素材。例如，在被大火吞没的所多玛与蛾摩拉（Sodom and Gomorrah）遗址附近，有美丽的苹果生长，会"引起观者想吃的欲望，但苹果一旦被摘下就会立即炸裂，化为灰烬，如同仍在燃烧一般"。

这本书为将来的朝圣者提供了到达圣地的两条陆路和一条海路

线路。两条陆路线路分别是在穆斯林入侵前朝圣者通常使用的南方
线路——经埃及和西奈半岛，和穿越君士坦丁堡*和大马士革的北方
线路。海上路线经西西里、塞浦路斯到达雅法（Jaffa），是中世纪
后期朝圣高潮阶段最常用的路线。阿尔库夫往来可能都途经君士坦
丁堡，当时这座城市仍然是信奉基督教的首都，但他顺便走海路去
了一趟埃及，从雅法乘船到亚历山大港，历时40天。虽然阿尔库
夫没有提及，但那时就存在一条苏伊士运河，记载于当时的一部拉
丁文地理专著中，作者是一个名叫迪库尔（Dicuil）的英国学者。[7]
这部著作记录了他与英国修道士菲德利斯（Fidelis）的谈话，此人
在8世纪上半叶去圣地朝圣的时候，曾经坐船从尼罗河经这条运河
到达红海。767年，哈里发曼苏尔（Caliph Al-Mansur）关闭了这
条运河。

还有一些欧洲大陆朝圣者写的亲身经历也流传了下来，但因
为沉船事故和苏格兰修道院长的尽职记录，只有阿尔库夫的故事属
于不列颠。这本由尊者比德推广的书很快提升了盎格鲁—撒克逊人
的朝圣热情。第一个留下记录的是威塞克斯的圣威利鲍尔德（St.
Willibald of Wessex），他是一位名叫理查德的国王的儿子，但历史
学家无法确定这位国王的身份。威利鲍尔德是否读到过《圣地》这
本书无人知晓，但他是个极其虔诚的青年，自幼就积极为教会服务，
因此很可能读过。他在经过一段历时较长的朝圣之旅后，成为著名
的主教，接替伯父圣博尼费斯（St. Boniface）的事业在条顿人中间
传教。

他的生平和旅行留下了两份文字资料，一份作者不详，另一份
由一个修女在多年后根据他的口述回忆写成。

他的老年形象被形容为"极为慈祥"，但"遇到不同意见时，
他的样子既威严又可怕"。他年轻时对不那么高尚的人态度肯定也

---

* 现名伊斯坦布尔。——编注

很严厉，因为他 18 岁时就成功地说服了他不那么情愿的父亲、兄弟、姊妹随他长途跋涉去耶路撒冷（不知他母亲是如何拒绝的，但历史学家在这点上保持了沉默）。最初，当他要求父亲成为朝圣者并"蔑视这个世界"的时候，国王拒绝了，国王并非不通人情，他认为让他的妻子成为寡妇、孩子成为孤儿、房子荒废，是"违背人性"的。但执着的威利鲍尔德坚持说，耶稣的爱超越所有世俗的柔情，父亲"最终被讲真理的儿子说服了"，同意去朝圣。这个决定对他很不幸，因为国王还没到达罗马就死在了路上，被埋在托斯卡纳的卢卡（Lucca in Tuscany）。威利鲍尔德的兄弟在罗马病倒了，他留下妹妹照顾兄弟，在 721 年继续向巴勒斯坦前进。

在任何时代，我们都可以根据旅行者初见耶路撒冷时的反应来判断英格兰的宗教情绪。在狂热的中世纪，有人流泪，有人祈祷，有人跪倒亲吻土地。马热丽·肯普（Margery Kempe）是个 15 世纪的狂热信徒，见到圣城后她激动得"从驴子上摔了下来"，她的同伴向她嘴里放了些香料才把她救活。她在每一个耶稣生活过的地方都激动地"号啕大哭，她的同伴都不能与她同席进餐"。[8] 在宗教改革之后，喜欢冒险的伊丽莎白时代的英国人、17 世纪的商人和学者、冷淡的 18 世纪怀疑主义者在爬上山后可能都没注意到耶路撒冷第一次进入视线的那个转角。而维多利亚时代的人又恢复了中世纪的狂热，他们会泪流满面，内心充满敬畏和圣思。

也许威利鲍尔德为中世纪的朝圣者树立了榜样，因为没有任何朝圣者比他更加富有激情。"哪个见证过神迹的地方，"他的传记史家说，"没有留下上帝的孩子威利鲍尔德的吻痕？哪处祭坛没有被他的眼泪和叹息沾湿？"

他的感情如此炽热，在圣地长达数年的时间中，他四次前往耶路撒冷。在旅居耶路撒冷的间隙中，他访问了圣地所有惯常的宗教场所，以及一处不同寻常的地方——他泊山（Mt. Tabor）上一座供奉耶稣、摩西和以利亚的教堂。他未征得同意便喝了酸臭的羊奶，并评论说当地独特的羊"只有一种颜色"。（8世纪的羊难道是杂色的？）有一次，他在一片橄榄树密布的平原上遇到一头狮子，咆哮声很可怕，但当他走近的时候，狮子"赶紧向另一个方向跑走了"。

他有时单独旅行，有时有七个不知名的同胞陪同。有一次，撒拉逊人怀疑他们八个人，把他们都抓了起来。"当时镇上的人都来看他们，因为他们年轻英俊，衣着高级。"他们被带到了撒拉逊人的国王面前，国王问他们从哪里来，有人告诉国王："这些人来自西方国家，那里太阳永远不会落山。再向西已没有土地，只有水。"国王显然不觉得这是什么罪过，于是回答说："我们为何要惩罚他们？他们没有伤害我们。让他们走吧。"

每次出行，威利鲍尔德都要向哈里发申请安全通行证，时常会遇到困难。有一次他和同伴找不到国王，"因为国王逃跑了"。这位名叫埃米尔穆梅因（Emir-al-Mumenin）的国王就是曾经释放他们的那位。也许就是因为他对异教徒太宽容了，所以才招致臣民的不满。

威利鲍尔德在访问了提尔和西顿、安条克和大马士革、君士坦丁堡和尼西亚之后，终于回到了西西里和意大利。他在蒙特卡西诺（Monte Cassino）定居了一段时间，至此他已离家整整十年。

威利鲍尔德之后，出现了很长一段时间的空白，那是一段不利于保存手稿的时期。公元9世纪和10世纪，穆斯林文明在维护和平和世俗势力方面都处于巅峰，但欧洲却陷入了中世纪最黑暗的时期。野蛮与残酷当道，道德败坏，文化衰落。罗马不再给人光芒和鼓舞，罗马教会为一群被伟大的教会历史学家恺撒·巴罗尼乌斯（Caesar Baronius）称为"丑恶、生活堕落、道德败坏、彻底腐化"之人所掌控。失去法律和强力统治者的约束，横行的武士使所有人的生命都处于危险之中。在英格兰，丹麦侵略者烧杀抢掠、大肆破坏，只有西南部的阿尔弗雷德大帝（King Alfred）进行了勇敢的抵抗。面对满目疮痍的世俗世界，人们深感厌恶，有大量的人为寻求安全而绝望地投身于修道院，或去圣地寻找通往天国的大门。一个声称公元 1000 年是世界末日的预言引发了一段宗教狂热，如同瘟疫一般横扫整个西欧。根据史料记载，大量急于赶在末日审判之前获得救赎的人涌入圣地，其中大部分人再也没有回到故土。有些死于饥饿，有些死于瘟疫，有些被阿拉伯人劫掠，还有一些死于海上风暴、船只失事和海盗。只有极少数幸运者和富人得以返回家园。

一次据称发生于 1064 年的大规模朝圣活动被一位名不见经传的历史学家伍斯特的弗洛伦斯（Florence of Worcester）记载下来，他极富想象力的记载写于朝圣活动结束后不久的 11 世纪末。[9] 他记录了一个规模达 7000 人的朝圣团，跟随美因茨大主教（Archbishop of Mentz）、乌得勒支主教（Bishop of Utrecht）、班贝格主教（Bishop of Bamberg）和雷根斯堡主教（Bishop of Ratisbon）一起去耶路撒冷朝圣。朝圣者受到撒拉逊人的攻击。撒拉逊人认为他们因害怕被抓而把黄金吞进肚里，便把他们抓到的人按十字架的形状钉在地上，并把他们从颈部到腹部切开。在 7000 名朝圣者中仅有 2000 人得以逃生。虽然没有英格兰人参与，但这次事件仍然被记录在英国编年史中，很可能是当时流行的叙述穆斯林暴行的典型故事。这样的故事为第一次十字军东征起了推波助澜的作用。

从 11 世纪开始，各式国王、主教、肥胖的修道院长、戴着头盔的贵族也加入了平民的行列，走上了去耶路撒冷的朝圣之路。挪威第一位信奉基督教的国王奥拉夫·特吕格瓦松（Olaf Tryggvason）在 1003 年进行了朝圣。1035 年继之前往的是征服者威廉（William the Conqueror）的父亲诺曼底公爵罗伯特。后来为征服者威廉加冕的约克大主教奥尔德雷德（Ealdred）[10] 则于 1058 年以"前所未有的辉煌"完成了朝圣。

同期，斯韦恩（Sweyn）伯爵 [11] 为弥补自己的众多罪行前往耶路撒冷，并在回国的路上，于 1055 年左右客死君士坦丁堡。他是英格兰国王哈罗德的哥哥，即使以 11 世纪的标准衡量，他的一生也显得异常无耻。他的第一桩罪行是勾引莱姆斯特修女院院长埃德维佳（Edviga）。他下令说："把她带来见我，我想征用她多长时间都行，不想要的时候自会让她回家。"他的行径引起国人震怒，倒并非在于他的勾引行径本身，而是因为他对属天主之人的亵渎。他被判为罪人，流亡到丹麦。但他并未因此而有所收敛，又犯下新的罪行，"为丹麦人所不容"。后来他被允许回国为自己的罪行申诉，但刚回到国内，就谋杀了他的表兄比翁伯爵（Earl Beorn）。彼时正处于休战期，比翁伯爵曾经获得过斯韦恩的土地，并在斯韦恩的授意下与他见面。同样，这次为他招致惩罚的罪行并非谋杀，而是违反休战协议。尽管他是戈德温伯爵（Earl Godwin）的长子、摄政王，但仍被贬为贱民（nithing），即无誉之人，是撒克逊社会中最低等级的人。他再次流亡欧洲大陆，但随即于次年，即 1050 年，被迎接回国，得到赦免，并恢复了爵位。考虑到他此前的行径，这是个轻率之举。但这可能是由于撒克逊贵族之间的混乱争斗造成的，内讧很快就为征服者威廉创造了机会。

同样的情况又再次发生。斯韦恩在 1051 年被再次定罪，具体罪行没有记载。这次他的家族忍无可忍，不知是想长期离境还是想挣得最后一次恕罪的机会，他在 1053 年出发去往耶路撒冷。

斯韦恩伯爵作为个人微不足道，但他所开创的这种朝圣行为在十字军东征中变得十分普遍。此时的罪犯为逃避牢狱或死刑会加入朝圣者的行列，后来的罪犯则是参加远征军团。一旦蒙教会赐福并赐予缝在战袍上的十字架，他就将受到教会的保护，超越一切世俗力量，如同逃犯进入教堂寻求庇护可以免受任何人的追捕。此外，朝圣者去圣地能赢得教会颁发的各种赎罪券。根据一项统计，仅耶路撒冷就有 96 处圣地，耶稣圣墓堂又有 33 处，在伯利恒、拿撒勒、加利利等地还有数百处圣地。另外两处最受欢迎的圣地——罗马和孔波斯特拉的圣雅各教堂（St. James of Compostella）都无法相提并论。把在各圣所可能获得的赎罪券累加起来，一个圣所减 5 天罪，另一个减 40 天，朝圣者可以大幅削减自己在炼狱内的时间，甚至可以减至零。如果他是个地位很高的人，或者有重要的介绍信，抑或给负责管理圣所的教会一笔重礼，他甚至可以获得赦免所有罪行的大赦券。朝圣者在为他所拜访的圣所及其进行的祈祷礼作见证后会获得证书。在交纳一定的费用后，他们甚至能被封为圣墓堂骑士。显然，朝拜圣地为在家乡混不下去的人提供了一条出路。他不仅可以长时间躲避法律和敌人的追捕，还可以减少现世与死后应受的惩罚。这个制度对罪犯如此有吸引力，以致在虔诚的、乐于冒险的和纯粹出于好奇心的朝圣者中混杂着许多罪犯。

在撒克逊人斯韦恩去朝圣后不久，诺曼征服者成为英格兰的新主人。五年之后的 1071 年，巴勒斯坦同样易主，伊斯兰的新分支塞尔柱土耳其人（Seljuk Turks）代替了巴格达哈里发。塞尔柱的征服引发了第一次十字军东征，而诺曼征服使得英格兰参与到这项欧洲大陆的事业中。在随后断断续续长达二百年的十字军东征中，肯定有很多旅行者往来于英格兰和巴勒斯坦之间，但这段时间少有朝圣者日记留存。不过，撒伍夫（Saewulf）的日记流传了下来，他是一位富裕的商人，在享受世俗快乐的间隙曾几次前往耶路撒冷以表虔诚。其中一次是 1102 年，距第一次十字军东征占领耶路撒冷仅三年时间，他们建立的拉丁王国正处于势力的上升时期。五百年来，这片圣土第一次落入基督徒的手里。新的商机出现了，野心勃勃的贵族梦想着凭借几个武士、一把战斧便从异教徒的土地上划出新的封土。撒伍夫注意到在前往巴勒斯坦的大批旅行者中，既有贵族也有穷人，既有神职人员也有普通人，既有真正的朝圣者也有劫掠者，"和沿路抢掠、破坏的亡命徒一起行进在路上"。

撒伍夫在雅法下船几小时后，他乘坐的船沉没于风暴中，他也与死神擦肩而过。他对港口里碰撞碎裂的船只、落水者发出的尖叫、咆哮的狂风、掉落后砸中人头的桅杆的叙述惊心动魄。第二天早晨，海面上漂浮着 23 艘船的碎片，海滩上散布着上千具尸体。

接着就要踏上危险的山路，撒拉逊人躲在洞穴里，伺机扑向不够警惕的旅行者。路上随处可见死尸，因为"岩石上的土层薄得无法挖墓穴"。这说明巴勒斯坦在阿拉伯人耕种的几个世纪里已经遭受到了水土流失，那片曾经流淌着牛奶和蜂蜜的土地如今变成了遍地石头的山羊牧场。

撒伍夫花费了八个月的时间游历了耶路撒冷和《圣经》上谈及的市镇，从南面亚伯拉罕居住和下葬的希伯伦，向北经耶利哥到拿撒勒、提比哩亚、迦百农。像典型的中世纪游记一样，撒伍夫在记述亲身经历的同时穿插着各处道听途说的传闻和故事。想从这些记述中挑出真实的部分并不容易，但他的叙述的价值不在于记录巴勒斯坦的真实情况，而在于使我们了解了一位12世纪普通游客的精神世界。地理和历史不是他的强项。当他访问奥马尔清真寺的时候，清真寺为拉丁修道士所有，他把清真寺当成所罗门圣殿，并记述了一套虚构的历史。根据他的说法，这座圣殿由罗马皇帝哈德良（Hadrian）或东罗马帝国皇帝希拉克略（Heraclius）重建，"还有人说是东罗马帝国皇帝查士丁尼（Justinian）"（撒伍夫在这点上语焉不详），仅是模糊地提及了穆斯林的到来。

他在归途中遇到了一支敌人的舰队，他也从由《圣经》中学来的古代历史出发解读眼前发生的历史事件。"26艘撒拉逊人的船只突然出现在我们眼前，"他写道，"（这些船）是提尔和西顿的海军，正运送一支军队去巴比伦尼亚，帮助迦勒底人（Chaldeans）与耶路撒冷国王作战。"你可能会以为撒伍夫回到了公元前6世纪，见证了古巴比伦的迦勒底王与耶路撒冷作战并奴役了以色列人。不过，撒伍夫说的耶路撒冷王，实际上是发动十字军东征的领袖鲍德温一世（Baldwin I）。他说的"巴比伦尼亚"，不是幼发拉底河边那座古老的城市，而是开罗，当时称为巴比伦。撒伍夫很清楚开罗在何处，但把它与《圣经》中的城市混淆了，并称这座城市里的居民为"迦勒底人"，因为对他来说，耶路撒冷当前的敌人与1500年前

从另一个巴比伦来的敌人是一样的。与此类似，他把耶路撒冷王鲍
德温带领的基督徒等同于这座城市的古代所有者以色列人。在第三
次十字军东征中，理查一世也号召军队"光复以色列王国"。欧洲
的基督教王国理所应当地认同于古代犹太人，而不是现代犹太人，
并认为自己才是耶稣的传人和圣地的合法继承人，就如曼德维尔
（Mandeville）所说，认为自己有义务"去征服本应属于我们的遗产"。

　　撒伍夫多次提到的认为耶路撒冷是世界地理中心的信念，是那
个时代另一个源于《圣经》的观念。

　　"于是主说，这就是耶路撒冷，我把它放在了列邦之中，列国
都在它的四围。"这段出自《以西结书》的话以及其他几段类似的
文字，已经遮蔽了此前未受干扰的古典地理学家的成果。中世纪的
地图以一种全新的方式展示当时的已知世界，耶路撒冷被放在正中
央，地球四周是海洋，海洋以外是各种奇怪的动物和海怪，地图的
外缘装饰以具有东方色彩的图案，代表着制图者一无所知的野蛮人
的土地。[12]

　　在撒伍夫去朝圣的同年，还有一位名叫戈德里克（Godric）[13]
的朝圣者也来到巴勒斯坦，此人后来被封圣。戈德里克有多种身
份——海盗、船主、商人。他两次前往巴勒斯坦可能是为冒险和追
逐战利品，而不是为了拯救自己的灵魂，但后来被认定为朝圣是因
为有关他的传奇故事越来越多。戈德里克肯定是乘坐自己的船去的，
因为尽管他没有留下任何私人记录，但当时的历史学家记录道"戈
德里克斯，一个英格兰海盗"，在鲍德温的军队在拉姆拉（Ramleh）
的平原上战败并被切断去雅法的陆路后，戈德里克用船送他从艾尔
苏夫（Arsuf）沿海岸南下雅法到达耶路撒冷。

　　1106 年，戈德里克第二次去了圣地，这次是徒步，回到英格兰
后成为受人尊敬的隐居者和神圣的探险者。有关他朝圣的传奇故事
逐年增加，并加入了许多动人的细节。据说他发誓，不抵达巴勒斯
坦就不换衣服和鞋，除了面包和水不吃其他东西。到达圣地后，他

在约旦河里洗净污秽，扔掉鞋子，并发誓从此效仿耶稣赤脚走路。不过，他的决心很可能跟他鞋子的状况不佳有关。

在新教改革之前，朝圣运动一直是中世纪生活中恒久不变的因素，朝圣者和游方僧侣的形象为所有人熟知。在拉德洛（Ludlow）礼拜堂的游方僧侣窗户上，彩色玻璃中留下了两个身穿蓝袍的朝圣者形象。[14] 在文学作品中，朝圣也是常用的譬喻，比如沃尔特·雷利（Walter Raleigh）爵士在登上断头台的前夜写下的动人诗句：

> 请给我属于我的那片宁静的海贝，
> 我的信念拐杖，
> 我的快乐背包，我不朽的食物，
> 我救赎的瓶子，
> 我荣誉的袍服，希望的许诺，
> 然后让我去朝圣吧。

诗中提到的都是朝圣者常用的物品。海贝对诗人有特殊意义，可能是旅行者用来从溪中舀水的。拐杖帮助他行路，紧急时还能充当武器。背包或皮质肩袋用来装食物或衣物，以及从圣地带回的圣人遗骨、耶稣赴刑场道路上的泥土或耶稣受难十字架的碎片。系在腰带上的瓶子用来装约旦河水。有时，朝圣者还会携带干棕榈树枝，并在帽尖上挂一串徽章，代表他去过的每一座圣殿。这些即是《农夫皮尔斯》（Piers Plowman）[15] 中那位朝圣者身披着的"西奈徽章"，他骄傲地说自己不仅到过西奈，而且去了耶路撒冷、伯利恒、巴比伦、亚历山大和大马士革。确实，朝圣者的旅行使他成为中世纪社会的名人，就好像驻外记者为家乡人讲述远方的奇闻异事。虽然他得到撒谎成癖的名声，但人们总是围在他身旁，热切地听他讲述圣城的故事，异教的撒拉逊人的邪恶和华丽，拜占庭的辉煌，遭遇野兽、打败土匪和海盗的故事，以及一路上遇到的大人物。

约翰·海伍德（John Heywood）的戏剧《四个人》（*The Four Ps*）[16]中的云游僧侣就是这样一个人。此人把撒谎当作"家常便饭"，他讲述自己如何赤脚前往圣地，"流了多少汗，才到了那地方"，迷住了其他三人——卖赎罪券者、药师和小贩。

跟行吟诗人一样，云游僧侣靠讲故事换取施舍，因为他是游荡在圣殿之间的职业流浪汉，而当时也为这些流浪汉提供食宿的习俗。朝圣者则不同，他们自费进行有特定目的的朝圣之旅。有时，去朝圣是为了兑现承诺、赎罪或是完成某项使命。例如詹姆斯·道格拉斯爵士（James Douglas）将罗伯特·布鲁斯（Robert Bruce）的心脏放在一个金盒中带到耶路撒冷埋葬，此后道格拉斯家族的族徽就加上了一颗红心。[17]有时，是为了逃避窘境。例如那位拉姆西（Ramsay）修道院长，由于修士反对他过于严格的禁欲规定而于1020 年将他驱逐，他愤然前往耶路撒冷。[18]但大多数情况，驱使着一代又一代英国人去巴勒斯坦朝圣的原因既非虔诚也非赎罪，而是对旅行的热爱。英国人确实被认为是伟大的旅行家，他们对不断移动的热爱被大家认为是受到月亮的影响。乔叟笔下那位情欲旺盛的典型中世纪女性巴斯妇人，自称去过耶路撒冷三次，不过她在五次婚礼的间隙从哪里找到这么多时间令人费解。

有时，朝圣者能替那些不参与朝圣但提供费用的人取得荣耀，这在 14 世纪伦敦同业公会中相当普遍。如果负债者去朝圣，同业公会的同伴可以替他偿还债务，并分享他通过朝圣获得的救赎。此外，每个人都会为去耶路撒冷的朝圣者捐一便士（如果去罗马或孔波斯特拉则只需半便士），并陪同他走到市郊。[19]

14 世纪出现了中世纪最有名的游记——《约翰·曼德维尔爵士之书》（*Book of Sir John Mandeville*）。这位自称骑士的作者告诉我们，他"生于英格兰的圣奥尔本斯镇（St. Albans）"。但是现代学者研究发现，作者既不是英国人也不是骑士，他的名字也不叫曼德维尔，他的书拼凑了从希罗多德到马可·波罗等早期旅行者、地理学者、探险者的故事。然而，这本书确实成为当时在英格兰和欧洲大陆被最广泛阅读的书籍。原书用拉丁文写成，作者自己把它翻译成法文和英文（如果可以相信他）。由于这本书极受欢迎，又被翻译成意大利文、西班牙文、荷兰文、瓦龙文、波希米亚文、德文、丹麦文和爱尔兰文，大约有 300 份手抄本流传下来。印刷术被发明出来后，曼德维尔的书是最先被印刷的，德文版和英文版分别出版于 1475 年和 1503 年。这本书的长时间流行极大地提高了读者对巴勒斯坦的亲切感。

无论他在诚实方面有什么缺陷，曼德维尔都用他对所讲故事的兴趣、真假参半但极为丰富的信息，以及与读者分享的热忱而加以补偿了。他断言，巴勒斯坦被上帝选中的原因是，它是"最好、最当之无愧的地方，世界上最富于美德的土地，因为它是世界的心脏和中心"。他经埃及前往巴勒斯坦的途中评论说，金字塔是"约瑟的谷仓"，他建造谷仓用来储备谷物以备荒年之用。他还不带偏见地补充说，"有些人说它们是古代君主的墓穴，但这个说法是不对的"。行走 12 天后他到达西奈山，并复述了摩西的旅程，以及以色列的子民走过荒野、横渡红海的经历。他说"红海不比其他海更红，但某些地段的沙滩是红色的，所以才被称为红海"。他的叙述中包含大量《圣经》中没有的神迹和自然奇观。比如，他说"那个国家的乌鸦和其他飞鸟"每年会飞到西奈山脚下的圣卡特琳娜修道院朝圣，而且"每一只都叼着月桂树枝或橄榄树枝，并把树枝放在修道院里"。

从西奈山出发，旅行者花费 13 天的时间跨越沙漠后就到达了加沙（Gaza）和贝尔谢巴（Beersheba）。加沙是参孙故事的发生地；贝尔谢巴按照曼德维尔的说法是"骑士乌利亚（Uriah）爵士的妻子"拔示巴（Bathsheba）建立的。当然，死海更给他提供了无可比拟的奇观，比如，把铁块扔到水里能浮起来，但羽毛掉进去就会沉没。希伯伦是巴勒斯坦最古老的城市，是亚伯拉罕、以撒、雅各和他们的妻子居住和埋葬的地方。这座城市对以实玛利（Ishmael）的穆斯林子孙和对犹太人一样神圣。曼德维尔谈到了一则与那里的一棵死橡树相关的预言："一个来自西方的王子将在基督徒的帮助下赢得应许之地，即这片圣地。他会在那棵死树下举行弥撒，之后那棵树将恢复生机并结出果实和绿叶。因为这个神迹，许多犹太人和撒拉逊人将皈依基督教。"这种坚信犹太人会皈依基督教的奇怪态度在后面几章中会频繁出现，特别是在狂热并受错误信念引导的福音运动（Evangelical Movement）中更是如此。虽然这个预言永远不会成真，但如果我们把艾伦比元帅当作"来自西方的王子"，那么预言的前半部分确实实现了。

从 15 世纪开始，巴勒斯坦旅行日记的风格发生了明显的改变，奇闻异事越来越少，实用旅行信息却多了起来。此时，朝圣变成组织化的旅行，如果谁朝圣回来想用神奇的故事吸引听众，恐将难以如愿，因为已经有太多人去过了。威尼斯有定期去往雅法的远洋轮船，每年往返五次，通常在春季和初夏出发。这些远洋轮船都由私人拥有，但受到威尼斯政府的监督，每艘能运载多达 100 名朝圣者。去东方港口做贸易的商船也搭载朝圣者以赚取额外利润。根据一份佚名记述，这些船总是"坐满了人"，"船内的空气很快就变得污浊，且不断恶化"。[20] 这为期四至六周的拥挤旅程一定极不舒适，以致英国旅客威廉·韦（William Wey）建议未来的朝圣者要选择上层甲板，尽管有海风和浪花，但仍比待在"闷热、发臭"的舱里要好。

这些威尼斯轮船一般在塞浦路斯和罗得岛停靠，供朝圣者观光，再在贝鲁特停靠，那里是进出大马士革的港口。从这里，他们沿着海岸线南下雅法，它是进出耶路撒冷的港口。朝圣者一般在此下船，在向导的引导下做三周的旅行，然后乘坐同一艘船回威尼斯。如果负担得起，船主兼旅行中介可以安排驴子或骆驼做交通工具，以及阿拉伯向导。向导是方济各会修士，他们在 1230 年之后成为圣所的指定管理者。他们会为旅者讲述每个市镇、纪念碑和《圣经》故事发生地的历史和传说。

更有野心的旅客会坐船从威尼斯到埃及的亚历山大港，从埃及出发，沿着古代以色列人出埃及的路线，跨过西奈沙漠，从南面进入巴勒斯坦。托马斯·斯温伯恩（Thomas Swinburne）是波尔多市的英国市长、理查二世（Richard Ⅱ）朝廷的重要人物。他在1392—1393年间带领一群人沿这条线路走完了巴勒斯坦全境，从大马士革和贝鲁特结束旅途离开。旅行团的扈从托马斯·布里格（Thomas Brigg）记下了日志，详细记录了旅行费用、交通工具、向导、门票、关税、小费、食物和住宿。他显然因忙于记账而未记录下任何沿途见闻。同一年，国王年轻有为的25岁表兄博林布鲁克的亨利（Henry of Bolingbroke）只带一头驴子来到耶路撒冷。多年之后，当他已废黜英王理查并登基成为亨利四世，于濒死之际，想到他的生命要在耶路撒冷结束的预言，他命人将自己抬进威斯敏斯特大教堂的"耶路撒冷厅"，并在那里结束了自己的一生。[21]

威廉·韦的手稿是对15世纪普通朝圣之旅做得最完整的记录。他分别于1458年和1462年两次前往耶路撒冷，写下一本实用方便、如同贝德克尔（Baedeker）一般出色的旅行指南。韦用多样的文体以及英文和拉丁文两种文字为想去耶路撒冷旅行的人提供了所有必需的信息。他沿途经过了加来、布拉班特、科隆、伦巴第、威尼斯、罗得岛、塞浦路斯和雅法，他给出一枚金币在这些地方的汇率，从而使读者可以了解"从英格兰到圣地的各种不同货币"。他为旅行者应与威尼斯船主签订何种协约才能覆盖饮食提供建议。他对旅行者必带的物品提供建议，其中包括"泻药和滋补品"、餐具及被褥。他指明在威尼斯何处能买到羽毛褥垫、两个枕头、一对床单和一条毯子，并在巴勒斯坦用完后以半价出售。他警告旅行者只能要新鲜的食品和饮料，只喝好酒和新鲜的水，随时注意自己的物品，"因为撒拉逊人有可能一边友好地同你交谈一边偷你的东西"。

威廉·韦于1440年伊顿公学成立时被任命为首届校务委员，

他请求英王亨利六世特批他去朝圣，以便返回后可以继续担任校务委员一职。"对他这次神圣的旅行，我们经过慎重考虑"，英王写道，特批准"深受我们喜爱的威廉·韦先生……远渡重洋，去罗马、耶路撒冷以及其他圣所朝拜"。很可能他正是受命旅行写旅游指南的，因为他煞费苦心仔细记录了各种实用信息。他提供了一份里程表、有用的希腊文词汇表、黎凡特口语、各圣所提供的赎罪券列表、在13 天内可以去到的耶路撒冷周边的所有圣所列表（雅法至耶路撒冷之间 10 处、耶路撒冷 22 处、圣墓教堂 13 处、伯利恒 7 处、约旦河沿岸 8 处，等等，共达 110 处）。他还介绍了巴勒斯坦的统治阶层和对基督徒旅行有影响的法规。他甚至提出去朝圣的十大理由，其中包括：圣哲罗姆的劝诫、赎罪，以及获得纪念品。他对抵达和离开日期的详细记录使我们能准确地了解在中世纪后期做这种旅行所需的时间。他第一次朝圣时在巴勒斯坦停留了不到三周，第二次不到两周，但两次离开英格兰都长达九个月。他第二次朝圣从英格兰到威尼斯花费了近两个月时间，因为德国爆发了内战，必须绕道而行。正常应该是一个月到六周的时间。他在威尼斯等船花费一个月时间，而整个航程第一次用时一个月，第二次将近七周。把他的路线与 10 世纪末坎特伯雷大主教赛格瑞克（Sigeric）[22] 的日程相比，我们发现 500 年里几乎没有发生改变。从罗马到英格兰，大主教花了三个月的时间，这是因为雨天造成的延误。他的记录表明，步行或骑马一天可以行进 5 至 25 英里，取决于天气、食物和旅馆的情况。理想状况下，一天花四五个小时赶路能行进 15 至 20 英里。

当威廉·韦在仔细编排他的旅行指南的时候，朝圣的年代已经临近结束——中世纪进入了尾声。自 1193 年埃及苏丹萨拉丁（Saladin）死后，主宰巴勒斯坦的是马穆鲁克集团（Mamelukes）。他们在长达三个世纪的时间中与十字军、鞑靼人、蒙古人及各种蛮族部落征战不休，使这片土地血流成河。如今，一个新征服者即将到来。奥斯曼土耳其人在 1453 年攻占了君士坦丁堡，震惊了世界。

如今，他们正向叙利亚挺进。到 1517 年，他们已经征服了马穆鲁克集团，把埃及伊斯兰王国吞并入土耳其帝国，并成为耶路撒冷和巴勒斯坦的主人。几年后，英格兰经历了同样重大的变故——摆脱罗马天主教会的统治。

16 世纪初的两名旅行者给我们描绘了朝圣年代行将结束时的社会情况。理查德·吉尔福德爵士（Sir Richard Guildford）是都铎王朝第一位君主亨利七世的枢密顾问。他与吉斯伯勒（Guisborough）修道院长约翰·惠特比（John Whitby）一起，于 1506 年 4 月离开英格兰，并在同年 8 月抵达雅法。根据同行教士写下的记录，他们的运气不佳。他们先在雅法外的海面上被扣留了七天，然后又"被带进一个古老的洞窟中，在马穆鲁克和撒拉逊贵族面前接受盘问"。"星期五，从白天到黑夜，我们都被迫待在这个臭烘烘、光秃秃的洞里。"在这场折磨之后，"我的主人和修道院长病了"，由于无法步行，他们被迫"花了很大的力气和极高的价格找了几头骆驼"。最后，这一行人抵达了耶路撒冷，但理查德爵士和修道院长都在那里病逝。

几年后，马尔伯顿（Mulberton）教区长理查德·托金顿爵士（Sir Richard Torkyngton）也提到朝圣过程中受到马穆鲁克人的恶劣对待。这些人将他们"置于极大恐惧中，过程太过复杂，难以尽述"。在雅法，他发现"这里现在一座房子也没有，只有两座塔和几个地下洞穴"。但耶路撒冷仍是座"著名的城市，因为无论从哪里来的人都要登上这片高地，从这里可以俯瞰阿拉伯全境"。他描述了耶路撒冷如何通过众多输水管道从希伯伦和伯利恒获得饮水，水多得盛满所有水桶后"仍会有很多浪费"。

在从耶路撒冷返回的路上，托金顿为安全起见与另外两名英国朝圣者同行，一位是伦敦锡匠罗伯特·克罗斯（Robert Crosse），另一位是"来自西部的神父"托马斯·托普爵士（Thomas Toppe）。他们是中世纪朝圣浪潮中的最后几个参与者，因为几年后，英格兰开启了宗教改革。由于涉及购买赎罪券以及对圣人和遗物的崇拜，朝圣被宗教改革者严加斥责。典型的论调来自伊拉斯谟（Erasmus），他在对话录中讽刺朝圣者的虚荣，说"他们浑身披着贝壳[*]，前后挂满了铅制和锡制的像章"。²³ 宗教改革的先驱威克利夫（Wyclif）早就公开表达过对朝圣行为的极力反对。²⁴ 他的公开反对显然产生了一定影响，因为当他的追随者被迫放弃信奉该教派时，被要求宣誓："我将永不再抨击朝圣"。通往耶路撒冷的道路在人的心中——宗教改革者这样教导。在未来相当长的时间内，耶路撒冷将少有朝圣者踏足，却成为各国商人和外交家的博弈场。

---

* 朝圣者的象征之一。——编注

第4章

十字军东征

十字军东征的主要作用是作为"基督教世界的下水道，排走所有的不和谐"，教士托马斯·富勒在他 1639 年所著的《圣战史》（*History of the Holy Warre*）中如此写道。这虽然是带有新教偏见的观点，但想驳倒他也不容易。十字军东征的起因是对物质利益和荣耀的渴望，以及以宗教的名义对异教徒的报复。带着嗜血的兴奋和无情的残酷，在对地理、战略、后勤都一无所知的情况下，第一次十字军东征的战士一头向东扎去，没有任何作战计划，只想着从土耳其人手中把耶路撒冷夺回来。他们竟然能够成功，唯一的原因是敌人内部的不和。此后，十字军内部也出现了不和，甚至连出于自保考虑的最低限度的盟友关系都无法维持。在随后中世纪中期的二百年里，虽然他们的燕尾旗招展，但不过是为重现第一次东征的胜利而进行的一系列徒劳的努力。

失败似乎没有教会他们什么。一代又一代十字军骑士像旅鼠[*]一样，跟着父辈的足迹一次又一次奔向死亡。巴勒斯坦，作为战场和战利品，成为欧洲大半家族的第二故乡和坟墓。鼓动第二次十字

---

[*] 旅鼠被误认为有不定期进行集体自杀的行为。——编注

军东征的明谷的圣贝尔纳（St. Bernard of Clairvaux）曾自豪地说，他只为每七名寡妇留下一个男人。[1] 但真正让这片遥远的土地变得家喻户晓的原因，不是在任何时段有多少人去了那里，而是人们在近两个世纪的时间里不断地去那里，以至于经常会出现同一个家族有两三代人甚至四代人都曾在巴勒斯坦作战、定居或去世。

在英格兰，四位牛津伯爵的墓葬坐落在赫里福德（Hereford）的教区教堂里，他们的石雕双腿交叉，表明他们都参加过十字军东征。第一任伯爵阿伯里库斯·德维尔（Albericus de Vere）人称"无情者"，他披挂全套作战装备，身披从头到脚的锁子甲和白色法袍，腰悬宝剑，脚蹬带马刺的靴子踏在一头狮子身上。他的不朽形象被保留在坟墓上的石雕中，坟墓上的时间是 1194 年。他身边的第二任伯爵，死于 1215 年；第三任伯爵，死于 1221 年；第五任伯爵，死于 1295 年。每位伯爵的墓上都刻有双腿交叉的雕像。在伯克郡的奥尔德沃斯教堂也有五个双腿交叉的雕像冢，他们都来自德拉贝什（de la Beche）家族。[2] 这样的雕像在英格兰每个地区都能找到，有的踏着野猪或牡鹿，有的手握半出鞘的宝剑，有的双手作祈祷状，有的手持绘有圣殿骑士（Templar）十字徽章的盾牌，有的身旁合葬的夫人也双腿交叉，她们长袍上的褶皱永远是僵直的。大量带有贝壳或乔治十字图案的族徽印证了十字军的影响。直到今天，在英国仍有名为"撒拉逊人的首级"的客栈。[3]

不过，十字军东征似乎没有像人们想象的那样深入英国人的意识当中。英国没有为十字军东征树立过纪念碑，在 19 世纪众多的学术巨人里，没有像斯塔布斯、弗劳德或弗里曼一样的巨擘为之做研究，所有的基本学术研究都是法国人做的。十字军的东方历险故事也没有激发出任何伟大的文学作品，只留下了一些可笑的传奇韵律诗，如赞颂英王理查吃烤撒拉逊人的故事，以及吟游诗人布隆代尔（Blondel）营救英王理查的故事。[4] 事实上，英语世界的人们主要是通过沃尔特·司各特（Walter Scott）的《十字军英雄记》

（*Talisman*）了解到美化版的十字军东征，它也是英语文学中唯一出色的关于十字军东征的虚构作品。

这种匮乏部分是由于英格兰在十字军东征期间的真正精力都投入了国内撒克逊人与诺曼人、贵族与国王以及国王与教会间的争斗中。

英格兰在十字军东征中的传说和荣耀绝大部分都集于英王理查一人身上。然而，他几乎不能算是个英国人。他的王后从来没有到过英格兰，他在在位的 12 年里也仅在自己的王国待过不足 7 个月的时间。巴勒斯坦把他变成了英格兰的英雄。英格兰怎样看待这位国王呢？他身材高大 [5]，满头红发，穷兵黩武，带着安茹（Anjou）人的火爆脾气登上王位，只为搜刮掉国库中的最后一分钱来支付他率十字军东征的开销。他走得如此匆忙，以致英格兰几乎没有感觉到他的存在，只有一波又一波的征税浪潮。这股浪潮刚刚退去，又迎来新的浪潮，这次是为了把他从奥地利公爵利奥波德（Leopold of Austria）的监狱里赎出来。

不过，英格兰对他的印象最终还是被他在巴勒斯坦手持利剑和战斧在撒拉逊人的阵地中冲杀的英勇形象所替代。巴勒斯坦使他成为了狮心王理查，使他从一个好斗、鲁莽、不知廉耻的阿基坦（Aquitaine）和安茹人子弟成为英格兰自阿尔弗雷德大帝之后又一位英雄国王。

当然，他不是唯一以朝圣者或"十字军"骑士的身份去巴勒斯坦的英格兰国王。英格兰的王位曾两度出现空缺，因为候任国王身在圣地。理查的曾伯祖父罗伯特·柯索斯（Robert Curthose）是诺曼底公爵，征服者威廉一世的长子。他在参加第一次十字军东征时，被他的弟弟亨利一世夺走了王位。理查的侄孙长腿爱德华（Edward Longshanks）运气较好，他父王去世的时候，他正在巴勒斯坦指挥第九次十字军东征。他回国后成功继承了王位，成为爱德华一世，并统治英格兰长达 20 年，人称"英国的查士丁尼"[*]。

---

[*]　由于他在立法方面多有建树，是中世纪颁布法令最多的英国君主，因此被赋予此称号。
　　——编注

　　理查的父亲亨利二世、他的兄弟约翰和约翰的儿子亨利三世都曾立誓要参加十字军东征。但前两者忙于内斗而没能成行，第三位因不愿打仗也没有兑现誓言。其他王室成员代替他们去了。威廉·朗索德（William Longsword）的父亲是狮心王理查父亲的私生子，朗索德在圣路易领导的第七次十字军东征中有出色表现；亨利三世的兄弟康沃尔伯爵理查（Richard, Earl of Cornwall）也表现不凡。那位曾率领贵族们反对亨利三世的西蒙·德蒙福尔（Simon de Montfort），可能算是英国在13世纪最伟大的人物了，他在自己生涯的早期曾率领一支十字军去巴勒斯坦。还有无数人带领着骑士、扈从、士兵甚至妻子踏上这徒劳的征程，去征服"我们应得的遗产"、"上帝的土地"，但从未获得过成功。

　　如果英国人没有在如此长的时间中在这块产生《圣经》的土地上洒下如此多的鲜血，恐怕《圣经》不会在日后如此深地植入英国人的内心。

　　英国在第一次十字军东征中的作用没有受到公众的应有重视。根据编年史家阿古勒斯的雷蒙（Raymon of Aguelers）的目击记录，一支由30只船组成的、全部为英国船员的舰队，从海上为十字军战士提供了关键性的支援，直到他们攻下了安条克获得第一个基地。[6] 一代人之后的英国历史学家马姆斯伯里的威廉（William of Malmesbury）说，"当亚洲的消息传到不列颠海对面的居民耳中时，只有微弱的低语"。[7] 不过，这低语肯定比他想象中的要响亮。无论这支英国舰队是出于对"圣战"的热忱，还是仅为躲避征服者威廉而出逃的，他们是在英格兰集结，在自己领袖的率领下远航，并攻占了安条克的港口塞琉西亚（Seleucia）。他们在此地坚守，直到从君士坦丁堡出发的十字军主力部队从陆路赶来。攻克安条克后，英国舰队与热那亚人合作，打退了撒拉逊舰队的进攻，保证了连通塞浦路斯的供给线。当十字军战士准备向耶路撒冷进发的时候，英国船队只剩下9到10艘船。他们把剩下的船烧掉，并加入了陆军，此后就消失在历史中了。[8] 虽然被历史所遗忘，但也许正是因为他们的先例，才使理查一世在一百年之后选择海路，而不是像之前的十字军领袖那样走灾难性的陆路。如果真的如此，这些默默无闻的无名战士便对英格兰发展海上力量并最终成就帝国做出了贡献。

与此同时，罗伯特·柯索斯随同陆军前进。虽然他按出身和领地都是诺曼人，但他也是新兴王室的成员，可以被称为第一代英国人。事实上，当他死去的时候，马姆斯伯里的威廉称他是"罗伯特，英国人"。追随他东征的主要是诺曼人、布列塔尼人和安茹人。那些跟随他的无名"英格兰人"，可能都是普通士兵，因为在他的 360 个有名有姓的骑士中，只有几个是战败的撒克逊贵族，以及对国王不满的盎格鲁—诺曼人（Anglo-Normans）。[9]

虽说英国人没有跟随罗伯特的十字军东征，却被迫出了钱。为了装备部队，罗伯特把诺曼底公国领地以五年期限抵押给了他那位令人反感的弟弟威廉·鲁弗斯（William Rufus），换来一万马克。鲁弗斯为收回这笔钱，向英格兰的所有居民课以重税，使得"整个国家都在呻吟"。

不过，这个交易并不坏。在巴勒斯坦，罗伯特一改在国内受制于父亲和兄弟的卑微处境，抓住机会，在濒临失败的不利战局下成功夺取了安条克，并亲手杀死了土耳其指挥官"红狮子"克孜勒阿尔斯兰（Kizil-Arslan）。罗伯特又矮又胖，脸上堆着笑容，看起来并不像武士，但根据当时的记录，他曾一剑将一个土耳其人从头至胸劈成两半。他的勇猛和慷慨有目共睹。饥荒和贫困之时，他会把食物、武器和马匹与其他十字军战士分享。相对当时的艰难环境而言，他可能有些过度仁慈，以致不能有效管理自己的领地。"如果一个痛哭流涕的罪犯等待他给予判决，他也会跟着哭起来，并释放那罪犯。"[10] 罗伯特只在巴勒斯坦经历了人生的短暂辉煌。他回国后，再次成为他那苛刻家族另一位成员的牺牲品。

耶路撒冷在 1099 年被十字军攻占。由于罗伯特是唯一的王子，大家最初推举他为国王。但他却拒绝了，因为他还想继承英格兰的王位。他于1100年离开巴勒斯坦回国。当他还在路上的时候，不明身份者在新福里斯特（New Forest）用箭射死了鲁弗斯，为英格兰除掉了一个不受欢迎的国君。可没等罗伯特回国，亨利一世就稳稳地坐上了鲁弗斯的王位。亨利一世迅速挫败了哥哥对王位的主张，把这位归国的十字军骑士终身囚禁在监狱里。据记载，亨利一世甚至还给了他一件国王遗弃的衣服，聊慰他对王位的渴望。

据记载还有一群英国人也参加了第一次十字军东征，但情形比较模糊。曾经为这个时期写过极有价值的编年史的奥德里克斯·维塔利斯（Ordericus Vitalis）记载，撒克逊王室最后一位传人埃德加·阿瑟林（Edgar Atheling）带领"近两万名来自英格兰和其他岛屿的朝圣者"，来到拜占庭统治之下的叙利亚劳迪西亚（Laodicea），并说服他们拥戴他的朋友罗伯特公爵为指挥官。[11] 这些朝圣者是谁？他们对拉丁王国的发展有何影响？他们的结局如何？这些问题都没有答案。

可怜的罗伯特，总是离王位咫尺之遥，但他在托马斯·海伍德（Thomas Heywood）所作的表现十字军东征的话剧《伦敦四学徒》（Four Prentices of London）中出现，总算在死后获得了短暂的荣耀。这部狂暴的传奇剧于1600年左右在伦敦的红牛剧院上演过几次，受到伊丽莎白时代观众的喜爱。剧中出场的有布永的戈弗雷（Godfrey of Bouillon）和第一次十字军东征的主要人物。此外还有众多虚构角色——骑士、贵妇、匪徒、巨龙、隐士及学徒。他们都打扮成其他人的模样，出现在一系列虚构的故事中。在圣城前，剧情达到高潮，那位"英国人罗伯特"以一名十字军骑士的口吻说出了一段明显与时代不符的话，就好像是他拿着一杆枪站在戏台上一样。

> 看那耶路撒冷的高墙，
> 那曾经被提图斯和韦斯巴芗攻破的高墙。

　　在这些尖塔之下是古老的犹太人，

　　看到全世界的人都在平原上聚集。

　　哦，王子们，睁开你们干枯的眼睛，

　　看到那被摧毁的圣殿吗？

　　远处曾挺立着耶和华的房子……

　　那里有约柜、供饼和亚伦之杖，

　　至圣之所和基路伯。

　　现在那圣所，那上帝曾经现身的地方，

　　却被异教徒所占，

　　伪圣树立在每座圣殿里，

　　哦，谁见此景能不流泪？ [12]

　　这段话中没有提到耶稣圣墓或圣十字架。而实际提到的神圣符号则是"耶和华的房子"，即圣殿，以及约柜，因为此时在英译《圣经》的影响下，耶路撒冷的形象来自《旧约》，而非《新约》。*然而，应该注意，海伍德生活的年代距第一次十字军东征比我们距海伍德的时代还要遥远。

　　实际上，对那些十字军战士而言，耶和华的房子是如此陌生，以至于他们发出的竟是屠杀犹太人的呼喊声。对于后世的犹太人，他们开启了一直延续到希特勒时代的种族屠杀。按照教皇乌尔班（Urban）的说法，虽然十字军战士拿着"马加比人的利剑"，但他们还没离开欧洲就将利剑刺向了马加比人。[13]在东征路上的每一个犹太人社区，都被这些嗜血的基督徒武士血洗。犹太人遭到屠杀，部分原因是作为"圣战者"到圣地铲除异教徒前的预演，他们是最方便的牺牲品，更有谣言说犹太人极力鼓动土耳其人在圣地迫害基

---

*　耶和华是希伯来语中对上帝的称谓，约柜和供饼都是希伯来语《圣经》（即《旧约》）中向上帝献仪的供品。对耶稣生平的记载出现在《新约》中，因此以圣墓和圣十字架为圣物体现了《新约》的影响。——编注

督徒。还有一个原因是，这类屠杀是劫掠的好机会，这也一直是十字军战士参加东征的强大动力。

公众对犹太人的仇恨情绪本来其实并不高涨，但被"圣战"激化了。[14]部分原因是中世纪的人们对教会以外的"异教徒"有一种迷信般的恐惧。另一个原因是人们对债主的仇恨。很多中世纪犹太人成为放贷者，即靠出借钱财获利，是因为当时的行会制度排斥犹太人，而犹太律法虽禁止犹太人之间互相放贷，却允许给非犹太人放贷。[15]另一方面的前提是，基督教法禁止基督徒之间互相放贷，但社会对借贷又有需求。随着资本主义的兴起，货币经济使借贷变得更加必不可少，基督徒的顾虑减轻，并最终允许基督徒之间的放贷行为。然而，在中世纪，几乎只有犹太人从事放贷业务，这也给国王们提供了丰厚的税收来源。只有泽竭鱼殁的担忧才使国王们对犹太人的压榨有所收敛。虽然理论上犹太人有财产权，但这在实际中毫无意义，因为犹太人不能控告基督徒，所以犹太人的地位只依赖于国王的好恶。

国王越鼓励犹太人的放贷行为，人们就越痛恨犹太人。在十字军东征期间，人们认识到在十字军旗帜下动用的暴力，是轻松抹掉债务、夺取犹太人财产而不受惩罚的捷径。到1146年第二次十字军东征的时候，传教士已经开始抨击整个犹太民族。1144年牛津的犹太人被控进行了人祭，成为第一起有记录的宗教谋杀指控。[16]到了1190年第三次十字军东征时，十字军与犹太人大屠杀已经变得不可分割。理查的加冕礼刚完成，杀戮就开始了，虽然没有他的命令。[17]一旦开始，杀戮风潮就像汹涌的波涛一样从伦敦蔓延到所有犹太人居住的城市，最后的恐怖高潮出现在约克——在那里，只有那些先杀死妻儿后引颈自杀的犹太人才能逃脱暴民的屠杀。根据各种记录，即将出征的十字军战士和煽动暴民屠杀耶稣敌人的修道士是屠杀活动的领袖。这些人肯定给编年史家留下了极为深刻的印象，因为他们的描述详细而充满恐惧。理查的大臣惩罚了一些犯罪者，虽然此后没有发生新的袭击，但这些事件加重了民众的反犹情绪。一个世纪之后的另一位十字军国王爱德华一世，终于厌倦了继续一点一滴地榨取日渐枯竭的资源，索性一次了结。他把犹太人驱逐出英格兰，并将他们的全部财产充归王室。

不知采取了何种手段，中世纪的人能把古代与现代的犹太人截然分开。狮心王理查和罗伯特·布鲁斯的崇拜者都把他们与一个典型的爱国武士相比较，即犹大·马加比（Judas Maccabaeus）。实际上，"骑士"时代的尚武者推崇的是希伯来人的伟大首领和国王，而不是他们的先知。在教堂门上或挂毯的刺绣图案上常出现的"九伟人"——"三个异教徒、三个犹太人和三个基督徒"，其中的三个犹太人是约书亚（而非摩西）、大卫和犹大·马加比。[18]

理查在勇气、力量和战略方面可以与马加比相比拟，但在动机方面不同。他是为消遣作战，不是为巴勒斯坦的自由而战。理查把剩余百分之九十的时间用于在法国跟他的父亲、法国国王或其他对手争斗。但十字军东征的伟大历史覆盖了这一切。对于理查，"公认的神话"把他塑造为亚瑟王第二，其实他完全不是。但他给英格兰提供了一段传奇，因为这段传奇发生在圣地，所以他使英格兰对圣地产生了浓厚的感情，以致在他的时代和此后的几百年里，许多英国人都会这样说："当我死后打开我的胸膛，你们会发现巴勒斯坦躺在我的心里。"这是玛丽女王关于加来的那句名言的演变。

第二次十字军东征的功绩乏善可陈。那是一场耻辱的失败，当时的评价是，"虽然它没能解放圣地，但不能说是不幸，因为它为天堂输送了很多烈士"。[19] 几乎没有英国人参与其中，因为大部分英国人深陷玛蒂尔达（Matilda）和斯蒂芬（Stephen）两派间长达 17 年的战争之中。当安茹的亨利在 1152 年继承王位时，收拾残局占用了他的所有精力。他仅满足于在各教堂中摆上为圣殿骑士团募捐的布施箱。[20] 此后，他设置了一项"为耶路撒冷之存亡"而征的税，第一年是每英镑收二便士，此后四年里，每英镑收一便士。

在贝克特大主教于 1170 年遇刺之后，亨利被迫发誓加入十字军进行三年东征，以弥补他在这桩世纪大案中的罪责。[21] 但为巩固他在英格兰的王权以及在法国的王朝斗争，使他不断推迟出发的日期。他虽立下东征誓言，但他是否真准备履行诺言令人怀疑，因为他的真正兴趣在国内，而不是去东方获得荣耀。

第三次十字军东征的直接原因，是萨拉丁在 1187 年从法兰克人手里夺下了耶路撒冷。当圣城再次落入异教徒手里的消息传来时，据说整个欧洲都战栗了。此后不久，教皇乌尔班二世过世，被普遍认为死于悲愤。[22] 这件事甚至刺痛了亨利，他这次真的开始做出征准备，参加新教皇格列高利八世（Gregory VIII）鼓动的新一次东征。当时各方对东征的响应是如此强烈，许多国王、贵族、骑士都发誓出征，德文索夫（de Vinsauf）甚至因此说道，"问题已经不是谁立下了东征誓言，而是谁还没有"。他还记录，将女人用的纺纱杆和羊毛送给犹豫不决的武士成为当时的风尚。[据传德文索夫曾被认为是拉丁文叙事长诗《英王理查行记》（*Itinerarium Regis Ricardi*）的作者，这部著作以目击者视角记述了第三次十字军东征的历史，与巴哈丁（Bohadin）的作品齐名，是关于第三次东征最有价值、可读性最高的记录。但现代学者发现历史上并没有一个叫德文索夫的人，即使有也不是此书的作者。]

遥远的耶路撒冷对英格兰产生的一个影响是，亨利二世为支付远征的费用首次开征所得税。十字军战士得以免税，但其他人都要上交所有各种租金和动产的十分之一。每人对自己的财产进行评估，但如果涉嫌低估，他所属教区的评审团将决定财产的真实价值。这个被称为萨拉丁什一税的税种虽然具有高尚的目的，但正如文多弗的罗杰（Roger of Wendover）所言，被视为"在慈善名义掩盖下的贪婪而无德的暴力勒索，必然引发神职人员和人民的警觉"。[23] 凡是税，都不受欢迎。

虽然事出紧迫，但这次十字军东征因无休止的家族争斗被耽搁下来。亨利与他那些反叛的儿子们以及法王腓力·奥古斯都（Philip Augustus），永远处于尔虞我诈的争斗之中。在其中一次争斗中，56 岁的亨利身心交瘁，被亲生儿子挑落马下，死于 1189 年 7 月。暴躁的理查成为国王。他在两年前耶路撒冷陷落的消息传来之后的第二天即已立下东征誓言，现在他不能再等待了。与父亲不同，他没有做国王的责任意识，不在乎英格兰王国，只在意这个王国给他的机会，使他可以满足自己对战争、冒险和荣耀的欲望。十字军东征给了他作为骑士的最高挑战——一个显赫的劲敌，以及灵魂的救赎，可以满足他的所有欲望。他赶紧回到英格兰称王，安排好他出征后的摄政问题，但最主要的是填满国库。他以一种前所未有的放肆，通过课重税、勒索以及各种已知的和独创的方法大肆敛财。他遣散了父亲手下的大臣，公开卖官鬻爵。他卖掉每一个需要批准的职爵、每一座有争议的城堡、每一处有足够多钱的买主的国王封地。"他什么都卖——权力、爵位、治安官职位、城堡、镇子、庄园等等。"[24] 对那些不想花钱获得好处或财产的人，他或是处以各种名目的罚款，或是罗织罪名投入监狱，逼迫他们花钱赎回自己的自由，或是要求他们付钱换得自己财产的安全或誓言的解除。就在坎特伯雷大主教鲍德温和他的得力助手执事长威尔士的吉拉尔德斯·坎布伦西斯（Giraldus Cambrensis）走遍英格兰，忙着鼓动东征并为十字军征募战士的时候，理查的大臣为敛集罚款、贿赂和"礼品"更忙得不亦乐乎。当有人质疑理查的敛财方法时，他大笑着咆哮道："如果能找到买家，我连伦敦都卖。"[25]

　　不出四个月，他就带着所能搜刮到的每一便士出发了。随他去的还有最能干、忠诚的大臣，包括鲍德温大主教、他父亲的首相雷纳夫·格兰维尔（Ranulf Glanville）——二人后来都死在了巴勒斯坦。此外，他还带上了自己的新首相休伯特·沃尔特（Hubert Walter）。如果换作比他精明许多的父亲，肯定会把值得信赖的人留在国内，以维持稳定，但理查从没想到过这一点。这是个致命的错误。

他在巴勒斯坦的最后一年，不时传来约翰要篡位的消息，使他在去留问题上犹豫不决，削弱了他的意志，否则他真有可能拿下耶路撒冷。

理论上讲，参战的骑士要自备武器以装备自己、扈从和士兵。虽然理查不会治理国家，但并非一个不负责任的骑士。他疯狂地敛财，唯一目的就是要保证他能供养一支高效军队坚持一年以上的时间，从而实现他战胜萨拉丁的梦想。此外，他可能还想在排场和气势上压过傲慢的腓力和奥地利的利奥波德公爵。然而，最关键的是他决定不再重蹈前几次沿陆路远征的灾难结局。十字军沿途获取补给的做法惹怒了当地民众，并引发了冲突，还没有抵达巴勒斯坦，就有数千十字军争斗致死或饿死。理查不想采用土耳其人的焦土政策，但海上运兵和补给需要大笔的资金。从当时的国库卷档中可以看出组织舰队的详细计划。例如，伦敦治安官康希尔的亨利（Henry of Cornhill）记录了国王的总管交给的 5000 英镑是如何花的[26]：

1126 英镑，13 先令，9.5 便士	两组共 33 艘船，每艘 20 至 25 名船员，五港同盟（Cinq Ports）提供（第三组船由五港同盟为国王提供）
2400 英镑，58 先令，4 便士	790 名船员一年的薪酬
257 英镑，15 先令，8 便士	汉普顿 3 艘船，肖勒姆 3 艘
529 英镑，5 先令	179 名船员一年的薪酬
56 英镑，13 先令，4 便士	购自水手瓦尔特之子的一艘船
185 英镑，10 先令，10 便士	国王船上 61 名船员和船长的薪酬
10 英镑	修理该船的费用
152 英镑，1 先令，8 便士	威廉·德斯图特维尔的两艘船上 50 名船员的薪酬
10 英镑	修理上述两艘船的费用
9 英镑	回购赠予医院骑士团的船
60 先令，10 便士	厄斯塔斯·德波尼的船上一名额外船员的薪酬

这当然仅是一小部分。理查还要求"英格兰每座城市贡献两匹骑用马和两匹货运马，每个国王的庄园贡献一匹骑用马和一匹货运马"。[27]

理查花费了一年多的时间在法国和西西里招兵买船，并与法王腓力达成了一项和解协议。但法王仍然很恼火，因为无论他俩去哪里，所有人的目光都停留在理查身上。根据叙事长诗《英王理查行记》的描绘，他身材高大，穿着绣有银色弯月的玫红色法衣，赤褐色的头发上戴着一顶绣有各色鸟兽的绯红色帽子，腰间一把金柄利剑栖身于嵌金剑鞘之中。谁能不崇拜这样的人物？确实，他看上去就跟人们理想中的骑士一样，跨着一匹完美无缺的西班牙战马，那战马套着金色缰绳，身披金色和猩红的亮片，马鞍上装饰有两只奔跑追逐的金狮子。

1191 年春，军队和船只集结完毕。理查又额外征用了一些大型帆船，备足了可供两年所用的小麦、大麦、红酒，带上他妹妹乔安娜女王（Queen Joanna）的金盘，预备在 4 月动身。法王腓力已于 3 月先期出发。理查的舰队非常令人震撼，共有 219 艘船，是当时最庞大的海军力量。[28] 船上飘着旗帜，吹着号角，横渡地中海，向巴勒斯坦驶去。舰队中有 39 艘大型战船，船体瘦长，有两层划桨手；24 艘大船，有三层划桨手，每艘能载 40 名骑士、40 名步兵和 40 匹马，以及他们的武器和人畜一年的粮草；156 艘小船，能载大船一半的定员。舰队采用楔式队形，分成八队，首排有 3 艘船，最后一排有 60 艘。这种安排能使人的喊声在船之间传递，各队之间用号角传递信号。领航的是乔安娜和贝伦加丽娅（Berengaria），国王的母亲让人把贝伦加丽娅带到墨西拿，让她与理查成婚。但他们直到经停塞浦路斯时才得以完婚。国王理查殿后。

有多少人跟着理查投身于那场伟大而悲剧性的冒险呢？中世纪编年史家很少记录具体数字，而爱用"大量"、"无数"这样的词汇，或反问"谁能去数呢？"，或是泛泛地说，凡是有影响力和知名的人没有不在那里的。按照《英王理查行记》的估计，理查在攻占墨西拿时的兵力为一万人，这个数字符合200余艘船的定员。此外，鲍德温大主教随一支由200名骑士和300名步兵组成的小舰队独立航行；还有不知数目的英国水手加入北欧人和佛兰芒人的舰队，共1.2万人，早在1189年理查继位前就去支援拉丁王国了。

当时英格兰的人口数量没有记载。但人口学专家估计英格兰人口在理查东征的那个十年里大约是200万人。[29] 如果我们假定有一万至两万名英国人参加了第三次十字军东征，那么大约最多每100人里有一个人，或最少每200人里有一个人去了巴勒斯坦。根据文献记载，英格兰每个郡都给理查提供了部队，许多士兵来自威尔士。[30] 相当一部分战士没有回来。《英王理查行记》提及，在头两个冬季之后，各支军队在巴勒斯坦的伤亡情况包括：6位大主教、12位主教、40位伯爵、500位贵族、"大量"教士和"无数"其他人员。许多人在到达阿卡（Acre）之前病死在肮脏拥挤、瘟疫横行的兵营里。在理查攻下圣城后，又与萨拉丁进行了一系列激烈的战斗，又有许多人被俘虏或战死。想获得各支军队的总人数是不可能的，因为自从耶路撒冷陷落后，就有十字军源源不断地从欧洲不同地方来到巴勒斯坦。有人留下，有人死去，有人返回。从安条克、提尔等当地封邑中聚集起的基督徒人数，则随他们领袖的政治计算而变化。

根据萨拉丁的编年史家巴哈丁的估计，在阿卡城外的基督徒军队有5000名骑士和10万名步兵。[31] 这个估计可能是令人信服的。骑士与步兵1∶20的比例是合理的，不过由于步兵的伤亡较大，最后这个比例降低到1∶10或1∶5。到第三次十字军东征结束的时候，军队人数肯定损失了一半以上。在理查离开前的最后一次战役中，他命令所有人都跟他上阵，根据《英王理查行记》的记载，只有500名骑士和2000名携盾士兵，这些士兵的领主已经战死了。当他最后坐船回国的时候，只用了一艘可搭乘不到50人的帆船。不过，确实有人先期离开。

考虑到缺少可靠数据的实际情况，想推测出有多少比例的英格兰人去巴勒斯坦服役是愚蠢的。我们只能说不到百分之一的人参与了东征，去的人中只有一小部分人回国。

当理查在 6 月份抵达的时候，第三次十字军东征在阿卡的城墙之外陷入了僵局，对这座城市无望的围攻已经持续了一年。如果说被围者陷入了困境，那么围城者也是一样。他们失去与其余战场的联系，在拥挤、肮脏、疾病滋生的军营里，靠吃饿死的马匹度日，或用大把的金子去买流浪猫的尸体。城攻不下，又不能放弃，十字军与大批的追随者一起在放荡中逐渐麻木，陷入腐臭和停滞的痛苦之中，我们如今似乎仍能从史书中嗅到这种气息。

即使法王腓力在 1191 年 3 月赶到，并带来了新的补给，仍然没能使军营振奋起来，有限的士气也迅速消退了。直到理查到后，情况才有所改变。他在东征路上征服塞浦路斯，并聚敛了一些物资。他的到来终于激励起整个兵营，展开了大动作。理查于 6 月抵达阿卡，不出四个星期，这座城市就投降了。在过去近三年的围城中，这座城市成功抵御了九次大战役和上百次的小战役。这并不是说胜利应归功于理查一人，但没有他的旺盛斗志激励十字军战士拼尽全力，就难以攻破城墙。理查虽然刚到就患了疟疾，浑身发抖，卧床不起，但他仍然在病榻上指挥战斗。当十字军在土耳其人暴雨般的枪箭下一次又一次后退时，理查让人把他抬到前线，用雷鸣般的吼声激励士兵发动最后一次进攻，终于取得了成功。

理查与萨拉丁商定休战并交换战俘，规定要在三个月内的指定时点完成。当萨拉丁不断拖延兑现承诺时，理查屠杀了 2000 多名穆斯林战俘，而且没有任何内疚。[32] 这个残忍的举动甚至使他自己的士兵感到惊骇，也使后世史家惊恐和义愤。自从那些伪斯特雷奇*学派的学者们发现理查不完全是传奇故事中那个勇敢的骑士后，他

---

*　斯特雷奇（Lytton Strachey），他对一切既定的观念提出疑问，挑战英国"标准传记"的写作传统。——译注

们就挥舞利爪，把理查剩余的名誉撕成了碎片。《英王理查行记》的作者崇拜理查，说理查具有赫克托耳的勇敢、阿喀琉斯的宽宏、提图斯的慷慨、涅斯托耳的善辩和尤利西斯的谨慎；说他足以与亚历山大相媲美，也丝毫不让罗兰。但后世史学家倾向于把理查描绘成一个冷酷薄情的恶人。他可能不是一个可亲、可爱的人，金雀花王朝*本就找不到一个这样的人。但他肯定是个伟大的战士和指挥官。他拥有作为指挥官最重要的品质——必胜的决心，而其他品质——仁慈、节制、分寸——都被牺牲了。他令批评者惊骇的贪婪并不是简单的贪财，而是军需官为军队搜寻供给的贪婪。他屠杀穆斯林战俘，并非是简单的残酷，而是提醒萨拉丁遵守承诺，而这位伟大的对手也理解并照做了。实际上，这位英王是萨拉丁唯一尊敬的法兰克人。萨拉丁曾经说："如果我注定要丧失圣地，那我宁愿让理查而不是其他人拿去。"[33]

然而，理查没能拿下耶路撒冷。为什么？蓄水池淤塞，天气炎热，疾疫流行，部队供给困难，为适应巴勒斯坦荒凉的山地和沙漠改变战术的困难——这些问题在第一次十字军东征中都曾出现过，但没有遇到过的，是敌人有了一个伟大的指挥官。萨拉丁在本土作战，他能从巴勒斯坦各地召集兵力，他的背后没有敌人削弱他的实力。但真正打败理查的是他的盟友之间的矛盾。提尔侯爵康拉德（Conrad）投奔了敌人。法国国王也退出了，可能因为他无法忍受被理查的光芒覆盖，也可能是因为他想抢先回国夺取理查在法国的领土。但法王的背信弃义并不是完全的损失，正如萨拉丁的兄弟所说，"理查被法王拖累了，就如同尾巴上系着榔头的猫"。[34]

从 1191 年 7 月阿卡陷落到理查于 1192 年 10 月离开的 15 个月里，理查在敌人的不断袭扰下沿海岸向南推进，直至到达雅法——

---

* 金雀花王朝（House of Plantagenet，1154—1485），从亨利二世到理查三世的一系列英王的家族名称。——译注

挺进耶路撒冷的基地，并与敌人进行了谈判，向阿什凯隆（Ascalon）和达鲁姆（Darum）发动了辅攻，还对坐落在山上的圣城发动了两次无效的进攻。

理查的部队从阿卡出发，沿着罗马人修建的古老道路向南挺进，每隔一段时间就需要从供应舰队获得补给。为此理查极为仔细地做了计划。这支军队分成圣殿骑士、布列塔尼和安茹、普瓦图、诺曼、英格兰等五个主要军团，以及医院骑士团（Hospitaller）*。这五个军团又分为三个纵队：最靠内陆的是步兵，抵御埋伏在山上的敌人的频繁伏击；中间是骑兵；靠海的是运输辎重的队伍。英王的旗帜树立在有篷的四驾马车上，但英王一般穿梭在队伍前后检查队列，保持秩序。由于天气炎热，他规定只在清晨行军，每天只能走 8 到 10 英里，每隔一天休息 24 小时。盛夏的高温、军队情况的恶化，以及阿卡之战驮兽的大量损失，使放慢行军速度成为必要，一半的步兵必须背着行李和帐篷，与战斗部队轮休。为抵御弓箭，十字军战士在铠甲外还要穿上厚厚的皮质长袍。巴哈丁记录了土耳其人惊异地看到法兰克人背上扎入 5 到 10 支箭，仍然毫发无损地行军。在太阳的暴晒下，许多人倒地而死，还有人晕倒，必须用船运走。每天晚上停止行军后，一名传令兵站在队伍中央大喊"圣墓保佑！"，队伍跟着举手高呼三声，泪流满面。根据《英王理查行记》的描绘，这个仪式使部队得到休整和振奋。

在行军的途中，他们知道每行进一天就离激战更近一天，萨拉丁肯定会发动进攻，阻止他们到达雅法。土耳其前锋骑兵部队不断袭扰缓慢移动的方阵，试图引诱他们离开队伍交战。萨拉丁的战略就是割裂并分散方阵，使骑兵易于各个击破。理查坚持保持队形，以保护运输马车，并迫使土耳其人近身作战。越往前走，神经绷得

---

* 中世纪的军事组织，1023 年成立于耶路撒冷，主要为来圣地的病人和伤者提供帮助。
——译注

越紧，每个人都能从脊骨中感知到在山后集结的敌人。理查下了死命令，时机不成熟时不许任何人出列与敌人交战。[35]

在距离雅法 11 英里处一个叫艾尔苏夫的地方，决战的时刻终于到来。医院骑士团忍耐不住，向土耳其人发动了进攻。"英王理查，"《英王理查行记》写道，"看到自己的部队行动起来，立即跳上战马，率领医院骑士团突破了土耳其步兵部队。土耳其人大为惊骇，四处躲闪。"但土耳其人重新集结，并发动了反击。"漫山遍野都是严整的土耳其部队，无数战旗飘扬，穿着盔甲的人超过两万人……他们冲下来的速度，比鹰还快，马蹄扬起的尘土遮天蔽日。他们喊声震天，号角齐鸣。"英王身体左侧被矛刺伤了，但步兵稳住了阵脚，抵御住了敌人的冲锋。士兵们单膝跪地，将长矛前伸，他们身后的弩车不断将长矛射向敌阵。虽然战斗进行了一整天，但土耳其人没有能突破十字军的战线，最后踏着尸横遍野、血流成河的土地撤退了。

此时，双方都在实战中了解了对方的实力。此役之后，萨拉丁意识到他无法阻止十字军前进的步伐，但可以先撤退，等待敌人的实力消耗殆尽。他把守军从雅法以南至阿什凯隆的堡垒中全部撤出，以免重蹈在阿卡的覆辙，只留下通往埃及最后的堡垒达鲁姆的守军，但被理查四天就攻下了。

如果此时发动对耶路撒冷的全面进攻，有可能成功，但十字军开始分崩离析了。首先发难的是法国人，他们坚持要留在雅法加固城墙，并在野地的艰苦行军之后借机享受一下城里的奢侈生活。但在众人的坚持下，联军终于还是在新年那天对耶路撒冷发动了进攻，但勃艮第公爵在已经能望见耶路撒冷的地方退出了战斗，并最终完全撤出战斗。其他部队要么撤退到了阿卡，要么跟随康拉德叛逃到提尔。圣殿骑士团和医院骑士团甚至也提出不进攻耶路撒冷的建议，以免破城后成为孤军与附近的土耳其人作战。自从腓力退出后，理查也担心他的对手和他的弟弟约翰阴谋篡权，急于赶回国内，唯恐王国易主无国可回。

除了这个担忧，他还逐渐意识到分裂的军队难以形成统一的力量，这使他有了协议停战的意愿。谈判的过程很漫长，从那年的冬天一直拖到 1192 年春，双方就耶路撒冷、几个海边城市和十字军城堡的归属等问题反复拉锯。理查甚至荒谬地提出一个令人发笑的建议——让自己的妹妹乔安娜与萨拉丁的兄弟联姻，共同统治耶路撒冷。[36] 礼貌而老练的萨拉丁通过娴熟的外交辞令和持续不断的礼物使谈判持续推进。他送给理查一匹西班牙良马、一顶绯红色帐篷、新鲜水果、从高山上运来的冰雪、七头装饰华丽的骆驼和一名医术高超的医师。[37]

与此同时，从英格兰来的信使向理查报告了约翰在国内的行径，恳求理查返回。他决定在 1192 年 6 月向耶路撒冷发动最后的攻势，但各支部队无法达成一致，理查最后气愤地放弃了。当他放弃了那个消耗了如此多艰辛、鲜血和财富的伟大目标之后，他像骑士一样爬上一座山的顶峰，从这里能看到耶路撒冷的尖塔。但理查没有看耶路撒冷，而是用长袍掩面，并说道：“上帝保佑，我祈求不要让我看到那座我无法从你的敌人手里夺下的圣城。”[38]

显然没有必要留在巴勒斯坦了。就在理查准备从阿卡乘船离开的时候，传来一个消息——撒拉逊人包围了雅法，一小股基督徒部队正在坚守，随时可能全军覆没。这似乎是命运给遭受奇耻大辱的英雄所做的补偿。在雅法战役中，理查表现得如此英勇，使他赢得的荣耀得到了全天下人的传颂。他的英勇改变了人们对他盘剥勒索的印象。三年后，当埃莉诺（Eleanor）为赎回理查穷尽所能四处筹集赎金时，英格兰人表现出了对这位狮心王的爱戴，纷纷倾囊相助。

《英王理查行记》记述的雅法战役，很可能正是激战之夜写成的，字里行间透露出对英王壮举的骄傲和狂喜。作者说，理查打断了所有要求谨慎从事的建议，大声喊道，“上帝见证，我将与他们同在，并竭尽全力帮助他们”。此时，他已经登船，于是命令掉转船头向南航行，冲上雅法的海滩。他率领一小队人马涉水上岸，兵力仅有

80 名骑士和 300 名弓弩手。

刚上岸的时候，他手拿一把劲弩，但很快就换成了他的那把
"凶猛的利剑"。他和他的部队向海滩上密集的土耳其军队发动猛攻，
很快把敌人击退了。在一场激烈的战斗之后，镇子被攻下，基督徒
守军获救了。然而，土耳其人因被如此少的敌人打败而深感羞耻，
派来援兵，趁理查在帐篷中熟睡的时候发动奇袭。"拿起武器！拿
起武器！"这最后时刻的呼喊惊醒了英王。

"万能的上帝啊！谁在这种情况下不被惊醒？啊，谁能全面地
描绘异教徒的可怕进攻呢？土耳其人喊声震天地发动了猛攻，疯狂
地投枪、射箭。英王在队伍中穿梭，鼓励士卒稳住阵脚，不要退缩。
土耳其人像旋风一样发动一波又一波的冲击，佯装进攻，诱使我们
的战士退缩。但当他们靠近时又突然掉转马头。当英王和骑士看到
这些后，策马冲入敌阵，所到之处敌人四处遁逃，他们用长矛刺杀
了大量敌人……这可真是一场可怕的战斗！大批的土耳其人……涌
向竖立着英王狮旗的马车，因为他们宁愿杀死英王一个人，也不愿
去杀一千个士兵……但他的勇气似乎找到了展示自己的机会。他手
中的利剑像闪电一样砍倒敌人和马匹，将他们劈成两半。"

战斗进行了一整天，《英王理查行记》描述了英王在战场上一手
舞剑，一手挥矛，像收割庄稼一样一路砍杀过去。他使土耳其人如
此恐惧，所到之处敌人夺路而逃。他看见莱斯特（Leicester）伯爵从
马背上掉了下来，但仍然勇敢地与敌人搏斗。英王赶紧拍马跑过去，
扶伯爵上马。敌人抓住了拉尔夫·德毛本（Ralph de Maubon），英
王冲上去把他救下并送回军中。在激烈的战斗中，萨拉丁送给英王
两匹战马，向他的勇气致敬。英王说，即使是比萨拉丁更加恶劣的
敌人送来的战马，他都不会拒绝，因为他急需战马。最后，"勇猛
而非凡的国王安然无恙地回到了朋友们中间……但他身上插满了标
枪，好像被猎人追捕的鹿一样。他的马匹护具上覆盖着密布的箭"。
当萨拉丁问垂头丧气的武士为什么没有抓住英王，他们回答："说

实话，自开天辟地以来，还没有过这样的骑士……与他交战必死无疑，他的英勇超越人之本性。"

双方签订了三年休战协定，耶路撒冷和山地地区归阿拉伯人所有，但圣墓堂和基督徒自由朝拜的权利得到恢复。此外，从提尔至雅法的沿海平原和港口也归属了基督徒。有三群十字军战士去了圣城，但理查没有去。他如果不是作为征服者，就坚决不去。狮心王乘船离开了，但他的传奇壮举在阿拉伯人中间流传。如果马在树丛里受惊，阿拉伯人会以为那是狮心王的魂灵在作怪；要吓唬哭闹的孩子使他安静时，他们会说："安静点，英格兰人来了！" [39]

十字军东征对英格兰的影响之一是土地所有权发生的巨变，因为许多骑士用土地做抵押借款购置装备。英王不是唯一一个为筹措资金无所不用其极的人。有个叫约翰·德卡莫伊斯（John de Camoys）的人，他把妻子的财产连同妻子本人都卖掉了。安德鲁·阿斯特利（Andrew Astley）把自己的财产全部卖给了沃里克郡（Warwickshire）的库姆修道院（abbey of Combe），换回 320 英镑。[40]其他一些人则把土地抵押给富裕的修道院三年、四年或七年，即使活着回来，也都穷得无力赎回财产，只能在修道院里贫困地了此余生。

16 世纪利兰和卡姆登通过对修道院和教区档案的研究，发现了许多有关十字军东征的史实。有个叫奥斯本·吉福德（Osborne Gifford）的人，因为绑架两名修女而被逐出了教会（一个明显不够用），获得救赎的条件是他必须去圣地参加三年的十字军东征。在此期间，他不能穿衬衣或骑士服装，且一生都不能进修女院。[41]罗杰·德莫布雷（Roger de Mowbray）是个奇迹，他在第二次十字军东征期间两次前往巴勒斯坦，被撒拉逊人俘虏后又活着回来了。任何有这样好运气的人必定成为传奇故事的主角。据说罗杰干预了一场龙与狮子的殊死决斗，他杀死了龙，因而赢得了狮子的感激之情，那狮子跟着他回到了英格兰。他的儿子奈杰尔（Nigel）跟随理查参加了第三次十字军东征。另一个被撒拉逊人俘虏的是休·德哈顿

（Hugh de Hatton），他在做了七年俘虏后衣衫褴褛地逃回了家。一个放羊人没有认出他，告诉他德哈顿已经死了。他回到了自己的城堡，但我们不知道他受到了怎样的接待，故事讲到他走到门口后就结束了。同尤利西斯从特洛伊回来后被迫隐姓埋名的故事类似，这是一长串武士离家多年后归来的故事之一。

许多人因为被流放而去参加圣战。强悍的富尔克·菲茨瓦林（Fulk Fitzwarin）在下棋时激怒了约翰亲王，亲王用棋盘打他的头，富尔克回敬一拳，差点把亲王打死。他随即被朝廷流放，向巴勒斯坦进发，但暴风雨把他吹到了巴巴里（Barbary）海滩。在那里，他被撒拉逊人俘虏。他被囚禁期间似乎很愉快，据说他在苏丹的领土与一个"贵妇"相爱了。最后，他到达东方，加入了理查的军队，参加了阿卡围城战。与理查一同征战的还有一位威廉·德普拉特勒（William de Pratelles）[42]，因为在狩猎途中被敌人偷袭时救了理查而出名。威廉大叫"我是国王！"而被俘虏，但幸运的是理查在巴勒斯坦做的最后几件事之一就是用 10 名土耳其人把这位勇敢的朋友换了回来。

在理查死后继位的无道的约翰也立下过东征的誓言。[43] 在已经褪色的《英国大宪章》中，我们仍能读到他是如何承诺在"动身去东征前"调整财税问题。但男爵们不相信他的诚意，迫使他立即履行承诺，以免出现"如果因故耽搁而未能去圣地"的情况。

约翰当然没去东征，但他的小儿子康沃尔伯爵理查[44]东征的决心像同名的理查一世一样坚定。但理查伯爵那位昏庸的哥哥亨利三世任用的法国佞臣使朝廷一片混乱。作为朝廷中唯一的能臣和王位的法定继承人，理查伯爵无法离开。当国王得子后，他立即动身奔赴巴勒斯坦。所有人都试图劝阻他，包括教皇也劝他购买豁免权以解除东征的誓言。罗马教会的关怀无疑是因理查拥有康沃尔的锡矿、铅矿和大片林地，被誉为欧洲最富有的亲王。但伯爵没有解除誓言，而是通过变卖林地筹集到必要的资金。根据提尔的威廉的说法，当他上路的时候，人们都流泪了，因为他是一个全心关注公众福祉的人。但理查告诉他们，即使他没有立下誓言，他也宁愿去东征而不愿目睹即将来临的灾难。跟着他东征的有后来战死于埃及的索尔兹伯里伯爵威廉·朗索德[45]、7 位男爵、五六十名骑士，以及众多弓弩手和长矛手。1240 年 10 月，他们在阿卡登陆后，发现法兰克人与穆斯林已处于停战状态。此时的伊斯兰世界正深陷埃及与叙利亚王国惯常的战争中。由于停战协议没有被遵守，理查伯爵踏着伯父的脚印，向雅法前进。在这种情况下，埃及苏丹被逼无奈，提出议和。伯爵是个很难对付的人，在经过漫长的谈判之后，十字军获得了历史最好的协议条件：耶路撒冷、拿撒勒、伯利恒等大部分圣地都归属了基督徒。理查伯爵回国后被誉为圣墓堂的拯救者。

　　陪同理查伯爵一道去巴勒斯坦的还有西蒙·德蒙福尔，由于刚与英王的妹妹完婚在国内引发轩然大波，审慎起见他决定离开英格兰一阵子，于是去了巴勒斯坦。西蒙虽然在战场上被称为约书亚再生[46]，但带着十字军战士常有的对犹太人的敌意，不久前却把约书亚的后裔从他在莱斯特的领地上驱逐了。他尚未成为王室暴政的伟大反抗者，但可能是自诺曼征服至都铎王朝这段历史时期各种国王和贵族间血腥争斗中唯一一个为原则而战的人。虽然他在巴勒斯坦没有留下什么影响，但他强大的人格和个人能力肯定给当地的法兰克人留下了深刻的印象，因为他们想把王国的摄政权交给他，协助未成年的国王。但西蒙更渴望回归故土，并成为英格兰之主。不过，他最后失败了，以惨死而告终。

　　十字军东征的时代就要结束了。巴勒斯坦成为新兴伊斯兰势力的战场。在蒙古人的挤压下，花剌子模人和库尔德人被迫从北方迁来，紧随其后的是鞑靼可汗们自己。在康沃尔伯爵成功签署协定之后两年，耶路撒冷再次陷入敌手。提尔和阿卡成为法兰克人在巴勒斯坦最后的据点。此后几次十字军东征的目标均为马穆鲁克王朝统治下的埃及和巴巴里沿海一带。西方最后的有组织行动是法国的圣路易发动的两次毫无结果的远征，他被穆斯林诗人称为"牛皮大王"[47]。

后一次东征发生在 1269—1272 年间，英格兰的爱德华亲王为兑现其在打败西蒙·德蒙福尔之后立下的誓言，也加入了东征。[48]当他和 4 位伯爵、4 位男爵以及约 1000 名士兵到达突尼斯后，愤慨地发现路易和其他亲王已经与苏丹签订了条约。爱德华带领人马立即乘船去往阿卡，在那里征集了一支由 7000 名当地法兰克人组成的队伍。但他唯一的战绩就是征服了拿撒勒，作为对撒拉逊人破坏当地基督圣殿的报复。被刺客用涂有毒药的匕首刺伤后，他在接下来的几个月里都处于垂死之中。最后，他也签署了停战条约，停战维持了 10 年 10 个月又 10 天。他随后回国，并随即成为英王。他是西方最后一位在巴勒斯坦作战的亲王。

1281 年，爱德华收到来自约瑟夫·德坎希（Joseph de Cancy）爵士的一封信[49]，他是圣约翰医院的骑士，受英王所托随时报告"圣地发生的新闻"。约瑟夫爵士在信中描述了他所看到的撒拉逊人和蒙古鞑靼人之间爆发的一场战役，并悲叹道："在我们的记忆中，圣地从来没有像现在这样悲惨过，土地因缺雨而荒芜，瘟疫和异教徒横行……我们在圣地从来没有见过这么少的战士（法兰克人）和智慧。"他确信只要有英明的将军和足够的军需品就能把异教徒赶走。他在信的结尾请求爱德华回到圣地完成征服。

但此时已经没有机会了。爱德华正忙着征服那个距离更近的王国，再也没有回到东方。后世的教皇为了充盈梵蒂冈的钱柜，热衷于劝说十字军战士用黄金赎回东征誓言，彻底玷污了"圣战"的圣洁。当圣殿骑士团的大首领为对抗复兴的马穆鲁克王朝回到欧洲求援时，他只征到几百名意大利雇佣兵。[50]收复巴勒斯坦已经没有希望了。就在狮心王理查攻破阿卡之后整 100 年之际，20 万马穆鲁克武士向十字军战士把守的最后一座城市挺进了。1291 年，阿卡陷落，在爱德华把犹太人逐出英格兰的同年，最后一个基督徒被逐出了巴勒斯坦。

第5章

英译《圣经》

1538 年，英王亨利八世发布公告，要求英格兰的每座教堂都要放置"一部最大的全本英译《圣经》"。公告还要求教士把《圣经》放在"最方便的地方……使教区居民能方便地找到和阅读"；不仅如此，"你们不得阻碍任何人聆听和阅读这本《圣经》，而应该明确地鼓励和劝告所有人都来读《圣经》"。[1]

《圣经》被翻译成英文，成为独立的英国教会的最高权威，由此希伯来人的历史、传统和伦理法则成为英国文化的一部分，并在此后的三个世纪里成为影响英国文化的最主要因素。用马修·阿诺德（Matthew Arnold）的话来说，《圣经》把"我们英国人的精神和历史与希伯来人的精神和历史联系在一起了"。[2]这远不是在说英格兰是个亲犹太人的国家，但如果没有英译《圣经》的背景，即使考虑到后来出现的战略因素，英国政府也很可能不会发布《贝尔福宣言》或对巴勒斯坦进行托管。

宗教改革所到之处，《圣经》就取代了教皇成为最终的精神权威。为了打击罗马的权威，基督教源自巴勒斯坦这一事实被不断加以强调。那些过去被教皇诏书统治的地方，如今改由上帝直接管理，上帝的旨意通过希伯来人的约书传达给了亚伯拉罕、摩西、以赛亚、以利亚、但以理、耶稣和保罗。

"考虑一下这个伟大的史实,"托马斯·赫胥黎说,"这本书已经融入英国历史中最美好和最高尚的东西,成为不列颠的民族史诗。"[3]这是一件很奇怪的事,一个民族的史书变成了另一个民族的史诗。到 1611 年英王詹姆斯钦定版(King James Version)《圣经》出版后,这一过程彻底完成了。此时,英格兰已经对《圣经》视如己物,就像伊丽莎白女王和维多利亚女王一样。当时的作者在谈到英译《圣经》时总习惯性地称之为"这本我国的《圣经》"、"这本最经典的英国作品"等;霍尔(H. W. Hoare)在《英译〈圣经〉的演化》(*Evolution of the English Bible*)一书中甚至说《圣经》是英国"最古老的传家宝"。可见学者也会因为激情而步入歧途,因为英译《圣经》既不如乔叟的作品古老,也并非传家宝,只在翻译方面有所传承。《圣经》的内容是对巴勒斯坦的犹太民族的起源、信仰、律法、习俗和历史的记录,成书之时英格兰还没人会读写。尽管如此,没有一本书能像《圣经》那样深地渗透到英国人生活的精神本质之中。沃尔特·司各特临终时请洛克哈特(Lockhart)为自己诵读,当洛克哈特询问读哪部书时,司各特回答:"唯有那一部。"

《圣经》对英国人影响如此之大,究竟是由于其本身的内容还是钦定版的优美文字,是个见仁见智的问题。研究钦定版《圣经》对英格兰语言和文学产生的影响之书籍能装满一整座图书馆。但这并非我们关注的重点,我们真正关注的是《圣经》对英国人民熟悉和亲近巴勒斯坦的希伯来传统所起到的作用。

为什么这本犹太人的家族史成了英国文化的第一书?当弥尔顿在《失乐园》和《斗士参孙》(*Samson Agonistes*)等作品中撰述英格兰起源的史诗时,他为什么使用了《圣经》中的题材?班扬(Bunyan)的《天路历程》(*Pilgrim's Progress*)在多数家庭里近似于第二本《圣经》,为什么他在写作时也去《圣经》中寻找题材?威尔士作家约翰·考珀·波伊斯(John Cowper Powys)曾问道：为什么英国人对《旧约》那么"狂热"？为什么"我们盎格鲁—凯尔特族人只在犹太人的感情和想象中找到了个人信仰"？他猜测："或许在不列颠岛的原住民中存在一支非雅利安的前凯尔特人，他们内心深处的祖先记忆被这本闪米特语的书唤醒了？"[4] 普通英国人对这种凯尔特解释嗤之以鼻（不过这个解释对盎格鲁—以色列运动的追随者可能有一定吸引力，他们通过对《圣经》某些零散篇章的扭曲解读，认为英国人是以色列十大流散支派其中一支的后裔[5]）。但要想理解《旧约》对英国人的吸引力，其实不必上溯到不列颠原住民那么久远的时代。它的魅力是基于两个与其他原始宗教著作都不同的基本理念：其一，上帝的唯一性；其二，一个通过人与人、人与上帝之间的行为准则建立秩序的理想社会。格拉德斯通（Gladstone）先生是在《圣经》的影响下成长起来的典型英国绅士，为人处世就跟古代的先知一样。他写道，基督教有关上帝唯一性的概念源自希伯来人。当我们问"这个在古时候被完全否定的概念，是如何在漫长的黑暗中保持生机，并被稳妥地交给我们的。答案是，这个真理是被一个为他人所蔑视的弱邦小国作为宗教责任维护下来的。他们从《旧约》中获得了这个宝贵的真理，并把它保存了下来"。[6]

至高无上的上帝选定了一个民族替他传达训诫，这个民族努力谨守训诫，虽然做得不够完美，但依然不断尝试——《圣经》中的这些说法为一代又一代的英国人所熟知。每个人都熟知《圣经》，许多人家只有《圣经》这一本书，所以人们一遍接一遍地读，直到书中的文字、图像、故事像面包一样熟悉。孩子们会背诵《圣经》中长长的章节，他们往往在认识自己国家之前先认识了巴勒斯坦的地理。劳合·乔治（Lloyd George）回忆，他与哈伊姆·魏茨曼（Chaim Weizmann）在 1914 年 12 月第一次见面时，谈话中出现的地名"比西线的地名更熟悉"。[7] 贝尔福勋爵的传记作者说，他对犹太复国主义的兴趣源自他少年时期在母亲的教导下受到的《旧约》教育。他受到的教育会像罗斯金（Ruskin）一样严格吗？他在自传的第一页上说，母亲要求他朗读整本《圣经》，"每个音节、每个拗口的名字，从《创世记》一直到《启示录》，每年完成一次……完成的次日再从《创世记》开始重新读起"。[8]或许他不知道他所做的就是犹太教堂里每年在做的（但不包括《新约》），但他说这是"我所受的必备教育中最珍贵的部分"。

英格兰的国教何时诞生，亚伯拉罕、以撒和雅各的上帝何时成为英国的上帝，《旧约》中的英雄何时替代了天主教的圣者，这些没有人能给出确切的日期。1500年前后全欧洲都在经历深刻的变革，中世纪退出了历史舞台，取而代之的是宗教改革和文艺复兴，或按当时人的叫法——新学时代（the New Learning）。有些历史学家认为中世纪结束的标志是1453年君士坦丁堡落入土耳其人之手，另一些历史学家认为是1454年活字印刷的发明，或者是1492年哥伦布发现新大陆，再或者是1517年路德把反抗罗马的文章钉在教堂门上。实际上，新时代的产生不是因某一个事件，而是这些发生在50年内的事件相互作用的结果。英格兰经过动荡的16世纪才完成宗教改革。这个世纪的每个十年都有人在断头台上人头落地，在火刑柱上被烧死。这些洒下鲜血的人包括《圣经》的翻译者廷代尔（Tyndale）、国务大臣托马斯·克伦威尔（Thomas Cromwell）、信仰旧教的托马斯·莫尔爵士（Thomas More）和信仰新教的大主教克兰麦（Cranmer）。与此同时，翻译《圣经》的工作有条不紊地进行着，在新世纪初随英王詹姆斯钦定版的完成达到了巅峰。翻译的过程代价极大，但正如波斯诗人所言，染着伟人鲜血的土地，开出的玫瑰最红。

1611年完成的英译《圣经》是由廷代尔在1525年开始翻译的，但他的版本绝非《圣经》第一次被翻译成英文。由于没有印刷术，早期版本的复制只能靠人工誊写，因此难以流传。印刷技术一出现就像洪水涌出了堤坝，再也没人可以阻止英译《圣经》的大范围流传。

无论教会怎样想方设法收买、焚毁，总是会有更多的《圣经》被印刷出来。

　　亨利八世为离婚而反抗罗马教皇、支持新教，并不是宗教改革发生的原因，它只是使英王提早站在了改革者一边。即使没有亨利，或者他不曾爱上安妮·博林（Anne Boleyn），宗教改革一样会发生。新教的思潮来自海外，而且自 14 世纪约翰·威克利夫和他的罗拉德派（Lollard）教徒与罗马教廷的弊端做斗争时就在英格兰广泛传播。威克利夫和他的信徒在 1380 年代就把《拉丁通行本圣经》完整地翻译成了英文。想想这个工作量就能知道他们的宗教热情有多么巨大。威克利夫版的《圣经》[9]留存下来 170 部手抄本。当时肯定有更多的手抄本，因为罗拉德派被斥为异端遭到迫害的时候很可能有很多抄本被毁，更多的抄本会随着时间的推移而散佚。估计当时可能总共有 200 至 400 部抄本，每部都需要精心抄写（《圣经》共有约 77.4 万字），且抄写者还可能因此而失去生命或自由。在那时，拥有一本英译《圣经》甚至也可以被作为异端罪的证据。"我们的主教谴责和烧毁上帝的旨意，仅仅因为它用的是自己的母语。"[10]一名罗拉德派作家在 15 世纪批评说。

　　但让主教们担心的问题不是阅读《圣经》本身，而是谁在阅读。真正激怒主教们的也不是翻译工作本身，而是翻译未经授权，且阅读非授权版《圣经》的人来自有异端和反叛倾向的阶层，这个倾向已经在 1381 年的农民起义中显现出来了。富人和正统信徒出于自身利益考量，乐于维护教会的权威，他们因此经常能获得持有和阅读英文《圣经》的特别许可。但高级教士不希望普通人接触《圣经》，以防他们绕过教堂的圣礼找到直通上帝的途径。1408 年，阿伦德尔（Arundel）大主教颁布教令，规定任何人制作或使用未经许可的《圣经》译文可被判处火刑。[11]这项教令是基于英王和议会在 1400 年通过的一项名为"关于对异教徒施以火刑"的恶法，[12]这是英国历史上第一条允许因宗教信仰判处死刑的法令。法令写道，"近来出现了一种新教派，有很多堕落的成员，公开或私下里散布、宣讲各种新教条、异端邪说和错误思想……建立学校，著书立说，恶毒地教导大众"，他们必须受到地方法院的审判，如果不发誓放弃异端，就应该被烧死，"这样的惩罚是为了在其他人的内心引发恐惧"。不难理解为什么托马斯·富勒在他的《教会史》中谈及 1397 年翻译《圣经》的威克利夫派成员约翰·德特里维萨（John de Trevisa）时，感叹他不知最应该赞叹的是"他完成如此困难和危险的工作时所展示出的能力、勇气还是韧性"[13]。

　　一般而言，威克利夫版的《圣经》是可以放在衣袋里的小型本，供游走的罗拉德派教士使用，他们在布道时可以用日常用语把经文念给民众听。记录显示一本威克利夫版的小型《圣经》成本约为 40 先令[14]，相当于今天 * 的 150 美元。尽管受到了压制，但仍能保留下 170 本，这进一步说明了其价值所在。近一个世纪之后，这一版本的残卷仍然为人所用。福克斯（Foxe）在《殉教者之书》（*Book of Martyrs*）中提到，1520 年时有人用一车干草换取英文《新约》中的几章。[15]

　　罗拉德派的本质是对宗教民主化的尝试，使民众直接读经文，而绕过教会的什一税和赎罪券，以及出售赎罪券的人、用以自肥的修道院长、道貌岸然的主教等整个教会的贪腐帝国。威克利夫想把经文翻译成英文，因为他相信《圣经》才是人间和天国律法的本源，而非罗马教廷宝座上的那顶红帽子。如果《圣经》不能以日常用语存在，就不能像他希望的那样指导民众的日常生活。虽然威克利夫翻译了《圣经》，但不能说他让英格兰熟悉了《圣经》，特别是《旧约》。当时的手抄本太少，成本太高，民众识字率太低，无法形成广泛的影响。威克利夫最大的贡献是他创造的理念，即《圣经》是每个人都能自己诉诸的最佳精神权威。他的努力为英国新教运动建立了深

---

* 本书于 1956 年写成。——编注

厚的根基，使宗教改革的萌发成为可能。但英文《圣经》显现真正的生命力还需要等待印刷术的到来。

在威克利夫之前的年代里,《圣经》已经为人所熟知,特别是《旧约》中的《创世记》、《出埃及记》、《诗篇》,以及新约中的《福音书》。我们已经看到,在英国最早的史学家、凯尔特人吉尔达斯的《使徒书》中，每一行都有《旧约》的痕迹。从比德开始，很多人早在诺曼征服之前就把许多《旧约》和《新约》的章节翻译为盎格鲁—撒克逊人的语言。[16] 根据约翰的说法，比德本人翻译了《福音书》，阿尔弗雷德大帝翻译了《诗篇》和《十诫》，作为他翻译教会和教父历史以更好地教育人民的整体计划的一部分。此外，还有多个版本的《诗篇》、《福音书》及"圣经故事"被翻译为古英语，但都是出于信仰的虔诚，并非像威克利夫那样为了改革宗教。盎格鲁—撒克逊的神职人员所能接受到的教育是有限的，他们的拉丁语知识少得可怜。在撒克逊人掌权时代，布道是用本国语言。为了帮助识字不多的神父进行布道，译文写在拉丁文经文的旁边或行间。《旧约》中的故事也是布道中的内容，包括亚当和夏娃、先祖、约瑟和兄弟们，以及摩西出埃及的故事。在更多的情况下，它们是撒克逊吟游诗人在宴会上吟唱诗歌的主题，以及哑剧和神迹剧的内容。

卡德蒙（Caedmon）是英国第一位诗人，写了很多以《旧约》为题材的叙事诗。在比德令人难以忘却的故事中，卡德蒙是个牧人，被一群人叫来在篝火宴会中唱歌，但他不会，无法让客人高兴。那天晚上，他在牛群中睡觉时做了一个梦，梦到一个陌生人命令他唱歌，当他表示自己不会唱时，上帝给了他歌喉和歌词，于是他起身拿起竖琴，唱出了一首歌。之后他又唱了一遍，这次歌词被记录下来。"他的歌，"比德说，"唱的是世界如何产生，人如何诞生，就是创世的历史。他还唱了以色列人离开埃及去往应许之地的故事。"[17]

许多卡德蒙诗篇其实是在他生活的 7 世纪之后完成的作品，被归在他名下是因为比德让他成了名人。这些诗篇的作者可能是一些

撒克逊吟游诗人，内容选自《旧约》中比较有可能为撒克逊听众所
欣赏的典故：国王和暴君的传说，诗人和听众能理解的战斗和英雄
故事。在诺曼人征服不列颠之前的四个世纪里，古代斯堪的纳维亚
人经常入侵，大肆劫掠，使得英格兰的许多地方长期处于战争之中。
几乎每年都有丹麦人坐着船在沿海的某处跳下发动袭击，烧杀劫掠；
几乎没有居民点未曾被焚为灰烬过。当诗人说起亚伯拉罕率领他的
"贵族"和"军队"在西订谷（vale of Siddim）与国王们作战的故
事时，他们心里想到的实际上是丹麦人的入侵。撒克逊人败多胜少，
亚伯拉罕的胜利在精神上能给他们带来虚幻的满足，他们沉浸在诗
人描绘的"自由人民的屠杀者被猛禽撕碎"的图景中，和亚伯拉罕
杀死麦基洗德（Melchizedek）的敌人后说的话中［由斯托普福德·布
鲁克（Stopford Brooke）翻译成现代英语］：

> 你不必害怕与我们厌恶的敌人打仗——
> 与那些北方人的战争！——因为那群食腐肉的鸟
> 身上溅满鲜血，正站在山坡之下
> 咽喉里塞满了那些坏蛋的血肉。[18]

"法老的军队"被红海的巨浪吞没的可怕命运，也是撒克逊听
众喜欢的暴君横死的故事。"在那个众所周知的日子，在大地中央
有一大群人向前涌去。"不具名的诗人在古英文版《出埃及记》中
写道。埃及军队冲了过来，发出震耳欲聋的声响，使以色列人战栗
不已。但摩西指挥以色列人进行防守，要求他们"穿上战衣，想着
高尚的行为"。然后，他劈开波浪，众部落这才穿越了红海。"他们
持盾走过盐沼"，在他们身后，红海又复原了，埃及人在做垂死挣
扎——"高傲的海浪从来没有这样高过！敌军全部沉没了！"
　　随着北欧人每年的袭扰逐渐变成领土占领，想把敌人赶出家园
的希望越来越渺茫，像阿尔弗雷德大帝那样的斗士，以及阿尔弗里

克修道院长（Abbot Aelfric）[19]那样的宗教领袖，试图在民众中激起一种共御外敌的爱国情怀。阿尔弗里克死于 1020 年，因学识渊博被称为"文法家"。他被誉为"当时和死后五个世纪里最伟大的用英语写作的神学家"。为了传播宗教教育，以及一种爱国的战斗精神，阿尔弗里克利用了古代希伯来人的例子。除翻译《摩西五经》之外，他把《旧约》缩写成一个连贯的故事，并根据《士师记》、《以斯帖记》——以斯帖"拯救了她的民族"——以及《犹滴传》（*Book of Judith*）和《马加比传》（*Book of Maccabaeus*）写成了布道词。[20]他解释了选择马加比的理由："那个家族以无比勇敢的精神，与试图消灭他们并把他们从上帝赐予的土地上铲除的异教徒军队战斗，屡次取得伟大的胜利……他们之所以获胜，是依靠了真正的上帝，并遵循了摩西的律法……所以我把它们翻译成英语，你们通过阅读他们的事迹能获得启示。"阿尔弗里克把犹大·马加比的故事收入他写的《圣徒生平》（*Lives of the Saints*）中。他说，马加比"在《旧约》中和上帝的选民一样圣洁，因为他从不违背上帝的意志……他是上帝的骑士，总是为保护他的子民而与侵略者做斗争"。

> 犹大裹着闪闪发亮的胸甲
> 像个巨人一样全副武装
> 执剑保护着主人。
> 他在战斗中的举止就像一头狮子一样……

阿尔弗里克在故事中增添了帮助读者理解的内容，如果任何人想知道为什么上帝的天使会在犹太人面前降临，他们需知道：

> 犹太人跟上帝最亲
> 在古老的律法书中就是这样，因为他们
> 尊万能的上帝为圣，并持续祭拜，

> 后来上帝的儿子耶稣降临，
>
> 耶稣生下来就是犹太族人
>
> 当时有些人不相信他是上帝
>
> 对他进行迫害……
>
> 但那个民族中有许多好人
>
> 古老的律书和新约中都有
>
> 族长、先知、圣徒……

　　阿尔弗里克可能是看到了一些令人担忧的征兆。他发现撒克逊人在与信仰异教的丹麦人的接触中，开始转信他们的先祖信仰的异教诸神。他特别指出，当古代以色列人"放弃了真实存在的上帝之后，立即就遭受到了他们周围的异教国家的折磨和羞辱"。然而，"当以色列人再次真诚忏悔，请求上帝援助的时候，上帝还是给他们送来一位士师（judge），他打败了敌人，把他们从苦难中解救出来"。阿尔弗里克罗列了几位英国国王——阿尔弗雷德、阿瑟尔斯坦（Athelstan）、埃德加，他们像以色列的士师一样，在上帝的帮助下打败了敌人。

　　与此相似，有关犹滴的故事，阿尔弗里克解释道，"也按照我们的方式翻译成英语，希望你们以她为榜样，与入侵的敌人做斗争，保护家园"。阿尔弗里克关于犹滴诛暴君的布道词，是受了盎格鲁—撒克逊圣经诗中最鼓舞人心的《犹滴》（Judith）[21] 的启发。这首诗据称是为纪念阿尔弗雷德大帝的继母犹滴而写的，年轻的犹滴于 856年与阿尔弗雷德大帝的父亲完婚，成为皇后。但另有学者认为这首诗的写作年代晚于阿尔弗里克，是受他的布道词影响写成的，内容可能是赞颂 10 世纪初麦西亚（Mercia）女王率领国民抗击丹麦人的事迹。无论如何，这首与《贝奥武甫》（Beowulf）齐名的古英语文学作品，使犹滴成为英国人最爱戴的女英雄。在遗留下来的残篇里，我们看到荷罗孚尼（Holofernes）像典型的撒克逊领主一样醉醺醺的样子，他：

> 大笑、大吼
> 远远就能听到他的吼声
> 伴随着爆笑声和酒后的疯狂。

犹滴走进帐篷，亚述王正醉卧昏睡。她的剑光落处，暴君的人头落地。她像胜利者一样举起滴着鲜血、蓄着黑须的人头，展示给站在城墙外的人群看，鼓励他们发动暴动。

> 自豪的希伯来人用剑砍出一条去路
> 人们举着长矛冲过去发动进攻。

胜利了，地上躺满了被杀死的亚述人，成了乌鸦的美食。

虽然这些用古英语写成的诗篇一定使聆听布道的撒克逊英格兰人熟悉了基督教的希伯来起源，并使古巴勒斯坦的历史变得活灵活现，但后来的英文《圣经》与这些残篇没有关系。原因之一是语言，威克利夫时代的人已经无法读懂这些诗篇所用的语言，更不用说廷代尔时代的人了。原因之二是外族的征服割裂了历史，征服者之前的大部分文化会被迅速忘记。当时懂拉丁文的人很少，民众的识字率不高，这让阿尔弗雷德大帝和阿尔弗里克十分苦恼，所以早期《圣经》译本是为了启蒙——让人民熟悉自己的宗教传统，就如同今天给孩子读圣经故事一样。诺曼人征服之后的不列颠受更好的拉丁文知识以及强调辩证法和经文的经院派神学家影响，更严格地遵循拉丁文《圣经》和神父的权威。这种情况至少延续到威克利夫的时代。像阿尔弗里克那样随意地改述马加比的故事，缩写《旧约》，并略去其中艰涩的段落和《利未记》中的律例，即使当时人可以读懂他的语言，这对他们也无异于异端邪说。

下一个翻译《圣经》的罗拉德教派，与撒克逊时代受国王和教会的授权相反，是在统治阶层的禁令下完成的，尽管威克利夫本人就是神父。虽然在 15 世纪遭到严厉的镇压，但罗拉德教派的努力使宗教改革最终冲破堤防，从而改变了欧洲的历史。廷代尔曾经骄傲地对那些信仰教会权威胜于《圣经》的"学者"说："我将让一个种地的孩子知道的经文比你们还要多。"[22] 这句话概括了这场大变革的实质。

当廷代尔在 1520 年代开始他的工作时，未经授权翻译《圣经》依然是可入刑的行为，因为亨利八世尚未与罗马教廷决裂。在科隆的一间小顶楼里，点着蜡烛的桌面上摆着希伯来语和希腊语的语法书，当时仍处于流放之中的、英译《圣经》的真正开创者廷代尔开始了翻译工作。威克利夫的版本是对翻译的翻译，因为他使用的底本是拉丁通行本；但廷代尔懂希腊文，并略通希伯来文，因此采用了《圣经》原文本进行翻译。此外，他手中也没有威克利夫的译本——他是从零开始的。在他的《新约》译本的前言中，有一封致读者的信，他在信中明确表示，"没有人可以帮助我造假，因为我找不到其他人的译本"。希腊文和希伯来文研究在拉丁文占主导地位的中世纪一直被忽略，但自从威克利夫时代起，新学运动使这两种语言的研究获得新生。红衣主教沃尔西（Wolsey）此时刚在牛津建立起一座学院，后来成为著名的基督教堂学院，罗伯特·韦克菲尔德（Robert Wakefield）担任第一任希伯来语首席教授；剑桥也成立了基督学院和圣约翰学院，采用三语教学。

在牛津，希伯来文研究在 13 世纪经历了短暂的繁荣，在伟大的主教格罗斯泰特（Grosseteste）的教导下，新成立的方济各会（Franciscan Order）致力于研究知识和哲学。牛津在犹太人被驱逐前曾经拥有全世界最大的犹太人社区之一。格罗斯泰特和罗杰·培根（Roger Bacon）是当时方济各会的头面人物，他们都在牛津与犹太人研究过希伯来语。培根认为要想获得真知必须通晓希伯来文，因为所有知识都源自上帝的启示，最初是以希伯来文出现的。[23] 现存的一部希伯来语法著作残篇，据说是出自他之手。但方济各会衰败后，希伯来文研究就消失了，直到文艺复兴时期才重启。

1480 年代和 1490 年代，欧洲大陆的犹太拉比指导印刷了新版希伯来文《旧约》。1516 年，伊拉斯谟出版了新版希腊原文《新约》，并以之为底本翻译为拉丁文。路德于 1522 年根据伊拉斯谟的希腊文本将《新约》翻译为德文，而他的德文《旧约》（1534 年）则是根据 1494 年的希伯来马所拉抄本（Hebrew Masoretic text）翻译的。

廷代尔先翻译了《新约》，译本在德国印刷，于 1526 年偷运入英格兰。在全部 6000 本中只有三本流传到今天，因为当局进行了严厉的镇压。主教们紧张地想买下所有译本加以销毁，这实际上给廷代尔提供了稳定的收入，供他翻译《旧约》之用。同时期写成的霍尔（Hall）的《编年史》（Chronicle）记载了时任英国大法官的托马斯·莫尔爵士审问涉嫌异端罪的乔治·康斯坦丁（George Constantine）。莫尔说："康斯坦丁，请实言……海对面有廷代尔、乔伊和许多像你们这样的人。我知道如果没有人帮助，他们无法生活，肯定有人送钱支持他们。你是他们中的一员，你应该知道钱从哪里来。请告诉我是谁在帮助他们。"

"'大人，'康斯坦丁说，'我能说真话吗？''请说！'大人说。'我很乐意。'康斯坦丁说。'实际上，'他说，'是伦敦主教在帮助我们。为了买下《新约》尽数烧毁，他给了我们大量的钱，这是我们唯一的生活来源。''说实话，'莫尔说，'主教买书的时候我就是这样想的，也是这样告诉他的。'"[24]

除了这个意外的经费来源之外，为廷代尔以及后来的科弗代尔（Coverdale）及其合作者提供资金支持和鼓励的，主要是一群富裕的伦敦商人。他们代表了崛起中的资本家阶层，渴望摆脱罗马官僚的控制。他们支持着流放中的廷代尔，支付他在德国印刷新版《圣经》的费用，并偷运入英格兰后分销。后来，官方同意公开印刷的

"大圣经"（Great Bible），也就是亨利八世下令在各教堂阅读的那本，全部印刷费用都是由富裕的纺织商人安东尼·马勒（Anthony Marler）[25] 负担的，但他没有想到这笔投机给他带来一份好回报。他获得了特许销售权，定价 10 先令（否决了克伦威尔建议的 13 先令 4 便士）。他所获得的回报超过了他的原始投入。

不过，这是十年之后的事了。当廷代尔的《新约》刚刚偷运入英格兰时供不应求，但商人们面临的风险不是亏本，而是掉脑袋。需求在接下来的几年并未衰减，在廷代尔翻译的《圣经》面世之后四年，伦敦主教压制的努力如此失败，以致他觉得有必要在圣保罗教堂院内公开焚毁。[26] 同年，即 1530 年，廷代尔完成了《摩西五经》的翻译，在马尔堡（Marburg）印刷，然后由代理人运过英吉利海峡，送到了望眼欲穿的英格兰读者手中。

与此同时，在托马斯·克伦威尔的高明操纵下，政治局势向着与罗马决裂的方向发展。在红衣主教沃尔西因不愿或无法实现亨利的愿望于 1530 年被处决后，克伦威尔的崛起开始了。不久之后，他就给他的君主娶了一位新妻子、奉献了一个新头衔。1533 年，亨利八世与安妮完婚。1534 年，议会通过法案要求神职人员服从英王。1535 年，《至尊法案》（Act of Supremacy）确立亨利为"英国国教会最高领袖"。推出官方英文《圣经》的工作随即展开。由于在书页边的批注中尖锐地批评了拉丁通行本歪曲文本原意以迎合天主教教义，廷代尔的译本已经引发了太大的争议，所以不能被接受。1534 年，神职人员向英王请求"出于指导的目的给人民提供"《圣经》的新译本。[27] 其结果就是"马修圣经"（Matthew Bible）。这个新译本实际上包括了廷代尔已经完成的部分，以及迈尔斯·科弗代尔（Miles Coverdale）接续完成的部分。这个译本印好的书页运入英格兰后，于 1535—1536 年间出版发行。后来，在大主教克兰麦的指导下，于 1538—1539 年间进行了修订和再版，这就是第一次在英格兰印刷的官方授权的完整英文《圣经》译本。这个被称为

"克兰麦圣经"（Cranmer's Bible）或"大圣经"的译本，就是英王1538 年公告中提及的版本，扉页上的这句话代表了 150 年斗争的最终结果："此《圣经》即为官方授权所有教堂使用的版本。"其卷首插图很是精美，据说由霍尔拜因（Holbein）设计，图中一群收到书的小人高呼"国王万岁！"。

与此同时，被福克斯称为"英格兰的使徒"的廷代尔——这位勇于献身的顽强学者，因翻译经文被处以火刑。他没有死在英国人手里，但讽刺的是他却是因英国教会认同了他的观点而死。对于神圣罗马帝国皇帝查理五世而言，这位在他的领土上进行翻译工作的英国翻译家代表了胆敢脱离罗马教会的异端——英国教会，因此将他处以火刑。另一讽刺之处在于，廷代尔被处死后仅几个月，他的宿敌托马斯·莫尔即因拒绝承认英王为英国教会的最高领袖而被处死。莫尔试图阻止新教浪潮，而廷代尔顽强地传播新教思想，双方因此发生了一场伟大而激烈的争论，收录在莫尔的《对话录》（Dialogue）和廷代尔的书信回复之中。双方都因信仰而死，却站在了不同的阵营。虽然莫尔的名声更大，但廷代尔的影响更深远，因为他的译作永恒地响彻在他身后的英语世界里。

斯特赖普（Strype）在一个世纪后描述"大圣经"受到的欢迎时写道："不仅有知识的人，所有英格兰人，包括普通平民，都因获得这本上帝之书而快乐，并贪婪地阅读上帝的话。这真是太奇妙了！所有能买到书的人都买了，并如饥似渴地阅读，或让别人读给他们听。"作为大主教克兰麦的传记作者，斯特赖普所说的带有个人偏见。实际上，英格兰至少有一半的人仍是忠诚的天主教徒，他们视本国语《圣经》译本如毒蛇一般恐怖。福克斯的《殉教者之书》中有一个例子：埃塞克斯郡（Essex）切姆斯福德（Chelmsford）的 15 岁男孩威廉·马尔登（William Maldon），因偷读《圣经》而惹怒了他的父亲，愤怒的父亲差点杀了他。"我和父亲的学徒，"他写道，"凑钱买了一本英文《新约》，藏在我们的床下……我父亲拿着一根大棍子走进我们的房间……父亲问：'你的老师是谁？'我说：'父亲，我们除了上帝，没有老师。'"被激怒的父亲没有能够让儿子认罪，便打他，大叫道："给我绳子，我要把他吊起来……"他写道："我父亲拿着绳子过来了，母亲央求他放过我，但没有用。父亲把绳子套在我脖子上，猛地一拉，几乎把我拉下床来。我母亲大哭起来，拉住他的胳膊，我兄弟理查也在旁边大哭。父亲终于松了绳子，让我回到了床上。直到六天后我脖子上的伤还很痛。"[28]

英王亨利和主教们更像威廉的父亲，而不是那个孩子。不久之后，他们便被授权出版英译《圣经》所释放出的路德宗改革浪潮惊呆了。亨利对新教的支持仅限于摆脱罗马教皇的控制，他并不信奉新教的教义。他允许翻译《圣经》，只不过想以英文《圣经》作为自己代替罗马教廷权威的符号。他把自己视为英格兰的教皇，并随时准备像罗马教皇一样镇压异端。事实上，他于1540年在史密斯菲尔德（Smithfield）以异端罪烧死了三名路德派教徒，并在同一天以叛国罪处死了三名支持教皇的教徒。[29]对此，路德做了如下评论："大地主亨利想要的即是英国人必须信奉的，不信即死。"[30]

但大坝已经有了裂痕，即使是大地主亨利也阻止不了变革的大潮。虽然他在公告中警告他的臣民，在使用这本书的时候，要"谦卑、虔敬"，要低声诵读，而不能在酒馆里为难以理解的段落进行争论，"也不要在小客栈里公开说理"，[31]但民众在能用自己的语言阅读经文后，都怀着兴奋的心情沉醉其中。每个教堂的讲道坛前都用铁链系着一本巨大的《圣经》，只要有人能朗读经文，人们就会围拢过来兴奋地听着，就像我们今天听世界职业棒球大赛的比赛结果一样。在圣保罗大教堂，有六部《圣经》系在"不同的柱子上，供想读的人阅读"，那热烈的场面让当局感到震惊。福克斯说，这些《圣经》很受欢迎，"特别是有人朗读的时候"。有一个叫约翰·波特（John Porter）的人，"很年轻，且身材高大"，在这项"神圣的活动中成了专家"，"有大量的人来听波特朗读，因为他读得清楚，声音洪亮"。这种世俗的布道，神职人员怎么可能会欢迎？波特被逮捕，罪名是阐释经文，聚众引发混乱，违反国王公告。他被投入纽盖特（Newgate）监狱"最深的地牢里，用铁链拴着。大约六天或八天后死去"。[32]

随后，议会通过一项法案，明确禁止未经授权的人朗读《圣经》。这项法案规定：贵族和绅士可以为家人轻声朗读《圣经》；女贵族、女绅士可以私下阅读，但不能读给其他人听；但社会"底层"——女人、技师、学徒、自耕农以下的人——被禁止私下或公开朗读，除非国王认为朗读对他们的生活有补益，给予特别许可。[33]

这项法案被执行的可能性和禁酒令一样渺茫。虽然英国民众并未在一夜之间都变成《圣经》的读者，但有足够多的新教徒，或按当时的称谓——路德宗信徒——把自由、独立地阅读《圣经》当做基本信条，这就使亨利的压制性措施毫无效果。特别是在玛丽女王治下的天主教复兴时期，由于《圣经》被丢出教堂并被禁止，它因此像一切被暴君禁止的文字一样获得了额外的意义。当"好博士泰勒"被架上火刑柱的时候，他向自己教区的居民说道："善良的人们，我教给你们的都是上帝的圣言和从《圣经》中提取出的教诲。今天我就用我的鲜血给它上封条。"[34] 在那个烈火熊熊的 1555 年，在玛丽女王强迫国民重新臣服罗马教廷的徒劳企图中，67 名新教徒被公开烧死。有些人如罗兰·泰勒（Rowland Taylor），死于对自己原则的忠诚不渝，另一些像克兰麦，又宣誓放弃之前改宗的誓言，但死于火刑使他们成为英雄和殉教者。拉蒂默（Latimer）主教的临刑遗言预示了玛丽女王的失败："在上帝的恩典下，今天我们在英格兰点燃了一根我相信将永不熄灭的蜡烛。"[35]

后来，到了伊丽莎白女王统治时期，一切又都颠倒过来，宗教改革得到恢复，《圣经》又回到了教堂。女王下令出版《圣经》的新版，并要求编辑们不要对原版"大圣经"做大改动，"仅是修改与原始希腊文本或希伯来文本有明显出入的地方"。[36] 所以，这一版仍然是廷代尔译本的延续，被称为"主教圣经"（Bishop's Bible）。
伊丽莎白的这个版本一直使用到英王詹姆斯时代。彼时，崛起的清
教徒偏爱加尔文教派的"日内瓦圣经"（Geneva Bible），这使得教
堂里使用的官方《圣经》与许多家庭里私下阅读的《圣经》并不一致。
1604年的汉普顿御前会议请求国王授权修订新的译本，这项庞大的
工程随即开始了，由54名学者共同承担，这就是英王詹姆斯钦定版。

　　从廷代尔开始翻译工作算起，已经过去差不多一个世纪了，在
这段时间里，希腊语和希伯来语的学术研究有了新发展，对古代经
文的研究有了新的成果，也有许多新语法、新词典、新论文可供参
考。参与修订《圣经》工作的学者包括：爱德华·莱夫利（Edward
Lively），牛津大学希伯来语皇家教授；兰斯洛特·安德鲁斯（Lancelot
Andrewes），威斯敏斯特教士长，通晓希伯来语、迦勒底语、古叙
利亚语、希腊语、拉丁语等十种语言；威廉·贝德韦尔（William
Bedwell），剑桥大学圣约翰学院资深学者，欧洲最伟大的阿拉伯语
学者；此外还有至少9名当时或后来的牛津大学或剑桥大学的希伯
来语或希腊语教授。[37] 这些修订者被分为6组，每组9人，牛津、
剑桥、伦敦各两组。为指导修订工作制订的13条规则体现了这些
17世纪神学家和学者工匠般的严谨工作方式。每组负责若干篇章，
每人独立负责若干章节。然后，所有人"一起开会讨论他们已经完
成的部分，共同认定修订的部分"。接着，各组交换他们完成的篇章，
"严肃、审慎地加以审读，英王着重强调了这一点"。如有不同意见，
修订者要把自己的疑虑明确地写下来，"注明有异议的地方，写出
自己的理由，在最后的组长大会上讨论解决"。有时还会请教外部
有学识的人。每位主教受命把项目的进展传达给他认识的古代语言
学者，鼓励这些学者给"工作组"提出有益的意见。

　　1611年，在成书的前言里，这些修订者称自己为"匠人"
（workemen），并坦率地说，他们"是想把一个好译本修改得更好，
或者说在众多好的译本中最好的版本。这就是我们努力的方向，我

们的目标"。他们并不抗拒"修改自己的成果，或将做好的作品返工"。他们也不限制自己把每个原文单词都对应一个固定英文单词，理由很简单，"难道天国就是单词和音节吗"？他们这种在语言上的自由性保留了前人的工作成果；事实上，13 条规则中的第 1 条就保证了廷代尔的风格得到保留，它要求"对'主教圣经'的改动要尽可能小，除非有悖原文"。从他们制定的规则中可以看出他们摆脱教派纷争，对遵从源自巴勒斯坦古老年代的原始文本的诚意。例如，先知的名字和其他名称"应尽可能维持原样，采纳通俗用法"。第 6 条规则禁止做有倾向性的解读："不许加旁注，除非是为解释希伯来语或希腊语单词。"最后，修订者在前言中坦承他们一直在努力避免"清教徒的谨慎"和"天主教徒的隐晦"，并坚定地申明了他们的最终目的——"经文应传达自己的意思，就如同迦南的语言一样，可以被最粗俗的人理解"。这一点，他们做到了，这是他们的荣耀，因为他们的《圣经》不仅能被从"最粗俗的人"到最博学者等所有人理解，而且举世闻名，被广泛流传和热爱。

第6章

黎凡特的商业冒险家

在地理大发现时代，当欧洲人沿着各个方向突破地理局限时，伊丽莎白时代的航海家和商业冒险家是开路先锋。这些"海外挑战者和偏远地区的探索者"，哈克卢特（Hakluyt）赞扬道，"比地球上任何人都要优秀"。[1]

"在女王陛下之前的众多国王之时，"他继续说道，"他们的旗帜曾经在里海的海面上飘扬过吗？他们曾经像女王陛下一样跟波斯皇帝打交道并为英国商人争取到大量优惠条件吗？有谁在君士坦丁堡苏丹的堂皇门廊前看见过有英国人在卫队前面闲逛？有谁在叙利亚之的黎波里、阿勒颇、巴比伦、巴尔萨拉……建起了领事馆和代表处？迄今为止有哪艘英国船曾经在宽广的拉普拉塔河上停泊过……面对敌人还能在吕宋岛靠岸……与摩鹿加群岛的君主们做生意……返航的时候满载着中国的商品？有谁能像现在这位繁荣兴盛的王朝的臣民一样做到过这些？"

伊丽莎白时代扩张的主要动因就是想"满载货物"回家，推动探险的力量是贸易，探险家的目标是东方的货物。这时巴勒斯坦首次不以圣地被人们熟知，而变成了一个与奥斯曼帝国通商的贸易站。充满激情、想劈开土耳其人脑壳的十字军战士没有了，取而代之的是携带礼品，以温言承诺向土耳其人申请贸易优惠条件的使者。英格兰和土耳其苏丹的帝国建立起来的商业和外交关系，成为英格兰日后战略介入中东事务的基础。

英王与商人、航海家建立起了伙伴关系，资助他们的远征活动，待他们返航后收取可观的利润。最重要的结果是英格兰的海军成长起来了。由于贸易扩大了，就需要建造更多的船只，训练更多的水手驾船出海。

与此同时，特许公司作为帝国的另一种工具，随着海军一起发展起来。特许公司由商人组成，英王授予其在某个地区的垄断贸易特权，并收取一定的岁贡。第一家特许公司是莫斯科公司（Muscovy Company），1554年成立。第二家是黎凡特公司（Levant Company），1581年成立，这家公司的特许经营区域是土耳其苏丹的领土。

巴勒斯坦是土耳其的领土，但它已经被一整代人所忽视，无人访问，几乎被英国人忘记。从最后一位朝圣者托金顿在1517年到达巴勒斯坦，到第一位冒险商人安东尼·詹金森（Anthony Jenkinson）在1553年来到巴勒斯坦，此间没有任何英国人去那里旅行的记录。在这大约一代人的时间里，英格兰推翻了天主教会，奥斯曼帝国统治了耶路撒冷。这两件事导致英格兰和巴勒斯坦之间的关系进入了一个新时期。1453年，更可怕的新一代土耳其人攻占了君士坦丁堡，至今仍统治着这座城市。到1540年苏莱曼大帝（Suleiman the Magnificent）统治的巅峰之时，大马士革、耶路撒冷、开罗、布达佩斯、贝尔格莱德、罗得岛、阿尔及尔都在土耳其人的统治之下。他们控制着通往巴勒斯坦的所有陆路和水路通道。在他们眼里，基督徒就是合法的猎物，可以抓来做奴隶，或作为异教徒杀掉以保证自己进入天堂。

不仅是去圣地的危险显著增加，迫切的动机也消失了。根据新教的理论，救赎是心灵的历程，而非肉体。"最好的朝圣，"塞缪尔·珀切斯（Samuel Purchas）写道，"是安宁的内心抵达天国的耶路撒冷。"[2]
宗教改革所到之处，朝圣活动就停止了，至少是暂时停止了。买卖
赎罪券和赦免，被新教教徒斥为天主教最令人厌恶的宗教仪式——
这些仪式用公开的表演取代了个人的伦理道德。在当时，新教信仰
（Protestantism）仍意味着反抗，宗教改革仍要改变形式，最急需
改革的形式就是抛弃罗马教廷授予恩典的呆板形式，转为通过个人
努力获取内在美德。珀切斯说，亲身到圣殿朝拜只能给旅行者的心
路历程带来危险，他还补充警告道，"给某地赋予圣洁性是犹太人
的传统"。[3]

　　东方的新诱惑不是救赎，而是贸易。当初朝圣者下船的地方，
如今是大捆英国毛纺品上岸的码头，换回的是香料、丝绸、红酒、
油料、地毯和珠宝。从阿拉伯半岛出发的沙漠商队要通过巴勒斯坦，
在经过商人以物换物倒手后，被装载到静候在港口里的欧洲商船上。
巴勒斯坦对新兴贸易的贡献有限。在经历阿拉伯人、塞尔柱人、基
督徒、鞑靼人的入侵后，这片土地在土耳其人的暴政下继续遭受蹂
躏。错落有致的葡萄园荒废了，山坡受到侵蚀，水槽和沟渠堵塞了。
这片在圣经时代里曾经拥有所罗门王的花园和宫殿的"熙熙攘攘的
繁忙"土地，如今成了奥斯曼帝国的穷乡僻壤。至于巴勒斯坦的港
口雅法和阿卡，虽仍然繁忙，但重要性退居北部阿勒颇的斯堪德隆
港（Scanderoon）以及南部的亚历山大和阿尔及尔港之后。

　　但巴勒斯坦的命运却维系在了黎凡特贸易的整体发展上。英格
兰在伊丽莎白统治时期开始的"土耳其贸易"，为后来帝国在印度
和中东的统治奠定了基础，虽然当时没有人意识到其意义。黎凡特
公司的商人为英格兰打开了与中东通商的大门。此后，这些商人继
续向东挺进，并于 20 年后成立了东印度公司，而这家公司在大英
帝国发展中的作用是众所周知的。这一次，惯常的次序发生了逆转，
政治势力是跟着贸易扩张的。印度、苏伊士运河、摩苏尔油田，以
及 1918 年促使英国介入巴勒斯坦的复杂政治和战略条件，都由伊

丽莎白时代的商业冒险者开启。他们使英格兰与奥斯曼帝国建立起正式的外交关系。对巴勒斯坦的宗教情结，虽然在过去和后来曾发挥过极大作用，但此时却没有出现。一个惊人的事实是，在女王及其大臣与这些通商土耳其的英国商人，就与土耳其苏丹的交涉、大使任命、特许公司章程等事项的通信往来中，除了偶然涉及之外，几乎没有提及几代十字军战士为之战斗和牺牲、朝圣者千年来朝拜的那片土地的名字。

在伊丽莎白女王之前，与土耳其的贸易基本上被意大利城市共和国垄断了。他们的舰队都很老练，熟悉每片海域的风向和潮汐情况，知道地中海上的每一处海湾和港口。哈克卢特罗列了16世纪初几次"从伦敦出发去叙利亚的黎波里和巴鲁提（Barutti）"的航行。[4] 尽管如此，英国人在此时期没有试图齐力推翻意大利人的垄断，直到1571年勒班陀（Lepanto）战役之后，地中海上的力量平衡才被打破。参加海战的是西班牙哈布斯堡王朝、教皇国和意大利城市共和国派出的联合舰队，指挥官是奥地利的唐·胡安（Don John of Austria）——他是西班牙国王的弟弟，旗下有270艘战船和8万士兵。在那可怕的一天结束的时候，伊丽莎白时代的土耳其史学家诺尔斯（Knolles）写道："海面被血染红了，漂满了死尸、武器和船只的碎片。"[5] 土耳其舰队被摧毁，他们在地中海上的海军力量被击溃，损失了220艘船，阵亡2.5万人，被俘5万人，1.2万名被奴役的基督徒被解救。历史学家拉富恩特（Lafuente）宣称："像这样残酷、可怕的战役和英勇、愤怒的战士，地中海上从来没有过，世界也再不会看到了。"[6] 这次胜利唤醒了恢复对君士坦丁堡的统治，把土耳其人逐出欧洲和黎凡特，赶回他们西徐亚荒凉的家乡的美好愿景。

唐·胡安视自己为拜占庭的皇帝。然而，土耳其人即使在战败后仍然在一个多世纪的时间里对欧洲形成威胁，直到1683年在维也纳城门外被打败，此后仍保持强国地位长达两个多世纪。不过，在勒班陀海湾击败土耳其舰队后，地中海的航路就打通了。当胜利的消息传到伦敦时，史学家霍林斯赫德（Holinshed）写道："整座城市被篝火照亮了，人们高兴得大吃大喝，因为这次胜利对基督世界有重大的意义。"[7]

但胜利者没能将海军优势维持多长时间。威尼斯对海上香料贸易的垄断被葡萄牙人打破，其贸易和海上力量开始衰落。在接下来的十年里，西班牙强大的舰队被英国人打散、击溃，这被后世认为是海洋控制权开始向新教国家转移的标志。莱基（Lecky）充满正义感地称其"对人类有百利而无一害"。[8]当然，权力的转移不是一夜之间完成的。此后，西班牙的强国地位仍然维持了一段时间，但西班牙舰队精锐的损失，战败于土耳其人，以及威尼斯的衰败，为英格兰打开了通往中东的海上通道。

没等德雷克（Drake）打败"进行宗教迫害和魔鬼统治的西班牙"，[9]英格兰的商人们已经开始行动了。早在勒班陀战役胜利之时，商人们就意识到了黎凡特的商机。两个伦敦富商马上组织人力、钱财、船只，向"土耳其贸易"展开集体进攻。其中一人是爱德华·奥斯本（Edward Osborne），他是纺织公司的主要成员。另一人是理查德·斯塔珀（Richard Staper），他的墓志铭称他为"那个时代最伟大的商人，土耳其和东印度贸易的最主要发现者"。[10]支持他们的是伯利勋爵（Lord Burghley），他是伊丽莎白女王精明的财政大臣，他关注的是地中海贸易航线上的英国船只能给女王带来的黄金。到了 1579 年，奥斯本和斯塔珀已经召集起一群投资者。就在这一年，作为第一步，他们向君士坦丁堡派出一名代理人洽谈贸易条件。

威廉·哈伯恩（William Harborne）就是被选定的人。他是大雅茅斯（Great Yarmouth）议员，两年前曾经访问土耳其，并带回一封苏丹邀请英格兰女王建立友谊的信。这是个极为明智的选择。英格兰在中东的全部前途，连同巴勒斯坦的前途，都维系在这位出使土耳其宫廷的首任大使身上。他是一位坚韧不拔、充满伊丽莎白时代自信的外交天才。他出使的是个以险恶著称的敌对国家。虽然苏丹曾经表示过友好，但穆拉德三世（Amurath III）以喜怒无常著称。他处于忌妒心重的大臣和喜欢随意开枪的近卫军的守护中。已与土耳其建交的欧洲其他国家使节对哈伯恩也都抱有敌意，肯定会从中作梗。但不到一年，他就带回了一份包含 22 项条款的完整协议，授权英国臣民在土耳其领土上进行贸易。此后六年，他是英国驻君士坦丁堡的大使。研究黎凡特公司历史的史学家伍德（A. C. Wood）说："他为他的国家在近东的影响力建立起坚实的基础，此后再也没有受到过竞争对手的实质性威胁。"

得到哈伯恩的协定后，斯塔珀和奥斯本请求女王授予其在黎凡特进行贸易的特许权。他们指出，这样做的好处是增加关税收入和提升海军实力。为了支持他俩的请愿，首席秘书沃尔辛厄姆（Walsingham）写了一份题为《与土耳其通商之考虑》的备忘录。[11]在这份备忘录中，他阐述了女王应该对土耳其贸易给予官方支持的若干理由。"第一，"他写道，"这可以使您最先进的船只持续工作，有助于维持海军的实力，否则海军力量就会衰败，海军是保护王国的最主要力量。"此外，他继续写道，由英国公司做直接贸易避免了中间人的转手，因此，"您的商品能获得最大的利润，避免了利润落入外人之手"。为此，值得用黎凡特贸易拉拢土耳其苏丹，使他疏远与西班牙国王腓力二世本就不太坚固的同盟关系。

确信了政治上的好处，又受到了预期利润的诱惑，伊丽莎白女王在 1581 年 9 月 1 日批准了斯塔珀、奥斯本及其余 10 名商人的特许公司申请，[12]公司定名为"黎凡特贸易公司"。根据条款，只有公司的成员才被允许与土耳其进行贸易，因为他们"发现并建立了与土耳其的贸易，根据当代人的记忆，我们的祖先不曾与之进行过贸易"。奥斯本被提名为总督，公司的成员数量被限制在 20 人。公司的船只打女王的旗号，船员和货物要受英国海军的监管。作为对垄断贸易权的回报，公司每年向女王上交 500 英镑的贡税。

但公司拖了一年多没有运作，因为女王和特许公司就大使的费用应由谁承担而争执不定。除了工资和献给苏丹的丰厚礼品外，大使还需要一笔如今被赋予污名的行贿基金。对于吝啬的伊丽莎白女王来说这是无法接受的，她拒绝任命大使，除非特许公司负担费用。奥斯本和他的下属也拒绝再多付一先令。

最后，面对装满毛织布料的整装待发的商船，商人们妥协了，同意承担大使的费用。1583 年 1 月，"大苏珊"号（Great Susan）启程向君士坦丁堡驶去，船上除了哈伯恩，还有给土耳其苏丹的礼物：三只大獒、三只西班牙猎犬、两只大猎犬、"两只着丝绸狗衣的小狗"、两只银色鹦鹉、一座价值 500 英镑的珠宝钟表，以及一些其他装饰品和宝物。[13] 伊丽莎白女王则只给大使提供了一个骑士头衔和几封国书。

到达目的地之后，哈伯恩再次不辱使命。他凭借自己的三寸不烂之舌、丰厚的礼物和压制敌手的巧计，不仅重获苏丹的好感，恢复了因为他的离开而被取消的贸易协定，还获得了比其他欧洲国家更加优惠的条件，以及更低的出口关税。"这位雄辩、机智的哈伯恩先生，"剧作家兼记者汤姆·纳什（Tom Nash）写道，"使我们这个岛国在土耳其人中名声大噪，以至于这个野蛮残忍的异教国度的幼童，谈论伦敦就跟谈论他们的先知在麦加的坟墓一样频繁。"[14]

这样的盛名对做买卖和外交谈判都有好处。在公司运作的头五年里，这些"土耳其商人"总共进行了 27 次海上航行，到达了 10 个黎凡特港口，有时可以实现 300% 至 400% 的利润，总共向英王上交关税 11359 英镑。[15] 公司的总督奥斯本被封为骑士，后来被推选为伦敦市长。特许权续签了两次，第二次给英王带来了 800% 的利润。英国还在阿勒颇建立了一家领事馆，[16] 处理阿勒颇、大马士革、阿曼、的黎波里、耶路撒冷，以及"叙利亚、巴勒斯坦、犹太下属各省"的贸易事务。圣地此时已经沦落为一家领事馆管辖下的若干贸易点中的一个。

并非每一次航行都能够凯旋。海盗和令莎士比亚笔下的威尼斯商人破产并落入夏洛克之手的"撞沉商船的可怕礁石"也困扰着英国人。黎凡特公司在 1591 年远航的三艘船中只有一艘安全返航。另一艘由船长本杰明·伍德（Benjamin Wood）掌舵的商船带着伊丽莎白女王致中国皇帝的信前往中国，但出发后便音信全无。斯塔珀和奥斯本会是怎样焦虑地等待自家船只安全抵达的消息啊！他们不知多少次在码头徘徊踟蹰，翘首期待着地平线上返航船只第一次隐约闪现的身影。如果他们的船避开了礁石和风暴、土耳其人和海盗的劫掠、西班牙人和威尼斯人的伏击而安全返航，他们就能赚取极其丰厚的利润。根据公司的报告，一艘大商船带回了"丝绸、靛蓝染料、各种香料、各式药品、罗缎、棉线、棉绒、土耳其地毯、棉布和珠宝"。[17] 报告还说，"我们的冒险可以给女王带来至少 3500 英镑的收益"。

棉花对英格兰的未来具有特殊意义。这是一种新奇的植物纤维，在阿卡和西顿售卖。根据当时的描述："王国中的许多人，特别是兰开斯特郡（Lancaster）的人，用一种纤维制作粗布。它是一种矮树或者灌木的果实，被土耳其贸易商带入王国。"[18] 这就是兰开斯特织布业的起源，在珍妮纺纱机和动力织布机出现后，织布业成为英格兰的支柱产业。

这家公司从波斯经黎凡特带回了当时稀罕但如今很普遍的花园植物：百合花、鸢尾花、番红花、风信子、水仙花和月桂树。后来在英国人生活中十分流行的咖啡却不知为何被土耳其贸易商人忽略了。商人们注意到一种在土耳其很流行的饮品。一名叫桑兹（Sandys）的旅行者写道，土耳其人整天坐着聊天，他们喝一种"极烫的，颜色和味道像黑灰一样的饮品"。[19] 不过，英国的咖啡屋要等到黎凡特公司的继承者东印度公司，才开始批量进口咖啡豆。

东印度公司注定要将英格兰变为一个帝国，并对巴勒斯坦的命运起到至关重要的影响。黎凡特公司的商人们为了涉入远东贸易建立了这家公司。当时荷兰人和葡萄牙人垄断着远东贸易。他们把东印度群岛的香料、中国的丝绸、印度的平纹细布和珠宝，用船运过印度洋之后，再由商队走陆路运到黎凡特的城市中，然后卖给英国商人，他们从中赚取惊人的利润。除非黎凡特公司把大笔金钱塞进外国人的腰包里，英国人就买不到一盎司胡椒或一块绿宝石。荷兰人的垄断使胡椒的价格翻倍。英国人决定建立自己去东方的贸易路线。1601 年，几个做土耳其贸易的商人建立起这家新公司，专门发展与印度和东印度群岛的直接海上贸易。

东印度公司的历史对英国中东政策的影响将在后续章节中讨论，在本章中我们的重点是黎凡特公司。这家公司通过贸易使英格兰与土耳其建立了近乎正式的外交关系。虽然伊丽莎白女王吝啬得不愿负担大使的费用，但她充分利用了哈伯恩和他的继任者爱德华·巴顿爵士（Sir Edward Barton），试图拉拢土耳其苏丹与英格兰一起对抗西班牙。"英格兰女王正在施加影响力，"威尼斯驻君士坦丁堡大使在 1590 年的一封官方信件中写道，"向苏丹承诺巨大的好处以说服他攻击西班牙国王……"他还报告了其他重大准备工作，造船工作正在大规模开展，土耳其首相与英国大使几乎每日会面。[20] 当时在欧洲外交官中纵横捭阖的外交斗争很普遍，每个人都想拉拢土耳其，改变欧洲大陆不稳定的力量平衡。有一次，在一帮希腊人嬉戏时，一个大雪球击中了法国大使。"他勃然大怒，"英国大使巴顿报告说，"认定是我的仆人干的。"他回到家里，召集随行人员拿着匕首、棍棒和利剑向英国人发动攻击，"体现了他对我国抱有极大的愤怒和恶意"。[21]

尽管或者也许正因为雪球事件之类的事情，在哈伯恩于 1568 年过世后，继任的巴顿比他的前任更成功地改进了与这位喜怒无常的土耳其暴君的关系。尽管不断有其他欧洲国家大使提醒苏丹，他们的英国同人只是个"从商人那里领工资的人"，[22] 但是他作为黎凡特公司代理人的身份并没有影响苏丹以"极为尊重"的方式对待他。他甚至暂离岗位，陪同继承了穆拉德三世王位并残杀兄弟的穆罕默德三世（Mahomet III）去周边征战。事实上，由于巴顿太过追随土耳其宫廷的生活方式，有人抱怨说英国大使馆像土耳其宫廷的后宫一样，大量使馆人员召妓，"据传最多时达到 17 个。但大使把她们都轰走了，只留下自己的女人，在这个女人和炼金术上花光了他的收入"。[23]

　　道德败散的爱德华·巴顿爵士似乎是唯一喜欢生活在这个被他称为"幸福的土耳其宫廷"[24]里的人。在他的国人眼里，奥斯曼帝国被视为——照诺尔斯所说——"当今世界的恐怖力量"。商人斯塔珀认为，土耳其人是"一个极坏的民族"[25]。面对这个撒拉逊人之后的专制政权，英国民众有一种好奇的恐惧感，混合了害怕、仇视和敬畏。这种复杂情绪部分为十字军东征时期的遗留，而有关这个政权闻所未闻的残暴和淫荡传闻加剧了这种情感。1595 年穆罕默德三世登基时，像以往的君王一样杀死了所有可能的王位竞争者，但他杀害全部 19 位兄弟的狂暴程度让欧洲惊骇不已。大使们发回了大量目击报告，描述了被割喉的尸体鲜血淋漓地躺在大理石阶梯上。这些目击报告传遍了西方的首都，在接下来的几年里仍然余波不断，人们不断在戏剧和诗篇中增添血淋淋的细节。在伊丽莎白一世和詹姆斯一世时代的舞台上，令人毛骨悚然的恶棍永远是模仿苏莱曼大帝、巴雅泽、残忍的谢里姆一世、土耳其近卫军、埃及的马穆鲁克人和宦官等人物的角色，这些角色演尽了各种邪恶和淫欲。

　　在这段时间里形成的"恐怖的土耳其人"印象，在此后很长时间里就这样固定在英国人心目中了。这点与我们这本书讲述的故事是有关的，因为真正的土耳其人统治巴勒斯坦长达四百年之久。16世纪时，奥斯曼帝国的实力处于鼎盛时期，而英国刚刚开始海外扩张，正在挑战西班牙人的霸权，而这个时期形成的同盟关系在 19世纪土耳其和西班牙沦落为二流国家后并不一定同样有用。虽然从变化的形势和历史逻辑看，所有的论点都是负面的，但纯粹是出于惯性，在土耳其漫长且痛苦的衰败过程中，英国仍然坚守了对一个垂死政权的支持。在哈伯恩和巴顿的时代显得合理的政策，在土耳其成为"欧洲病夫"后已完全不合时宜。但这项政策越是难以为继，英国外交部就越发不愿放弃，直到土耳其人自己在 1914 年抛弃了与英国的盟友关系。最后，英国几乎是被迫地亲手送这个自己一直支持的帝国走上末路，并在叙利亚至苏伊士这一关键地带取代土耳其的统治，其中就包括了长期被土耳其人压制的巴勒斯坦"省"。

　　即使是弗朗西斯·培根爵士这位当时最有智慧和学识的人，也感到了土耳其人的恐怖，并呼吁对土耳其暴君进行新的圣战。他愤怒地说："这个残酷、暴虐的土耳其政权每次传位都浸没在他们君主的血泊中。他们就是一群奴才和奴隶，没有贵族、没有绅士、没有自由人……一个没有道德、没有文学、没有艺术、没有科学的国度。他们不会丈量土地、不会计时……简直是人类社会的耻辱。"他谴责道，他们"让世界这个花园变得荒芜，凡是奥斯曼帝国马蹄所到之处，人民就生活在水深火热之中"。[26] 这番谩骂被称为"圣战呼吁书"，发表于培根失去大法官职位之后的 1623 年。让人特别感兴趣的地方在于，它与 250 年后格拉德斯通那番让土耳其人"夹着行李滚出去"的更知名的讲话，用词几乎一样。

　　然而，执着的英国旅行者不会轻易放弃，甚至连培根描绘的可怕情景也无法让他们却步。有些旅行者是黎凡特公司的代理商，如商业冒险家约翰·桑德森（John Sanderson），他曾在 1584—1602 年间游历东方，并于巴顿随苏丹出外征战时成为临时代办。另一些旅行者是英国"代理站"的牧师，比如阿勒颇的威廉·比达尔夫（William Biddulph），他的旅行日记被收录在珀切斯的旅行日记集中。[27] 还有一些是纯粹的游客，就是想去遥远的地方看看陌生的景观。苏格兰人威廉·利思戈（William Lithgow）在中东地区徒步旅行了 19 年，按照他自己估计共走了 3.6 万英里。法因斯·莫里森（Fynes

Morison）、亨利·布朗特爵士（Sir Henry Blount）、乔治·桑兹（George Sandys）、亨利·廷伯莱克（Henry Timberlake）四人都是家境殷实的绅士，他们出于好奇心，沿着黎凡特公司打通的道路游历了因古典时代而闻名的希腊和爱琴海、《圣经》中的圣地巴勒斯坦和埃及，以及传说中的奇境、东罗马帝国首都君士坦丁堡。

他们旅行时的心态与此前的朝圣者截然不同——他们嘲笑圣地的宗教传奇，质疑宗教奇迹和遗迹，几乎每个人都会认真做记录和写日记。回国后，他们会很快出版自己的日记，英国公众也带着对东方永恒的好奇心积极地阅读。这在很大程度上维持住了他们对圣地的认知，因为此时的圣地在其他方面并不被关注。每天晚上，旅行者在住处都会把一天的见闻写在日记里，逐条反驳修道士向导所说的迷信和神话故事，试图用新时代的理性、历史和概率论眼光解释它们。例如，利思戈在他写的《关于一次神奇而痛苦之旅的实录》（Delectable and True Discourse of an Admired and Painefull Peregrination）中评论说，各各他山（Mt. Calvary）*上那块石头上的裂缝，“看上去像是用楔和槌子砸开的”，而不是奇迹产生的。廷伯莱克是在1603年去旅行的，加沙附近的荒凉给他留下了深刻印象。他认为埃及国王和犹大国王数次大战的地方不可能在这里，因为“这里无法为军队提供给养，只有沙土和咸水”。桑德森对黎巴嫩的雪松很失望，觉得“并不算高大”，但同样的树却让利思戈感到很是壮观，他说“这些树的树尖几乎吻到了天上的云朵”。比达尔夫牧师体现了从虔诚的朝圣者到品头论足的记录者的典型转变，他把在耶路撒冷的见闻分为“明显为真”、“显然不实”和“可疑的”三类。这是典型的文艺复兴时期旅行者的新探索精神。

他们记述的共同特点就是细节事实。为了使他的读者能更好地想象出巴勒斯坦的样子，廷伯莱克把圣地诸景点之间的距离与

---

* 《圣经》中的耶稣受难地。——编注

英国国内熟悉地点间的距离相比较："约旦河与耶路撒冷之距离（两者之间最近的部分），就如同埃平（Epping）与伦敦之间的距离……所多玛和蛾摩拉湖与耶路撒冷之距离，就如同格雷夫森德（Gravesend）与伦敦之间的距离。"

英国公众是永不满足的，他们喜欢每一个细节。这可能也是旅行者记录如此详尽的原因——这是读者对旅行者的期待。在1633年上演的由詹姆斯一世时期多产的剧作家托马斯·海伍德所作的《英国旅行者》（*English Traveller*）中，主角为朋友讲述：

> 耶路撒冷和圣地的故事：
> 新旧城市之间有多大差别，
> 被毁的圣殿还残存什么，
> 锡安和那些山峦，
> 以及周围的镇子和乡村，
> 它们之间的距离是否仍是那样。[28]

与宗教传统相比，当地的地貌和习俗更吸引旅行者。桑德森甚至拒绝进入耶稣圣墓堂，"因为我与天主教修道士之间有巨大的分歧"。利思戈嘲笑希腊和拉丁天主教修道士敬拜和亲吻耶稣像时的古怪姿态，说"那幅代表我们救世主的呆板肖像，画了一具有五个伤口的尸体"。他称这个宗教仪式是"老糊涂的罗马式蠢行"，并以赞许的口吻描绘土耳其人"脸上挂着轻蔑的笑容"嘲笑这种仪式。喜欢冒险的廷伯莱克宁愿进监狱也不愿接受希腊牧首的帮助。有一次他与土耳其人陷入了争执，有人建议他称自己是希腊人，以获得牧首的保护，但被他拒绝了。"因为我宁愿接受土耳其人的保护，也不愿接受希腊教皇本人的保护。"一名与廷伯莱克同船的摩尔人最终调解了矛盾，使廷伯莱克获得释放。

但圣地的气氛有时能压倒这些坚定的怀疑者。法因斯·莫里森刚一踏上巴勒斯坦的土地，就发现自己的内心充满了"神圣的动机"。[29]
他的兄弟亨利虽然是个彻底的新教徒，但本能地像传统朝圣者一
样跪倒在地，亲吻土地。他的感情如此激烈以致头竟然撞到地面，
"鼻子撞出了许多血"。

在这个时期，很少有旅行者表现出对圣地原住民的好奇。此时
在奥斯曼帝国统治下的黎凡特犹太人，其生存状况已经与生活在基
督徒统治下的欧洲犹太人一样糟糕。根据哈克卢特的说法，在任何
穆斯林城市里，"基督徒最安全的住处就是在犹太人家里，因为如
果受到伤害，这个犹太人和他的家财就要遭殃，所以犹太人都因害
怕惩罚而极力照顾好基督徒"。[30]

约翰·桑德森是黎凡特公司的一名代理人，他描述了他在1601
年与七八个来自士麦那、大马士革和君士坦丁堡的犹太商人共同旅
行的经历。这些犹太人的领头者是被称作"拉比"的亚伯拉罕·库
恩（Abraham Coen），"此人很照顾我"，他说。这是桑德森的福气，
因为他总是与"天主教修道士"和"邪恶的摩尔人"发生争执。拉
比亚伯拉罕数次为桑德森成功解围。还有一次，桑德森被"恐怖的
土耳其人和恶棍帮凶"抓起来，拉比亚伯拉罕把他从监狱中赎了出
来。毫无疑问，所用的赎金肯定出自"我那富裕的犹太旅伴"在离
开大马士革时为防"当地盛行的盗贼"而缝进仆人内衣里的1万到1.2
万枚杜卡特金币。

桑德森记录了在旅行期间几次进入旅伴做礼拜的房间，"学校
和学堂"。他看到旅伴不断地在买"有关他们律法的圣书"，足够两
三匹骡子驮着。他记述了犹太人如何向他们的"伟大博士和学者"
捐献一年一度的薪俸，他们如何努力在有生之年至少去一次巴勒斯
坦，或是让他们自己埋骨于此；与他同行的是犹太人中"比较严肃、
有修养的"，为避免冒犯从来不与他讨论宗教问题，但通过其他人
他了解到犹太人对基督徒的看法是，即使最有学识的基督徒也说不
清字母A的来历，而犹太学者能就这一个字母写出一本厚厚的书来。

桑德森注意到，他的旅伴们有救济穷苦犹太人的习惯。拉比亚伯拉罕在赛费特（Sefet）施舍了 2000 元，在耶路撒冷施舍了1000 元，而其他旅伴则各自量力而行。拉比亚伯拉罕"如此和善有礼，我在其他基督徒身上从未得见"。他俩含泪道别。"他是个极虔诚、热情、好心肠的人。我对他的仁慈和善良的钦敬已无以复加。他的言行比许多基督徒都要优秀。"

对这个已经被流放了 1600 年的古老民族，桑德森留下了最后一句话："他们说，他们知道耶路撒冷将会重建。他们的弥赛亚终会降临，像过去一样使他们成为主人，继而统治整个世界。"

桑德森回到英国后的第二年，伊丽莎白女王去世了，这迫使黎凡特公司不得不向新国王申请新的执照。这位新国王就是斯图亚特王朝的第一位国王詹姆斯。黎凡特公司又就谁应负担大使费用的问题与英王进行了漫长的争论。如果说斯图亚特王朝和都铎王朝有什么共同点的话，那就是吝啬。由于詹姆斯是个目光短浅之人，他根本看不出有向"异教徒国家"派遣大使的必要。对从事土耳其贸易的商人来说，他们中的大多数都因有资本投入在新的印度贸易公司里，而不愿继续负担费用。但要想获得执照他们别无选择，只能同意由国王任命大使，而大使的费用则由公司负担。1605 年，新执照终于发下来了，授予了"在黎凡特海进行贸易的公司和总督"。每次更新执照，同样的争论就会复现一次，因为斯图亚特王朝没有不缺钱的时候，他们从来都不曾负担大使馆的全部费用。

英王的全力支持是否可以避免黎凡特贸易的最终衰败，这个问题不易回答。但毫无疑问，法王路易十四的第一大臣科尔贝（Colbert）推行的强势商业政策，使法国成功地从英国人手中抢走了大量土耳其贸易。法国从 17 世纪开始代替了 16 世纪的西班牙，成为英国的主要竞争对手。当坚定的新教徒——奥兰治的威廉（William of Orange）成为英国国王时，他结束了斯图亚特王朝一个世纪的统治，终结了向教皇的靠拢，赶走了法国情人，断绝了英国王室想与天主教建立联系的渴望。这必然导致与法国的战争，这场战争从 17 世纪开始，持续了整个 18 世纪，延续至 19 世纪，止息于 1815 年拿破仑最终战败。在英国与路易十四交战期间，法国赢得了与土耳其的同盟关系。在战争的间隙中，法国产品取代了英国产品。在法国贸易被革命打断后，英国的黎凡特贸易出现了短暂恢复，但却再也复现不了过去的辉煌。在失去美洲殖民地之后，英国将原本投入西方的精力和资金撤回，全部投向了印度。亚当·斯密的自由贸易理论开创了一个新时代，对特许公司的贸易保护成为不合潮流的政策。重商主义死亡了，帝国主义时代开启了。黎凡特公司在其辉煌的下属东印度公司的阴影下苟延残喘一个世纪后，终于衰败而亡，其特许贸易执照在 1825 年被终结。

第7章

几乎成真的预言

清教徒的英格兰和以色列的希望

1649 年是清教统治英格兰的顶点和中点,两名住在阿姆斯特丹的英国清教徒向政府请愿:"英格兰和荷兰居民应该最先准备好,把以色列的儿女用船送到他们父辈亚伯拉罕、以撒、雅各的应许之地和永恒遗产上去。"这份请愿还进一步要求,犹太人"应再次被接纳在这片土地上与你们一起居住和经商"[1]。

这份请愿书的作者是乔安娜和埃比尼泽·卡特赖特(Joanna and Ebenezer Cartwright),他俩不仅要求英格兰协助以色列人回到巴勒斯坦,还要求废止爱德华一世 350 余年前颁布的驱逐犹太人的法令。促使他们这么做的动机是什么呢?为了理解他俩的动机,我们必须了解《圣经》通过清教运动带来的变革。它对时人思想的影响就好像是将今天的报纸、广播、电影、杂志的传播力都集中于一本记录上帝圣谕的书中,并通过最高法院的世俗权威进一步放大。清教徒的思想主要受《旧约》主导,因为《旧约》描述了一个坚信自己被上帝选中在地球上替他行事的民族。清教徒把这个故事放在自己身上,认定自己继承了亚伯拉罕与上帝的约定,是以色列圣徒的再现,是耶利米所说的"上帝的战斧"。他们追随着先知,从《诗篇》中获得慰藉。他们的虔诚、服从、启示不是来自耶稣的天父,而是万军之耶和华(Lord God of Hosts)*。《圣经》是上帝启示给他的选民的语录，是对他们的指令，无论在家中或是战场，议会或是教堂。

到本书上一章为止，我们已经讲到了约公元 1600 年，在英国人心目中，巴勒斯坦仅是一片纯粹的基督教圣地，但不幸落入穆斯林手中。但此时，这片土地被认为是犹太人的故土，《圣经》中承诺以色列人将会重返的土地。实现《圣经》中的承诺成为清教徒的重点。随着清教的兴起,让犹太人返回巴勒斯坦的运动在英国开启了。

这场运动并不是为了犹太人本身，而是为完成《圣经》中对犹太人的承诺。根据《圣经》的说法，当以色列人回到锡安后，全人类的以色列国将会到来。此时弥赛亚，或者按基督教的术语——基督将再次降临。当然，在清教徒眼中，犹太人重返家园意味着犹太国将皈依基督教，这是他们认为的承诺被实现的标志。就是这个期待在激励着卡特赖特母子，正如他俩坦言："写这份请愿书的人在这座城市里（阿姆斯特丹）与一些被称为犹太人的以色列人很熟悉……在与他们交谈并仔细研读了先知的预言之后，他们和我们发现预言就要实现了；他们与我们将会一起见证以马内利(Emanuell)†——生命、光明和荣耀之神……为了虔诚地实现他的荣耀，请愿者在这里谦恭地祈祷……"后面紧跟着我们前面引用的文字。

允许犹太人再次进入英格兰有两个理由。第一，清教徒认为由于他们的教义比较接近犹太教，一旦犹太人与清教徒接触后，便不会抵制皈依基督教了。"英国人更有条件说服他们。"[2] 杰出的清教牧师亨利·杰西(Henry Jessey)在 1656 年写道。第二,严格的《圣经》尊崇者坚持说，只有犹太人流散到各国的过程完成后，他们才能开始返回锡安。所以，犹太人必须先来到英格兰，才能再回巴勒斯坦。

---

* 　两者分别为《新约》和《旧约》中对上帝的称谓。——编注

† 　意为神与我们同在，是《旧约》中先知以赛亚预言中处女所生儿子的名字，被认为预言了弥赛亚 / 耶稣的诞生。——编注

　　卡特赖特的请愿代表了这些想法，它不是孤立的古怪行为，而是时代的产物。从 1620 年"五月花"号轮船载着英国清教徒首次远航北美，到 1666 年斯图亚特王朝复辟期间，英国都处于一种狂热的状态，这也许是英国历史上唯一一段狂热的时期。这一时期的英国，用卡莱尔（Carlyle）的话说，陷入"对清教的可怕虔诚中"[3]，是大叛乱的时代，这期间发生的弑君事件给英国带来的罪恶感使它保留君主制至今；这一时期的英国是奥利弗·克伦威尔（Oliver Cromwell）的英国，他就"如同上帝的仆人，手执《圣经》和利剑"[4]。

　　紧随着清教徒，希伯来文化借助《旧约》的传播入侵了英格兰。此时的英格兰已进入"后文艺复兴"时期，为了将两千多年前一个中东民族所特有的伦理、律法和举止应用到此时的英国社会，传播到英国的希伯来文化出现扭曲。由于清教徒对《旧约》的章节和诗篇的挚爱，他们无惧于作出跨越两千年的精神跳跃：他们将自己想象为生活在亚伯拉罕时代的牧民，正摸索着从偶像崇拜向一神论转变；或是逃离埃及、战胜法老的奴隶；或是扫罗王和大卫王时代开辟疆土建立新国家的武士。他们不在乎希伯来人的故事谈论都是野蛮的古老传说。故事中的希伯来人在实现一种法治公社生活、建立国家和抵御敌人的努力中挣扎。他们像西绪福斯（Sisyphus）一样一次又一次地爬出罪恶的泥沼，走向先知指出的道路。他们不在乎这个故事跨越了从亚伯拉罕到马加比将近 1500 年的漫长时间。清教徒以同样的热情传颂着这些故事。

　　这样的故事不适合作为原则和先例照搬到 17 世纪的英格兰，但清教徒正试图这样做。早在 1573 年——根据伦敦主教桑兹的指控[5]——清教徒的信条即是"摩西的律法应同样约束信仰基督教的贵族，而且不能有半点偏差"。清教徒严格按照《旧约》的字面意义行事，因为他们在其中看到了自己的影子。他们觉得自己也是一群在上帝的指引下与偶像崇拜者和暴君斗争的人。上帝的言语、旨意和律法写在了《旧约》里，放之四海而皆准，所以他们越是严格

地遵循，他们的正义信念就越是牢不可破。"上帝与你们的敌人有
争执，"克伦威尔在给一位将军的信中说，"从这个方面看，我们是
在为上帝而战。"6

　　清教徒对《旧约》的狂热直接源自英国国教会对他们的迫害。
教会追捕他们，折磨他们，甚至把他们送上绞刑架，因为他们拒绝
承认《圣经》和他们宗派之外的任何权威。他们对主教制度的仇恨
与新教徒对罗马教皇制的仇视一样，理由也是相同的：他们认为，
无论是主教制还是教皇制中的统治集团，都是站在人与上帝之间的
自封的入侵者，他们所拥有的利益和权力，显然都是由人赋予的，
是对宗教的一种嘲弄。清教的基本信仰是每个人都有权为自己解读
上帝的律法，这些律法体现并仅体现在《圣经》中，它高于其他一
切权威，无论是世俗的还是宗教的。

　　由于教会和政府是一体的，国王必然联手教会镇压独立派
（Independents）。独立派是不同于长老会（Presbyterians）的清教
派系，他们要求得到自主进行宗教集会的权利。英王詹姆斯反驳
道："没有教会，就没有英王。"这句著名的反驳之词反映出詹姆
斯比清教徒更早认识到清教运动对英国君主制的根本威胁。在仇恨
主教制之余，这些清教徒不可避免地开始仇恨君主制，结果就是共
和制。他们的宗教原则就是他们政治原则的种子和根源。因为对主
教权力神授的否定必然导致对君权神授的否定，所以对个人信仰自
由的认可，也自然导致对人在社会生活中自由的认可。正如麦考莱
（Macaulay）所言，从认可"教会权力应根植于宗教大会，到政府
权力应根植于议会"仅需要一小步。

　　麦考莱接着说，宗教迫害"在他们身上产生了和以往一样的影
响。像其他受迫害的宗教派别一样……他们觉得对自己敌人的仇恨
就是对天国敌人的仇恨"。在《旧约》中，"对暴躁又阴郁的人来说，
不难找到大量可以按照自己意愿加以扭曲的东西"。他们开始喜欢
《旧约》中的一切感情和习俗。他们推崇希伯来语，但拒绝对写成

福音书和保罗书信*的语言给予同样的尊重。"他们给孩子洗礼取名时，不用基督圣者的名字，而用希伯来元老和武士的名字。他们把教会每周用于纪念耶稣复活的古老节日变成犹太人的安息日。他们从《士师记》和《列王纪》中寻找自己的行为规范。"

麦考莱在记述清教徒那些令人不快的特征时越写越气愤："那步态，服装，平直的头发，一本正经的苦相"，不许正常行乐的禁令，鼻音和古怪的隐语被"骤然引入英语，以及从遥远的年代和国家的最极端的诗篇中借鉴来的比喻，也被应用于普通英国人生活的方方面面"。[7]

麦考莱是个受过良好教育的人，他通常不会在自己强大的辞藻中显露偏见，但他在这里的叙述并不公允。他既没有谈及旧体制中清教徒极力想克服的弊端，也没有谈到清教徒的美好理想。他在这方面不幸成为了典型。由于清教徒不招人喜欢，他们很少得到公正的评价，而更多的是成为嘲笑的对象。尽管如此，他们为民主社会奠定了两个基本原则：第一，议会制政体的安全性；第二，信仰自由。包容的原则是他们建立的，尽管他们没能付诸实践——这个原则由布朗、福克斯和罗杰·威廉斯制定，引领清教徒前辈来到美洲，并在新大陆上建立了一个以之为道德基础的新社会。

如果说清教徒放弃了怜悯和宽容而选择了《旧约》中更加好斗的一面，这是因为他们也是在不利的情形下试图建立原则和生活方式。对他们来说，约书亚的战斗号角比转过另一侧脸让对手打更加合适。在《旧约》中，他们不仅找到了杀敌的理由，还找到了荣耀。扫罗王"组织一支军队，重击亚玛力人，把以色列人从敌人的压迫中解救出来"。当扫罗王宽恕亚玛力国王亚甲的时候，先知撒母耳不是抓住亚甲说"你既用刀使妇人丧子，这样，你母亲在妇人中也必丧子"吗？"于是，撒母耳在吉甲耶和华面前将亚甲砍成碎片。"

---

* 均为《新约》中的篇章，用希腊语写成。——编注

查理一世（Charles I）就是亚甲，或者可以说是所罗门王的继任者罗波安（Rehoboam）。罗波安不肯听从人民的意见，反而粗鲁地说："我父亲用鞭子责打你们，我要用蝎子鞭责打你们。"听到这样的话，以色列的十支派起义了，他们叫喊道："以色列人哪，各回各家去吧！"当查理一世坐马车驶过白厅街时，有人将一张纸条扔进车厢，上面写着"以色列人哪，各回各家去吧！"。[8]

或许查理和他的保王派是法老和他的军队。当克伦威尔在马斯顿荒原（Marston Moor）和纳斯比（Naseby）取得对英王的胜利后，人们用摩西打败埃及人后唱的歌谣庆祝："耶和华啊，你的右手施展能力，显出荣耀；耶和华啊，你的右手摔碎仇敌。"[9]与之相对，保王派就是以东（Edom）、摩押或者巴比伦的孩子。耶利米面对摩押大怒道："禁止刀剑染血的人必受诅咒。玛德缅啊，你必被砍倒；利剑必追赶你……上帝说，我必使刀剑追杀他们，直到将他们灭尽……看我惩罚巴比伦之王和他的土地，我要让以色列人再次回到他们的家园……巴比伦必成为废墟，成为巨龙的居所，令人惊骇，令人蔑视，没有一个居民。"

英国人向来不喜欢自己处于激动情绪中，后世几乎为清教徒感到羞耻。坎宁安（Cunningham）在他的经典英国经济史著作中写道："清教的大方向是抛弃基督教的伦理道德，并用犹太人的习俗取而代之。"他继续说道，清教徒遵循"古老犹太人的行为准则，而不是神谕的基督教伦理……这使国内外社会的道德水平都退化到了更低层次上"。[10]不过，坎宁安并没有进一步分析，与清教徒在德罗赫达（Drogheda）屠杀爱尔兰人以及其他不光彩事件中所展示出的道德水平相比，在"神谕的基督教伦理"指导下，亨利八世处死费希尔和莫尔，在圣巴托罗缪节前夜对胡格诺派的大屠杀，宗教审判中的严刑拷打和火刑，这些行径是否比清教徒的作为更高尚呢？

的确，清教徒所效仿的古代希伯来人的睚眦必报，在道德层面上要低于山上宝训（Sermon on the Mount）中所宣扬的理念，就如同它们在道德层面上低于摩西在西奈山上所获得的十诫一样。以色列人的兴衰史表明他们并没能坚定地遵守西奈山的训诫，就如同基督教世界未能谨守耶稣的训诫一样。基督徒的道德训诫只有一个问题——总体而言，基督徒并不能实践这些训诫。如果说十诫代表了人们可以努力去实践的法典，那么山上宝训就是社会根本无法领会的法典。

虽然清教徒并未否定《新约》，但有一些极端分子确实拒绝承认耶稣的神性，至死不改。甚至温和的清教徒在向詹姆斯一世提出的《千人请愿书》[11]中，也请求在教堂里可以不再向耶稣的名字俯首。在"净化"基督教中的法衣、圣礼、跪拜等努力中，他们中的极端分子想重返过去那种上帝的神性不与他人分享的旧观念，这同犹太教的口号"以色列啊，你要听，耶和华我们的神是独一的主"所表达的观念一样。宗教中的真理是无法争辩的。独立派在对旧制的推崇中找到了新的支持者。卡莱尔是英国历史学家中唯一对他们怀有同情的人。他称呼他们是"我们最后的英雄，具有神性的人从此在英格兰消失了；信仰和诚实让位于伪善说教和形式主义。古代那种为操各种语言和社会形态的民族所追求的'上帝的统治'，被如今非上帝之魔鬼的统治所取代"[12]。

但卡莱尔是个古怪的人，他跟清教徒一样充满激情，但并不公允。对清教带给英国人思想的影响做出更真实估计的，是更理性的马修·阿诺德。他在《文化与无政府状态》中写道，清教主义是希伯来精神的复兴，是对文艺复兴前夕兴起的希腊精神的回应。阿诺德本人爱好希腊文化，他称希腊文化的精髓是进行"正确的思考"，而希伯来文化的精髓是"在法律框架内做正确的事"。他说，清教主义试图弥补伴随着文艺复兴而来的道德缺失。清教徒怀念对法律的服从，这显示出了"一种亲近希伯来人主要生活偏好的信号"。清教主义给英国留下了永恒的烙印。"我们这个种族，"阿诺德宣称，"信念的坚定、坚韧、强烈（我们的力量很大程度来源于此）……

与希伯来人十分相似。这反映在清教主义中，并且在过去两百年里对我们的历史有极大的影响。"

随着清教难民于 1604 年开始在荷兰定居，以色列人重返家园的历史出现了重大转折。第一个记述清教难民历史的史学家丹尼尔·尼尔（Daniel Neal）写道，他们说，"去歌珊*定居，无论它在哪，都比生活在埃及人的奴役下好"。

来到荷兰的，还有上个世纪逃避西班牙和葡萄牙宗教迫害的犹太难民。这些人在阿姆斯特丹建立起一个欣欣向荣的社群，包括很多在荷兰殖民地贸易和欧洲大陆与黎凡特贸易中起到重要作用的富商。在荷兰，清教移民踏着古代希伯来人的脚印与现代犹太人产生了接触，而犹太人也接触到这个提倡为包括犹太教在内的所有宗教提供自由的基督教新派别。（在受到迫害的时候他们提倡包容，但当他们获得权力后，便开始看到宗教自由的坏处了。）

实际上，从宗教典礼以外的教义上看，清教独立派与犹太教没有多大区别，这个事实双方信徒都承认。但在极端清教徒中出现了一些派别，他们宣称自己在信仰上是犹太人，并遵循利未族的律法。[13] 其中有些坚定的教徒还去欧洲大陆求教于犹太拉比，熟读《塔木德》法典和文献。1647 年，英国长期议会拨款 500 英镑用于购买"意大利一位有学识的犹太拉比的珍贵藏书"。[14]

在清教徒逐步接近犹太教的过程中，他们将犹太人也包括在宗教宽容的大旗下。在阿姆斯特丹流亡的伦纳德·布舍尔（Leonard Busher）于 1614 年写成的小册子《宗教和平或为宗教信仰自由的请愿》，是最早呼吁全面宗教自由的出版物。[15] 罗杰·威廉斯在他更有名的小册子《假名正义实为迫害的血腥信条》（1644 年）中，开篇便说明了原则："按照上帝的旨意，自上帝之子我主耶稣降临以

---

*　歌珊（Goshen）是《旧约》中埃及法老赐予约瑟族人居住的地方，是埃及最好的土地。
　　——编注

来，各国、各民族之人即被赋予自由信仰的权利，无论多神教、犹太教、土耳其教，还是敌基督者……上帝不强求在文明国家里保持宗教信仰的一致……在一个国家或王国中，即使允许犹太教或非犹太教等各种对立宗教的存在，真正的文明与基督教都可以繁荣发展。"

威廉斯是在大西洋对面的新世界写下这番话的。在英格兰，只有癫狂的、主张分裂的狂热教派，以及如霍尔主教（Bishop Hall）早前所言的"鞋匠、裁缝、毡匠这些跟垃圾差不多的人"[16]，才真正相信这类想法能付诸实践。在"普赖德清洗"*之后独立派取得胜利的那几个动荡的月份里，一个名叫"程序委员会"（Council of Mechanics）的决策机构投票做出一项决议，主张应"包容所有宗教信仰，包括土耳其人、教皇派、犹太人的信仰"[17]。但理想主义再次服从于政治现实。在克伦威尔与极端清教徒的斗争中，宗教自由的请求最终还是消失了。一些疯狂的派别要求克伦威尔下台，为千禧年和圣徒的王国 †让路，克伦威尔因害怕助长这些极端派别，放弃了将勇敢的宗教包容原则写进法律。"我宁愿允许伊斯兰教在我们中间传播，也不愿上帝的信徒被迫害。"[18]护国公克伦威尔曾如此说。但他却无法容忍平等派（Levelers）和第五君主国派（Fifth Monarchy Men）‡。

与此同时，一些清教理论家改进了让犹太人重返英国的计划，目的是使犹太人在更好的条件下尽快皈依基督教。什么能比完成这件拖延已久的事能更有力地证明清教理想的正义性呢？罗杰·威廉斯反对强制国教时的一个理由即是，"我们所盼望的犹太人皈依基

---

* 普赖德清洗（Pride's Purge）发生于英国第二次内战期间，普赖德上校于 1648 年 12 月率军占领议会，并将多名反对派议员逐出议会，随后议会剩余议员判处国王查理一世死刑。——编注

† 源于《新约圣经·启示录》第 20 章的一种末世论学说，预言基督将再次降临，并与复活的圣徒共同掌权 1000 年。——编注

‡ 极端清教徒教派，相信在亚述、波斯、希腊、罗马四个君主国之后，基督将与复活的圣徒共同统治世界 1000 年，建立"第五君主国"。——编注

督的愿望"将必须被放弃。按照公认的神学理论，当犹太人皈依基督后，便可以复国了。早在 1621 年，就有一本名为《伟大的犹太复国与继之而起的全世界向基督教的皈依》(*The World's Great Restauration or Calling of the Jews and with them of all Nations and Kingdoms of the Earth to the Faith of Christ*) 的专著。作者是国王大律师亨利·芬奇爵士 (Sir Henry Finch)，他预言犹太人在不远的未来将回到自己的领土上，建立起一个世界范围的帝国。[19] 在英国的所有事项中，以色列复国仍是最重要的。根据与芬奇同时代的托马斯·富勒的说法，这本书被理解为在暗示"所有基督教国君应该交出权力，去做那个至高无上的犹太帝国的封臣"[20]。考虑到詹姆斯一世对王室特权的极端敏感，他立即逮捕芬奇并以叛国罪对他进行审判的做法一点都不令人惊讶。芬奇在发誓否定所有有损王权的章节后最终被释放。

这本书到底产生了多大影响很难估计。一方面，由于这本书受到打压，其思想很可能未能得到传播；另一方面，对这本书的打压和对其作者的审判可能反而激发起人们的兴趣。总之，这本书提出的理念并没有消失。在下一代人中，清教的左翼独立派在克伦威尔的领导下最终获得了政权，他们的人数、影响力和愤怒都在逐年增长。随着独立派的发展，希伯来文化的入侵四处蔓延起来。越确信自己是在敌人中间为上帝行事的上帝选民的化身，他们在语言和习俗上就越靠近希伯来人。英格兰出现了一波按照《旧约》给婴儿取名的浪潮。[21] 盖伊、迈尔斯、彼得、约翰这样的传统名字，被伊诺克、阿莫斯、奥巴代亚、乔布、赛斯、伊莱*这样的名字取代。玛丽、莫德、玛格丽特、安妮，则让位于萨拉、丽贝卡、德博拉、埃丝特[†]。

---

* Enoch、Amos、Obadiah、Job、Seth、Eli，均为《旧约》人物，在《旧约》中的译名分别为以诺、阿摩司、俄巴底亚、约伯、塞特和以利。——编注

† Sarah、Rebecca、Deborah、Esther，均为《旧约》人物，在《旧约》中的译名分别为萨拉、利百加、底波拉和以斯帖。——编注

在赫特福德郡，一个名叫昌西（Chauncy）的人给自己的六个孩子分别取名为艾萨克、伊卡博德、萨拉、巴纳巴斯、纳撒尼尔、伊斯雷尔*。《圣经》中的名字被洗劫一空，而且越古怪、冷僻的名字越受欢迎，比如所罗巴伯或哈巴谷，甚至沙得拉、米煞、亚伯尼歌。剧作家考利（Cowley）为讽刺这种风尚，创造了一个名叫卡特的人物，此人在变成清教徒后宣称："我不能再用卡特这个名字了……我的新名字叫亚伯尼歌。有个幻影在钥匙孔中对我说：'你应该叫自己亚伯尼歌。'"[22] 恶人和苦命人的名字尤其流行，这可能是自我惩罚的一种形式。许多人给孩子取名为在《圣经》中曾被其兄奸淫的她玛，将钉子钉入睡在自己帐篷里的西西拉头中的雅亿，以及饱受苦难的约伯。

　　对《旧约》的狂热并未局限于洗礼盘。《圣经》研究和注释成为当时最主要的学术活动，大学里充斥着神学研究，而希伯来语则成为进行神学研究必须掌握的三大神圣语言之一。1644 年颁布的一项法令规定公务员必须通过阅读希伯来文和希腊文经文的考试。[23] 希伯来语甚至入侵了文法学校。当时的一部讽刺剧，讽刺一位女教师"用迦勒底语教编织课，拿希伯来刺绣当样品"。[24] 弥尔顿从小就学习希伯来语，并在《说教育》中建议在文法学校开设希伯来语课，"使学生可以读经文原文"。在那个著名传言中，约翰·奥布里（John Aubrey）描绘了弥尔顿失明后，一醒来"就让人用希伯来语给他朗诵《圣经》……然后陷入沉思"。[25]

　　学者马修·普尔（Matthew Poole）每日凌晨三四点起床，吃一只生鸡蛋，然后写作他的《圣经评论大纲》（*Synopsis Criticorum Bibliorum*）直到傍晚。他这部五卷本的皇皇巨著采用双栏排印，共有 5000 页之巨。在英王詹姆斯时代译经者的引领下，下一代学者

---

* Isaac、Ichabod、Sarah、Barnabas、Nathaniel、Israel，在《圣经》中的译名分别为以撒、以迦博、萨拉、巴拿巴、拿但业和以色列。其中巴拿巴、拿但业为《新约》人物，其余为《旧约》人物。——编注

进一步钻研古代语言和民间传说。他们就像猎狗一样，鼻子贴着地面，深入探索了古叙利亚文、迦勒底文、阿拉伯文文献的沃土。厄谢尔（Ussher）大主教根据自己的研究制作了一份世界年表。约翰·塞尔登（John Selden）仔细分析了《旧约》中提及的异教神灵，完整地研究了异教的信仰。爱德华·利（Edward Leigh）在1646年出版了一本当时最完整的希伯来语词典。[26] 在接下来的十年中，又出现了包含九种古代语言的多语种圣经合参，其中包括撒马利亚语、埃塞俄比亚语和波斯语。

爱德华·波科克（Edward Pococke）[27] 是多语种圣经合参的编者之一。1630—1635年间，他在黎凡特公司的阿勒颇代表处做牧师。波科克的学识渊博，曾担任牛津大学希伯来语教授和首任阿拉伯语首席教授。他在阿拉伯史方面的开创性著作《阿拉伯史》（*Specimen Historiae Arabum*）和他编辑的迈蒙尼德（Maimonides）对密西拿（Mishna）口述律法的评述分别是牛津大学的首部阿拉伯文和希伯来文出版物。波科克用从叙利亚带回的球果在牛津大学基督教堂的花园里种下了一棵无花果树和几棵雪松。在他去世三百年后，这两棵树像所罗门时代的遗物一样依旧枝繁叶茂。

这些丰富的知识并没有局限于学者中间：通过各种摘要、专著、索引、讲座，以及牧师、非神职传道者和任何想要讲道之人的布道，这些知识在民众中传播开来。成人和孩子都能背诵《圣经》中的大段文字，并按经文中的指导生活。这些资源向所有人开放，并不需要神职人员的解读，《圣经》改变了民众的道德生活。

圆颅党人（Roundhead）唱圣歌、随身携带《圣经》的习惯为世人所熟知。查尔斯·弗思爵士（Sir Charles Firth）曾在他关于克伦威尔军队的著作中引用当时人的描述："早晚都要在苍天下做布道和祷告，只不过军鼓声代替了教堂的钟声。"早晚都会从帐篷里传来"圣歌、祈祷和诵经声"。在马斯顿荒原，保王军的一个连迷路了，几乎走入圆颅党人阵中，只因"听到对方唱圣歌才知道是敌人，于是转头逃跑"。官兵都热衷于按照自己的神学观点布道，这引起牧师的不满。牧师特别反对军官坐在马背上布道，但得到的回答是："如果不让他们布道，他们就不能上阵打仗。"

克伦威尔和副官在制订作战计划时，甚至从《圣经》中寻找指导和先例。作战会议的议程包括祈祷和读经。作战时的口号是："万军之耶和华！"胜利后在战场上的庆祝方式是唱圣歌颂扬上帝。克伦威尔在讲话中很爱引用圣歌和先知。根据司各特的记录，克伦威尔讲话中"有浓重的教义意味"。司各特在他的小说《伍德斯托克》（*Woodstock*）中塑造的克伦威尔可能并非格外夸张。小说中的克伦威尔说自己是"受使命召唤为以色列做大事"的人；说斯图亚特王朝"折磨以色列长达 50 年之久"；谈论"那个犹太公会"；说英格兰是"我们英国人的以色列"、"我们英国人的锡安"。他命令部队静默行军，"就像基甸行军去攻打米甸人一样"。当一个保王党家庭为英王查理提供藏身地和保护时，克伦威尔愤怒地称他们是"在以色列人即将永远摆脱苦难之时帮助西西拉逃跑"的人。他的士兵称他是"耶西的英格兰儿子"，并将他的信念、力量和智慧与耶西之子大卫王相比。保王党则被称为"异教偶像崇拜分子"，在战场上高呼"打倒巴比伦！"，而本阵营中的极端分子被称为"持异见的拉比"。

司各特在《伍德斯托克》中描绘的生动场景虽非当时的记录，但看来似乎可信。清教徒对《旧约》中人物的姓名、生活经历、个人历史都极为熟悉，这使得他们熟知犹太人的历史和传统，知道犹太人的永恒希望："明年耶路撒冷见。"当时的犹太人普遍认为这一希望即将实现。在英格兰和其他新教国家，人们都认为 1666 年是决定犹太人命运的年份，他们要么皈依基督教，要么恢复他们在俗世间的王国，这将是罗马教皇要垮台的信号。

这种思想也传到了犹太人中间，这也是他们那么轻易被假弥赛亚萨瓦塔伊·塞比（Sabbatai Zevi）所迷惑的原因。他在 1666 年带

领一群被他迷惑的人踏上了那既悲惨又无谓的东方旅途。在此前的
1650年，欧洲的犹太人在匈牙利召开了一次大会，讨论弥赛亚即将
来临的事宜。一个名叫塞缪尔·布雷特（Samuel Brett）的英国人
参加了大会，他认为大会预示着犹太人即将皈依基督教，并就此写
了一份报告。甚至罗马教皇都被惊动了，他派遣了六名教士去大会
做"顾问"，讨论预言中的弥赛亚是否已经到来。根据布雷特的报告，
他们被允许宣讲了他们的教义，但与会人员并未听从。犹太人自己
也没能形成决议，他们于八天后宣布散会，达成的唯一共识是大会
将于三年后再度召开。布雷特先生给英国公众的主要结论是：罗马
是"犹太人皈依的最大敌人"，因为罗马教会是崇拜女神和雕刻偶
像的教会，但新教仍然可以促成犹太人的皈依。[28]

　　阿姆斯特丹的卡特赖特母子已经确定了实现这个目标的实际步
骤。1649年1月，他们将"请求议会撤销驱逐犹太人之法令的请愿
书"提交给了费尔法克斯勋爵（Lord Fairfax）和战争委员会。同月，
英王被处以极刑，请愿书消失在其后的斗争和混乱中。但在新局势
下，英国国内出现的新因素正促进着卡特赖特母子愿望的实现。一
位犹太人第一次登上历史舞台，在当时特殊情形的作用下，他的努
力使英国再次向犹太定居者打开大门。

　　阿姆斯特丹一位博学的犹太教拉比玛拿西·本·以色列
（Manasseh ben Israel），或许出于弥赛亚情结，或许认定自己受到
加快弥赛亚降临的召唤，于1650年发表了一部名为《以色列的希望》
（The Hope of Israel）的著作。玛拿西认为，为完成世界范围的犹
太人离散应让犹太人先来到英国，其后犹太人才能开始重返家园的
进程。他后来在一封信中做了解释，根据《申命记》28：64，"耶
和华必使你们分散在万民中，从地这边到地那边"。他接着补充说：
"我看'地那边'就是这个叫做英格兰的岛屿。"[29]

　　玛拿西之所以这样期待弥赛亚，是因为听了犹太旅行者安东尼
奥·德蒙特西尼奥（Antonio de Montezinos）讲的故事。德蒙特西

尼奥于 1644 年给他讲述了一个有关西印度群岛的印第安人部落的故事，这些部落做犹太教礼拜，诵读犹太教的《施玛篇》，他们的皮肤虽被"太阳晒得焦黑"，但无疑是希伯来人。德蒙特西尼奥极力想说服他的听众，这些印第安人正是以色列失散的十支派之一的吕便支派。在南美的西班牙传教士早就提出一个理论，即美洲的印第安人就是以色列失散的十支派，他们向西穿越亚洲到达中国，然后到达美洲。（现代人类学家认为印第安人实际是蒙古人，跨越白令海峡后来到美洲。）德蒙特西尼奥无疑很熟悉这类观点，他像歌剧《日本天皇》中的人物一样，"为原本干巴巴的故事丰富细节、提高真实性"。他的故事包含人名、地名、日期等具有当地色彩的细节。他讲述了一个印第安向导如何偷偷告诉他自己是以色列人的故事；他如何经过一周的跋涉穿过密林、横渡河流、翻越高山，最后见到了一个操希伯来语、蓄胡须的印第安部落。在阿姆斯特丹犹太人大会的要求下，德蒙特西尼奥甚至签署了一份誓词，保证他的目击报告的真实性。

　　这个故事很快就在阿姆斯特丹的清教徒中间流传开来，千禧年教派（Millenarian sect）的成员尤其受到鼓舞，因为他们正信心十足地等待着圣徒王国的到来。根据他们对《圣经》中预言的解读，以色列人回归一定包括在公元前 10 世纪流散的十支派。只有当他们像在大卫与所罗门统治时代一样与犹大的子孙重聚之后，大卫的儿子弥赛亚才能出现在地球上。

　　德蒙特西尼奥的美妙发现被玛拿西抓住，当做犹太人分散到"所有民族中"的过程已经完成的证据，这意味着十二支派在弥赛亚的统治下获得团聚的时刻就要到来了。在《但以理书》里难道不是写着，"当神圣的民族分散到世界各地之后，所有苦难就会结束"吗？这就是玛拿西当年在《以色列的希望》中用西班牙语写下的话。但世界上还有一个地方没有犹太人。在玛拿西与他的清教徒朋友的交谈中，他意识到可以用这个理由促成犹太人返回英国。他后来用拉丁文重写了这本书，增加了一个题献："献给英国议会、最高法院和尊敬的国务委员会"。在书中，他请求获得"帮助和善意"，以便"使那些上帝令先知预言的事情都能获得实现……使以色列终于能回到自己的家园，预言中在弥赛亚治下的世界和平能够恢复"。

受到千禧年临近的鼓舞，玛拿西的英国信徒把他的书翻译为英语，并在英格兰印刷，一共印刷了两次，都很快销售一空。此书的出版正逢其时。克伦威尔正在与葡萄牙交战，这是英国为了恢复海上霸权、修补与殖民地贸易联系而与大陆强国打的一系列战争中的第一战。在漫长的内战期间，英国对外贸易远远落后于其他强国。英国的商业贸易阶层主要由清教徒构成，他们尤其妒忌荷兰，因为荷兰利用英国内战的机会坐上了黎凡特贸易、远东贸易及美洲殖民地转运贸易的第一把交椅。荷兰人的这些胜利是在犹太人的帮助下取得的，犹太商人、船主、阿姆斯特丹的掮客通过他们与美洲和黎凡特地区的联系拿回了大笔生意。克伦威尔了解犹太人的作用，因为几个马拉诺家族已经为他所用。[30]

这些马拉诺人为躲避西班牙中世纪的宗教审判，以西班牙人的身份寄居在其他国家，公开宣称信奉天主教，在大使馆教堂做礼拜，但在家里私下进行犹太教活动。自从1492年西班牙开始驱逐犹太人，伦敦和布里斯托尔就出现了这些家族的足迹。在克伦威尔当政期间，伦敦有几个非常活跃的富裕马拉诺人，最有名的是西蒙·德卡塞雷斯（Simon de Caceres）和安东尼奥·德卡瓦哈尔（Antonio de Carvajal）。后者在内战期间是克伦威尔的谷物经销商，控制着从西班牙来的大部分金条进口。他的船在英葡战争期间被明令免于征用，并被国务委员会（Council of State）设为特殊设备，准予继续进行海外贸易。克伦威尔与查理一世一样急需"造船费"，他希望从犹太人那里获得。他还将犹太人视为"情报员"，因为犹太人的关系网遍及欧洲大陆，能带回敌国的贸易政策信息和保王派在海外的阴谋信息。

玛拿西的书出版后不久，英国官方在 1650 年与他进行了接触。为谈判结盟事宜出使荷兰的奥利弗·圣约翰（Oliver St. John）被授权与玛拿西进行交涉。圣约翰与这位犹太拉比进行了几次谈话，促成玛拿西向英国国务委员会正式递交了要求允许犹太人重返英国的请愿书。

此时形势已发展到高潮。富裕的荷兰傲慢地拒绝了这个新兴共和国的结盟邀请。英国则按照"不能合作就征服他们"的原则，迅速通过了《航海法案》（Navigation Act），不允许外国船只与英国及其殖民地进行贸易。这打在了荷兰人的要害上，一年后荷兰与英国开战。预见到这个结局，克伦威尔在法案通过的当天即发给玛拿西一本护照，让他来英国亲自宣传他的主张。正如塞西尔·罗思（Cecil Roth）指出的那样，这一时间上的巧合值得关注。克伦威尔急于把阿姆斯特丹的犹太商人转移到伦敦，以期在与荷兰的贸易战中获得优势。

玛拿西还没到英国，英荷战争就爆发了。在战争期间他的主张没能付诸实践。如果实现了，结果可能是惊人的，因为在 1653 年，英国组建了贝邦议会（Barebone Parliament），按照卡莱尔的说法，这是现代世界"最非凡的"时代，希伯来文化的影响力也在这一年达到巅峰。这一小撮由克伦威尔亲自挑选的严厉而充满激情的人于 1653 年 7 月 4 日开会，讨论如何重写英国宪法以推行摩西律法和耶稣的质朴原则。不论民众意愿如何，英国人在股票交易场中、法庭上和市场里都必须像爱自己一样爱他的邻人。莫利勋爵（Lord Morley）在他关于克伦威尔生平的著作中说，这是一次"按经文的字面意义构建社会的尝试……代表了当时《圣经》政治的最高潮"。

克伦威尔本人也受这一情绪鼓舞，在贝邦议会的开幕演说中，他似乎沉浸在自己的愿景中，把自己视为先知以利亚（Elijah），引领一个国家归向上帝。"上帝在真诚地召唤你们，犹大将与上帝共治。"他对台下怀着浓厚使命感和历史感的议员们如是说。"你们站在承诺和预言即将实现的历史性时刻，"他接着引用《诗篇》第六十八篇说道，"有预言说'他要带着他的子民从深海而回；就像他曾经带领以色列人穿越红海。也许上帝会像有些人想的那样，'从海中的岛屿上'带犹太人回家，并实现他们'深海处'的愿望。"他越说越激昂，连续引用圣诗和先知，向他的听众保证《诗篇》第六十八篇中上帝对他的古老子民的承诺，将会向他在英吉利共和国的现代子民兑现。[31]

如果玛拿西·本·以色列当时来到英国亲自向这样的听众陈词，他们会无动于衷吗？但在短短的六个月内他们就失败了。他们为将《圣经》付诸实践做出的真诚而又无谓的努力，被谴责为企图"犹太化"英国法律。与财产权的冲突注定其失败的命运。克伦威尔站在他发表"预言即将实现"的演说台上，草草解散了议会。他们在历史中成为嘲讽的对象，人们以其中一名议员的名字戏谑地称这一议会为"赞美上帝的贝邦议会"（Praisegod Barebone）。

虽然清教徒的高潮期过去了，但犹太复国的问题没有被放弃。此时英荷战争结束了，但与西班牙的战争即将来临。克伦威尔仍然催促就犹太人问题做出决定，犹太商人仍与西班牙和葡萄牙保持密切关系。1654年，玛拿西派自己的妻弟大卫·多米多（David Dormido）和儿子向国务委员会提出请愿。然而正统派犹太教信徒因认为不应人为地加速弥赛亚的到来而反对他，他感到有必要保持一段时间的低调。虽然克伦威尔请求委员会"迅速做出回应"，"给出所有应得的答复"，但委员会仍然拒绝了多米多的请求。在克伦威尔的劝说下，玛拿西决定亲自到英国来。他将新的论点写入《给护国公的谦卑致辞》[32]，在三个犹太拉比的陪同下来到英国。在这份讲稿中，他利用自己作为犹太法学权威的地位，把讨论的重点放在犹太人已经遍布世界各地这一点上，"但只有这个伟大的岛屿上没有犹太人"。他说："在复临的弥赛亚为我们复国之前，我们必须先在这个岛屿上落脚，就像在其他所有地方一样。"

接着，他拿出"利益是有力的动机"做论据，指出犹太人在贸易上帮助英国对荷兰、西班牙、葡萄牙施加影响的作用有多大。他宣称犹太人对共和国有感情，因为共和制比君主制更加宽容。在谈及对犹太人的指控时，他回应说基督徒自己也曾经被罗马皇帝指控进行人祭，并指出了一个令人不舒服的事实——"人很容易去痛恨和蔑视遭遇了不幸的人"。最后，他明确提出要政府为犹太人提供保护，使犹太人能"自由、公开地"举行集会和葬礼，自由经商，对犹太人内部的民事案件持有审判权，英国法庭只做终审。最后，他要求废止现存所有与上述要求相悖的法律。

这份讲稿发表之后引发了剧烈的争论，支持一方被反对一方完全压倒。不仅所有旧的责难都重新出现，还冒出了新的指责：有人指责克伦威尔是犹太人，还有人说犹太人要买下圣保罗教堂和牛津大学图书馆；犹太人是一个卑贱的种族，因为邪恶而不断招致上帝的惩罚；犹太人被流放是上帝对他们杀死耶稣的惩罚（清教徒也要因杀死英王查理而遭受同样的惩罚）；如果把犹太人召回英国，他们会破坏基督教的圣洁，导致社会偏离基督教原则和习俗，带来假币、失业，破坏英国商业和海外贸易。另一方面，拥护者则坚称：犹太人是"世界上最高尚的民族，上帝的选民"；要对耶稣被钉死在十字架上负责的是犹太大祭司，而不是整个犹太民族；犹太人返回英国会给国家"带来福气"；内战是上帝对英国驱逐他的子民的惩罚，如果召回他们就能取悦上帝，带来和平；犹太人来经商能减低价格，扩大贸易，使社会繁荣，因为大家都知道"对犹太人最好的国家是最富裕和强大的国家"。然而，拥护者的最主要理由也是他们最弱的论据：只有把犹太人带到英国，才能实现他们的改宗。威廉·普林（William Prynne）是反对派的领袖人物，他的《简短抗辩》（*Short Demurrer*）一针见血地指出试图使犹太人改宗的可笑之处，是反对观点的典范。[33] 反对派在这点上确实说对了，使犹太人改宗的观点是完全不切实际的，但它在 19 世纪竟然又强劲地再次出现了。然而，具有讽刺意味的是，这恰恰是推动英国支持以色列复国的最有力动机。

尽管如此，克伦威尔于 1655 年 12 月 10 日在白厅召集了包括法官、神职人员和商人的特别委员会，讨论玛拿西的请求。[34] 正反两方争论了 14 天，由于双方实力相当，大会陷入僵局。但大会至少达成了一项共识，克伦威尔为大会制订了议题："接纳犹太人是否合法？""如果合法，接纳他们的条件是什么？"对第一个问题，大法官格林和斯蒂尔的意见是，确实没有法律禁止重新接纳犹太人——一项极大的成就。但当谈到犹太人应以什么条件重返英格兰定居时，出现了克伦威尔所说的"噪嚷的争论"。大部分神职人员赞成再次接纳犹太人，他们认为"英格兰的善人比任何其他民族都更相信上帝对犹太人使命的承诺，并真诚地为他们祈祷"，所以为使他们的"使命"——即改宗——成真，我们应该允许他们进入英格兰。此外，英格兰应该弥补过去对犹太人的残酷无情，他们确实是在威廉一世的邀请下才来到英格兰的。更为重要的是，"我们都是亚伯拉罕的后裔，他们继承了肉体，我们继承了精神"。

商人们则坚决反对。有谣言说如果再次接纳犹太人，后果极其险恶。这些谣言是荷兰人、西班牙人及保王派散播的，因为荷兰人和西班牙人认为允许犹太人回归英国是为《航海法案》的执行，保王派则因"这是护国公极力支持的"而反对。在这些谣言的影响下，商人们认为接纳犹太人的结果将极其可怕，会对外国人有利，而使英格兰贫困。至于改宗，他们说，人们如今热衷于各种奇怪的新教条，所以改信犹太教的人可能比改信基督教的人还要多。最后，双方达成的妥协是允许犹太人重返英国，但对犹太人施加的贸易和金融限制使克伦威尔从中得不到任何好处。

但大门被推开了，护国公昂首阔步地走了进来。他再次对无能的懦夫不能按他的意愿行事感到愤怒。接纳犹太人来英国难道不是每个基督徒应尽的义务吗？他斥责道。世界上只有英国在宗教教育方面是绝对纯粹的。"难道让犹太人去向天主教徒或偶像崇拜者这些教授错误思想的老师求教吗？"这个论点说服了神职人员。接着他将蔑视转向市民。"你们真的以为这些吝啬和令人蔑视的民族能胜过全世界最高贵、最受人尊敬的英国商人吗？""他继续讲着，"一位当事人说，"最后大家被他说得无可争辩……我从来没有见过这么优秀的讲者。"[35]

但奥利弗已忍无可忍，他解散了这个蒙羞的委员会，就如同他解散长期议会和小议会一样，因为他们不能为他的目的服务。实际上，他已经从法官的裁决中获得了他的部分诉求。或许他因害怕触发更大的骚动而不再坚持全部诉求的达成。研究这段历史的学者认为，奥利弗可能决定用半正式的方式实现自己的目标，按照一名当事者的话说，就是"默许"犹太人重新进入英国[36]。事实上，这也是当时人们的观察。"现在犹太人被允许进入英格兰了。"约翰·伊夫林（John Evelyn）在 1655 年 12 月 14 日的日记中写道。这显然是指法官对接纳犹太人没有法律障碍的裁决。

每个人都对避免做出明确决议就能丢掉这个棘手问题而感到满意，只有一个人除外。对玛拿西·本·以色列来说，他在这件事上投入了自己全部的热情、学识和辩才，加之自己民族的古老愿望和在波兰的犹太人受迫害事件所带来的新紧迫感，这个妥协的结果对他来说毫无意义。他此时年事已高，身无分文地带着失败回到荷兰，不到一年就心碎地死去了，终年 53 岁。

克伦威尔"默许"的直接后果不在本书的讨论范围内。由于这个决议的模糊性，当时并没有形成大规模的移民潮；但当 1656 年英国与西班牙交战的时候，尽管仍有反对声，马拉诺人终于得以撕下他们作为西班牙基督徒的伪装，赢得了英国政府正式给予的公开集会和作为英国居民的有限权利。玛拿西的外甥在他舅舅绝望而死的同年被允许在英国皇家交易所做交易员。实际上，克伦威尔的妥协是一种典型的英国式方案，不合逻辑但却实用，在斯图亚特王朝复辟后给犹太人带来了实惠。查理二世找不到任何可废除的法令，明智地选择了维持现状，没有理睬呼吁再次驱逐犹太人的请求。[37]由于许多保王派犹太家族在斯图亚特王室成员流亡期间对他们给予了同情和帮助，查理二世拒绝对犹太人权利进行任何限制。总之，他跟克伦威尔一样默许了对自己有利的现状。

在两个世纪的时间里，西班牙裔犹太人的人数逐渐增长。尽管始终面临新的普林们和反对之声，但犹太人一点一点地赢得了公民权。

毫无疑问，在清教徒统治下萌发的这第一波对犹太人复国的支持是出于宗教原因，源自《旧约》对 17 世纪中期的清教徒统治者们思维和信念的影响。但仅有宗教是不够的，如果没有政治和经济利益，仅靠清教徒跟古以色列人那跨越时空的兄弟情谊，或对宽容理念的追求，或加速千禧年到来的神秘主义希望，最终肯定是无果而终。克伦威尔对玛拿西的建议产生兴趣，与劳合·乔治在十代人之后对哈伊姆·魏茨曼的建议感兴趣是出于同样的原因：他们都相信犹太人对他们所面对的战局有利。从克伦威尔的时代开始，其后英国对巴勒斯坦的关切都出于双重动机：一个是商业、军事、帝国方面的利益动机，另一个则是从《圣经》继承来的宗教动机。无论这两个动机中的哪个缺席，如 18 世纪宗教热情明显降温时，都不会有行动发生。

第8章

宗教低潮期

世俗智者的统治

清教政权垮台后，清教徒的极端虔诚和严肃也随之消减，但并没有从英国消失。王朝复辟后，以及在其后的18世纪里，时代的主调由戴着黑色卷发头套、具有冷静的头脑、为人轻松放纵的查理二世设定。英国在紧绷了50年后，终于松了口气，决定愉快、随和一些，不再严肃。

但清教主义就跟地下的暗河一样，在不奉国教的人中间流淌着。清教徒被驱逐出重组后的英国国教会，被禁止进入政府、大学，排除在社会之外，甚至在1689年之前没有公民权，但他们的传统仍然得到了保持，并在19世纪再次浮现。在这中间的18世纪，这些不奉国教者生活在阴影中，而贵族政治盛行。按照屈勒味林（Trevelyan）的说法，这是个"贵族统治的自由年代，是法治和没有改革的年代"[1]；是个"优秀"的年代；有秩序，讲礼貌，富于理性，尽可能地排除了希伯来文化的影响。

如果想确定18世纪的本质特征，必须调整一下起止时间，它起始于王朝复辟的1660年，一直延续到1780年代美国赢得独立，法国大革命开始，工业革命随卡特赖特的动力织机、瓦特的蒸汽机而正式开启。这是理性和自由思想的时代。科学的自然法则开始挑战《圣经》的权威。牛顿发现使苹果掉落的不是上帝而是地球引力。约翰·洛克（John Locke）可怕的逻辑开辟了不确定性的新视野。在这些新思想的影响下，《圣经》的至上权威就像日光照射下的黄油一样融化了。信仰的安全感被知识带来的不安全感所代替。自然神论试图取代《圣经》。带着对人类理性必将战胜宗教争端的新兴信仰，自然神论者提供了一个所有具有理性的人都可以信奉的上帝，他的存在是通过自然现象来证明的，不需要通过奇迹、预言或其他超自然启示作证。

　　为了扭转"虔诚得可怕的清教主义"倾向，希腊主义复兴了。它使人们的头脑变得清醒，但无法满足他们对某种全能权威的渴望。阿诺德在文艺复兴时期注意到的"道德缺失"也重现了。当王朝复辟的闹剧在台上上演的时候，英国政权落入了一群毫无原则的贵族阴谋家手中。终结斯图亚特王朝和带来《权利法案》的不流血革命只是历史的逆流，在四位来自德国的乔治的统治下，政治道德下滑到了最低点。他们的统治留下了南海公司的股票泡沫（South Sea Bubbles）、腐败的选区、奴隶交易的暴利，以及在半疯国王治下争权夺利的大臣们，他们几乎无暇顾及正在失去美洲的帝国。虽然文学评论家把这个时代称为文学的"全盛时期"，但这也是贺加斯（Hogarth）画笔下泡在杜松子酒里的浪子和妓女的时代。那个时代仅有的愤怒之声来自斯威夫特（Swift），他说，在这个耶胡（Yahoos）*的丑陋世界里，"礼貌和得体不过是个习俗而已"。

　　这是高教会派（High Church）成为官方宗教的时代，有礼貌，但仅满足于为贵族孩子及其亲属提供肥缺。教会的独立精神消失了。作为国教它虽然缺少激情，但相比由十几个虔诚教会组成的无政府状况，人们仍青睐于它所提供的秩序和合法性。在一个充满简·奥斯汀笔下的牧师柯林斯先生式人物的教会里，《圣经》能得到多大

---

* 斯威夫特的小说《格列佛游记》中的一种人形兽，野蛮而丑陋。——编注

权威呢？信奉《圣经》的人，无论《新约》或是《旧约》，都跟清教徒一样是极端分子。他们中没有生活舒适满足的人。在 18 世纪的英国，先知们的神圣怒火无法穿透吉本（Gibbon）所说的"教会的昏睡"[2]。

不过，有一股渴望正直道德的强烈热流，在 18 世纪的文雅外表下涌动着。卫斯理兄弟的循道主义（Methodism）和赞美诗，与蒲柏（Pope）的《夺发记》（*Rape of the Lock*）或切斯特菲尔德勋爵（Lord Chesterfield）的《教子书》（*Letters to His Son*）一样是时代的产物，只不过来自不同阶层而已。这个时代产生了两部历史上最杰出的著作——时代开始时班扬的《天路历程》和时代结束时吉本的《罗马帝国衰亡史》。如何才能概括这样的一个时代呢？吉本代表的是怀疑主义的、科学的、反基督教的，而班扬则代表有信仰的、狂热的、有使徒般美德的。一个代表知识，另一个代表信仰，或者按照阿诺德的说法，一个是希腊主义的，另一个是希伯来主义的。《天路历程》可能是《圣经》之后被最广泛阅读的英文作品。这本书被奉为第二本《圣经》，如果不受庄园主的欣赏，也至少是农舍中的第二《圣经》。有教养的阶层起初忽视这本书，但它最终却被上等社会接受，如麦考莱所言成为"唯一一本使有教养的少数人向普通民众趣味靠拢的书"[3]。这一宗教虔诚的典范竟然与威彻利（Wycherley）描绘极端放荡的《村妇》（*Country Wife*）和《捐客》（*Plain Dealer*）在同一个十年里出现，这令人略感意外。虽然班扬属于老一代的清教徒，但他的书属于他身后的几代人，受到他们的追捧。他既是清教的继承人，也是循道宗的先声——他是清教主义和 19 世纪福音主义复兴运动之间的桥梁。

就在普通百姓急切地阅读基督徒去天国的历程时，俗世的智慧先生却在主导国家的事务。他不关心弥赛亚，无论弥赛亚的承诺让清教徒多么兴奋。他自然同样不关心犹太人的复国。事实上，犹太人在 18 世纪唯一引起注意的事就是 1753 年的《移民归化法案》

（Naturalization Act）所引发的敌对情绪。这部法案被称为"犹太人法案"，因为它"允许所有犹太人在没有接受过基督教圣礼的情况下归化"。一位反对者警告说，允许犹太人拥有土地违反了《新约》中的预言。根据基督徒对《新约》的解读，它预言犹太人在承认耶稣为弥赛亚之前只能流浪。另有人补充说："如果允许犹太人拥有王国的大片土地，我们如何肯定基督教将继续被视为最主流的宗教呢？"然而，法案被下议院批准，并在获得主教的同意后获得上议院的通过。但反对的小册子和抗议者像暴风雨一样扑来，法案在次年即被废止。这一动议直到1858年通过《解放法案》（Emancipation Act）后才被正式施行。

这份法案虽遭否决，但它最初能被通过反映出了18世纪启蒙运动中那种不拘泥于教义的包容精神。与此同时，18世纪的理性主义反对那种为让预言成真而支持以色列复国的论点。理性主义者认为这个论点是站不住脚的。霍布斯、休谟等理性主义作家在逐条研究过基督教的信条基础之后发现，耶稣实现了希伯来人的弥赛亚预言这种寓言性解释是"不理性的"。在理性的审视下，把《旧约》中的每一行都解读为对未来事件的预言是站不住脚的。安东尼·柯林斯（Anthony Collins）在他1713年的著作《论自由思想》（*Discourse on Freethinking*）中大胆地宣布，《但以理书》不是一部自传，而是由一位马加比时代的作者写成的——这就使人们以一种极为不同的角度看待其中的预言了。还有更危险的思想家怀疑《摩西五经》是否真由摩西写成。他们研究越深入就越发现，基督教根据希伯来预言而产生的对基督复临的期盼是没有依据的。

只要理性主义者仍然占据主导，人们就不会对犹太人返回锡安产生多少兴趣。不过，在理性主义者对《圣经》的历史学基础进行研究的过程中，出现了将巴勒斯坦视为一个国家研究的新兴趣。巴勒斯坦的考古遗址不再被当做圣物来研究，而是昔日生活的反映。这方面的最早研究成果是富勒博士所写的《巴勒斯坦的毗斯迦山风

景》(*A Pisgah-sight of Palestine*)。尽管出版于 1650 年，但它丝毫
不受清教主义的影响，实际上富勒在性情和兴趣方面更加接近保王
派。没有任何清教徒能以如此超然的态度描写《圣经》的家园。即
使在他最沉重的著作中，字里行间也透着绝妙的幽默和智慧。富勒
对客观、中立的追求（这使得他超然于两派之间，即使在内战最激
烈的时期也是如此）使他有别于时代。他说，他著书描述巴勒斯坦
的初衷是为了对真正理解《圣经》做点贡献，尽管"这些对迦南地
理的现实研究在见识更广的基督徒中不再流行"。他仔细地描绘动
植物、矿物资源、地形情况，不断纠正大众的错误印象。事实上，
虽然《圣经》里提过好几次，但这个国家并不是个沙漠，他指出："沙
漠这个词对英国人来说似乎很可怕，好像意味着到处是废墟、野兽、
悲凉，而在希伯来语里，它意味着树木稀少的地方；这些地方大多
并不比英国的大公园面积大，它因幽静而非常吸引人，根本不是令
人感到悲伤的荒凉之地。"

　　他试着澄清什么是"肘尺"(cubit) 等希伯来人的丈量单位；
他讨论古代的法律和习俗、家庭习惯、耕种方式、食物和衣服。他
画了好多张地图，上面标注着帐篷、圣殿、战场和有尖塔的城市；
画了建筑物的布局图，例如所罗门圣殿里的陈设、器具、珍宝；还
画了少女、妇人、寡妇、妓女等各种女性的穿着和打扮。如果说富
勒的书在内容上算不上科学，那么至少他写作的初衷是科学的。他
在最后一章讨论了犹太人复国的问题，他认为能从巴比伦的流亡返
回已经实现了所有预言，如果未来还有什么承诺有待兑现，那则是
犹太人改宗基督教，"重新获得"原有的国土并不是必需的。他认
为这只是个梦想。至于改宗，他不能肯定上帝是否真的有此意愿，
但既然上帝并没有明确反对过，最好认为这便是上帝的意愿。富勒
确信，尽管有各种困难，但只要上帝愿意，那么"在刹那之间，他
们就会顿悟"。此时，他以无法掩盖的公平态度承认，只要基督徒
继续排斥犹太人，他们就不可能改宗，因为"必须先有交谈，才可

能有改宗"。

另一本畅销书是《两次耶路撒冷旅行》(*Two Journeys to Jerusalem*)，1704 年由纳撒尼尔·克劳奇（Nathaniel Crouch）出版。他曾编辑出版了一系列廉价历史书，被约翰逊博士称为"很适合吸引低层次读者"。他的这本书，除了旅行日记，还包括："一些有关古代和现代犹太国的著名评论"、塞缪尔·布雷特对匈牙利犹太委员会的描述、萨瓦塔伊·塞比写的有关犹太人的"奇妙幻觉"，以及关于国务委员会辩论玛拿西·本·以色列的 1655 年提案的报道。两次旅行包括前文（第 6 章）提及的亨利·廷伯莱克的"既奇怪又真实"的冒险，以及初版于 1683 年的描述 14 个英国人在 1669 年旅行的故事。这本旅行集似乎有稳定的读者群，因为此后的一百年里它不断再版，甚至出了威尔士语译本，最后一版印刷于 1796 年。

克劳奇使用罗伯特·伯顿（Robert Burton）这个笔名发表了那些"著名评论"，他把大量精力用于回答困扰了几代作家的巴勒斯坦问题：如此荒凉的土地如何能支撑在《圣经》、罗马和拜占庭时代那些繁忙、繁荣的城市。当在我们的时代英国政府白皮书以这片土地无法支撑更多人口为由削减犹太移民时，这个被命名为"经济吸纳能力"的问题在英国议会引发了无休止的争论。但是伯顿（或克劳奇）在 200 年前写作的时候，尚无需考虑如何安抚阿拉伯人或"政治上限"的问题，他采用了当时那个时代特有的现实主义精神解答这个问题。假定恢复了"古代"的精耕细作，他估算如果每人每天定量 2 磅 6 盎司面包，一英亩土地每年能养活四个人。"但由于我们以色列人胃口大，让我们把定量加倍，即每天 4 磅 12 盎司"，或者说每英亩可以养活两个人。他估计古代犹太王国的面积是 336.5 万英亩，减去一半无法耕种的土地，他最后的结论是每英亩仍然能养活一个人。350 万这个数字与现在以色列政府的目标惊人地相似，但这个数字被当时的所有政府白皮书专家嘲笑为疯狂的、不可能的数字。

伯顿接着解释了巴勒斯坦给人的荒凉印象，是因为旅行者看到的仅是从雅法到耶路撒冷之间的乡村，这里从来不以土地肥沃闻名，且"由于野蛮异教徒疏于耕种……他们不断打仗和毁坏，致使这里变得跟沙漠一样荒凉"，"像被上帝抛弃的土地"。然而，在《圣经》时代这里流淌着奶与蜜，需要感谢以色列人的耕种，他们修建梯田、施以肥料，不把一分土地浪费在修建"狩猎场、大道、滚木球草场、花园"上。

巴勒斯坦在伊斯兰统治下的衰败也被那 14 个英国人看到了。他们是黎凡特公司在阿勒颇代理站的员工，他们把所看到的情况写进书里。他们经过凯撒利亚和雅法北面的农村时，发现那里"破败不堪，住着一大群野蛮的阿拉伯人"。雅法不仅是英王理查曾经英勇战斗过的地方，还是大批搭乘威尼斯客船的朝圣者下船的地方，可如今这些商人认为这里已经变成劣等港口。主要贸易货品是制肥皂用的草碱、棉花和棉纱。既不跪拜也不再陷入沉思，这些 300 年前旅行者的举止就和今天导游带领的旅游车中的旅客一模一样。在耶路撒冷，他们挤在访客登记簿前寻找自己熟悉的名字，并数出自 1601 年以来英国访客共有 158 名。在伊甸园遗址，"我们花了点时间削木棍，把我们的名字刻在大树上"。在通往伯利恒的路上，他们遇到一些本地基督徒。"这些人的手艺是在你手臂上刺上圣墓或你喜欢的圣经故事图案；他们用蓝色墨水，用两根针不停地在你胳膊上刺。"每个人都选了画册中的图案，然后在胳膊上刺上了相应的花样。

1776 年，即一百多年后，阿勒颇代理站又有一批人来到这里。记录旅途的是理查德·蒂龙（Richard Tyron），他语气平淡，就好像一个乡下人来到伦敦旅行一样。他们丝毫不在乎古代预言或预言的实现。蒂龙看到周围一片废墟，简单地评论说"这里就像被诅咒的土地"。在这两次访问之间的一个世纪里，几乎没有英国人来巴勒斯坦。此时时髦的旅行地是具有古典风格的希腊和罗马。只有定居东方的黎凡特公司的代理人和牧师偶尔来巴勒斯坦游逛，但不是为寻找宗教体验，更多的是为了解这里的情况。

阿尔及尔牧师托马斯·肖（Thomas Shaw）就是其中一位。他把主要精力放在手绘当地植物上，他1738年出版的游记中有极其优美的铜版印刷插图。同样，阿勒颇牧师亨利·蒙德雷尔（Henry Maundrell）也并未沉浸在宗教喜悦之中，而更喜欢记录古代铭文、研究废墟、寻找古代蓄水池和沟渠的遗迹。他的《从阿勒颇到耶路撒冷的旅程》首版于1697年，再版两次，并在接下来的一个世纪中多次被收录在其他游记集中。他写道，虽然巴勒斯坦如今是"悲惨、干旱、荒凉的不毛之地"，但"这些石地和山坡在古代显然是被泥土覆盖和被人耕种的"。他精彩而简洁地解释了土壤是如何被侵蚀的，展示了古人为"耕种这些山坡"是如何建起土墙，形成"从山脚到山顶一阶又一阶的覆盖着肥沃土壤的土床"。在死海，蒙德雷尔用自己的观察驳斥了过去的传说。他写道，鸟从水面飞过，不会落入水中死掉。他还在岸边发现有牡蛎壳等水生生物迹象。他还如实地记录了土耳其人统治臣民的办法——通过在民族之间制造矛盾（后来的大英帝国也使用了同样的办法）。"通过这种手段可以在民众中制造利益和党派对立，防止他们团结在某位亲王下——如果他们真这样做（他们人数众多，并且在当地占主导地位）就可以推翻土耳其人的统治，实现自治。"

18世纪有关巴勒斯坦的最博大的著作是由理查德·波科克（Richard Pococke）所写，他的父亲是一位著名的希伯来和阿拉伯学者。他的三卷本《东方介绍》（*Description of the East*）在1743—1745年间出版，其中第二卷介绍了叙利亚和巴勒斯坦。

波科克这位未来主教代表了18世纪对待巴勒斯坦的最典型态度。他在题献中将介绍圣地的那卷献给了物质美德的典范——切斯特菲尔德伯爵。他在前言中说，圣地是"一个很有趣的话题"，那里的许多地名是"我们每天都能听到，并乐于有所了解的"。秉承这种精神，他从埃及出发，徒步走完了摩西带领以色列人出埃及时途经的荒野，决定精确地描绘这条著名的路线。他观察了每一处地标，详细地描述植被，在各种海拔下画了无数幅平面图和地图，画出了每一棵树、每一块石头。他抄录下石刻文字，寻找摩西 40 年路途中的每一处落脚地。他尽量避开贝都因人（Bedouin），因为"他们是个很坏的民族"。他还遇到了一个似乎信奉犹太教的友好部落，他推测他们可能是摩西的岳父叶忒罗（Jethro）的后裔。

到耶路撒冷之后，他逐一研究当地的传统，看看是否与已知的事实、历史、可能性相符，绝不轻信。有根石柱据说是《圣经》中的押沙龙（Absalom）之柱，很受旅行者喜爱。他对其真实性的攻击就像福尔摩斯解开泥脚印之谜一样："约瑟夫斯称之为大理石柱子，并说它距离耶路撒冷有 2 化朗（约 400 米），但这个汲沦溪（Kedron）流经的山谷可能是王谷。由于距离不符，这是否是那座纪念碑值得怀疑。真正的押沙龙之柱可能在比欣嫩子谷（Gehinnon）更偏西南的地方。但如果这里是王谷，即撒冷王麦基洗德与亚伯拉罕相会的地方，这就能证明耶路撒冷是古代的撒冷城。"最后，他提示那根柱子属爱奥尼柱式，说明它明显晚于押沙龙的年代。

波科克遍历了整个国家，从死海一直走到加利利，不错过任何一处可能与著名历史事件相关的地方。他在埃斯德赖隆平原（Plain of Esdraelon）上看到的蓄水池、池塘、水井，显示出这片土地过去是如何灌溉的。在拉姆拉附近，他看到了绽放的郁金香田野，于是他推测这里肯定是盖过所罗门所有荣耀的"百合花田野"。他的著作为《圣经》注入了新生。将他精心制作的清真寺和圣墓雕版画（考古学家后来证明他的画大部分都是错误的）都加起来，其作用也不如这些郁金香，包裹在巴勒斯坦身上的昔日裹尸布由此被徐徐揭开。

第9章

东方问题

叙利亚的帝国之争

在 18 世纪的最后一年，距十字军最后一次在阿卡战败 500 年后，英国人再一次在阿卡的海滩上作战。阿卡是著名的要塞，不仅控制着通往巴勒斯坦的海上通道，还控制着沿海军事通道，在过去 30 个世纪里一直是兵家必争之地。1291 年，土耳其人把最后一批欧洲人从这里赶走。这个扼守巴勒斯坦咽喉的要地，连同整个圣地，最终都被土耳其帝国吞并了。

在伊斯兰沉睡了五个世纪之后，突然之间，英国的炮舰隆隆地驶进港口，一支欧洲军队从陆地发动攻击，凶猛的马穆鲁克人绝望地守卫着城墙。但在这一仗里，英国人是守卫者而非进攻者，他们这次与土耳其人共同抵御一个来自欧洲的敌人。英国人的大炮对准的不是阿卡的城墙，而是城下拿破仑的军队。

巴勒斯坦的地理位置再次成为它的诅咒。巴勒斯坦地处通往印度的要道上，而拿破仑则决意占领此地，切断他的死敌英国与其东方财富和贸易的联系，从而统治一个无可匹敌的亚历山大第二帝国。埃及和叙利亚是他计划的关键，而扫除拿破仑对两地的控制对英国人同样关键。拿破仑远征埃及的军队与他为入侵英国而集结的是同一支军队。但拿破仑在最后一刻却步了，就像希特勒 1940 年面对英吉利海峡时的致命迟疑一样。拿破仑的犹豫迫使他转向东方，希冀从背后打击英国——这与希特勒转向北非的无效战略一样。

事实上，拿破仑和希特勒的战役是如此相似，仿佛历史的重演。两个时代中围绕巴勒斯坦的战略也是一样的，并且现在亦然。用最简单的话说，这个战略就是：无论哪个骄横的专制君主——当然不包括英国自己——将要控制整个欧洲，无论付出任何代价都不能允许它再控制中东。拿破仑时代如此，德皇时代如此，希特勒时代如此，今天*对苏联也是如此。不能允许任何想成为世界统治者的人占据开罗、君士坦丁堡及位处其间的地区，不能允许他把地中海变成自己的内湖，从而阻断通往远东的道路。从战略角度看，小小的巴勒斯坦在谁手里并不重要，重要的是它必须符合中东的战略大局。最初是土耳其人，后来是英国人，如今是以色列人。就权力政治而言，谁掌握巴勒斯坦并不重要，只要他不是统治欧洲的霸主。

这样说或许太过简单化，但这个问题的核心在19世纪的外交领域被称为"东方问题"（Eastern Question）。这个词给人一种古朴的味道，就像维多利亚时代的连鬓胡子一样。令人联想到卡斯尔雷（Castlereagh）、坎宁（Canning）、塔列朗（Talleyrand）和梅特涅（Metternich）们，那些"突发事件"和秘密协定，还有俄国沙皇、土耳其帕夏和贝伊，以及克里米亚、迪斯累里和苏伊士运河。在第一次世界大战期间，这个词与19世纪所有的外交明星一起被废弃不用了。在今天的政治舞台上又有了新的演员——石油和阿拉伯人，以色列和美国，但其背后的逻辑仍然跟英国18世纪末在中东外围插上"禁止入内！"的标牌时一样。在此后的一个多世纪里，英国的基本政策即为支撑着衰败的土耳其不被入侵者瓜分。当1918年土耳其帝国终于崩塌后，英国随即决定自己取代土耳其，要么自己直接统治，要么通过阿拉伯傀儡间接统治。这种方法的效果起初

---

* 指写作本书时的20世纪50年代。——编注

很好，但到第二次世界大战之后，所有老办法终于难以为继。此时我们已与这些事件距离太近，无法看清谁或者什么将成为未来中东的主导力量——可能是阿拉伯民族主义，也可能是苏联，或者假如你是阿拉伯人，那可能会认为是蠢蠢欲动的"世界犹太复国主义"。但历史学家关注的是过去，而非未来。

第一个迫使英国在中东选择立场的不是拿破仑，而是沙俄。事实上，任何人要想寻找历史的重合，只需翻开 1780 年以来的历史书，沙俄无时无刻不在向博斯普鲁斯海峡的出口处挪动。沙俄并非想将巴勒斯坦据为己有，但巴勒斯坦的命运是与土耳其帝国捆绑在一起的。克里姆林宫庞大的身影每次逼近土耳其边境，欧洲高官的办公室里就会骚动起来，仿佛他们突然感觉到来自遥远的中东的寒冷和黑暗。外交官们穿梭于各使馆之间，外交文书往来于各国首都之间，仿佛成群的蚂蚁。统计一下 19 世纪发生的各国涉及与土耳其关系的事件、最后通牒、战争、国际会议、协定和决议，就会发现东方问题比当时任何其他外交问题吸收的外交界的周旋、阴谋和精力都更多。（"19 世纪"又是一个为简化语言而被赋予一定弹性的词汇。如果坚持要限定为 100 年，那它可以指 1815—1914 年这段时间。而从攻陷巴士底狱到滑铁卢这四分之一个世纪，即 1789—1815 年，则是 18 世纪和 19 世纪间的幕间表演，剧目是法国大革命和拿破仑。）

巴勒斯坦的未来——以色列最终在此复国——在各大国介入土耳其事务的这段漫长时间中上演。这些大国在土耳其边境徘徊，就像贪婪的继承人在等待富裕的舅舅咽下最后一口气。"有死尸的地方就有秃鹰盘旋。"[1] 虽然土耳其这具残躯仍然顽固地喘着气，但却并不能阻止饥饿的秃鹰一口接一口地吞噬它的残肢。

令英国意识到做中东头号秃鹰的战略需要的，是叶卡捷琳娜大帝（Catherine the Great）统治下野心勃勃的沙俄。叶卡捷琳娜大帝在 18 世纪的纷乱战争中打败土耳其后，决心拿下一块被外交史学家称为"奥克扎可夫地区"（Oczakoff district）的土耳其领土。

只有仔细查看地图集之后现代读者才能搞清楚，那块地区实际上就是敖德萨（Odessa），叶卡捷琳娜大帝想要的是在黑海边上有一处不冻港。威廉·皮特（William Pitt）是否是英国历史上最伟大的政治家尚存争议，但他当政期间竭尽全力使英国避免陷入欧洲大陆的战争中。不过，他在这件事上对叶卡捷琳娜大帝的态度与今天西方政治家对叶卡捷琳娜在克里姆林宫的继任者*态度一致，那就是绝不能让她得手。他冒着开启战端的危险，以自己的政治生涯做赌注，发出最后通牒，要求叶卡捷琳娜交出那个黑海港口。但他因未受到公众支持而失败。虽然他向议会施压获得了信任案的通过，但议会的意思是很清楚的，他们不想为一片"遥远的陌生之地"开战，就像内维尔·张伯伦（Neville Chamberlain）关于捷克斯洛伐克说过的话一样。皮特被迫让步，默许了叶卡捷琳娜大帝对敖德萨的占领。但他在这次事件中制定的不惜任何代价阻止土耳其领土被蚕食的原则，却成为日后英国处理东方问题的固定原则。[2]

大多数英国人都不支持这一政策，因为他们反感那个被伯克（Burke）称为"挥霍无度的可耻帝国"[3]的土耳其。但英国面临的选择是支持昏庸的土耳其人，或者允许对手威胁其通往印度的道路。皮特做出了选择，尽管在此之前土耳其几乎是英国的最末选项。在1770年的俄土战争中，皮特的父亲查塔姆伯爵（Earl of Chatham）在给同僚的信中写道："阁下清楚我很亲俄。我相信在奥斯曼帝国倒下的时候会将波旁王朝也一起拉下马。"[4]但在接下来的十年里，英国失去了美洲的殖民地，其帝国主义的发展方向被彻底改变，转向了东方的印度和通往印度的沿线国家。此后，英国专心致志地通过支持奥斯曼帝国的"领土完整"保护其中东的通道，抵御沙皇和拿破仑的介入。1799年，当法国东侵时，皮特立即与奥斯曼帝国签订了一份为期八年的秘密协定，保证土耳其的领土安全。这就解释

---

*　本书写作时的苏联领导人为尼基塔·赫鲁晓夫。——编注

了为什么1799年英国士兵会像本章开始所述，在巴勒斯坦的港口阿卡作战。

这也把我们带回了"以色列的希望"。除了波拿巴将军，还有谁会突然宣布他是犹太人复国的支持者呢！一个鲜为人知的事实是，这位创下无数纪录的杰出将军是历史上第一位提议犹太人在巴勒斯坦复国的国家元首。*当然，这完全是个出于私利的举动，没有任何宗教意义。波拿巴毫不关心《圣经》或其预言，无论是犹太教的还是基督教的。对他这样的不信教者，所有的宗教都一样，只要符合他的利益，他甚至可以宣称自己是个穆斯林——实际上，刚踏上埃及的土地他就这样做了。他在对犹太人的宣言中称他们是"巴勒斯坦的真正传人"。他这样说仅是一种军事计谋，就如同他在此前呼吁阿拉伯人起义反抗土耳其人统治一样。但他在任何宣言中都掩饰不住对荣耀的追求，他将对犹太人的承诺扩大到恢复古代的耶路撒冷王国。他像戏剧演员一样高呼："以色列人，起来吧！""你们这些被流放的人，起来吧！快起来吧！现在正是千载难逢的好时机，你们要把自己作为世界公民的被剥夺千年的公民权利夺回来！你们要把自己屹立于世界民族之林的政治权利夺回来！你们要把按照自己的信仰永世公开敬拜耶和华的自然权利要回来！"他呼吁犹太人投入自己麾下，并向他们提供法国的"保证和支持"，帮助他们夺回遗产，"做自己遗产的主人，不由任何人剥夺"。†5

考虑到波拿巴这番叙利亚冒险6的现实情况，他的宣言仅是一种毫无意义的姿态，就好像舞台上任何一个昂首阔步假装英雄的演员一样。然而，拿破仑为未来设定了一条路径，以色列人沿着这

---

* 拿破仑将在不久之后成为法国元首。但在1799年，他仅是督政府的一位将军。

† 拿破仑的讲话原稿一直不为人所知，直到1940年在维也纳一家人的文件中发现了一份德文译稿，这家人与随同拿破仑来到东方的犹太拉比有密切关系。在那之前，只有两封信件提及拿破仑曾发表讲话。该信件出现在1799年5月的《箴言报》上，这份报纸是法国督政府的官方报纸。

路在当代实现了一个不比拿破仑逊色的英勇、伟大的成就,重新"屹立于世界民族之林"。因为在拿破仑之后,无论哪个大国在中东陷入战争,总有人会建议以色列复国,此人会想当然地认为这块战略要地可以归入自己的势力范围内,同时犹太人的财富和影响力也会归到自己一方。犹太人获得的利益从来都是各国争端所产生的副作用,比如英国在 20 世纪对巴勒斯坦的托管统治。但无人能否定这是拿破仑的首创。

拿破仑之所以有这个想法是因为法国人早就有统治黎凡特的梦想。早在 1671 年,路易十四即对莱布尼茨(Leibnitz)的一项建议十分感兴趣。莱布尼茨为了转移路易十四入侵德国的野心,建议他重修那条穿越苏伊士地峡、连接地中海和红海的古老运河。"埃及才是对敌人的致命打击,"莱布尼茨写道,"在那里能找到去印度的真正航线……还能获得法国对黎凡特的永久控制。"[7]在贸易上,法国确实已在黎凡特成为主宰,英国在这个时期的注意力因集中于绕道好望角去往印度的航线而忽视了黎凡特。但法国在下一个世纪中也在印度获得了殖民地和野心,与英国产生了直接矛盾,最后在七年战争(1756—1763)中被打败。在那场斗争中,舒瓦瑟尔(Choiseul)本计划使法国控制埃及和阿拉伯,开辟出一条通向红海的运河,在叙利亚、美索不达米亚和波斯赢取"势力范围",因此可以在印度消灭英国人。一个世代之后轮到波拿巴尝试实现这一愿景了。

但拿破仑的梦想与前人有所不同——在他华丽的梦想中,他不仅要成为亚历山大第二,还要重现亚历山大那个从埃及绵延至印度河甚至恒河流域的帝国。他视埃及为摧毁英国的机会。他将开辟一条新苏伊士运河,将地中海变成法国的内湖,引导印度和黎凡特的贸易都进入法国人之手。欧洲太小了,东方广阔的空间、丰富的资源、庞大的人口才是真正值得赢取的帝国。东方是永恒的荣耀之地,那里能给人史诗般不朽的名誉。拿破仑渴望的不是贸易、财富,甚或权力,他真正渴望的是不朽,像亚历山大和恺撒一样。"这世上的一切都会消逝，我的荣耀已经开始消减。"他对他忠实的记者布里耶纳（Bourienne）说。此时他还不到 30 岁。"欧洲这个小角落太小了。我们要去东方，世界上所有伟大的人都是在东方获得他们伟大的名誉。"[8]

跟亚历山大出征时的年龄一样，拿破仑 30 岁时出征埃及，征服开罗。甚至当舰队在尼罗河河口海战中被纳尔逊（Nelson）摧毁后，他仍然不顾反对继续向前推进，坚信他仍然能征服叙利亚，进而赢取土耳其、波斯、印度，带着一个新帝国返回欧洲，成为世界的主宰。1799 年 2 月，他攻占了西奈半岛上位于埃及和巴勒斯坦之间的埃尔阿里什（El Arish）。几天后，他入侵巴勒斯坦，在 3 月 7 日攻占了雅法，并于 3 月 18 日抵达阿卡城下。"东方的命运就在阿卡的城墙内。"[9]他说道。一旦阿卡到手，他即可向大马士革、阿勒颇、君士坦丁堡进发。"然后，我将推翻土耳其帝国，在东方建立新的帝国，奠定我永世不朽的地位。"他从未放弃这个愿景。20 年后，当他在圣赫勒拿岛（St. Helena）的乱石丛中口述回忆录时，又说起："如果攻占了阿卡……我将抵达君士坦丁堡和印度，改变世界的面貌。"

当波拿巴在距离耶路撒冷 25 英里处的拉姆拉安营扎寨的时候，堆满他脑子的就是这些宏大的愿景，也就是在这里他向犹太人发出了宣言。由这个支配命运的人举笔挥剑之间重建大卫的王国，还有什么比这更合适的吗？天时、地利、战局都适宜得难以阻挡。当时的战局如此有利，波拿巴可能真的相信他就要进入耶路撒冷了。

拿破仑对阿卡的围攻陷入了僵局。在西德尼·史密斯爵士（Sir Sidney Smith）的英国海军的支持下，马穆鲁克人顽强抵抗。但在 4 月 16 日，拿破仑在他泊山取得大胜，击溃一支从大马士革前来救援阿卡的土耳其部队。他认为阿卡马上就要投降，巴勒斯坦的全部领土即将落入他的手中，他将胜利地进入耶路撒冷。他是如此自信，竟然在 4 月 17 日他泊山之役胜利的第二天向巴黎送去一份公报（刊登在 5 月 22 日的《箴言报》上），宣布："波拿巴发表声明，呼吁亚非的犹太人团结在他的旗帜下重建古耶路撒冷王国。"此外，公报落款为 4 月 19 日从"耶路撒冷总部发出"，可见拿破仑一定认为他在那天能抵达耶路撒冷。但他不仅没有踏上耶路撒冷的土地，甚至连阿卡都没能进入。因为就在他紧盯着眼前的荣耀和不朽之时，他被脚下的障碍绊倒了——那就是西德尼·史密斯爵士的英国大炮。"他令我错过了我的天命。"[10] 他在战斗结束后简略而痛苦地说道。阿卡拒绝沦陷，在被围攻了又一整个月后，史密斯召集起炮艇上所有能上阵的水手，像 600 年前英王理查在雅法一样，手持长矛向海岸发动了冲锋。此时的法军，因疾病、饥饿以及其前辈腓力四世曾遭遇的所有困难，终于溃败了。到 5 月 20 日，波拿巴终于承认失败，带着他残破不堪、七零八落的军队踏上归途。他的帝国梦破灭了。这是拿破仑的第一次失败，也是他最痛苦的失败，即使在日后他在巅峰之时，也不能忘怀。在奥斯特里茨（Austerlitz）的胜利时刻，拿破仑的弟弟吕西安（Lucien）听皇帝低声说："如果我在阿卡有这样的运气就好了。"[11]

　　或许拿破仑在撤退的痛苦中已经撕毁了那份对犹太人的宏大承诺。毫无疑问，他随后采取的一系列掩盖措施是因为不愿回忆这段耻辱的失败。但这次远征产生了深远影响，它在很大范围内引起了人们对东方的兴趣，产生了若干有价值的考古发现和大量浪漫诗作。为绘制未来帝国的蓝图，有一群科学家、工程师和学者跟随拿破仑远征，对翻译埃及象形文字起到关键作用的罗塞塔石碑（Rosetta stone）即由他们发现。1803 年，乌尔里希·泽岑（Ulrich Seetzen）来到叙利亚，花了两年时间学习当地语言和阿拉伯人的举止，他因此得以扮作朝圣者，像本地人一样在巴勒斯坦、西奈半岛、开罗甚至跨越红海到达麦加进行了四年旅行。泽岑的杰出研究成果仅散杂于德国的期刊之中，或作为未发表过的手稿躺在德国博物馆里发霉。只有少量选段因被译为英文收集在一本题为《太巴列湖、约旦和死海地区简介》（*A Brief Account of the Countries Adjoining Lake*

Tiberias, the Jordan and the Dead Sea）的书中保存下来，这本书于 1813 年在伦敦出版。夏多布里昂（Chateaubriand）在 1806 年去东方短暂旅行后写出了畅销书《从巴黎到耶路撒冷》（*Itinéraire de Paris à Jérusalem*），这本书被翻译为英文后得到广泛阅读。

　　1810 年，威廉·皮特的外甥女和长期秘书赫丝特·斯坦诺普（Hester Stanhope）女士[12]因舅舅的死而悲痛不已，决定永远离开英国，在黎巴嫩的山区过起了神话般的隐居生活。"我不知道具体的原因，"一名了解她的人写道，"但高傲的人在悲哀的刺激下往往产生一种对东方的渴望。"金莱克（Kinglake）的这番话精炼出了赫丝特女士在那个浪漫时代中给东方带来的浪漫名气。像女先知一样，她躲在一个隐蔽的王国里，过着与世隔绝的生活。她从最初上千奴隶守护中的宫殿和花园，到在贫困和孤独中死去。在这 30 年里，她一直在等待着白马与弥赛亚能从耶路撒冷的城门中走进来。去东方旅行的上层人士视拜访赫丝特女士如同看到金字塔一般。

　　巴勒斯坦协会（Palestine Association）早在 1804 年就成立了，其目的是促进圣地的探险和研究，但由于去圣地旅行太过危险而几乎没有取得什么成绩。1834 年，这个协会在并入皇家地理学会后便消失了；但几年后，又以巴勒斯坦探险基金会的形式坦然出现。不过，出版泽岑信件的工作要归功于巴勒斯坦协会，这些信件激励了 19 世纪最杰出的探险者约翰·刘易斯·伯克哈特（John Lewis Burckhardt）的旅行。跟泽岑一样，他在东方生活多年，他的最终目标是可以扮作贝都因人代表非洲学会去中非探险。他死前没能实现目标，不过在做准备的六年时间里，他游遍了叙利亚和阿拉伯，甚至成功进入了麦加，这要归功于他的成功伪装、深入细微的《古兰经》知识和与当地人毫无二致的举止。他死后，他的随笔和日记《叙利亚和圣地游记》（*Travels in Syria and the Holy Land*）和《阿拉伯游记》（*Travels in Arabia*）在 1822 年出版发行。在他留下的文字中，我们能看到这个孤独的人不知疲倦地走在尘土飞扬的路上，睡在阿拉伯村庄里，跟随着牧羊人发现圣殿的废墟，我们可以看到他作为一位田野考古学家的真实写照。他的书没有连贯的计划，而是汇集了他的各种观察：阿拉伯人的习俗和性格，当前的农作物和古代器物，石头上的铭文，根据废墟绘制出的建筑图以及地理和地质学方面的发现。但他的文字有一个贯穿始终的主题——他描述每天的旅途、每一根倒塌的石柱、每一段废弃的城墙都与《圣经》中的故事有关。

　　无法想象除拜伦（Byron）外谁还能与伯克哈特形成更加鲜明的反差。就在同一年，拜伦与霍布豪斯（Hobhouse）去黎凡特闲逛了一遭，回国后他即因 1812 年写成的《恰尔德·哈洛尔德游记》（*Childe Harold's Pilgrimage*）和 1813 年的《异教徒》（*The Giaour*）而成名，并使东方成为时尚。拜伦这次旅行有一个意外的附带后果，就是重新向现代考古学家打开了《圣经》中以东的首都佩特拉（Petra）古城的大门。这里曾经非常繁荣，是往来于波斯湾和黎凡特之间商人的中转站，但已被废弃了几百年。威廉·班克斯（William Bankes）[13] 是拜伦在三一学院的朋友，可能是在拜伦经历的激励下，他在 1812 年带着拜伦的介绍信动身前往东方。或许是受失踪城市传说的吸引，或许是受伯克哈特进入佩特拉谣言的刺激，他决定亲自去寻找这个还不为英国所知的佩特拉城。1816 年，他进行了第二次旅行，这次他带上了两名英国海军军官——厄比（Irby）上校和曼格利斯（Mangles）上校。虽然面对土耳其官员的坚决不合作态度——上至土耳其苏丹、大马士革帕夏和耶路撒冷总督拒发安全通行证，下至最底层的向导和赶骆驼的人警告他们贝都因人渴望拿西方人的鲜血给妻子做药品，但这队英国人还是上路了，他们"决意信任和依靠自己的力量"。他们披荆斩棘穿越长满灌木和野生无花果的狭窄峡谷，进入了古代社会最伟大的首都之一。此时，大理石建筑尚孤寂地立于空无一人、覆满藤蔓的遗址中，猫头鹰静静飞过，老鹰的尖叫声在圣殿、陵墓和宫殿里回荡。但不久之后，阿拉伯的佩特拉就奉献出自己的宝藏。

上述几位都是先驱。真正去圣地探险的大潮在 1840 年之后才出现，他们中间有为"证实"《圣经》前往圣地的野外地理学家和历史学家，以及想"寻访耶稣足迹"的热情旅行者。与此同时，拿破仑的远征还产生了其他后果。欧洲人回到中东战场激起的地区动荡至今仍未消退。拿破仑离开中东后，危机便在酝酿中了，到 1830 年，东方问题引发了欧洲危机的全面爆发，使欧洲列强陷入长达十年的混乱，英国和法国走到了战争边缘，东方于十字军东征后再次回到公众的想象中。

这场危机的核心人物是穆罕默德·阿里（Mehemet Ali），他是自萨拉丁之后最著名的穆斯林，一名极为非凡的阿尔巴尼亚强人，自命为埃及的统治者，哈里发的觊觎者，几乎凭一己之力提早一百年分解了土耳其帝国。我们对他的兴趣主要不在他震撼欧洲各国首都的功业，而在于他将英国永久地拉入中东事务之中，并给英国人提供了一个为犹太人在巴勒斯坦重新建国的机会，尽管这个机会是人为的。沙夫茨伯里伯爵对犹太复国主义的不成熟尝试属于下一章的范畴，但它必须被放在穆罕默德·阿里时期的政治和战略形势背景之下。

问题的根本是谁将"占据去印度的道路"[14]——如同帕麦斯顿勋爵（Lord Palmerston）所说。穆罕默德虽出身卑贱，但最终跃升为比其宗主还强大的封臣。他已经有能力抛弃土耳其苏丹的统治，建立一个包括埃及、叙利亚和阿拉伯的独立伊斯兰国家。野心勃勃的沙俄跃跃欲试地支持土耳其对抗穆罕默德的狂妄挑战，意图利用这一机会成为土耳其的保护国，将达达尼尔海峡并入自己的怀抱。野心勃勃的法国此时仍然怀念拿破仑统治东方的梦想，也非常想成为穆罕默德的保护国，通过支持这个东方的拿破仑去完成自己昔日英雄的未竟之业。英国既不想要俄国和法国得偿所愿，更不希望穆罕默德获得对这一关键地区的影响或控制，决计阻止这三方。一个年迈虚弱因而任人摆布的奥斯曼君主仍然比一个独立亲法的"活跃阿拉伯君主"[15]（帕麦斯顿语）更适合占据去印度的道路。

不过吊诡的是，如果不是英国人，穆罕默德的武功可能还没有开始就完结了。1798年，他是一个土耳其非正规军团的团长，与拿破仑在埃及作战。他在尼罗河河口海战中落水，被后来阿卡的胜利者西德尼·史密斯放下的舢板救起。40年后，穆罕默德自己的帝国梦想被另一位英国海军上将的大炮粉碎在了阿卡。如果回顾穆罕默德的早期经历，我们就能看出他正是在拿破仑撤退后留下的混乱中成为埃及强人的。到1805年，他已经成为埃及帕夏，随后又将统治范围扩大到苏丹和阿拉伯，包括圣城麦加和麦地那。到1830年，他已为挑战土耳其苏丹做好了准备，拥有一支由法国军官训练的陆军和海军。在他争霸的道路上，浸透着鲜血的巴勒斯坦再次成为战场。[16]

1831年11月1日，埃及陆军跨过叙利亚边境，与穆罕默德之子易卜拉欣（Ibrahim）指挥的海军在雅法会合，并立即开始围攻兵家必争之地阿卡。阿卡这次陷落了。易卜拉欣在攻占了加沙和耶路撒冷之后，挥兵进击大马士革、霍姆斯、哈马和阿勒颇。到1833年夏季，他已占领整个叙利亚，并开始攻打通往君士坦丁堡的交通要道。土耳其苏丹惶恐地向英国求救，请求建立攻守联盟。但帕麦斯顿此时正想着让穆罕默德做英国的受保护国，没有接受。苏丹大为苦恼，像溺水者抓住蟒蛇以图获救一样接受了自己的世仇俄国沙皇的帮助。俄军早已在土耳其边境等待，一经允许立即开动，阻挡住了易卜拉欣去君士坦丁堡的道路。俄国顾问出现在土耳其宫廷里，俄国军官在大街上昂首阔步地走着，俄国工程师运作着海峡边的堡垒。"这显示出，"英国驻君士坦丁堡大使庞森比（Ponsonby）勋爵在给国内的信中写道，"土耳其人已经是俄国的傀儡了。"[17]更严重的问题是土耳其以什么条件交换海峡的呢？据说庞森比勋爵和法国大使一起床就去窗边看，"一个在早晨6点，另一个在傍晚6点"[18]，预期看到长久以来让他们害怕的情景——俄国舰队在他们眼皮底下停泊在博斯普鲁斯海峡里。他俩的恐慌并非虚谈。俄国救援的代价是著名的《温卡尔—伊斯凯莱西条约》(Treaty of Unkiar Skelessi)，其中有一个秘密条款，规定一旦俄国要求，土耳其将封锁达达尼尔海峡不允许任何其他国家的军舰通过。

帕麦斯顿极为懊恼，如今他同意了庞森比的看法，认为"俄国能有所节制不谋求让土耳其臣服的想法是完全错误的"[19]。如何阻止俄国的扩张变成了主要问题——这个问题在20年后的克里米亚战争中再次出现，并仍然困扰着今天中东的外交家。英国开始全力构筑一个统一阵线来抵御俄国对这一地区事务的干预。这个统一阵线的任务就是化解土埃危机，采取联合行动，不计代价地防止任何人未来私自发动袭击的可能性。穆罕默德暂时退让了，但在1838年再次出手。一支在叙利亚的土耳其军队被他歼灭，土耳其舰队在亚历山大港向他投降，老苏丹随即在君士坦丁堡羞愧而死。法国对穆罕默德取得的荣耀大加赞许，他此时看起来似乎也即将成为一个可与萨拉丁的帝国媲美的新帝国的主人，并挂上法国的三色旗。幸运的是，沙皇极端厌恶带着资产阶级绅士派头的法王路易·菲利普和他的民主思想，所以愿意用尽各种办法挫败他，特别是能扩大英法两国间裂痕的方法。所以，沙皇同意了帕麦斯顿的联合行动计划，甚至宁愿放弃他的海峡特权。与此同时，普鲁士和奥地利也表示同意，就在法王和梯也尔(Thiers)大张旗鼓地支持穆罕默德对新近成为苏丹的小男孩提出的要求之时，四个大国悄悄在伦敦签署了协定，一起支持土耳其，强迫穆罕默德满足于其在埃及和叙利亚南部的统治。这些条件宣布后，法国感到荣誉受损，异常愤怒，就在他准备宣战的时候，叙利亚爆发了反抗易卜拉欣暴政的起义。为支援起义，英国派遣一支舰队炮击并占领了贝鲁特，查尔斯·内皮尔爵士(Sir Charles Napier)指挥下的突击队攻占了古老的西顿城，然后向南航行，把炮口对准历史上最多灾多难的阿卡要塞。围攻还没有开始，易卜拉欣就溃败了，他父亲那几乎实现的帝国转眼间就像纸牌屋一样垮塌了。"内皮尔万岁！"帕麦斯顿喊道。一位同僚发现他"非常愉快"，说了好多有关贝鲁特和阿卡的笑话，确信法王和梯也尔"被打败了，事情就此结束了"。[20]

　　局势的发展证明了帕麦斯顿的判断。尽管梯也尔十分恼怒，但法王正如帕麦斯顿预计的那样不愿为东方的利益发动战争，东方的伟业就像海市蜃楼一样躲避着他。他不仅默许了叙利亚和阿拉伯回归土耳其，还默许将不久之后即疯癫而死的穆罕默德限制为土耳其在埃及的世袭封臣。在这样的条件下，法国加入四国于1841年7月在伦敦签署了五国协定。土耳其帝国在经受了群集的秃鹰的利爪撕扯之后，虽已衣衫褴褛，却终究得以残喘保全。这对帕麦斯顿和英国是一场彻底的胜利，通往苏伊士以及最终通往耶路撒冷的道路就这样被打开了。

第10章

沙夫茨伯里伯爵的愿景

信奉英国国教的以色列

帕麦斯顿为了防止奥斯曼帝国突然崩溃，给英国驻君士坦丁堡大使写了一封有关犹太人的信。"如今，在遍布欧洲各地的犹太人中间存在一种强烈的想法：犹太民族返回巴勒斯坦的时刻到来了……有一件很重要的事，土耳其苏丹要鼓励犹太人返回巴勒斯坦定居，因为犹太人带来的财富会增加苏丹的可支配资源；如果犹太人是在苏丹的邀请和保护下返回的，他们就会在未来阻止穆罕默德·阿里或其继任者的任何恶毒企图……我必须请大使阁下强烈地推荐（土耳其政府）竭尽全力鼓励欧洲的犹太人返回巴勒斯坦。"[1]

在这位英国外交大臣的眼里，犹太人在获得了他们古代家园的土地利益之后，就会主动去支撑起那个正在崩溃之中的庞然大物——土耳其帝国。犹太人为了自身利益，会动用他们强大的实力维持它不倒。这就是英国当时政策的目标。

帕麦斯顿这封信的落款日期是 1840 年 8 月 11 日。8 月 17 日，《泰晤士报》刊登了一篇头条文章，报道了"安置犹太人返回家园"的计划，说这一计划正受到"认真的政治考虑"。文章称赞这份计划的制订者阿什利勋爵（即后来的沙夫茨伯里伯爵）"讲究实际，有政治家风范"。文章还报道了他为收集犹太人的意见所做的调查，他调查的问题包括：犹太人是否愿意返回圣地？希望多快返回？如果土耳其政府能承诺给予他们公正和人身财产安全的法律保证，且基本公民权利得到"一个欧洲大国的保证"，"有地位和财产"的犹太人是否愿意返回，并在那里投资兴业？

《泰晤士报》所说的欧洲大国具体何所指显而易见。这篇文章产生了轰动。"报纸上全是有关犹太人的文章，"阿什利勋爵12天后在日记中写道，"未来会冒出多少混乱的计谋和争执……有多少粗暴、仇恨和争论。激发出多少情绪和激情！"[2]

显然，帕麦斯顿和《泰晤士报》在同一周产生相同的想法不是偶然的。实际上，他们都受到同一人的指引、推动、劝说和诱导——安东尼·阿什利·库珀（Anthony Ashley Cooper），第七代沙夫茨伯里伯爵。除达尔文之外，他是英国在维多利亚时代最具影响力的非政治性人物。他的动机是宗教的，而外交大臣的动机则是帝国的。沙夫茨伯里代表了《圣经》，而帕麦斯顿可谓是英国的利剑。这场大戏上演的时间是1840年，地点在叙利亚，既是圣地也是诸帝国争夺的交通要道。按照沙夫茨伯里的设想，新教英国将帮助信奉英国国教的以色列人复国，一举挫败天主教，使预言应验并拯救全人类。帕麦斯顿则会因此举挫败法国、拯救土耳其而心满意足。

沙夫茨伯里伯爵被称为"议会中具有最纯洁、苍白、庄严外表的人"[3]。他冰冷、典雅的面容总被人与大理石雕像做比较。有一位熟悉他的人说，他的每一绺黑发似乎都因使命感而弯曲。但这位完美的贵族在现实生活中极富同情心，有很强的宗教信仰，他的生活建立在对《圣经》字面意义的彻底执行上。他说《圣经》"每一个字都是'上帝话语的记录'……只有《圣经》才能阐释《圣经》。如果有人向我宣道，我将拒绝他。我接受、信奉和赞美上帝的谕旨……像以色列人一样，我低下头颅礼拜它"。

他因此而成为一名慈善家，这正是《圣经》对他的要求——爱他的同胞。他出身于贵族统治阶级，与两位辉格党的首相有姻亲关系。两个党派请他入阁都被他拒绝，因为他为了自己的社会福利工作，需要保持超越党派之身。沙夫茨伯里伯爵是遵循位高则应为民谋的典范。他真心相信他是同胞的守护者——特别是那些地位最卑微的同胞。他相信自己被赋予的地位、能力和影响力使自己有责任去帮助那些不如自己幸运的人。他坚信福音书宣讲的慈善和爱是人需要知道和实践的全部，而他自己也确实实践了。如果说他是穷人的朋友和施舍者，这种陈词滥调可能让读者提不起精神来。然而，沙夫茨伯里伯爵确实名副其实：他救济穷人、小偷、精神失常者和残疾者；他帮助那些被锁在地下推煤车上的五岁孩子，那些在烟道里掏烟灰的骨瘦如柴的"爬童"；他帮助所有饥寒交迫、疾病缠身，在没有制度保障的时代痛苦地生活在每天 16 小时工作中的劳工阶层。正是沙夫茨伯里伯爵迫使议会通过了被誉为帮助工业化地区避免革命的《十小时工作法案》（Ten Hours Bill，或称工厂法案）、《矿山法案》（Mines Act）、《精神失常者法案》（Lunacy Act）和《寄宿法案》（Lodging House Act）。这些法案被狄更斯誉为英国至今为止通过的最高尚的法案。[4]

　　这与巴勒斯坦有关吗？当然有关，因为沙夫茨伯里伯爵对犹太人这个被他称为"上帝之古老子民"的激情，与他对慈善工作的激情一样，都出于他对《圣经》的这种彻底接受。他为帮助犹太人返回巴勒斯坦付出了与为通过《十小时工作法案》一样多的努力。但听说过沙夫茨伯里伯爵的人中只有不到十分之一知道他为犹太人所做的工作——名人往往因成功被人们记住，而他们的失败则会被遗忘。然而，虽然他对犹太人的利益富有激情，但他可能并没有把犹太人当做一个有自己的语言和传统，有自己的律法和精神导师世代相传上百代人的民族。他跟那些把以色列人视为《圣经》预言的人一样，把犹太人视作工具，其用途就是为了实现《圣经》里的预言。对他来说，犹太人不是一个民族，而是一个巨大的错误，必须让他们立即信仰基督才能开启基督复临、人类获救的大门。

基督复临是信仰，沙夫茨伯里伯爵对他选定的传记作者埃德温·霍德（Edwin Hodder）说："这个信仰是驱动我生活的原则，因为我认为这个世界里的一切都要服从于这个伟大事件。"他私下写道："为什么我们不能在每声钟响的时候为基督复临祈祷？"因为根据《圣经》的预言，犹太人返回家园是那个伟大事件中必不可少的一部分，埃德温·霍德说，沙夫茨伯里伯爵"从来没有怀疑过犹太人终将返回家园……这是他每日祈祷、翘首期盼的事情。'哦，为耶路撒冷的和平祈祷吧！'这句话就刻在他右手的指环上"。

像所有被强烈信念控制的人一样，沙夫茨伯里伯爵感到了上帝正扶着他的肩膀，给他个人下达了实现这个"伟大事件"的命令。与其他几位维多利亚时代的伟人一样，他从来都不曾怀疑人类有能力实现神圣的使命。这个原则犹太人还没有接受。但到 1860 年代以后，犹太人开始看到，他们必须做自己的弥赛亚才可能实现以色列复国。基督徒过去一直对弥赛亚降临更加积极，可能因为他们更需要拯救，也可能是因为他们没有因经历千百年流散而形成宿命感。

当福音主义奋兴布道者（Evangelical Revival）在英国当道之时，人们再次感到了犹太复国的迫切性。在经过 18 世纪希腊化的间歇后，钟摆又摆回到希伯来化的道德紧迫性。18 世纪的怀疑主义让位于维多利亚时代的虔诚；18 世纪的理性主义再次服从于神启。伴随着社会向希伯来化的转向，沙夫茨伯里伯爵开始以与卡特赖特和极端清教徒类似的言辞支持以色列复国。这种文化转向不是因为马修·阿诺德口中的希伯来文化与现代犹太人有任何关系，而是因为它是从《旧约》那里继承来的。当基督徒再次投向《旧约》的权威时，他们便会发现《旧约》预言了以色列民族要返回耶路撒冷，这就使基督徒感到有责任协助实现这个预言。

沙夫茨伯里伯爵时代的英国几乎与克伦威尔时代的英国一样地对《圣经》痴迷。社会的宗教热情与皮特在星期日召开内阁会议时相比已显著升温。（沙夫茨伯里家族对安息日的谨守与正统犹太教拉比一样严格。）在 18 世纪，清教的古老宗教热情仅在不信英国国教的人中间闪烁。在经过"无神论的"法国大革命的震动之后，宗教热情回归了现有教会，使教会的壁炉再次温暖，给教会人员注入一种新的虔诚。这就是在有产阶级里流行开来的福音奋兴运动。他们被法国大革命震惊，焦虑地修筑起精神和政治的藩篱。为躲避理性主义的恐怖女儿——革命，他们急切地拥抱福音派的反智热忱，即使这要求他们绝对信仰、服事和解除怀疑。去教堂礼拜、布道，以及对《圣经》的绝对信仰再次流行于社会。屈勒味林引用 1798 年《年鉴》（*Annual Register*）中的一段文字道："英格兰各地的下等人惊奇地看到，去往教堂的大街上挤满了马车。这种新鲜的景象引得疑惑的乡下人纷纷询问发生了什么事。"[5]

　　这就是新清教运动（neo-Puritanism），英国再次被过度的神圣气息窒息。跟清教徒一样，福音主义者因为他们的狂热、使命感、布道方式、安息日礼拜和《圣经》崇拜而引来人们的嘲笑。有个笑话说在清教徒与英王的争斗中，一方是错误而浪漫的，另一方是正确而令人厌恶的，人们对福音主义者的看法也是一样。沙夫茨伯里伯爵是福音派的典型和世俗领袖，他也因此受到嘲讽。《十小时工作法案》这部 19 世纪劳动法的基石是自上而下，从一个隐秘的贵族对福音的私人感情中产生的；奴隶贸易的废除不是源于某种损益"规律"，而是纯粹出自福音主义者的新人道主义，这使经济史学家、马克思主义者、费边社会主义者感到极为痛苦。任何治学态度认真的历史学家都会同意阿累维（Halévy）的说法，福音主义者对那个时代的影响是无法估量的。虽然他们并不是思想家，也不够理性、优雅，甚至在某些方面很愚蠢，包括沙夫茨伯里伯爵在内，但他们是维多利亚时代早期英国进步的动力，而且他们的影响在复兴运动高潮过去后很长时间仍然在发挥着作用，甚至 19 世纪反宗教的势力都是宗教性质的。在信仰与科学的长期战争中，在视《圣经》为神启和视《圣经》为历史的震撼维多利亚时代的争论中，家庭和朋友像在内战中一样决裂，但争论双方都继承了清教徒的严肃性和高尚的道德目标。双方的立场都很坚定，容不得任何妥协。

在我们这个时代，几乎不可能正确地评价宗教在过去的政治、社会、经济历史中所发生的作用。我们做不到，是因为我们不理解。宗教不是我们生活的一部分，跟20世纪前的生活相比较，宗教确实不是。但20世纪是19世纪的子孙，如果英国在20世纪帮助以色列人返回巴勒斯坦，那是因为19世纪的主要动机是宗教。屈勒味林选出的那个时代为大众所喜爱的四大英雄是沙夫茨伯里、格拉德斯通、戈登将军（General Gordon）和利文斯通博士（Dr. Livingstone），因为他们都将生活视为一种宗教实践。无论斯特雷奇自己是否承认，他是以同样的理由挑选了曼宁枢机主教（Cardinal Manning）、弗洛伦斯·南丁格尔（Florence Nightingale）、阿诺德博士和戈登将军为维多利亚时代四伟人。格拉德斯通和曼宁最初都是福音主义者，但其中一人去了高教会派，另一人去了罗马教会，他们都承认沙夫茨伯里对他们的影响。事实上，曼宁将沙夫茨伯里选为时代的代表性人物。

"我是最虔诚的福音派信徒。"沙夫茨伯里伯爵这样宣称。这个称呼显示这是一个传教运动，这项运动就是要让所有人接受同一个信仰，共享同样的救赎，特别是犹太人。

犹太人是关键，没有他们，就没有基督复临。他们是福音派那坚不可摧的逻辑三段论中的小前提——《圣经》预言＋以色列人改宗和返回家园＝基督复临。当然，如果理性主义得势，他们会切断《新约》和《旧约》预言之间的联系，只留下历史联系，这就等于打破了这个逻辑三段论，福音派的大厦就会坍塌。所以，绝不能让理性主义得势。对这一点，沙夫茨伯里伯爵理解得很清楚。"上帝赐我恩典，让我去阻止粗鲁的理性主义。"他祈祷着。三十多年过去了，他仍然不喜欢新"科学"，因为科学想让人与上帝平起平坐。他特别不喜欢那些试图用科学解释《圣经》而使二者和解的人。

他在 1871 年的一篇日记中写道："启示在人心中，而不是在头脑中。上帝不关心人的理智，而极关心人的内心。对上帝来说，两分信仰和爱比整个思想和知识宝库的价值高得多。魔鬼控制人的理性，上帝在人心中。"

这段非凡的文字表达了维多利亚时代前半个阶段中核心宗教信仰的哲学。这就解释了福音主义者为什么在使犹太人改宗的迷梦上竟然浪费了这么多精力和善意。多一点理性，少一点灵魂，会使人对任何项目成功的可能性产生怀疑。但正如沙夫茨伯里所言，产生怀疑就是让魔鬼进屋。所以福音主义者从来不质疑。另一方面，福音派牧师领袖查尔斯·西米恩（Charles Simeon）却对犹太人改宗有不同看法，根据他的传记作者的记录，"这可能是他生命中最有热情的兴趣"[6]。

在世纪之交，社会上出现了众多福音社团，在很长一段时间里，最有名气的是伦敦犹太人基督教促进会[7]。促进会的赞助人列表散发着高贵的气息，就像宫廷公告一样［包括奥斯瓦尔德·莫斯利（Oswald Mosley）爵士，1850 年在促进会担任副主席］。促进会小礼拜堂和学校的奠基石是在 1813 年由肯特公爵埋下的，肯特公爵是国王之弟、维多利亚女王之父。对福音派教育家巴兹尔·伍德（Basil Woodd）来说，这个促进会是一大群想拉他入伙的社团中他"最偏爱的机构"[8]。促进会的威望甚至让传教士协会（Church Missionary Society）都蒙上了一层阴影，传教会的布道者被迫采用他们的文本："难道上帝只是犹太人的上帝吗？"[9]

促进会被称为犹太会，这个社团后来成为沙夫茨伯里伯爵及其积极的同伴们实现他们钟爱目标的主要工具，即在耶路撒冷建立一个英国国教主教区，在巴勒斯坦的土地上帮助信奉英国国教的以色列人复国。1808 年，在福音主义热情的高潮期，犹太会成立了，同时成立的还有英国及海外圣经公会（British and Foreign Bible Society）、圣教书会（Religious Tract Society）、传教士协会，等等。

犹太会在每个星期三和星期日晚上开展一系列的"展示布道",目的是证明耶稣是犹太人的弥赛亚。他们的教堂是从法国新教徒那里租来的,并改名为"犹太教堂"。他们还建立了一所免费学校,希望犹太家庭在免费教育的吸引下把孩子送来。三年内,这所学校拥有近400名学生。只有极为好奇之人才会停下脚步,注意到仅有不足五分之一的学生是犹太人。

五年内,犹太会就有了2000名捐助者,他们的名字被用小号字印了满满50页纸,他们的捐款从几先令到100英镑不等。犹太会还买下了地产——一个被命名为"巴勒斯坦之地"的方场,在这里建起教堂、学校和培养传教士的希伯来学院。他们还出版发行了自己的月刊《犹太人的智慧》(*Jewish Intelligence*)。到1822年,他们的名声已经高到可以在伦敦市长官邸召开年会,并由市长亲自主持。到1841年,他们的捐助名单中包括了坎特伯雷大主教、约克主教和其他23位主教,还包括了"几乎所有的主教候选者",以及一位公爵,众多侯爵、伯爵、子爵、教士和其他上层人士。到1850年,犹太会已拥有78名传教士,分布在从伦敦到耶路撒冷的32个分支处中,总预算达26000英镑。

在犹太会的年度报告中,这些令人骄傲和高兴的事实被放在显著位置,但皈依的人数则放在不显眼的地方,有时甚至被偷偷地忽略了。在1839年,即犹太会成立30年之时,伦敦地区皈依了207名,平均每年皈依6—7人。根据其外国传教团的报告,巴格达:犹太人口1万人,3名传教士,2人皈依;士麦那:犹太人口1500人,无人皈依,传教团撤销。当然犹太会取得了成功,但并非在使犹太人改宗方面。大家并不以为意,仁慈的捐资者继续支持他们在犹太人中间传播基督教,践行圣保罗的格言——教会在犹太人加入之前永远不会圆满。但他们并不知道犹太人根本不关心这一点。

犹太会对最伟大的传教士都没能实现的工作抱以如此乐观的态度,确实令人惊奇。为显示自己工作的正当性,他们不断引用《新约》

中使徒保罗对希伯来人的书信，但他们从来不问一问，为什么他后来在异教徒中取得成功却被自己的族人拒绝；也不问一问，犹太人在过去 1800 年里与基督徒的关系并不融洽，为什么他们如今会突然发现犹太会的论据比保罗的更加有说服力。但他们的真诚和目标的严肃性是无可置疑的。受人尊敬的亚历山大·麦考尔（Alexander McCaul）[10] 是分管犹太会传教士工作的执行主席和伦敦国王学院的希伯来语教授，他不仅是当时最伟大的希伯来语学者，还在俄国和波兰犹太人中工作过。他对犹太教有亲身体会，这在当时极为罕见。英国高等法院的富裕律师刘易斯·韦（Lewis Way）[11] 把财富都献给了犹太会，被称为"实现犹太人理想的第一个伟大的动力"，他热忱地坚信自己最终的胜利能使整个世界受益。

刘易斯·韦以福音主义者典型的反理性精神状态来到犹太会。根据每次年会上都要讲的故事（但后来遭到质疑），他在一次骑马从埃克斯茅斯（Exmouth）去埃克塞特（Exeter）的路上看到一片美丽的橡树林，同行者告诉他树林的拥有者简·帕明特（Jane Parminter）在遗嘱中说，在犹太人返回巴勒斯坦前这片树林不能砍伐。韦被这个古老的念头震撼了，他回家后重新阅读了《圣经》，被书中的预言迷住了，他放弃法律转学神学，加入修道会，并捐出 13000 英镑给犹太会，使之免除了债务，之后成为犹太会长达 20 年的主要资金支持者。他资助出版了意第绪文《圣经》、《英国国教会希伯来语礼拜》，拜访了俄国沙皇和普鲁士国王，谋求两位君主施加影响力帮助犹太会的工作。

韦在为自己家的希伯来语图书馆收集图书的时候结识了麦考尔，当时麦考尔在都柏林三一学院学习希伯来语。韦说服麦考尔相信犹太人改宗代表了"犹太民族的至善，并通过他们成为世界的至善"。学院老师对这名年轻学者的光辉前程抱有极高的期望，但麦考尔离开大学前往华沙做了一名犹太人传教士。他的女儿在回忆录里说，他在旅途中将使徒保罗给希伯来人的书信整整读了 13 遍。

他下决心研读希伯来经文，在业余时间一字一句地将《摩西五经》抄写了 8 遍。所以，他女儿的情况也就不使人感到惊奇了——她生在华沙，三岁学习希伯来语，四岁能读《圣经》，说德语和意第绪语，12 岁时在"巴勒斯坦之地"的传教士学校教授希伯来语。

麦考尔在 1831 年回到伦敦，被任命为犹太会的传教士学院院长，并积极参加让英国人了解犹太人现状的活动。根据他女儿的说法，当时的英国人"几乎不了解犹太人，更不关心犹太人"[12]。为说服犹豫不决的犹太人改宗，他出版了一种每周发行的小册子，名为《昔日的道路》(The Old Paths)，其核心议题是基督教依旧是摩西信仰的逻辑终点，而中世纪犹太学者的作品偏离了真正的摩西律法。根据他女儿芬恩夫人（Mrs. Finn）的回忆，星期六下午在她父亲的书房里总有犹太绅士们热烈地讨论宗教问题，八岁的她和弟弟从门缝里偷听。这位年轻的女士，后来作为英国领事的妻子在耶路撒冷住了 18 年。她与丈夫一起努力让圣地重新对"其合法的拥有者希伯来人"[13]打开大门。她成为联结沙夫茨伯里和贝尔福之间的纽带。她 15 岁时将沙夫茨伯里寄给帕麦斯顿那封建议英格兰支持犹太人复国的历史性信件，抄录在"白底金边的大纸"上，作为送给她父亲的礼物。她在 1921 年以 96 岁高龄逝世，亲眼看到巴勒斯坦成为英国的托管地。

麦考尔和沙夫茨伯里这类人的学识、热忱和善意令人钦佩。沙夫茨伯里于 1848 年成为犹太会主席之后，每年都参加其年会，长达 37 年，直至逝世。他甚至向他的朋友"犹太学者麦考尔"学习希伯来语。不过，如此真诚的努力换来的回报似乎非常小。那看上去宏伟的大厦，实际上建在了沙地上。就"在犹太人中间宣扬基督教"而言，这个目标并不比沙漠中飘忽不定的幻影更真实。

对犹太会的批评自其成立之初就有。在 1810 年的年度报告中，犹太会承认被人嘲笑为"愚蠢的乌托邦式的期待"，被指责为"宗教狂热"。事实上，1863 年曾经发生过一件事：一个犹太会的会员被判定为精神病人，证据就是她是犹太会的会员，这个证据被提交给了精神病委员会。[14]"阁下，你知道她是犹太会的会员吗？""知道。"精神病委员会的主席回答，这位主席不是别人，正是沙夫茨伯里伯爵本人。沙夫茨伯里伯爵接着说："你知道我是犹太会的会长吗？"

批评者指出，如果犹太人能被劝化，那也只能靠奇迹，就像埃及的法老对犹太人的神助一样。认为人力可以达到的观点太过狂傲（这也正是正统犹太教教徒的反驳）。批评者抱怨说，花费了这么多时间和金钱去求犹太人，还不如给基督教教会。最愤怒的莫过于亨利·汉德里·诺里斯（Henry Handley Norris），他在 1825 年出版了一本长达 690 页的批评犹太会的书。这位被称为"主教制造者"的诺里斯恰巧是沙夫茨伯里疏远的父亲、第六代伯爵的牧师，一个苛刻的老贵族——这个事实也许教会了作为晚辈的沙夫茨伯里温和地接受反对意见。

在回应这些攻击时，犹太会的辩护者不断强调补偿长期以来错待"上帝的古老子民"的义务。他们不知出于什么理由坚决认为，如果能劝化犹太人信奉基督教，就等于弥补了基督教对犹太人的迫害。另一个因素也肯定在起作用，犹太人把福音传给了基督徒，但没有收到应有的回报，这带给基督徒一种不愿明说的负罪感。例如，犹太会的历史学家吉德尼（W. T. Gidney）讨论了亚利马太的约瑟和其他使徒在英国布道的历史资料，并坚持说由于原始的救赎预言来自一个"希伯来基督徒"，英国除了把基督教作为礼物回馈给犹太人之外别无其他选择。

实际上，犹太会有两个任务：第一，必须说服犹太人"他们目前错误的观点有偏差和不合理的地方"[15]；第二，必须说服有疑心的基督徒相信，犹太人虽然顽固、内心黑暗、道德沦丧、冷酷无情、对福音缺乏认识，但他们不仅值得被拯救，而且是基督徒获救的关键。这一理念加之对因果的倒置使传教士的思维超越了逻辑的限制。保罗曾说："就福音而言，犹太人是你们的敌人，但他们是上帝的

选民。"[16] 有个古老的事实已经被人们忘记——耶稣的预言是给他的
"肉身亲属的"，这成了福音主义者布道的基本经文。查尔斯·西米
恩在 1818 年的一次布道中让他的听众大吃一惊，因为他提醒大家，
"此刻正是犹太人坐在上帝的右手边为我们求情"。为了上帝的缘故，
大家应该把犹太人视为"所有民族中最值得关注的，在上帝之下，
人类最伟大的恩人"。[17] 与此类似，在犹太会 1858 年的五十周年庆
典上，坎农·爱德华·霍尔（Canon Edward Hoare）称赞成员是"热
爱犹太民族的人，但最重要的是热爱犹太国王的基督徒"。

实际上，驱动这些善良而真诚之人的不是对犹太民族的爱，而
是对基督徒灵魂的关切。他们唯一感兴趣的是将犹太人所不愿接受
的基督教送给他们，而犹太人渴求的公民自由，他们一直不愿给予。
在 19 世纪前半叶，允许犹太人进入议会时不"以真正基督徒"宣
誓的《解放法案》，在经历许多次辩论后终于在 1858 年通过。沙夫
茨伯里伯爵每次辩论都表示反对，因为绕过誓词违背了宗教原则。
支持赋予犹太人相同公民待遇的不是热爱"上帝的古老子民"的福
音主义者，而是不那么虔诚的自由主义者。为解放犹太人做出有力
辩护的是以历史为据的麦考莱勋爵，而不是以预言为据的沙夫茨伯
里伯爵。麦考莱说，当英国"像新几内亚一样野蛮时……犹太人的
城市都有围墙，宫殿旁边有雪松，他们的圣殿很壮丽，有许多教授
知识的学校"；如果他们现在坠入社会底层，"难道我们不该感到羞
愧和自责吗"？[18]〔需附加说明的是，当下院和上院都通过《解放
法案》后，沙夫茨伯里很优雅地接受了结果，并随即提名摩西·蒙
蒂菲奥里爵士（Sir Moses Montefiore）进入上议院。沙夫茨伯里给
格拉德斯通写信说："这位伟大的老希伯来人成为英格兰世袭议员
的那天，将会是上议院荣耀的一天。"不过这个观点没有被贵族们
认可。沙夫茨伯里总是这样与主流不同。〕

如果犹太会仅关心皈依问题，我们可以忽视它。真正赋予犹太
会历史重要性的是它与以色列复国运动的联系。维多利亚女王登基

后的次年，即 1838 年，形势开始发生变化。那年，叙利亚（包括巴勒斯坦）陷入了穆罕默德·阿里挑战土耳其苏丹引发的混乱之中，最终导致欧洲的干预。就在那一年，英国成为第一个在耶路撒冷设立领事的欧洲大国。虽然仅任命了副领事，但这是个开始。1838 年 3 月，土埃矛盾酝酿出了新一轮危机，一个阿拉伯部落起义反抗穆罕默德派来的总督——他的儿子易卜拉欣帕夏，这鼓起了土耳其苏丹摧毁这个傲慢无礼的封臣的最后决心。为了支援苏丹，帕麦斯顿与土耳其宫廷签署了一份商业协定，在阿什利勋爵（后来的沙夫茨伯里伯爵）的建议下，协定中增加了在耶路撒冷建立领事馆的条款。可以肯定地说，凡是有关耶路撒冷的事都是阿什利发起的，他实际上把这视为以色列复国的第一步。但下达实际指令的是帕麦斯顿："作为英国驻耶路撒冷的副领事，你的职责包括向犹太人提供保护，并及早上报……目前巴勒斯坦犹太人的状况。"[19] 但这些并不是帕麦斯顿的主意。阿什利私下遗憾地说，这位英国外交大臣"分不清摩西和西德尼·史密斯爵士之间的不同"，但可以通过分析英国的实际自身利益而说服他。既然如此，阿什利就强调在目前的关键时期当地有英国代理人的作用，并向帕麦斯顿灌输把犹太用做插入奥斯曼帝国内部楔子的理念。阿什利把他自己更加崇高的动机掩盖起来，他在私人日记里写下："上帝把这一增添他荣誉的计划放入我的心田，并给了我影响帕麦斯顿的能力。"

　　虽然阿什利与帕麦斯顿不属于同一个党派，但他对帕麦斯顿的影响力总是奇怪地大于他对自己党派的保守党大臣们的影响力。这不是因为阿什利是帕麦斯顿的继女婿，而是因为他俩真心欣赏对方，尽管他们一个关心此世，另一个关心来生。帕麦斯顿很看重这个年轻人的意见，尤其在宗教问题上，据说帕麦斯顿做首相时任命的所有主教都由阿什利推荐。而阿什利知道这位精力充沛、慷慨激昂的领袖总是能做出冰冷的皮尔（Peel）和谨慎的阿伯丁（Aberdeen）所不能做出的大胆、新颖的决策和计划。

　　阿什利对任命领事之事热情洋溢，他用维多利亚斜体完整地记录下自己的感受和惊叹。"今天早晨，被陛下任命为驻耶路撒冷副领事的扬（Young）离开了！这是多么奇妙的事啊！这座上帝选民的古老城市将要恢复其在列国之间的地位，英格兰是第一个停止'欺负'这个国家的非犹太王国。"

　　对一个副领事的任命赋予这么重大的意义似乎有点过火，但在阿什利眼里，这不仅是一个外交部的职位，它还闪耀着神圣预言的光环，"因为他被派往的是以前大卫和十二支派的王国"。他还亲自安排让这位领事的权限覆盖古代圣地包括的所有地区，而且挑选了支持犹太人复国的扬担任领事。扬热情地投入了工作，并很快发回报告。他报告一共有 9690 名犹太人，都是穷苦、失去祖国的人，符合接受英国保护的条件。[20] 实际上，由于他工作太卖力，他的上级、身在亚历山大的总领事向英国外交部抱怨说，扬"将英国政府的保护不加区分地给予所有犹太人"。[21] 但英国外交部仍然承诺给予扬"所有必要的支持"。[22]

　　此时，阿什利正在读林赛勋爵（Lord Lindsay）刚出版的《发自埃及、以东和圣地的信件》（*Letters from Egypt, Edom and the Holy Land*），这本书是随后而来的圣地游记出版浪潮中的第一本，这股浪潮以平均每年约 40 种新书的速度持续了 40 年[23]。他利用给这本书写书评的机会，向公众提出了在英国国教会的庇护下恢复"犹太国"的设想。此刻在他的心目中，虽说重建巴勒斯坦作为英国势力范围的理念还没有成形，但把巴勒斯坦变成英国托管地的第一片思想嫩芽却出现在他发表于 1838 年 12 月《评论季刊》的书评中了。

　　他用一个刚从华沙来的皈依者写给他的信做证据，谈论了俄国和波兰犹太人重燃的"改变奴役状况的时刻即将到来"的激情，基督徒对圣地逐渐高涨的兴趣，基督徒对"希伯来人新起的温和感情"，以及犹太人向基督教的逐渐接近。他告诉读者：犹太会计划在耶路撒冷建立一座英国国教教堂，"如有可能就建在锡安山上"，为此正在募集资金；犹太会已经派出传教士去当地，用希伯来语进行了几次宗教仪式，那里从来就没有举办过任何新教的宗教仪式，"有一小群忠诚的皈依者，每天去我们在圣城山上的教堂里聆听使用先知的语言、心怀使徒的精神进行福音主义礼拜"。毫无疑问，阿什利当时脸上肯定泛着红光，他继续说，这"是现代以来发生的最惊人的事，也许可以说是自基督教会开始腐败以来发生的最惊人的事"。可以预见犹太人将会在新教的支持下皈依，那将建立起"英国国教会宣扬的纯粹的新教教义"。

在说完了宗教问题之后，他呼吁读者注意最近任命领事这件事的重要意义，并暗示说"巴勒斯坦的土地和气候异乎寻常地适合大英帝国的急迫需要"——棉花、丝绸、茜草和橄榄油。"需要的只有资本和技术"，这些他认为很快就会从英国输入，因为巴勒斯坦如今"有了英国官员以及由他带来的财产安全的提高"。为什么世界不能看到犹太人返回自己的家园呢？"有了英国领事作为犹太人和土耳其帕夏的调停人……犹太人除了重新成为犹太和加利利地区的耕种者以外，他们难道还会去其他国家吗？"

我们也许会嘲笑阿什利，他竟然相信一名副领事一露面就能带动整个帝国。但就像伊丽莎白时代一样，正是维多利亚时代的自信建成了大英帝国。领事代表了英国，除此之外还需要什么？

首先需要的就是犹太人自己。他们是必不可少的关键，但此时还没有出现大规模的犹太人返乡潮。然而这在不到一代人的时间之后就到来了。俄国沙皇为给公众制造发泄不满情绪的对象，制定了反犹太人的政策，这推动了犹太复国运动的兴起。有位犹太人被巴勒斯坦周围回响着的枪炮声、阴谋、相互冲突的野心所激励，决定亲自去调查把这片土地重新向犹太民族开放的可能性。他就是与阿什利一起进行慈善工作的摩西·蒙蒂菲奥里爵士，他在宗教感情方面与阿什利同样深沉和炽热，但少了一分神秘性。他相信犹太国的复活，但基于的理由与阿什利不同（这似乎明显得不必指出）。蒙蒂菲奥里信仰最正统的犹太教，他每天早晨 7 点去参加犹太集会，在信件中采用犹太历计日，因为自己的治安官就职典礼与犹太教新年冲突而拒绝参加 [24]。他在商业领域里的成功使他习惯于主动行动以促成自己的目标，而不是等待。"巴勒斯坦必须属于犹太人，耶路撒冷注定是犹太帝国的首府。"[25] 这是他的传记作者卢西恩·沃尔夫（Lucien Wolf）引用他说过的话。但他是个讲究实际的人，他还说："第一步是在耶路撒冷建造房子，马上开始。"[26]

阿什利的动机是犹太人的改宗，但蒙蒂菲奥里可能像有学识的法律顾问一样视其为疯狂。除此之外，他俩相差不多。阿什利的指环上刻着"耶路撒冷"，蒙蒂菲奥里的马车顶部也刻着这几个金质希伯来字母。他俩都相信，一旦犹太人踏上巴勒斯坦的土地，他们会再次变成农夫，恢复种植蔓藤和无花果树，重新开垦荒芜的土地。从某个意义上讲，他俩是超前的犹太复国主义者，而 1830 年代的犹太复国主义者就同 1930 年代的反法西斯主义者一样——"太过超前"。阿什利做了正确的事，却是为错误的理由；蒙蒂菲奥里也做了正确的事，但走的步子太快。

1838 年 11 月，蒙蒂菲奥里出发去巴勒斯坦，由于他的名声和财富，以及上次来访时的慷慨大方，他这次旅途受到皇室般的待遇。最高潮是他进入耶路撒冷的仪式，他骑着土耳其总督提供的阿拉伯战马，在两列着礼服的土耳其骑兵护送下走下橄榄山。在检阅仪式和东方礼数之间，蒙蒂菲奥里仍不忘查看处境悲惨的光明节村落（Chalukah community）的住房、卫生设施、工作条件和可供开垦的土地情况。这个社区此前一直就是以祈祷、哭泣、背诵犹太法典，以及海外"耶路撒冷捐款箱"提供的有限捐款为生。

穆罕默德·阿里曾请蒙蒂菲奥里做他的生意代理人，此次蒙蒂菲奥里来到埃及，向穆罕默德·阿里提供了一份土地购置计划，详细记录在他 1839 年 5 月 24 日的日记中：

我请求穆罕默德·阿里准予 50 年期的土地；大约 100 至 200 个村子；租金从 10% 提升至 20%，每年在亚历山大付给他现金，但土地和村落在整个期间不受帕夏或那几个地区总督的课税或收费。如果上帝保佑得到准予，我回到英格兰就组建一个开垦土地的公司，鼓励我们欧洲的同胞返回巴勒斯坦……我希望逐渐吸引数千我的同胞去以色列的土地上。我肯定他们会喜欢我们宗教的仪式，这种仪式在欧洲是不可能有的。

吸着镶满钻石的烟斗，穆罕默德向他承诺"任何叙利亚待售的土地都可以"，并同意为了支持他的项目而"做我力所能及的任何事情"。[27] 但仅过了一年多一点的时间，穆罕默德就失去了权力，土耳其苏丹又恢复了对叙利亚的统治，这样的机会直到这个苟延残喘的王朝完全覆灭后才再次出现。

与此同时，大马士革事件 [28] 爆发了，起因是犹太人被控杀死一名卡普秦修会（Capuchin）会士进行血祭。在法国人和天主教修道会的煽动下，随后发生的事具有所有大屠杀的特点——先是骚乱，接着抢劫，然后监禁并拷打逼供。这是愈演愈烈的东方问题的一部分，在 1839 年至 1840 年间达到了危机的地步，法国与其他大国形成了对峙的态势。虽然大马士革事件对 19 世纪的犹太民族主义发展具有历史性的重大意义，唤醒了犹太人团结起来采取一致行动，但对本书而言，它的意义是提供英国借保护土耳其犹太人为由进行干预的机会，并唤醒本国人对犹太人情况的关注。

一份给欧洲新教君主的请愿书出现在 1840 年 3 月 9 日的《泰晤士报》上，恳求君主们协助犹太人复国。[29] 这份请愿书引来人们对东方危机和"局势惊人发展"的关注，因为这为基督新教为犹太人民尽到"一系列可能的义务"提供了绝佳的机会。不久之后，苏格兰教会全体会议公布了一份由两名传教士起草的有关巴勒斯坦犹太人情况的报告，这份报告引起广泛关注。跟着《泰晤士报》又发表了一份给帕麦斯顿的请愿书（1840 年 12 月 3 日），称赞了他任命耶路撒冷领事、扩大英国对犹太人保护的所作所为，并希望目前的叙利亚危机"将导致英国在那片令人感兴趣的土地上建立起更加牢固、广泛的影响力"。

这时蒙蒂菲奥里刚回到英格兰，他马上返回东方，决心从大马士革的地牢里救出犹太囚犯。他不是去谋求宽恕，因为他蔑视宽恕，他是要让那些犹太囚犯在血腥指控中获得无罪释放，他要求土耳其苏丹给予他们补偿，并发布全国性的命令，保护犹太人的生命和财产。没什么能阻拦蒙蒂菲奥里，法国的阴谋拦不住他，穆罕默德的官印拦不住他，战争也挡不住他。他让世界大吃一惊，不仅犹太人被无罪释放，他还从极不情愿的土耳其苏丹那里得到一份诏书，宣布保证犹太人享有与土耳其臣民同等的待遇。"这是犹太人在土耳其领土上的大宪章。"蒙蒂菲奥里骄傲地称赞，但他在这一点上显然是期望过高了。他在回国的路上从巴黎下车，亲手将诏书送给法王路易·菲利普。[30] 这给了他极大的满足，因为这份诏书的获得正是建立在挫败这位君王的东方野心的基础之上。这一定比他因"为东方受伤害、受迫害的同胞和整个犹太民族所做的不懈努力"，而获得维多利亚女王颁发的"支持者"盾徽 [31] 所得到的满足感更为强烈。

女王的兴趣可能仅是个人的 *，但帕麦斯顿有关犹太人的指示绝不仅是出于个人兴趣。当蒙蒂菲奥里还在东方的时候，帕麦斯顿给庞森比和其他几位在土耳其的英国外交使节发去一系列外交信函 [32]，这些信函标志着英国开始正式干预"犹太民族"向巴勒斯坦移民的问题。早在 7 月他就已经签署了《伦敦协定》（Treaty of London），联合欧洲四大国帮助土耳其苏丹对抗穆罕默德，这个协定让法国大发雷霆，致使东方危机进入了最后的阶段。

---

* 当维多利亚还是公主的时候，她曾与母亲去蒙蒂菲奥里位于肯特郡的乡下别墅用餐，并与他为邻。维多利亚登基那年，她特意打破先例授予他骑士爵位，使他成为第一个拥有封号的犹太人。在去大马士革之前，女王亲自会见他，鼓励他完成使命。

　　此时此刻，帕麦斯顿正为自己的大胆举动沾沾自喜，蒙蒂菲奥里正像中世纪的骑士一样冲去营救他受监禁的同胞，而仍然沉醉于先知愿景中的阿什利也在利用这个机会。

　　"很忧虑犹太民族的未来，"阿什利在 7 月 24 日的日记中写道，"似乎万事俱备，只等着他们返回巴勒斯坦。如果西方五大国能保证犹太人的生命和财产安全，他们一定会大规模回流。那么，愿上帝赐福于我，我要准备一份文件，收集起所有我能收集到的证据，借助上帝的智慧和仁慈，提交给外交大臣。"

　　8 月 1 日，他与帕麦斯顿一起用餐。"我提出了自己的计划，似乎打动了他的心；他问了几个问题，答应会仔细考虑。"阿什利承认，打动外交大臣的是他提出的政治、经济、商业论点，外交大臣"哭了起来，一点都不像耶路撒冷的主人"，并说他"没有意识到自己被上帝选中协助上帝的古老子民，即使不相信犹太人的命运，也要承认犹太人的权利"。

　　帕麦斯顿的做法很得体。8 月 11 日，他写了前文引述的那封信发给英国驻土耳其大使庞森比，陈述了犹太人向巴勒斯坦移民对土耳其苏丹和英国的好处。同一天，英国舰队抵达叙利亚沿岸。17 日，《泰晤士报》刊登阿什利的文章，引发读者回复的浪潮。一位匿名记者建议英国应该为犹太人买下巴勒斯坦。另一位敦促把犹太复国视为现实政治问题，甚至乐观地提出，如果犹太人再次拥有了叙利亚，各国就不再会为之产生争执，这是对世界和平的贡献。

　　9 月 25 日，阿什利向帕麦斯顿提交了"把犹太人召回他们古代的家园"的文件。文件的语气并不激动人心，因为阿什利想为政府政策提供依据，所以下笔很谨慎，没有表现出对"上帝的古代子民"和"基督王国"的狂热。况且他本质上是个反帝国主义者，无法强迫自己对英国的扩张表示出激情。他仅简单地提出一个"调整叙利亚问题"的方案，该方案的另一目标是提升"幼发拉底河与地中海之间土地"的农业生产率。他证实希伯来民族确实相信他们返回巴勒斯坦土地的时间到来了，如今他们裹足不前，就是忧心生命财产安全。他对未来提出了建议："统治叙利亚诸省的大国"（写这封信的时候，他还不能肯定是哪个）应该做出"在当地建立起基于欧洲文明的原则和行为规范的郑重承诺"；这个大国应该承诺制定"对犹太人和非犹太人一视同仁的"法律；四大国应该保证法律的执行，在解决东方问题的最后协定中要有条款规定它们的保证。这样的保证能使"犹太人潜在的财富和勤劳"发挥作用。现在毫无价值的土地是未来的收入之源，要安排人定居，进行开垦。犹太人应该比其他民族更勤劳，因为他们"对古代的记忆和对这片土地的深厚感情"。他们的勤奋和坚韧是惊人的，可以在微薄的收入下维持生活。他们习惯于忍耐，对权威"绝对服从"，"他们将服从于现行政府"。

跟《贝尔福宣言》的筹划者一样，阿什利丝毫没有提及建立一个犹太国的可能性。《贝尔福宣言》故意忽略这一点，后来被证明这是个引发了大问题的严重错误。但阿什利心目中的是否是个自治国家，这是令人怀疑的。相反，他向帕麦斯顿保证犹太人将承认土地归"现有的地主"拥有，满足于租用或购买土地。他认为"他们将自费返回故乡"，这将是"最便宜、最安全的殖民叙利亚的方法"。整个计划不需要担保人"出钱"，它带来的好处"属于整个文明世界"。

这并不是最好的阿什利。为了迎合听众的世俗，他只显得唯利是图。他对犹太人的评价是不合理的，至少我们能从日后犹太人的历史中看到。但我们必须记得，阿什利写下这些话的时候，连犹太人自己都没有建国的构想。又过了50年，西奥多·赫茨尔（Theodore Herzl）的《犹太国》（*Judenstaat*）才突然出现在犹太民族面前，使他们震惊得喘不上气来。阿什利写下这些话的时候，距赫茨尔出生还有20年，距第一个向巴勒斯坦输送殖民者的犹太人机构的建立还有50年。此外，他有关犹太人顺从的奇怪念头不仅是那个时代的产物，也是他自己思考的产物。他不知何故地认为犹太人是基督徒太平盛世的被动参与者。如果阿什利有点政治头脑，他便会回忆起马加比，以及阿尔弗里克修道院院长是如何用马加比家族的例子激励古代英国人的建国热情。

就在这段时间里，叙利亚的局势很快到达了巅峰。10 月 3 日，在内皮尔特遣舰队的炮轰下，贝鲁特投降了。一个月后阿卡被攻陷，阿什利仿佛在英国水兵身上看到了上帝显灵，就如同他此前看到上帝亲自指引外交大臣一样："读到我们在叙利亚的胜利，勇敢向前、铁一般顽强的同胞，格外振奋人心！我们一个见习船员，能顶一百个土耳其人……多么伟大啊！为了盟约和保护上帝的古老子民以及上帝在尘世的最后目的，这些战士该让上帝多么高兴啊！"阿什利在日记中兴奋地写道。

在接下来的几个月里，内皮尔将穆罕默德的军队驱赶回埃及，并迫使他把土耳其舰队还给苏丹，英国对土耳其宫廷的影响力达到了顶峰。此时帕麦斯顿正用尽全力实现阿什利的计划。11 月，他提醒庞森比，英国要保护土耳其统治下的犹太人。1841 年 2 月，他授权英国驻土耳其大使，允许犹太人通过英国官方渠道将他们对土耳其政府的不满传达给土耳其宫廷。

就在这封信中，他再次敦促执行阿什利的计划，而且使用的几乎就是阿什利的原话："鼓励散居在欧洲和非洲各国的犹太人去巴勒斯坦定居对土耳其苏丹极其有利，因为他们所拥有的财富、讲秩序和勤奋的习惯能极大地增加土耳其帝国的资源，推进那里的文明进步。"必须对土耳其苏丹施压，让他提供某种"真正可靠的安全"。帕麦斯顿建议第一步先由英国官员提供为期 20 年的保护。4 月，他继续就这个问题发了一份通告给土耳其帝国境内所有的英国领事，通知他们土耳其宫廷保证公平对待犹太臣民，并且同意"关注"每一宗英国官员提出的不公正案例。他指示所有外交使节"勤奋地调查"每一宗接收到的案例，"完整地报告"给英国驻君士坦丁堡大使，要清楚地向土耳其当局表明，"总体而言，英国政府对犹太人的福祉很关心"。

阿什利那天上云朵一样的"福音真理",如今已经变成坚固的官方政策。但阿什利的希望最终还是落空了,他的梦想很快就破灭了。他所希望的大国保证没有被包含在五大国的协定中。五大国各有自己的盘算,想达成共识极为困难。最后形成的协定被称为《海峡公约》(Straits Convention)[33],仅局限于博斯普鲁斯海峡和达达尼尔海峡的控制问题。鼓励犹太人返回巴勒斯坦的问题最后停留在帕麦斯顿2月的那封信件中。庞森比对这个问题很冷淡,没有努力推动,土耳其苏丹也并不热心。这项议题遭受的最致命一击发生在8月,自满的帕麦斯顿虽成功抵御住了法国的战争威胁,并在7月达成了五国条约,但辉格党政府因内政问题而倒台,帕麦斯顿随之离职。取代他外交部职位的是"老笨蛋"阿伯丁勋爵("老笨蛋"是帕麦斯顿对他的称呼[34])。帕麦斯顿有"敢在任何情况下跳入热水"的勇气,这为他赢得了当年的《笨拙》杂志奖(Punch's Prize),公众也因此而喜欢他(但女王很不满)。

阿伯丁对前任对犹太人的兴趣十分厌恶,就像75年后阿斯奎思(Asquith)厌恶劳合·乔治向内阁提出的"异想天开的"巴勒斯坦计划一样。阿伯丁指示驻耶路撒冷领事扬,今后只对"英国臣民或其代理人"提供领事保护。[35]当然,帕麦斯顿授权给非英裔犹太人以领事保护是违背常规的,但他这样做是有用意的。居住在土耳其帝国内的犹太人被土耳其当局漠视,被其他欧洲国家所拒绝,他鼓励这些没有祖国的犹太人向英国寻求在别处无法获得的保护,实际是在为英国未来介入巴勒斯坦充当犹太人保护者奠定基础。

然而,阿伯丁认为产生观点不应是外交部的职能,特别是不应该有新想法,他不认为有超越法律条文的必要。实际上,他的胆小怕事并没有影响前方官员。耶路撒冷领事扬和他的继任者詹姆斯·芬恩(James Finn)——犹太学者麦考尔的女婿和阿什利的狂热学生——继续帮助这个上帝选定的古老民族,不论他们是不是英国的臣民。

实际上，在阿什利眼里，犹太人复国的前景虽经英国政府变动但比任何时候都显得更加光明。因为他终于实现了他最重要的愿望：耶路撒冷建立了英国国教主教区，由一名皈依的犹太人担任第一任主教。这是犹太会的最高成就，象征着古代以色列国复国后成为英国国教会的一个教区。这是个可以安放阿什利各种愿望的盒子，他虔诚地相信，这是"以赛亚的预言的成功"。

普鲁士国王弗雷德里克·威廉（Frederick William）是个新教徒，他渴望赞助这个教区，并派大使希瓦利埃·本森（Chevalier Bunsen）在伦敦协助阿什利完成这项任务。他们需要共同努力去克服教义问题产生的阻力，虽然我们今天不觉得教义是个问题，但在维多利亚时代有关教义的争论是十分激烈的。书册派（Tractarians）和皮由兹派（Puseyites）英国天主教会为弥合英国国教会和罗马教会间的分歧发起了牛津运动。他们极度痛恨耶路撒冷教区，认为这是迈向"低教会"新教的一步。格拉德斯通是当时高教会派的少壮人物，感到"困扰与顾虑"。他给本森写了一封 24 页的长信，说"这个新奇的计划混乱不堪，让我的同胞们的神经非常紧张"。[36]

本森赶来会见格拉德斯通[37]，试图在两个小时的交谈中驱赶走他的顾虑。本森也用可从叙利亚获得的政治利益做辩护理由，他问格拉德斯通："犹太复国有许多征兆，称之为千载难逢的良机并不过分，面对这样的政治局势，你难道会没有作为吗？"[38]在这日耳曼式的复杂句式背后闪耀着现实主义的光芒。

接下来，阿什利安排本森和后来成为首相的皮尔见面。阿什利在日记中焦虑地写道，他希望皮尔有一颗"像所罗门那样似海滩一样广阔"的心，因为有一件大得足以填满他内心的事业——"在十字旗下，将上帝的选民送回耶路撒冷的圣山上"。

皮尔没有反对，一周后（7 月 19 日），在帕麦斯顿还没有下台时，本森与他面谈了一次，并记录道："今天太棒了……我们就原则达成了一致，可以开始为以色列复国了，上帝保佑。"

现在到了阿什利确定主教的最伟大的时刻了，无论他提名谁，帕麦斯顿都会接受。普鲁士国王推荐麦考尔，但被麦考尔拒绝了，理由是这个职位需要一个希伯来人担任。阿什利也持有同样的看法，而他的选择落在了亚历山大博士身上，他是"一个隶属于英国国教会的以色列人"，还是剑桥大学国王学院希伯来语和阿拉伯语教授。

这个选择被批准了，但阻碍也接踵而来。庞森比从君士坦丁堡写信说，土耳其苏丹肯定会拒绝在耶路撒冷建立教会。但帕麦斯顿仍然坚持。他告诉阿什利，"我写信给庞森比勋爵，希望他尽全力推动"[39]——这个劝告在大使和土耳其苏丹身上都起到了预期的作用。

9 月 23 日，议会通过了在耶路撒冷建立主教区的议案。阿什利收到一封信，告诉他："犹太人问题在利物浦产生了惊人的轰动。星期日一天就有 24 场布道支持我们。"改造犹太人确实变成了"英国大众"喜欢做的事，但并非所有人都有热情。除了有皮由兹派从教义上的反对，还有几个人物保持着18世纪对所有宗教热情的蔑视，认为在这件事上用错了感情。"所有的年轻人都为宗教而疯狂。"即将离任的辉格党首相墨尔本勋爵（Lord Melbourne）抱怨道。[40]

但以皮尔为首的新保守党政府被这股激情所裹挟，或者说是在阿什利的强迫下保持默许。阿什利告诉皮尔，保守党政府的反对将与帕麦斯顿的热情支持形成"一种最有害的差异"。阿什利还警告阿伯丁注意"对这个国家的强烈情绪，如果加以阻拦会产生严重后果"。阿什利相信，教区具体表达了"对上帝选定民族的爱，这是真正的保守主义者的原则，这个原则将拯救这个国家"。英国当时因小麦歉收而引发饥荒，这似乎是阿什利应对眼前这场危机的办法。

不管怎么说，阿什利的努力成功了，至少是在这个时刻。皮尔向他保证不会加以阻碍，"甚至阿伯丁都松懈下来"。本森说他为他亲爱的朋友阿什利创造的奇迹感动得"流泪"，他认为阿什利是"这个王国未来的伙伴"，做了那么多好事。[41]（德国人喜欢崇拜英国贵族的壮举，本森似乎是这一倾向的原始典型。）

圣职授任仪式的所有准备工作都做好了。普鲁士国王、阿什利、本森频频交换意见，来往了大量书信。"自以色列国王大卫之后，就没有国王说出过这样的话。"当阿什利收到弗雷德里克·威廉发来的一封鼓舞人心的信件时惊呼道。甚至许多高教会人士也转变了观点，包括未来的红衣主教曼宁，最后连格拉德斯通也转变了。根据阿什利的说法，格拉德斯通"脱掉了皮由兹派的外表，说话就跟一个虔诚的人一样"，并提议为新主教祝酒。根据本森的说法，他做了一次精彩的讲演，流畅得就跟"清澈的溪水一般"——这样描述格拉德斯通的讲演是离谱的。

坎特伯雷大主教主持了那天的仪式，他与阿什利"在图书馆里就犹太人问题交谈了两个小时"。这位可爱的老人充满了激情和对理想的虔诚，并断言"这个问题深入英格兰的内心"。11 月 12 日，举行了一次庄重的宗教仪式，来参加仪式的人都感情激动。对阿什利来说，这是他一切工作的顶点。阿什利"几乎不敢相信希伯来人能接到英国国教会的任命，回到圣城宣讲其曾经给予非犹太民族的真理和祈福祷告"。皮由兹派无法掩盖"他们对一个犹太人被提升为主教的厌恶……虽如此，我为锡安成为首都而高兴，为耶路撒冷有了一个教堂而高兴，为一个希伯来人成为众人之王而高兴"。

11 月 18 日，亚历山大主教第一次举行"犹太教会"布道——按照阿什利的叫法。29 日，他前往耶路撒冷。在最后一分钟出了状况，皮尔拒绝派政府的轮船送主教去叙利亚，而阿什利认为主教应该享有这样的待遇。皮尔"认为这会刺激土耳其宫廷——他希望低调行事"。

"他怒气冲冲地说：'我看不出我们为什么有派轮船送他的必要。'"

"'我告诉你为什么，'我回答，'一个外国君主（普鲁士国王）

资助了半个英国主教区，英国公众资助了另一半。那里有这个国家最深刻、最重大的利益，而我们需要政府做的仅是借一艘让主教搭乘的轮船。'"

"皮尔说他需要询问阿伯丁。这结束了我猜想令他们同样不快的简短交谈。"但令阿什利吃惊的是他胜利了，皮尔在三天后给海军部下令，允许主教登上了一艘政府轮船。

这时传来消息说土耳其宫廷取消了建筑教堂的许可。但庞森比"首次"做出勇敢举动，他向土耳其苏丹发出"大胆的威胁"，"甚至阿伯丁"也对这样的侮辱感到气愤。但他很快就恢复了惯常的胆小怕事，命令身在耶路撒冷的扬"谨慎自制"，不要以国王仆人的身份协助主教，不要"干预"亚历山大主教可能交往的土耳其犹太臣民的事务。[42]

但没有人在乎阿伯丁说什么。对阿什利而言，大目标实现了，"因为新教的真理得到了巩固，扩展了以色列的安宁和我们圣主的王国"。

后来呢？那些待实现的伟大理想，待传播的伟大真理，从圣城召唤上帝选民回家的英国国教教堂里洒向人间的伟大光芒后来怎样了呢？令人痛苦的事实是这些并没有实现。天主教没有凋萎，新教没有明显推进，犹太教仍然岿然未动。这一段让维多利亚时代的宗教争执激烈了几分的非凡插曲就此被遗忘了。这段往事的墓志铭出现在英国旅行者沃伯顿（E. Warburton）的旅行报告《新月和十字架》（*The Crescent and the Cross*）中。1844 年，他访问了亚历山大主教在耶路撒冷的教堂，他看到八名皈依的犹太人和几名旅行者。"锡安山不是一个可能让犹太人放弃祖先信仰的地方。"一名犹太人告诉沃伯顿。似乎没有一个英国人考虑过这个问题。

只有阿什利在 1845 年悼念亚历山大主教时闪过一丝疑虑："我们是不是把一个人类的构想误认为上帝的旨意了？"

第11章

帝国航线上的巴勒斯坦

阿什利的努力没有白费。他计划的核心是符合政治逻辑的，尽管他想看到的形式完全不合理。他的计划搅动了英国公众的情绪，人们逐渐意识到英国对中东的影响力是战略优势。围绕着圣地发生了一系列的大事——拿破仑的远征，纳尔逊在尼罗河的胜利，不时被英国海军的炮声打断但仍然不失其传奇本色的穆罕默德·阿里的兴衰史，帕麦斯顿在叙利亚危机中的迅捷胜利，福音主义者疯狂地想让犹太人皈依基督教和想在耶路撒冷建立主教区的愿景——这些大事交织在一起，使英国人对巴勒斯坦产生了一种私密的感情。阿什利曾想通过英国主导的以色列复国吞并那块土地，这个想法开始吸引其他人。追随他的人，一致强调他提出的战略理由，但他提出这些战略理由并非真心实意，而仅是对那个古老宗教理由的补充。

在阿什利的后继者中，最有远见和智慧的人是查尔斯·亨利·丘吉尔（Charles Henry Churchill）上校，他是马尔伯勒公爵（Duke of Marlborough，温斯顿·丘吉尔的先祖）的孙子。他在推翻穆罕默德的那支军队中担任军官。他驻扎在大马士革期间发生了血祭案件，蒙蒂菲奥里也正好在该地访问。也就是在这个时候，丘吉尔被阿什利的想法所吸引。就是丘吉尔，在蒙蒂菲奥里的指派下，把土耳其苏丹在 1840 年颁布的勒令交给了大马士革的犹太人。[1]为酬谢丘吉尔在那个恐怖之年里对犹太人的帮助，大马士革的犹太人为他举办了一次宴会，向他和 14 名刚从监狱里释放的受到血腥指控的受害者致敬。他在会场所做的发言以及他稍后给蒙蒂菲奥里写的一封信，表明他的观点已经脱离了福音主义者的空泛废话，变得更加实际。他对犹太人返回家园的支持似乎是为了犹太人本身，而不是为《圣经》中的预言。他丝毫没有提及犹太复国的先决条件是皈依或皈依是返回锡安山的必然结果。他对大马士革的听众说，他认为以色列解放的时刻即将到来，那时犹太国能重新成为万邦之中的一员。他补充说，英国是唯一支持以色列人这一愿望的国家。

1841 年 6 月 14 日，他在给蒙蒂菲奥里的一封信中表达了一个当时没有人提出过的观点："应该让犹太人做发起人。"

"我无法在你面前掩饰，"他写道，"我极渴望看到你的同胞再次努力屹立于民族之林。我认为这个目标是完全可以达到的，但有两点必须考虑：第一，全体犹太人必须达成一致并主动行动；第二，欧洲列强要支持他们。"

接着他谈起另一件大是大非的问题：英国支持土耳其帝国的政策是重大错误——这个错误在整个 19 世纪中困扰着英国的外交。丘吉尔预言，这样的努力注定要遭到"痛苦的失败"。必须将叙利亚和巴勒斯坦从土耳其人和埃及人"愚蠢、衰老的独裁统治下"解救出来，置于欧洲人的保护之下。当这一天到来之际，犹太人应该做好准备并能说："我们早就是个民族了。"他"强烈地要求"蒙蒂菲奥里做犹太人代表委员会（Jewish Board of Deputies）[2]的主席、伦敦西班牙系犹太人总督，马上展开这场"为民族生存而进行的光荣战斗"。他还鼓动犹太代表们去召集会议，递交请愿书，激起公众的热情。

在一年之后的第二封信中，他吸纳了阿什利的观点，建议英国和欧洲大陆的犹太人向英国政府请愿，请求英国政府任命一个驻叙利亚特派员，保护叙利亚犹太人的利益和生命财产安全，并在"大英帝国的赞助和支持下"鼓励殖民。

这样的行动犹太代表没有足够的勇气去做。如果遇到像大马士革那样的事件，他们能够为受难的犹太人奔走。但他们过于关注在国内的公民权利斗争，而难以顾及远方的犹太民族。在接下来的几年里，当犹太人获得更多自由后，自然就更想不起去建立某种形式的国家了（显然有几个例外情况）。但这个故事不是本书要讲的。1842 年，甚至蒙蒂菲奥里也无法打动犹太人，他们通过了一项决议，对委员会"没能采取任何措施实现丘吉尔上校提出的好观点"表示遗憾。他们还说，东欧的犹太人和近东的犹太人要先提出自己的要求，然后英国的犹太人才可能冒险采取支持性的步骤。丘吉尔回复说，他们可以"对国家复兴这个如此有趣和重要的问题，力求查明欧洲其他地方犹太人的感情和意愿"。[3] 但没有证据表明这项建议被提交给了董事会。根据记录，剩下的只有沉默。

西方的犹太人不愿听取意见，东方的犹太人委身于贫民窟中听不到外面的意见，而丘吉尔无法对外交大臣进言，也没有阿什利在饭桌上影响国家政策的机会。实际上，在阿什利和帕麦斯顿 1840 年的行动之后的半个世纪里，除阿什利自己外，没有政府高层人士再提出过犹太人返回家园。而作为沙夫茨伯里伯爵，阿什利又继续跨越了维多利亚时代的诸多顶点将近 50 年时间。他从来没有放弃过理想，还在生命即将结束时给出了最精确的表述。[*] 他一直与帕麦斯顿保持密切关系，帕麦斯顿很快又回到外交部的岗位，随后又担任了 10 年首相。但他们都为其他大事所困扰，没有能在犹太人问题上有所作为。无论如何，福音主义者劝化犹太人的努力的全盛期就此结束了，因为沙夫茨伯里的特殊动机已经过时了。

后来，拥护以色列复国的人更加关心大英帝国向东扩张的问题，

---

[*]　见第 223 页。

而不是精神向上提升的问题。"每个英国人必须清楚，"丘吉尔上校在他的《黎巴嫩山》（*Mount Lebanon*）中写道："如果英格兰在东方的霸权想要维持的话，必须使叙利亚和埃及或多或少要受制于英国的影响力。"这本书是他在中东15年生活的结晶，于1853年出版，次年克里米亚战争爆发，像往常一样，东方发出的隆隆炮声都被视为土耳其帝国的丧钟。当巴勒斯坦不再属于土耳其的时候，按照丘吉尔的预计（虽然他是正确的，但为时尚早），巴勒斯坦要么属于英国，要么成为独立的国家。这个前景使他爆发出一阵像阿什利一样的文采："这片土地是雅各展现力量、以实玛利漫游其上的土地，是大卫弹琴作诗、以赛亚雄辩滔滔的土地，是拥有亚伯拉罕的信仰和以马内利之爱的土地——就是在这片土地上，上帝开始了与人的神秘交往，在经历了漫长的时间后，上帝和人有了约定——这片土地也引起英格兰不眠的警惕和怜悯的关照，已经得到了英格兰之盾的保护。"

他并非是唯一表示要拿着羊皮盾去巴勒斯坦完成使命的人，任何从伟大的东方旅程回来的人都持有这样的观点。1844年，所有人都在阅读沃伯顿的《新月和十字架》，这本书在接下来的40多年里再版了17次。这本书概述了几代人去圣地朝圣的经历，作者称之为"某种视巴勒斯坦为祖国的爱"。他是个善于观察的旅行者，听到儿时就记住的地名所唤起的激动情绪，以及"在天使面前接受亚伯拉罕的酋长的款待"的激动情绪，都没能使他忽视一个事实，即亚伯拉罕的足迹是通往印度的最短途径。当谈论到十字军东征没能建立落脚点时，他评论道："为了印度的利益，我们也许会完成为耶稣圣墓征战时没有达成的使命。"他承认这个问题"很复杂"，然后便去谈论其他问题了，直到后来才返回讨论。他报告说，他所到之处，都遇到了期望英国返回东方的人。当那个疯狂的老帕夏穆罕默德·阿里死后，英国不应该允许埃及恢复到"愚蠢的土耳其独裁统治之下"。英国要"大胆地索要"穿越埃及去印度的道路权，使埃及的经济复苏，给人民以"自由"——当英国作者使用时，这个词表示摆脱土耳其的统治。

沃伯顿没有注意到犹太人是英格兰帝国主义的先锋。在这点上，他的前辈林赛反而看得更清楚一些。阿什利受林赛著作的启发，写出了《评论季刊》上的那篇开创性的文章。就在林赛跟着"以色列人的脚步走向应许之地"的时候，就在他"面对着红海"再次阅读犹太人过红海感受到那种"奇怪但令人战栗的快乐"的时候，就在他在沙漠里宿营，"想着雅亿和西西拉"砸着帐篷桩的时候，上帝选民的前途开始占据了他的思维。他相信周围的荒凉是必然的，不是这片土地遭受了诅咒的缘故，而是为了"赶走居民"。他相信这是天意，就是为了让"现代的居民不能人数太多"，以免影响"合法的继承者返回"。在他看来，"这片曾经肥沃的土地，正等待着那些被流放的子孙，这些子孙会用与他们农业生产能力相符的勤劳，使这片土地重获繁荣，就跟所罗门王在世时一样"。

弗朗西斯·埃杰顿（Francis Egerton）女士是另一位勇于冒险的旅行者，她发现自己对上帝选中的古老民族的生活条件非常好奇，因为她看农村里的每个人都像是摩西和以利亚再世。在耶路撒冷，她探访犹太家庭和犹太人集会，向伦敦来的传教士询问情况，讨论大马士革发生的迫害事件和犹太复国的各种理论。她不断地感受到眼前是一个"伟大的"时代，有某种非凡的事要发生，大约是与犹太人返回锡安山的预言有关，这种感受在那个时期被许多旅行书提及。埃杰顿女士将其归结为人们普遍盼望奥斯曼帝国衰败的结果，她相信随之而来的巴勒斯坦权力真空将会被犹太复国填补。但她发现英国流行着虚幻的印象，觉得犹太人正大批地涌回祖国。她认为，在犹太人皈依基督教之前，绝对无法返回故里。她的书，按照她自己的说法仅是私人日记，但她的朋友诚恳地请求她为了爱尔兰女子学校协会出版，这本书终于在1841年付梓。假惺惺的本森男爵也把这本书摆上了他的床头桌；当他拜访太后时，他一边展示一边说：

"一群身份恰当的英国绅士簇拥着一位高雅和友好的女王。"[4]

1840 年代有关土耳其就要灭亡的报道被事实证明言过其实了。土耳其又昏昏沉沉度过 70 多年后才寿终正寝。但当时大家都觉得圣地该易主了。有什么能比新房东老房客这种搭配更方便和自然呢？这个想法出现在形形色色的英国人头脑里。"奥斯曼帝国将被取代，古代的商业航线将会重新开放。"托马斯·克拉克（Thomas Clarke）[5]博士在他的一本名叫《印度和巴勒斯坦：从通往印度的最短路径看犹太复国》（*India & Palestine: Or the Restoration of the Jews Viewed in Relation to the Nearest Route to India*）的专著中写道。

"犹太人，"他继续写道，"基本上是从事贸易的民族。把他们安置在贸易大道的旁边不是很自然吗？谁能比他们更有技能做东西方直接的中介呢？……只有把叙利亚放在一个勇敢的、独立的、有信仰、有高昂的民族自豪感的民族手里才是安全的……犹太人就是我们要找的民族……恢复他们的民族性，恢复他们的国家，世界上再没有哪个大国能夺走他们的国家。"

另一本类似的小册子《时代之书：为犹太人呼吁》（*A Tract for the Times, Being A Plea for the Jews*）于 1844 年出版，作者是教士塞缪尔·布拉德肖（Samuel A. Bradshaw）[6]。他建议英国议会批准400 万英镑预算，教会应该收集 100 万英镑，用于以色列复国。同年，一个委员会在伦敦成立了，其目的是形成一个"英国和外国共同推进犹太民族返回巴勒斯坦的协会"。虽说这个协会胎死腹中，但有一件有趣的事值得注意。在开场白中，名字颇为有趣的主席塔利·哭背（T. Tully Crybbace）[7]教士呼吁英国从土耳其手中获取整个巴勒斯坦，即"从幼发拉底河到尼罗河，从地中海到大漠"的整个地区。英国人想从别人手里要回巴勒斯坦，归还给其古代的所有者，但要求提得也太慷慨了。

教士哭背先生说的从尼罗河到幼发拉底河之间地区是上帝最初

标出的应许之地："我已赐给你的后裔，从埃及河直到幼发拉底河。"
(《创世记》15:18) 这是古迦南的地盘,这片土地重新许诺给了摩西,
后又许诺给了约书亚。上帝的许诺是很明确的。十二支派要赶走迦
南人和赫梯人,以及亚摩利人和耶布斯人,而且"凡你们脚掌所踏
之地,我都照着我所应许摩西的话赐给你们了"——从荒原(西奈
半岛)到黎巴嫩,从西海到幼发拉底河(《约书亚记》1:3)。

　　实际上,历史上的犹大王国和以色列王国,从来没有占据过那
么大的地盘。他们的地盘从但(Dan)到贝尔谢巴,从地中海到基
列(Gilead)和约旦东面的摩押(Moab),这是一般公认的巴勒斯
坦的范围,直到白皮书和调查委员会介入才被改变。对我们思想简
单的祖先来说,巴勒斯坦就是约定给以色列的土地,但他们没有想
想——真是幸福的人——亚伯拉罕还有一个儿子叫以实玛利。1922
年,巴勒斯坦约旦河以东的部分被分割给了以实玛利的阿拉伯子孙
们。如果维多利亚时代的教士哭背先生、沙夫茨伯里伯爵、丘吉尔
上校活着看到这一天,肯定会大声抗议!这样分割,以色列失去了
埋葬列祖的希伯伦,约柜所在的示罗(Shiloh),约瑟被卖之地多坦
(Dothan),雅各做梦之地伯特利(Bethel),约书亚打胜仗的耶利哥,
以及耶稣的降生地伯利恒。这样的分割方案,不知道要招致多么大
的争议。当联合国的精英们提出那份非凡的犹太国建议——一个没
有耶路撒冷的犹太国——遭遇到的肯定是一片可怕的沉默。

　　当然,我们的祖先是无知的,他们不知道沙漠下面的宝藏,那
是一种比水贵重的液体,尽管旷野中泉水拯救了夏甲和她奄奄一息
的儿子以实玛利。或许那传奇的泉水是个预兆。无论如何,夏甲的
儿子,也就是今天的阿拉伯国家联盟的祖先,不仅占据着巴勒斯坦
之外相当于以色列所继承土地 90 倍的地盘,还占据着巴勒斯坦的
一大部分。

　　然而,回顾 1840 年代那个时期,使中东成为控制去印度道路
的战略要地的,除了即将到来的土耳其的崩溃之外,还有一件事也

很重要，这就是蒸汽动力船的出现。蒸汽船需要经常停靠港口加煤，不能走绕非洲好望角的航线，而需要走地中海—红海航线，并在苏伊士换船（那时苏伊士运河尚未开通）。1840 年，P. & O. 公司开通了一条从英格兰经红海去印度的定期航线。这也被用作支持以色列复国的理由。1845 年，在锡兰公务公司（Ceylon Civil Service）工作的米特福德（E. L. Mitford）建议"在巴勒斯坦重建犹太国，并由大英帝国做保护国"。[8] 在不计其数的好处中，他预计英国将要把"蒸汽动力的交通的管理全部置于我们手中"。此外，他相信这会使英国处于"发号施令的地位（在黎凡特），在这个位置上，我们就能阻止入侵，威慑胆敢来犯之敌，如果有必要，则打退他们的进攻"。

从大英帝国的另一个角落里，另一位官员——前南澳大利亚总督乔治·高勒（George Gawler）上校[9] 提出了另一项具体计划，同样可以实现这个目标。他也呼吁在叙利亚安置犹太人，这样可以防止其他国家的干扰。他说："英格兰急需最便捷、安全的交通线……埃及和叙利亚处在密切相关的位置上。无论在埃及或是叙利亚，只要存在一个外国强大的敌对力量，就可能对英国的贸易形成威胁……如今英格兰必须整顿叙利亚，方法是借用唯一在工作时能迸发出巨大能量且持久的民族——那片土地的真正孩子，以色列的子孙们。"高勒跟丘吉尔一样，不断回到他的论点上，从各个角度加以论述。他与蒙蒂菲奥里相识，并陪同他在 1849 年对巴勒斯坦进行了一次勘测。他比沙夫茨伯里走得更远。沙夫茨伯里认为做保护国并不需要"花钱"，建议各大国提供资金支持，用以补偿对犹太人的不公正待遇。高勒则竭力主张犹太人主动迎接土耳其可能的崩溃，并"大胆地索要"巴勒斯坦，宣传词是："这片土地是上帝的选民以色列人民的，他们最终能打败敌人守住以色列的山峦。"

有一个事实值得注意，神职人员和军人主导着有关以色列人返回巴勒斯坦的讨论——他们要么为《圣经》而活，要么为"利剑"

而活。在芬恩夫人写的有关英国驻耶路撒冷领事处的回忆录中，有
一段稍微反映了一点英国的军事兴趣。1858 年，从停泊在雅法的英
国护卫舰"欧律阿罗斯"号（Euryalus）下来一组尊贵的客人。女
王的小儿子——14 岁的王子阿尔弗雷德（Prince Alfred）[10] 在这艘
战舰上做候补军官。他在私人教师少校考埃尔（Cowell）、舰长塔
尔顿（Tarleton）及卫兵的陪同下上岸观光，由芬恩一家人做向导。"在
去伯利恒的路上，"芬恩夫人回忆说，"考埃尔少校和塔尔顿舰长（他
俩对《圣经》很熟悉）一路都在谈这片土地和犹太人的前途。"[11]

　　此后再也没有人说过少校和舰长的名字。同时，领事和芬恩夫
人依旧沿沙夫茨伯里的传统路线，努力使犹太人能在他们自己的土
地上生根。芬恩一家跟沙夫茨伯里一样，试图利用手头的材料，即
耶路撒冷古老的犹太人社群。这个社群有大约 4000 名塞法迪犹太
人（Sephardim），他们是 1492 年被驱逐的西班牙犹太人后裔，后
来苏莱曼大帝允许他们在耶路撒冷定居下来。此外，社群里还有大
约 3000 名来自中欧的德系犹太人阿什肯纳兹（Ashkenazim），他们
来此就是想在死后把自己的尸骨埋在锡安山上。他们基本上处于"赤
贫"状态，部分原因是本地居民拒绝给他们工作，还有部分原因是
犹太拉比的独裁统治把他们禁锢在中世纪的贫民窟里。面对这样的
阻力，芬恩一家仍然热衷于劝化犹太人改宗，自然基本上没有进展。
不过，他们都很注意分寸。芬恩夫人说她很注意不让给孩子找的犹
太奶妈看到十字架，因为她"相当理解我们犹太朋友对这个主题的
感情"。她说一方面她"完全相信并期待有一天以色列将能满足神
的要求"，另一方面又不想去解释理想与现实的明显差距。无论什
么理由，都是让他们坚定信仰，用芬恩夫人的话说，"这项工作将
继续，圣地将再次住满其合法的拥有者，希伯来人的国家将要再次
繁荣昌盛起来"。

　　所以他们继续工作。他们启动了几个项目，不仅给没有工作的
犹太人寻找工作，还在开垦土地方面取得了进展。为了开展灌溉项

目，他们租用了土地，但由于项目雇佣的人体力都太虚弱，无法走到几英里外的田地里，所以项目的成果不佳。桑福德（Sandford）先生是个英国外科医生，他是芬恩的帮手，他发现犹太人的死亡率很高，原因"主要是缺少食物"。如果他们为非犹太人工作，他们就会被犹太拉比驱逐出教会。但芬恩夫妇仍然坚持，不断写信回国，在英国寻找资金支援。她发现只有少数人相信"犹太人能干活，圣地值得耕作"。这个发现很令人失望。

但钱还是凑足了，他们购买了一大片土地，称之为"亚伯拉罕的葡萄园"。除了让赤贫的人获得短暂救济之外，基本没有成果。尽管如此，他们又坚持了数年。在这期间，他们成立了"圣地犹太人农业劳动促进会"（Society for the Promotion of Jewish Agricultural Labor in the Holy Land），这个组织生存了下来，虽然换过好几个名字，但一直坚持到了英国托管时代。

只要芬恩领事在耶路撒冷，他就会为犹太人进行政治活动。1849 年，他劝说英国外交部授予他保护被俄国政府抛弃的巴勒斯坦俄国犹太人的权力。他积极督促土耳其帕夏执行对犹太人权利的保护，遇到犹太人受迫害的案例，他也愿意出面斡旋。有一次，他成功地让一名土耳其士兵公开地当着整个卫戍部队的面接受训斥和惩罚，因为这名士兵在 14 个月前攻击了一个可怜的犹太人，这件事"极大地震撼了当地人"。1857 年，他试图恢复沙夫茨伯里的老计划，于是把计划提交给了外交大臣克拉伦登（Clarendon）伯爵，这是一份很详细的计划，阐述了"如何劝说犹太人大规模地定居下来从事农业生产……与当地阿拉伯农民形成合作关系"[12]。就计划中的"劝说"而言，合适的时间仍然没有到来，欧洲的犹太人还没有形成自发的意愿。

就在这个意愿的形成过程中，英格兰有一个人正在准备使大英帝国成为巴勒斯坦的开拓者。有人说，在支持英国—以色列在巴勒斯坦的统治权的人中，除了沙夫茨伯里伯爵，没有人有能够影响 19

世纪的政策。但有个明显的例外。他是英国历史上最富于煽动性的
人物，毫无疑问，这个人就是迪斯累里。虽然他并未与犹太复国有
直接联系，但本书如果不涉及他，就像在哈姆雷特的故事中忽视鬼
魂一样荒谬。但他与犹太人复国的关系，就如同他与时代和祖国的
关系一样很难分类。在维多利亚时代的众多知名人物中，他是唯一
不以宗教情怀著称的人。犹太教，他抛弃了；基督教，他虽接纳了，
但仅是为其带来的方便，并不是真心信仰，宗教预言对他来说毫无
意义。不过，他感到自己骨子里散发出古老巴勒斯坦的力量。他在
《阿尔罗伊》（Alroy）中热情地描写了以色列的复兴，但他没有为
之采取政治行动。他对沙夫茨伯里和丘吉尔这一派提出的主张置之
不理，也不参与蒙蒂菲奥里的冒险事业。他不是犹太民族主义者，
因为他的民族主义是个人的和独一无二的。他为之摇旗呐喊的是以
色列的传统而不是以色列的命运。他关心全世界欠犹太人的债，而
不是犹太人未来在世界中的地位。

　　"如果不相信他们的犹太教，哪里会有你们基督教呢？"他在
下议院为犹太人《解放法案》辩论时问道。"在每个圣坛上……我
们都能找到犹太律法……早期的基督教徒都是犹太人……在基督教
会初期，能利用权力、热情、天赋去传播基督教信仰的人，是一个
犹太人……如果你没有忘记你欠这个民族的东西……作为基督徒你
早就应该寻找机会去补偿信仰这个宗教的人。"[13] 他冒着政治生命的
危险发表这番讲演。作为下议院议员，他有赖于党内高层的提携，
但他不怕成为保守党内唯一支持这个法案的议员。每次投票，他都
走过议会大厅与自由党一起投票，反对自己的党。

　　他对自己种族和传统的自豪感，不断出现在他的小说中，出现
在书再版的前言中。在他为乔治·本廷克（George Bentinck）勋爵
所写的政治传记中，突然冒出了有关犹太人的著名章节。"世界到
目前为止发现无法摧毁犹太人……无情的自然法则已经做出判决，
劣等民族是无法摧毁或吸收融合优秀民族的。制止这个法则发声是

徒劳无益的企图。"跟马修·阿诺德一样，他相信英国的实力和意志源自《圣经》，但《圣经》是从希伯来人的道德法律变换而来的。他说，英国"虽然缺乏神学，但总是能想起锡安"。

他最终对英国的巴勒斯坦事业是有贡献的，但不是以犹太人的身份，而是以帝国建设者的身份。虽说巴勒斯坦吸引着他，但帝国对他的吸引力更大。英国在19世纪后期向东方的扩张是在他的指引和努力下展开的。很久以前，英王狮心理查在去圣地的途中停下脚步，攻占了塞浦路斯。1878年，迪斯累里重新获得了这个地方。他知道帝国为解决物资供应问题肯定要向巴勒斯坦进发，于是他买下了苏伊士运河，从此进发巴勒斯坦变得不可避免。

但在1840年，上述成就还需要等一代人的时间，而迪斯累里此时还是一个稚嫩的议员，以善写优美的小说著称。他具有一种令人不快的力量，下院的议员们不安地意识到，眼前的这只奇怪的雏鸭有一天会变成雄鹰。1831年，他做了一次拜伦式的东方游，从希腊去往埃及，所到之处皆是古迹，每天的旅途都走在帝国昔日的道路上。他去了雅典卫城，见识了埃及金字塔，走过了亚历山大、恺撒、穆罕默德帝国的大道。在他所去过的地方，最重要的莫过于遭毁坏的祖先神殿，这些神殿在他的思维里闪耀着，仿佛皇冠上的宝石。在君士坦丁堡，他拜见了土耳其苏丹。在亚历山大，他拜见了穆罕默德·阿里。他从塞浦路斯坐船沿着叙利亚海岸航行，途经了贝鲁特、提尔、阿卡和雅法。最后，他"全副武装地爬上了战马"，骑着战马走过无数的荒凉山冈，最后"那个我凝视的城市就是耶路撒冷！"[14]

接下来是他一生中最迷人的几天。过去辉煌的历史和几个世纪的怀旧一齐涌上他的心头。他仅停留了一周的时间，但他离开时已经开始动笔写一部小说了，小说的主题是"一部有关我的神圣、浪漫的祖先民族的辉煌编年史"，即假弥赛亚、"被囚禁的王子"大卫·阿尔罗伊，在12世纪领导犹太人民反抗巴格达哈里发的故事。迪斯累里写英雄，经常写得跟自传一样，不难看出，《阿尔罗伊》中反映出了他自传式的内心梦想。

"你问我的愿望是什么，"那位为阿尔罗伊担任幕后智囊的犹太智者说，"我的回答是民族的生存，我们的民族不能算是活着。你问我的愿望是什么，我的回答是应许之地。你问我的愿望是什么，我的回答是耶路撒冷。你问我的愿望是什么，我的回答是圣殿。所有我们失去的，所有我们怀念的，所有我们为之奋斗的，我们美丽的国家，我们神圣的信仰，我们简洁的举止，我们古老的习俗。"

迪斯累里写这段话时动了真情。与小说中其余部分的华丽文风相比——穿罗着缎、腰佩弯刀，恶魔和秘术家，水银喷泉和骄奢淫逸的公主——这段真情十分显眼。《阿尔罗伊》，按照作者的神秘说法，代表了他的"理想抱负"[15]。像迪斯累里这样的年轻人，对自己的种族有自豪感，内心涌动着快要燃烧起来的野心，站在他祖先曾经统治过的高贵环境之中，如果无动于衷，不想为自己的民族赢得国家地位，那才是奇谈怪事。

他确实是动了想干大事的心，英国的政治现实很快就发生了变化。四年后，他进入议会，目标就是做拥有最高权力的首相。（"上帝啊，"墨尔本勋爵说，"那家伙肯定能得手。"）接下来他出版了一本有关东方的小说《坦克雷德》（*Tancred*），这显示出他正迈向自己的目标，此时他关心的不再是以色列王国，而是英格兰帝国。他想把《坦克雷德》写成"年轻的英格兰"寻找精神复活的故事。书中的英雄虽然是公爵的儿子，但因厌世愤然离开英格兰，来到耶路撒冷，想参透"亚洲的奥秘"。但英雄和作者很快就忘记了这个目标，纵身跳入了中东的政治旋涡，试图回答英格兰面临的如何控制通往印度道路的大问题。叙利亚危机刚刚结束；穆罕默德·阿里试图建立独立的阿拉伯国引发的政治浪潮还没有因他的失败而平息。十分奇怪的是，在迪斯累里眼里，英格兰的机会在于阿拉伯民族主义，而不是犹太民族主义。他描绘未来的可能性，虽然用了冷嘲热讽的口气，但准确得难以解释。

法克里丁（Fakredeen）是黎巴嫩埃米尔，一个诡计多端、野心勃勃的叙利亚人，唯一信仰的就是"我需要一个王位"。迪斯累里借法克里丁之口说道："让英国女王组织起一支舰队……把她的王座从伦敦转移到德里……与此同时，我要与穆罕默德·阿里交易。他将获得巴格达和美索不达米亚……我则将得到叙利亚和小亚细亚……我们承认印度女王是我们的君主，保证她拥有黎凡特沿岸。如果她喜欢，她还能拿走亚历山大，就好像她现在拥有马耳他，这是可以安排的。你们的女王很年轻，她还有时间……"确实是这样。30 年后，那位写《坦克雷德》的作者正式地把"印度女王"的冠冕加在了女王的众多头衔之上。

《坦克雷德》包括了一些令人吃惊的预言。两个滑稽人物在讨论世界政治时有如下对话：

"'帕麦斯顿不拿下耶路撒冷绝对不会善罢甘休。'巴利孜说。"

"'英国人必须得到市场。'领事帕斯奎利哥说。"

"'很公道，'巴利孜说，'我正想着自己也做点棉花生意。'"

当然，迪斯累里这是在说笑——但他真是在说笑吗？在书的后面，耶路撒冷的一个犹太人告诉坦克雷德："英国人是不会无缘无故地与土耳其人做生意的。他们要拿走这座城市，他们要占据它。"1847 年的英国公众也许没有把《坦克雷德》当真，但历史成真了。

第 12 章

犹太人登场

"我不为己，谁来为我？"[1]

通往巴勒斯坦的道路逐渐被重新打开了，但至此为止以色列人还没有积极地参与到这个过程中。当以色列人第一次从流放中返回家园的时候，波斯是仲裁国，波斯国王居鲁士（Cyrus）下命令时，他们已经准备好了，有四万多以色列人从巴比伦返回了巴勒斯坦，带着他们的金盆、银碗、仆人、马匹、骆驼和驴子。犹太人能这么快出发，是因为这次流放的时间不长，距离开锡安仅 50 年的时间。但以色列人的第二次流放已经有 1800 年了，流亡的以色列人分散到世界各地。为了生存，为了不被其他民族同化，为了不失去民族特征，他们用尽了所有力气，因而显得阴郁沉闷。他们成功了，成为地球上唯一没有国土却保住了民族意识的民族，但代价极高。为赢得生存，他们只能内敛，用正统的硬壳包裹自己，集中精力于他们仅有的几样能带出故土的东西：传统和法典，《摩西五经》和《塔木德》。其他民族忙于种地、盖房、作战；犹太人没有土地，没法去做这些事。没有土地，他们去哪里播种和收获，去哪里盖房子，去哪里作战？根据古老的犹太教传说，当犹太神殿被推倒后，神殿倒塌时的石头碎片进入了每个犹太人的内心，那心中的碎石是他们唯一的家园。

但时代在变，仅有这点是不够的。"没有国家，"19世纪民族主义先知马志尼（Mazzini）说，"你没有资格作为兄弟加入各民族之列，因为你无名、无声、无权利。你是人类的私生子——你仅是民族之林里的流浪汉。"[2]虽然他的这番话是说给意大利人听的，不是针对犹太人，但反映了那个时代的呼声。这个呼声，犹太人也听见了。

到1800年，犹太人被动地等待超自然力的介入已经有许多个世纪了。那个"明年回耶路撒冷"的祈祷词，自公元70年开始每年诉说，就好像要滴水穿石一样。但现今轮到犹太人自己一步一个脚印地走出流放了。"犹太人必须做自己的弥赛亚。"[3]历史学家海因里希·格雷茨（Heinrich Graetz）在1864年写道。在19世纪有许多因素相互作用促成了这一革命性的理念。

即使想以最简短的方式综述一下现代犹太民族重生的过程，也必须先谈论一下其内部的争执和外部的欧洲政治气候，但这必然像陷入泥潭一样令人绝望。法国大革命前，欧洲的犹太人进入了"启蒙"和谋求解放的阶段，但这个阶段充满了宗教矛盾和社会矛盾，致使犹太教出现了分裂。在很多个世纪的囚禁下，犹太人非常团结，但在随后而来的争取自由、公民权和建国的斗争中，这种团结永远地失去了。背景是拿破仑巨大身影下的欧洲历史，以及拿破仑消失之后各国的反应。1815年俄、奥、普三国缔结的神圣同盟寄希望于强制推行独裁政治，但这种企图彻底失败了。接着爆发了1830年的革命，1848年又兴起了民族主义、自由主义、社会主义、巴黎公社、俾斯麦和泛日耳曼主义，以及沙皇独裁统治末期俄国的痉挛。这些力量如同分娩时的抽搐和收缩，使犹太人进入了国家再生的痛苦过程。

这个过程的起点是"启蒙运动"，由18世纪德国的摩西·门德尔松（Moses Mendelssohn）发起，这个运动打碎了正统的保护性外壳，为犹太人熟悉西方文化、参与西方事务铺平道路。犹太法典和拉比的统治结束了，欧洲的百叶窗全都打开了。犹太人阅读了伏尔泰、卢梭、歌德和康德。随后而来的宗教改革运动，抛弃了旧有的宗教仪式，犹太教也开始试探着适应现代社会。公民解放变成目标。1791年，法国立宪会议颁布法令给予犹太人公民权；之后，拿破仑批准这项法令在他拥有的所有领土上执行。这项法令在拿破仑下台后被取消了，于是各国犹太人必须各自争取。19世纪中叶，犹太人获得了公民解放，如果取得了彻底的胜利，犹太教便会停下脚步，但实际情况并非如此。在反思失败的过程中，犹太人发现了民族主义。他们意识到犹太教正在死去，在拉比的晦涩教导中僵化为干糠皮，并在西方"启蒙"的开放环境中逐渐瓦解。犹太教要想生存，必须找到新的灵魂，民族主义满足了这个需要。此后，返回巴勒斯坦的运动减缓下来，变得迟疑，不那么情愿，因为犹太人没有了热情，而仅出于需要。一切不再是按照一条直线发展，不断出现相互矛盾的倾向和派别，改革与正统的对立，民族主义与同化主义的对立，这两者与反犹太复国主义的对立，接踵而来的是反犹主义的号叫。

反犹主义是19世纪的政治产物。它就像从拿破仑侵略战争遗留下的灰烬中飞出来的黑凤凰一样，这样的场景发生在德国不令人惊奇。1819年，在海德堡和法兰克福的大街上飘荡着迫害犹太人的号叫，与之相伴的是骚乱和对犹太人家庭的劫掠。那号叫声穿越了一个世纪又来到了大马士革事件中，来到了俄国的《五月法案》和屠杀，穿越了法国的德雷福斯（Dreyfus）案件，最后来到希特勒对犹太人的大屠杀。犹太人不断受到挤压，一些犹太人走向民族主义和巴勒斯坦，另外一些则选择了逃避现实和同化。

如此的压迫，确实证明了启蒙和解放是幻觉。虽然19世纪对社会进步的信念是热烈而感人的，但反犹运动并没有消失。正统犹太教曾经有个信念：只要他们等待足够长的时间，弥赛亚将会出现，犹太人就会奇迹般地回到锡安山。主张同化者相信，只要他们安静地等待足够长的时间，保持良好的举止和教养，不打扰任何人，反犹主义将不可避免地在社会进步和人类友爱的雾霭中消失。但不知何故，反犹运动仍然在延续，即使在马克思主义和社会主义的魔杖面前也没有消失。犹太人转变了方向，沿着十几个不同的方向寻求解决方案，努力寻找任何允许他们做普通公民的国家，只要还能做犹太人就行。他们去东方投奔同样受迫害的兄弟，仍然力求维持他们在西方拥有的自由和生活标准。如此沿着不同方向的努力，在犹太人中间产生了悲剧般的党派之争，如此乱象只有在犹太圣殿倒塌之前出现过，那时法利赛人、撒都该人和奋锐党人相互争斗，直到城市毁于一旦。他们之间的裂痕加深，分化加倍，相互厌恶之情也加重了，影响了建国的进程。直到今天，这些裂痕还在影响着国家的团结。但反犹运动在号叫中继续着。赫茨尔在经历过启蒙后的法国听到那号叫，痛苦地回到家里，写下了《犹太国》，召集了开动"犹太国的航船"的犹太复国运动大会。但这反犹的号叫声摩西·赫斯（Moses Hess）[4] 50 年前在大马士革就听到过。

赫斯与后来的赫茨尔很相像，都是"被解放的"早期德国社会主义者领袖。他们认为自己首先是社会主义者，其次是德国人，再次才是犹太人，甚至可以不是。突发的大马士革事件就像从他背后出乎意料地一击。这件事说明犹太人仍然有可能被囚禁和拷打，整个犹太人社群都可能被劫掠，而借口只不过是一个从中世纪挖出的迷信。这件事给从纽约到敖德萨的犹太人投下了黑色的阴影。赫斯后来写道："在我开展社会主义活动的过程中，这件事第一次让我意识到，我属于我那不幸的、受中伤的、被鄙视的、被迫散居的民族……我要在痛苦中表达我热爱犹太人的情怀。"但他不满足于痛苦。他要寻求解决方案，而方案只有一个。"没有国家……你只是人类社会的私生子"——虽然这句马志尼的格言还没有写在纸上，但已经被视为真理了。解放是空话，无论真理多么难听也必须说出来。1862 年，赫斯出版了《罗马和耶路撒冷》，副标题是"最新的国家问题"。他在书中写道："在约旦河两岸安置移民的时机到来了。"建国是必需的。"由于犹太人是受压迫民族，没有生活在自己的土地上，与其他民族相比，要想在政治上和社会上有所发展，就更加需要先实现民族独立。一个基本条件就是拥有自己的土地……"

然而，他知道沙夫茨伯里那些积极分子从来不关心的问题：犹太民族远未准备好。犹太民众仍然被犹太拉比锁在门内，他们必须自己破门而出才行。犹太人中的"改革分子"躲藏在虚幻的希望后面，打碎这种蒙蔽状态只能靠"外力猛击，整个世界已经在为此做准备"。显然，"犹太民族运动的主要问题是……如何在我们这些拥有改革意愿的犹太人心中呼唤起爱国的情怀，如何用爱国主义把处于死气沉沉的形式主义中的犹太大众解放出来"。只有这个问题获得解决后，"犹太复国才有可能"。

赫斯以此为基础，勾勒出在巴勒斯坦殖民的计划，他希望欧洲列强能帮助犹太人从破产的土耳其宫廷那里购买土地。但他主要是针对法国而言，因为他就住在法国，路易·拿破仑正渴望得到叙利亚。他认为法国可以充当中间人，在法国的支持下，他预计犹太人的殖民地可以"从埃及扩展到耶路撒冷，从约旦河到地中海"。

就在赫斯忙着制订他的解决方案的时候，另一个与他性格截然不同的犹太人也独立地想到了相同的关键点。普鲁士托伦（Thorn）的犹太拉比希尔施·卡利舍（Hirsch Kalischer）[5] 是个老派学者，《塔木德》的顶尖权威，他突然宣布了自救的教义。他在 1860 年写道："不要让人们相信以色列人的救赎和弥赛亚会突然从天而降，奇迹般地把离散的犹太人聚集到古代犹太人聚居的土地上。救赎过程会在犹太人顺乎自己的意愿，自然地回到巴勒斯坦定居，而其他国家也愿意提供帮助的时候开始。"

同一年，卡利舍在托伦召集犹太教拉比和犹太人领袖开会，促进在巴勒斯坦的复兴工作。虽然没有什么实际进展，但他写的《探求锡安》（*Quest of Zion*）一书就像生面团中的酵母一样，开始在社会中发酵了。其他正统犹太教拉比也改变了原有的态度，开始支持返回故土。卡利舍的想法通过他的学生和同事开始向蒙蔽的犹太人居住区渗透。他告诫人们，只有犹太人自己在巴勒斯坦干枯的土地上劳动，才能使救赎变为可能。他要求犹太士兵守护犹太定居者。他不太信任西方大国的仁慈，而更喜欢自己人的帮助。他给蒙蒂菲奥里和罗斯柴尔德（Rothschild）写信，请求他们为殖民团体提供资金，用于购买土地，运送移民，帮助懂得开荒的人在免费土地上定居下来，雇佣老师，给定居者贷款直到他们能自给自足，建立警察制度、军事护卫和农业培训机构。

遵循类似的原则，全体以色列人联合会（Alliance Universelle Israelite）于 1860 年在巴黎成立。这是第一个福利和保护性协会，随后其他西方国家的首府也都成立了类似的协会。这个协会是家长式的，不是赫斯和赫茨尔要求的那种爱国式的。爱国主义是新概念，或者说这个概念早已有之但死去多时了，需要很长时间才能被人们接受。但做善事，或更确切地说是，对有困难的成员的社群责任是古老的传统，跟以色列部落的历史一样长久。慈善工作开始为巴勒斯坦而做。蒙蒂菲奥里独来独往，在还没有铁路和轮船之前就三次前往巴勒斯坦。他一生共去了七趟，最后一次已 90 岁高龄。无论何时何地，只要有犹太社群遭遇不幸或迫害，这位年迈的"以色列王子"就会立即出发，他在 76 岁时去过君士坦丁堡，80 岁时去过摩洛哥和西班牙，83 岁时去过罗马尼亚，88 岁时去过莫斯科。无论是距离或是灾难、骚乱，都无法吓住他。即使是风雪和沙漠也拦不住他。但无论他的举动有多么重大，他个人多么令人尊重，他自己能实现的长期成果都很有限。大马士革犹太人受迫害事件之后，在其他地方又发生了几起类似事件。这些事唤醒了不再受压迫的西方犹太人的集体良心。针对巴勒斯坦，这些西方犹太人的目标是相当有限的：仅为受迫害的犹太人提供避难所，但他们自己并不愿移居。

1870 年，联合会在雅法附近建立一所农业培训学校。与此同时，不断有小股移民从俄国出发。赫斯和卡利舍的思想启发了一些作家，在他们的影响下，俄国涌现出许多移民社团。在维也纳，有一份叫

《黎明》(*Ha Shahar*)的期刊集中刊登这些新观点。这份期刊的编辑是佩雷斯·斯摩棱斯金(Perez Smolenskin)[6]，他在 1873 年出版了《不朽的民族》(*The Eternal People*)一书，对东方的犹太人产生了巨大影响。作者在书中讽刺了同化论者的主要理论，指出按照这个理论以色列仅是一个宗教，而他坚信犹太人是个生机勃勃的民族。书中借用了《传道书》中"活着的狗比死了的狮子更强"的说法。此后，这个说法被不断引用，借以概括民族主义者和同化论者之间的分歧。同一年，为《黎明》期刊撰稿的摩西·利连布卢姆(Moses Lilienblum)写出了《犹太民族在祖先的土地上复兴》(*Rebirth of the Jewish People in the Land of Its Ancestors*)一书，这个主题在俄国、波兰、德国、奥地利、法国和意大利都引发回响。1870年代，东欧涌现出大量希伯来语的书籍、文章和期刊。这些作品虽然像以往一样充满了内部争执，但基本上都坚信向巴勒斯坦移民是犹太民族重建的基础。

这些作品使人们思考，但还未能引发行动，猎狗的嚎叫却能使人行动。如今那狗突然激动地尖叫起来，这就是要发动攻击了。在1870 年代，德国的反犹太人辩论在党派政治和报界十分流行，这类争论沉迷于各种伪科学理论，德国人的思维特别喜欢这类理论。俾斯麦向人们显示出这类争论可以被用来获得政治优势。在 1881 年复活节那一周里，俄国人把从俾斯麦那里学到的东西付诸行动，开启了借助国家政策煽动反犹太人运动的时代。三天内，俄国西部地区从黑海到波罗的海到处是冒着浓烟的犹太人家废墟（借用卢西恩·沃尔夫的生动语言）。[7]从华沙到基辅，再到敖德萨，在 160 多个小村庄里爆发了大规模的野蛮暴行，其规模之大，野蛮程度之高，自中世纪之后就再没有听说过。这场大灾难不仅降临到犹太人头上，也通过外国使节和记者的可怕报道在世界范围产生了回响。除了集中营和毒气室，希特勒没有比俄国人多发明任何新东西，所有暴行沙皇俄国都做过。甚至《纽伦堡法案》也是效法俄国 1882 年的《五月法案》，故意使犹太人无法生活，抢走他们的房子和谋生之道，把整个村庄里的人都赶走，破坏犹太人本就不稳定的经济，借用"临时秩序"的法律名义，实施永久的大屠杀。

这场大暴行背后的理由与希特勒的一样：用犹太人做替罪羊，用灾难转移人们对统治阶层的大规模不满情绪。

在1881、1882这两年里，大部分俄国犹太人学到了西欧犹太人在过去近一百年里学到的：如果没有国家的尊严做支撑，想要获得解放就是一场梦。他们更快地转向民族主义，因为他们还没有获得公民权，也没有承诺接受同化，他们没有不愿放弃的宝贵幻影。他们在忠诚问题上不存在"相互矛盾的爱"：在这些大屠杀、法案、骚乱之后，他们对俄国怎么可能还留有忠诚？

正如大马士革事件启发了赫斯一样，1881年反犹太暴乱启发敖德萨的一名外科医生列奥·平斯克尔（Leo Pinsker）写出一本名为《自我解放》（Auto-Emancipation）的小册子。他引用犹太学者希勒尔（Hillel）——圣殿倒塌前最后一位伟大犹太人导师的话，发出警示："我不为己，谁来为我？"犹太人必须自我解放，平斯克尔宣称。"我们必须建国。"长久以来，犹太人像病夫一样缺少建国的胃口。犹太人必须先有建国欲望才行，因为没有建国欲望，犹太人就是游魂一样的民族，好像一群没有祖国的游魂在世界各国流浪一样。犹太人是永恒的外国人，其他外国人都有某个国家挂靠自己的爱国之心，只有犹太人没有，走到哪里都是异族人。"一个曾经出现过马加比的民族竟沦落至此！"抱怨反犹主义没有用处，只要犹太人仍然像鬼魂和异族人一样，反犹太主义就会继续。"一个没有领土的民族是不自然的，就好像一个人没有影子一样。"

平斯克尔催促现有的犹太人社团召开国民大会，国民大会应该组织起一个股份公司去购买土地，然后安置移民。他认为这个运动的领袖必须是来自西方的犹太人，他们不仅有钱和权，还有处理事务的知识，但他不指望他们加入移民的行列。他们在当地生活舒适，因此不会离开现有的居住地。主要支持者将来自俄国和波兰，但领袖不会从中产生，因为那里没有适合领袖生长的环境。

平斯克尔希望看到的领袖还没有准备好，但底层的普通百姓却蠢蠢欲动起来，他的努力在他们之中起作用了。1884 年，正好是蒙蒂菲奥里诞辰百周年庆，他在波兰克拉科夫附近的卡托维兹（Kattowitz）召开了一次大会[8]。这次大会没有能产生国民大会，却产生了一个规模稍小的机构，即巴勒斯坦殖民协会，平斯克尔被任命为协会的主席。后来，由于总部所在地位于敖德萨，这个协会被称为敖德萨委员会，并开始了征集真正能返回家园候选者的工作。协会的工作人员称自己是"锡安热爱者"。警察不许他们开会，他们就在犹太聚集区的小村庄里点着蜡烛开会。学生们踏着泥泞的道路去散发传单，在一个村庄散发完再去下一个村庄。从来没有耕种过田地的小群定居者，却被给予了在巴勒斯坦这片半死不活的土地上，复兴一个早就死去的国家的任务。

不过，此时仍然不是国家层面的运动。赫茨尔只有二十几岁，仍是浪迹在维也纳沙龙里的花花公子，为报社写着优雅的小品文，在剧院里消磨时光。他从没有读过平斯克尔的作品。在获得解放的犹太人中间，有人读过平斯克尔的作品，但很不满意，反对建立一个民族国家的想法。"这是个笑话，你头脑发热，需要吃药。"[9]阿道夫·耶利内克（Adolf Jellinek）博士说道。他是维也纳一位著名的犹太学者，在平斯克尔去见他的时候说了这番话。耶利内克记录了谈话的内容：

"我看不出其他可能的方案。"平斯克尔说。

"进步和文明呀！俄国不会永远逆潮流而动！"耶利内克为俄国辩护道。

这就是他们想相信的：反犹主义是短期现象，社会进步最终会消除它，现在只需照顾受害者就行了，不必采取激进手段。

西方提供了帮助，但没有人出来做领袖。只要不是政治活动，犹太富人们都愿资助。德希尔施（de Hirsch）男爵试图引导大批犹太人移居阿根廷。埃德蒙·德罗斯柴尔德（Edmond de Rothschild）男爵几乎是西方人中唯一提供援助的人，初来乍到的巴勒斯坦定居者得以获得一小块落脚点并站稳脚跟都归功于他。让他感到痛苦的是，他被视为一个怪人。在那个时期，巴勒斯坦的复兴在已经获得解放的犹太人里唤不起热情。"那是他一个人的热情，"魏茨曼总统后来在自传中写道，"他就是巴黎的埃德蒙男爵。如果再有几个他那个类型且能力相当的人施以援手，就能改变巴勒斯坦的历史，克服反对犹太复国运动的犹太人和非犹太世界的犹豫和反对。我们没找到这样的人。"[10]

此刻，我们就只能写到 1880 年代为止了，因为犹太复国运动的开始是另一个时代的事。与此同时，英国慢慢地演化为中间人。犹太人的解放是个双向的运动，一方面犹太人需要熟悉西方文化，另一方面让西方人熟悉上帝的"古代选民"的现代代表人物。莱辛（Lessing）的《智者纳坦》（*Nathan der Weise*）以他的朋友门德尔松为原型。拜伦的《希伯来歌曲》（*Hebrew Melodies*）比赫斯早半个世纪找到了犹太人没有家国的致命弱点：

> 斑鸠有巢，狐狸有窟，
> 人有祖国——以色列只有坟墓！

拜伦本人死于为希腊争取独立的战斗，他是反抗神圣同盟的斗士。他从空气中抓住民族主义的精神，填入他的诗作之中。马志尼在监狱中带着三本书：《塔西佗》、《圣经》和拜伦作品。没有哪里的自由钟声和暴君的丧钟声能比《希伯来歌曲》中最著名的短诗《西拿基立的覆灭》（The Destruction of Sennacherib）更加响亮和清晰。而这首诗不仅是《旧约》故事的诗化，拜伦更抓住了犹太人仍然秉持的精神，那种精神也就是迪斯累里想要表达的对非犹太人的藐视：

"为你的信仰而活吧，但我会为我的信仰而死。"

　　在汤姆·穆尔（Tom Moore）的诗中也有类似的精神：

> 在埃及的黑暗海面上敲响小手鼓！
> 耶和华大获全胜！他的选民自由了！

　　司各特让丽贝卡拥有了这种精神。丽贝卡与艾凡赫一起逃亡，而艾凡赫最终却娶了罗文娜。*当丽贝卡不顾恶棍博伊斯－吉伯特的劝阻，翻过护墙的时候，她简直让那些喜欢读威弗利小说（Waverley novels，司各特的一系列著名小说）的热切读者极度兴奋！当她哀叹她的民族屈服于命运，遗憾地说"号角声不能再次唤醒犹太"的时候，她表达了司各特和拜伦那代人的民族主义精神，这种精神在几十年之后影响了现代犹太人。

　　当犹太人接受了这种精神的时候，在维多利亚时代的英格兰再次产生了回响，就如同在欧洲大陆一样。在法国，当时最受欢迎的剧作家小仲马把《茶花女》中风月场上的爱和奢侈，转变为《克洛德的妻子》（La Femme du Claude）中的犹太民族主义。"我们再次感到有个固定祖国的必要性。"这部 1873 年的作品中的英雄主角如此宣称。在英国，一年之后乔治·艾略特（George Eliot）把赫斯说的"最后的民族问题"，变成了《丹尼尔·德龙达》（Daniel Deronda，1876）这部怪异的讲述精神分裂症患者的小说的主题。小说的男主角在发现自己有犹太人血统后，一夜之间就变成了狂热的犹太复国者。"我想的是，"男主角说，"在政治上恢复我的民族的存在感，让他们再次建国，给他们一个民族的中心。"就像所有热衷于犹太人返回祖国的非犹太人角色一样，丹尼尔并不思考折磨

---

* 艾凡赫为什么娶了罗文娜而不是丽贝卡，就这个问题，司各特被迫在再版时解释说是为了历史真实性。

着真正犹太人的问题——同化问题、反犹太主义问题、犹太教问题，以及犹太国家问题、活狗死狮问题。他们一直都没有想过重建犹太人复国的欲望，就像他们没想过建国所带来的一系列商业和经济问题——具体如何回到巴勒斯坦、购买土地、赚钱谋生。他们忽略了这一切，仅想着一步跳入巴勒斯坦，接着以色列就像雅典娜一样，一出生即为发育完全的成人。"恢复中心组织，"丹尼尔的启蒙老师莫迪凯（Mordecai）劝诫道，"准备土地和政策……国家要允许民众有机会表达意见……重新耕种土地，建立标准……犹太人的增益就是世界的增益……东西方之间的新犹太，一份和解条约。"

就像沙夫茨伯里及其追随者一样，乔治·艾略特热衷于这个我们今天看起来极具讽刺性的看法，即这个新国家会成为中东的一支和平力量，就像莫迪凯在小说中说的那样——"东方敌对国家的缓冲地，就如同比利时在西方的作用一样"。事实上，她的想法源自沙夫茨伯里，虽然她没有承认，但我们要考虑这一点。她早年是一个狂热的福音主义者，福音主义领袖的理想不可能不引起她的注意。此外，她之所以写这部小说，是受她丈夫乔治·刘易斯（George Lewes）的启发，而他在巴黎时是摩西·赫斯的密友。[11]

跟丽贝卡不同，丹尼尔·德龙达没能随小说出名。他是个呆板的人，太高尚，太善良，无法为普罗大众所理解。乔治·艾略特的读者更喜欢美丽的格温德琳的婚姻冒险，丹尼尔为了圣地最终拒绝了她。总体看，这部小说没有给批评家留下印象。莱斯利·斯蒂芬（Leslie Stephen）爵士认为丹尼尔的民族复国计划是"荒唐的"，还说作者以此为题是"缺乏幽默感"的表现。[12]虽然这部小说没能成为文学佳作，但对犹太民族运动产生了巨大的影响。卢西恩·沃尔夫说这本书给予犹太运动"自萨瓦塔伊·塞比以来最强烈的激励"，这或许有些夸大了。然而当美国诗人艾玛·拉扎勒斯（Emma Lazarus）在1883年接受犹太民族主义理想的时候，把这个理想说成是"由乔治·艾略特构想出的概念"，仿佛就是她原创的一样。

虽然丹尼尔和患结核病的莫迪凯是被人嘲笑的人物，但乔治·艾略特是认真的。她构想出的偿还欠犹太人的道德债的概念，后来影响了贝尔福的思想。*她给哈丽雅特·比彻·斯托（Harriet Beecher Stowe）写信时说，当她发现受过教育的人"几乎不知道基督是犹太人"，而以为基督讲希腊语的时候，就感到恶心。[13] "一个基督徒，四分之三是犹太人。"她在小说中写道。但他发现普通英国人并不领犹太人的情，他们认为犹太教是"某种古怪的化石……某种完全不该如此的东西（他们不关心犹太教到底是什么）"。她写《丹尼尔·德龙达》是出于自己的良心，想改善犹太人在英国人心目中的形象。后来，她写了一篇名为《对犹太人的现代迫害》（The Modern Hep Hep）的文章，提出只有犹太人建国才能解决犹太人散居的问题。这个世界需要"新的以斯拉，现代的马加比，他们知道如何利用有利的外部条件，知道如何克服同伴的冷漠，知道如何打败敌人的轻蔑，勇敢面对挑战，使自己的民族再次屹立于世界民族之林"。

---

*　贝尔福在三一学院求学时，曾遇到为研究德龙达及其朋友而去剑桥大学寻找素材的乔治·艾略特。

第13章

涌入圣地

1862 年，威尔士亲王去了一趟圣地[1]，他就是未来的爱德华七世，这是自英王爱德华一世在 1270 年率十字军东征之后，英国王储第一次踏足巴勒斯坦。就在同一年，摩西·赫斯宣称犹太复国的"钟声敲响了"。虽然这两件事毫无关联，但说明历史正在把流亡者和中间人推到一起。爱德华的这次旅程包括希伯伦的清真寺，这里的列祖墓如今已经变成穆斯林圣地。他此行突破了不许基督徒进入圣所的规定，"可以说为基督徒研究叙利亚全境打开了大门"。这番话取自巴勒斯坦探险基金会制订的计划书，该基金会是在亲王这次旅行之后三年建立的，圣地从此对现代考古学、现代地图勘察和绘制开放了。

没有什么能比巴勒斯坦探险基金会更能体现英国人的两面性——这个基金会虽然为了《圣经》的研究而建立，但所有工作都由陆军部派遣的军官完成。克劳德·康德（Claude Conder）上校是最知名的野外工作人员，据说他对《圣经》知识的贡献之多，自廷代尔翻译《圣经》之后无人能比[2]。他绘制的地图由陆军军械部出版，1918 年耶路撒冷之战的胜利者艾伦比将军就使用了他绘制的地图。在这里"圣经"与"利剑"再一次结合了。事实上，康德上

校是英国人在巴勒斯坦活动的缩影，总是带着对《圣经》的怀旧和
帝国扩张的利剑，就好像是两次曝光的底片——可以分辨出有两张
照片，但又无法分开。

巴勒斯坦探险基金会的野外工作人员，在长达数年的调查和
发掘过程中，逐渐揭示出了巴勒斯坦高度文明的过去，但他们不可
避免地也卷入这个国家的前途之中。康德上校得出了一个正确的结
论——不必期待本地犹太人能对巴勒斯坦的复兴提供多大帮助，"他
们仍然被犹太法典束缚着……他们对过去的崇拜似乎阻止了他们前
进或改善现状的可能"[3]。推动力和人力主要来自东欧,康德上校说,
如果他们能在沙皇统治下生存，他们就能在苏丹统治下生存并繁荣。
他的同事查尔斯·沃伦（Charles Warren）爵士也是一个多次参加
探险基金会远征的老兵，他更进一步提出巴勒斯坦可以交给东印度
公司开发，但这家公司要"承诺逐步引进朴素的犹太人，最终让犹
太人占据和管理那个国家"。他给自己的书取名为《应许之地》（*The
Land of Promise*），并坚持认为在良好的政府管理和更繁荣的商业
情况下，人口能增加十倍，"而且还有发展空间"。根据他的预计，
土地生产率"将会提高，其幅度与投入的劳动力成正比，最后人口
能达到 1500 万"。沃伦的书在 1875 年面世，这时乔治·艾略特正
在写《丹尼尔·德龙达》，而维也纳的《黎明》杂志正在呼吁重建
犹太人的国家。

此时英国的主要兴趣仍然是《圣经》，但非常不同于沙夫茨伯
里的兴趣，实际上正好相反。当时"不敬神的理性主义"已经战胜
了福音主义，但随之而来的是《圣经》变成了一份充满火药味的文
件，圣地变成古罗马城市广场一样的斗争舞台。理性主义的战士决
心证明《圣经》是历史，冲进圣地希望能找到必要的证据。他们拒
绝承认《圣经》是上帝的启示，所以《圣经》也可能有错，这等于
说他们也否定了预言。但以色列复国没有顺着这一股新潮流漂走，
因为他们在历史研究中重新发现了作为一个民族的犹太人。教士亨

利·哈特·米尔曼（Henry Hart Milman）的《犹太人历史》（*History of the Jews*，注意，不是希伯来人历史，不是以色列人历史，也不是"上帝选民历史"），成为高等圣经批判（Higher Criticism）的先驱。当有人发现他称亚伯拉罕是酋长时引发了巨大的争议。米尔曼去世时是圣保罗教堂的主持牧师，有名望而受人尊敬，但当他的书 1829年面世时，被认为几乎是在侮辱一个民族。

米尔曼坚持说，犹太人的历史是有待发掘的史实，并非神圣不可侵犯的领地，不能因为它与神的启示有关就不许进行科学研究。恰恰相反，犹太人历史"是世界史的一部分"。他说，犹太人在人类发展和文明进步中发挥的作用是"如此的重要和持久"，所以信奉基督的历史学家有责任研究他们的历史，因为这才是获得最高等级的宗教真理的唯一可靠途径。古代希伯来人是人类的一部分，说人类的语言，有能听人声的耳朵,总之（后面跟着的句子让读者愤怒）"亚伯拉罕有自己的信仰，与至高无上的上帝有过交流，但他不过就是一个游牧民族的酋长而已"。而他的这句话打击力更大：摩西劈开红海的奇迹其实就是一场暴风雨，跟英吉利海峡上那场恰逢其时摧毁西班牙舰队的暴风雨差不多。

柯勒律治（Coleridge）的风格也很相似，他发现耶稣是个"柏拉图式哲学家"。他是哥廷根大学的学生，这所大学的德国学者从历史的角度大举对《圣经》进行批判。他刚从这所大学毕业就宣称，那种视《圣经》的一字一句皆为真理的态度，实际上比"那种视教皇的一字一句皆为真理的态度更加过分"。他通过文章和闲谈极大地激起了研究热情。神职人员开始担忧起来，特别是在 1832年通过了标志着自由党大捷的《第一改革法案》后，他们被彻底吓坏了。自由的环境威胁教会的权威。1833 年，教会开始反击，启动了牛津运动（Oxford movement），再次强调信仰。这是一次绝望之举，目的是在理性主义的攻势下加强宗教启示的防御能力。基布尔（Keble）展开了著名的巡回布道。[4] 同年，他与纽曼（Newman）

和皮由兹（Pusey）出版了《时代书册》（*Tracts for the Times*）。《摩西五经》的作者是谁？《但以理书》可信吗？如何从道德角度看待大卫的恶劣举止和雅各的阴谋？思考这些令人恼怒的问题得需要多少热情和知识啊！纽曼认为，提出这些问题的人都是异教徒；基布尔断定只有卑鄙的人才会通过提问破坏《圣经》的神性；皮由兹甚至去德国学习历史方法，这样才能更好地打败它，他在被聘为牛津大学希伯来语钦定讲座教授后，每周授课九次，全面地向神学系学生讲解《旧约》语言惯用法知识，以便让他们更好地理解上帝的圣谕。[5]

　　但从长远看，这一切都是无用的。《时代书册》基本上是被动之举，是反时代的，这些小册子是战胜不了时代潮流的。纽曼在1845年投向天主教（曼宁紧随其后）是很自然的事。他认为信仰需要不可置疑的权威。当《圣经》不再永远正确，罗马就成为唯一的避难所。基布尔和皮由兹继续抗争，在纽曼放弃后坚持牛津运动。甚至到1860年，合写《文章和评论》（*Essays and Reviews*）——理性主义者反驳《圣经》权威的著名文章集——的七位作者中的两位，竟然被以散布异端罪审判。[6]这个问题引发社会各界激烈争论了几年，最后枢密院在1864年判决两人无罪，这标志着旧秩序的完结——那旧秩序曾经被清教徒统治过，又被福音主义者复兴过，并在牛津运动中唱出最后的天鹅之歌。

　　就在这个时候，理性主义者们马不停蹄地飞驰在前往巴勒斯坦的道路上，去获取犹太教和犹太人作为基督教之源的新证据。斯坦利（Stanley）是当时著名的自由主义神学家，他在牛津大学开设的教会史课程以"亚伯拉罕的呼唤"作为第一讲。不用说，他肯定会亲自去当地看看。在圣地游历了两年后，他出版了《西奈和巴勒斯坦》（1857）。巴勒斯坦，他写道，是"人类史上最重要事件的现场"。在这里，上帝直接晓谕犹太人。只有在这里，才能对塑造"地球上最非凡民族"的精神之地进行独立研究。在这里，旅行者看到的沙漠里的灌木丛就是以利亚曾经休息的地方。在毗斯迦山上看到的景象，就是摩西曾经看到过的。在四处看到的地理特征，"都成为基督世界家喻户晓的图画"。在这里，确实能找到《圣经》活生生的证据。

在 1862 年爱德华王子访问期间，斯坦利再次回到巴勒斯坦，担任爱德华王子的牧师兼向导。作为对他探求历史的热情的回报，他被允许进入自 1187 年之后就没有欧洲人踏足过的希伯伦列祖墓参观。"当亚伯拉罕圣殿的大门打开的时候，参观者中传来低沉的呻吟声，而在雅各和约瑟的神殿里呻吟声成倍增加*。当我把手臂深深地探入石墓，跪在地上仔细查看亚伯拉罕的坟墓被埋入山体多深的时候，你可以想象我当时的心情。"斯坦利感谢王子让他有机会看到列祖墓，王子回答说："你看，地位高是有些好处的。"

三年后，斯坦利的《犹太教会史》更加深入地揭示了基督教的犹太渊源，后来史密斯（W. R. Smith）对这个主题做了进一步挖掘。史密斯是《不列颠百科全书》第九版的编辑，撰写了其中有关《圣经》的条目。他扩展了他在《犹太教会中的旧约》和《以色列先知》中提出的历史研究方法。与此同时，斯坦利在牛津大学的朋友、《文章和评论》的作者之一、伟大的乔伊特（Jowett），也提出犹太先知是我们文明的"初级教育阶段的老师"。"他们教导人们上帝的真正品性，上帝是爱，上帝是正义，上帝不仅是人类的父亲，也是人类的审判者。"乔伊特说，我们的知识体系是希腊哲学家创造的，而我们的道德情感来自犹太先知。

如果这听上去很像马修·阿诺德的话，其相似性并非偶然。阿诺德在那个激动人心的 1860 年代同样也是牛津大学教授（诗歌方面）；同事中有乔伊特——钦定希腊语教授，皮由兹——钦定希伯来语教授。这两个人是死对头，难怪阿诺德在这样的环境里选择的论题是"希伯来文化与希腊文化"。我们这个世界就在这两种文化确

---

* 　这里斯坦利可能是指以撒和雅各；约瑟的坟墓不在希伯伦。

立的两点之间来回摆荡。阿诺德提高了我们对英国文化中希伯来文化影响的认知，随后米尔曼和斯坦利才把基督教视为"改良后的希伯来文化"。所有维多利亚时代英国的宗教痴迷和由此引发的口诛笔伐，都包含在阿诺德在接下来的五年里写作的几本书中：《圣保罗和新教》《文学和教义》和《上帝和圣经》。他给《文学和教义》所加的副标题是"一篇有关如何更好地理解《圣经》的文章"。他写《上帝和圣经》是为了反驳批评家对他前一本书的批评。

在这百家争鸣之中，还能听到理性主义信徒那充满激情且洪亮的声音。莱基痛恨神学的教条，他因此而去赞美神学教条的所有受害者，特别是犹太人。在论及宗教审判这个问题时，他说："在这个殉教的民族面前，其他宗教的英雄人物都会黯然失色，变得毫无意义。13个世纪以来，这个民族勇敢面对最疯狂者设想出的邪恶，忍受着最丑恶的惩罚，但依然不放弃信仰……对犹太人的迫害具有最恐怖的形式……但这个充满才智的伟大民族仍然高高地耸立着。"莱基的散文在描绘犹太人追求知识的过程时达到了情绪高潮，他说犹太人高举希腊人的知识，熬过阿拉伯人的占领，这才使知识的火焰在欧洲再次燃起。而基督世界的知识分子则"在愚昧无知的黑暗中摸索"，热衷于"杂耍中的奇迹和谎言中的遗物"。伟大的19世纪历史学家一点也不"客观"，他们在表达观点的时候毫无顾忌。

莱基的《理性主义史》在1865年出版，同年出版的还有斯坦利的《犹太教会史》，而巴勒斯坦探险基金会也于同一年成立，这是用新方法研究圣地的直接结果。请注意，仅一年前，法官在那起异端案件中已经判定，神职人员认为《圣经》的作者是人而不是上帝并不触犯法律。思想阻碍破除了。《圣经》这本书是有自己的真实历史的，书中谈到的民族是真实的，巴勒斯坦探险基金会赋予自己的任务就是去重新发现这些真实的历史。列入基金会计划的不仅有巴勒斯坦的考古学，还有地形学、气象学、植物学等，差不多所有的学科都包括在内了。基金会在募捐时公布了其运作的三个原则：

野外工作要按照科学原则进行；基金会要避免宗教争执；基金会不能按宗教社团方式运作。牛津大学自然捐助最多，共 500 英镑，剑桥大学 250 英镑，叙利亚改进委员会 250 英镑，女王 150 英镑，共济会总部 105 英镑。[7]

奇怪的是，虽然巴勒斯坦探险基金会建立在理性的探究精神之上，但原始动机却来自福音主义者芬恩和他在耶路撒冷的几位朋友。他们为研究本地的"古迹"建立了一个耶路撒冷文学会。[8] 这个学会很快就成为研究《圣经》的历史学家的中心。那些年，这些历史学家如同一群兴奋的猎犬，冲向年代久远的遗迹，"我们信奉的经文就在那个时候写成"。本地会员在外出做了一些挖掘工作后，收集到了足够多的文物，开办了一个小型博物馆。他们还建立了一个图书馆，收集了上千卷书籍。坎特伯雷大主教成为赞助人。阿尔伯特亲王寄来了 25 英镑。博学的外国人和著名的考古学家成为学会的通讯会员。一些杰出的访客还来参加学会的会议——包括埃内斯特·勒南（Ernest Renan）、霍尔曼·亨特（Holman Hunt）、斯坦利、雷赛布（de Lesseps），以及尼尼微的发现者莱亚德（Layard）。

在这些手忙脚乱的发掘之后，人们才认识到发掘巴勒斯坦的过去是一项巨大的任务。协调和专业必须取代狂热和业余。

1864 年，陆军部接受建议，计划派一个工兵军官（但不提供经费）去勘察耶路撒冷及其周边地区。查尔斯·威尔逊（Charles Wilson）爵士自告奋勇，他的工作成果构成了于次年成立的巴勒斯坦探险基金会的第一份出版物（包括一份地中海和死海海拔高差的地势图）。[9]后来，威尔逊又前往贝鲁特和希伯伦地区进行勘察。他曾经指挥赴苏丹营救戈登将军的远征行动，但营救行动失败了。许多年之后，在他退伍后，他于 1899 年和 1903 年两次回到巴勒斯坦，对存有争议的各各他和圣墓的位置进行了定位。

在威尔逊之后，巴勒斯坦探险基金会又派出了查尔斯·沃伦，他的研究结论是巴勒斯坦这片土地能像过去一样再次硕果累累。这个结论引自他已经出版的《应许之地》。1872 年，两名二十几岁的皇家工兵在最广泛的地理范围上展开了基础性的勘察工作，他们是克劳德·康德中尉和注定将在另一个领域里获得更大声誉的基钦纳（Kitchener）中尉。基钦纳勘察了东巴勒斯坦；康德去了约旦河以西的地区，三年内绘制了 4700 平方英里的地图。他给《圣经》中 150 个还不知道位置的地名做了定位，绘制了十二支派的统治范围图，追踪了军队和移民的路线图，破译了古代经文。回到英国后，他和基钦纳又花了两年多的时间准备出版所需的材料。历史方面的发现刊登在巴勒斯坦探险基金会七卷本的《回忆录》里，自1880 年开始出版；地图由军械部的勘察办公室印制。康德出版了自己的记述，书名叫《在巴勒斯坦帐篷下的工作》（*Tent Work in Palestine*），书中包含他自己的手绘图。他后来多次回到圣地。在他的余生里，除了参加在埃及和南非的军事任务之外，他把精力全部投入在发掘圣地和犹太民族还不为人知的历史上。1882 年，他被选为乔治亲王去圣地旅行的向导，就好像斯坦利在 20 年前给爱德华做向导一样。乔治亲王就是后来的英王乔治五世。

康德知识渊博，有探索精神，富于创新，他的兴趣很广泛，文章写得很活泼。他能说写希伯来语和阿拉伯语，并精通古代楔形文字。他翻译了阿玛尔纳泥板文字（Tel-Amarna tablets），这些泥板出土于巴勒斯坦的前希伯来时代，是了解那个时代的一手材料。每到一处，他都能追溯往昔，从十字军东征年代一直追溯到《圣经》年代，讲解从穆斯林到拜占庭、罗马、亚述的年代。他可以在地质学、考古学、语言学、医学、农学、艺术、建筑、文学和神学等学科发表权威的论述。教义是否正确，他不感兴趣，他喜欢的是深入挖掘宗教外表之下的历史情况。他不屑在圣墓前俯首，而是称之为"阴暗且邪恶的古老建筑"，因为人类为它遭受的磨难和流淌的鲜血比为世界上任何其他建筑都要多。在不为康德单写一章的情况下，把他的部分著作罗列一下就是他工作的最好摘要：《犹大·马加比和犹太独立战争》（1879）、《圣经地理基础》（1883）、《叙利亚人的石头传说》（1886）、《迦南人》（1887）、《巴勒斯坦》（1891）、《圣经在东方》（1896）、《耶路撒冷拉丁王朝》（1897）、《赫梯人及其语言》（1898）、《希伯来人的悲剧》（1900）和《耶路撒冷城》（1909）。他于最后一本书写成的次年逝世。

除了这些作品之外，他还帮助查尔斯·威尔逊收集和编辑为巴勒斯坦朝圣者文本协会提供的材料，这个协会是巴勒斯坦探险基金会的分支机构。材料收集范围包括从公元 4 世纪至 15 世纪世界各地朝圣者对巴勒斯坦的记述，这些材料的翻译工作花费了 11 年的时间，最后分 12 卷出版。

当康德在书中讨论通过犹太人殖民复兴巴勒斯坦时，他给这个问题带来了一个真正了解那片土地的人所具有的操作层面的常识。他坦白地说："从但到贝尔谢巴根本没有人铺成的道路。"[10] 这句话足够让世界理解让巴勒斯坦再次变成可居住的地方而必须付出的艰苦努力。康德说，道路上能跑有轮子的车，这是第一要务。他还指出，殖民计划必须还包括如下工作：灌溉和湿地排水道、沟渠和蓄水池的重建、公共卫生设施、铺草地和重新造林以阻止土壤受侵蚀。

在巴勒斯坦探险基金会出版研究成果之前，有实践经验的人几乎都不认为那片土地真的能够复兴。基金会用事实说明巴勒斯坦曾经养活过相当庞大的人口，文明程度比公众想象的还要先进，所以那片土地可以再次繁荣起来。这是基金会的伟大贡献（除了其在历史方面的发现之外）。当巴勒斯坦探险基金会开始工作的时候，巴勒斯坦是一片荒地，正如以赛亚所预言的，"是大龙和野鸟的居所"。荒凉的土地给人错误的印象，似乎这片土地自《圣经》时代就贫瘠得养不活普通百姓。但在掩盖真相的表面现象被逐渐抹去之后，昔日辉煌显示出来了。浮现出来的不仅是城市的概貌，还有圣殿的轮廓、葡萄园的外观、王国和道路、市场和集市，展示在人们眼前的是一个"有稳定机构、神职人员、国王、官员、学校、文学、诗歌"

的文明。田地里曾经种满谷物，即便以沙漠为主的内盖夫（Negeb）
在拜占庭时代也有六座人口在 5000 至 10000 之间的镇子，镇子之
间还有许多小型村落。考古学家发现这片土地并没有受诅咒。之所
以后来衰败荒凉，原因很简单——缺少耕作。阿拉伯征服者一举横
扫了拜占庭文明，"就如同蝗灾扫荡了玉米田"，最后只留下贝都因
人和羊。

巴勒斯坦探险基金会研究工作的意义不久之后就被巴勒斯坦事
业的热心支持者沙夫茨伯里伯爵发现了。在基金会成立十周年时，
他成为基金会主席。在他生命的最后几年里，他在表述对以色列的
希望时比任何人都更雄辩。"我们不能再等待了，"他在就职讲演
时对基金会成员说，"必须马上派最优秀的人……去搜索、去勘察。
如果可能，去所有角落看看，为土地排水、丈量，为其古代拥有者
的回归做准备，因为我确信这个伟大的日子已经不远了……"[11]

"我记得，当阿伯丁做首相的时候，我跟他说起圣地的事，他
对我说：'如果要使圣地脱离土耳其人之手，应该把它交给谁？'我
回答：'除了以色列人还能给谁呢？'"

沙夫茨伯里伯爵非常清楚，他的听众并不会完全同意，因为他
们中的许多人只对以色列的过去感兴趣，而并不关心其未来。（听
众中有个著名的怪人伯顿上尉，他是阿拉伯探险者，翻译了《一千
零一夜》，他对犹太人的看法极不友好。他在沙夫茨伯里伯爵之后
发言，他的观点是"欧洲的犹太人"不会太乐意"打开自己的荷包
为犹太地区花钱"。很遗憾，他的看法是正确的。）但沙夫茨伯里作
为坚定的福音主义者，坚决不接受科学家和考古学家的警告。他告
诉听众，英格兰到处都有人跟他一样"胸中燃烧着对这片土地［巴
勒斯坦］的爱"，未来的复兴应该跟重新发现过去一样重要。对这
个问题他总结说："我的老年并不比年轻时更平淡。"

他的老年显然不是平淡的。1876 年，距离他在《评论季刊》发
表那篇文章接近 40 年之际，他又写了一篇文章。他对福音主义的

热情仍然高涨，他谈及自己从犹太民族主义在这段时间的崛起中所学到的东西，也许这极好地表达了英国在复兴巴勒斯坦上所发挥的作用：

> 叙利亚和巴勒斯坦很快就会变得极为重要。古代的时光要回来了……这个国家需要资本和人口。犹太人能提供这两者。难道英格兰对这样的复兴没有特殊的兴趣吗？……英格兰必须把叙利亚留给自己。如果英格兰需要制定某种政策，难道不该制定扶植犹太民族，协助他们寻找机会返回并重建其古老家园的政策吗？英格兰是世界上伟大的海上贸易强国。对英格兰来说，自然应在安置犹太人返回巴勒斯坦问题上发挥作用……犹太人仍然保留着自己的民族性，他们的民族精神已经存在了三千年，但其外部形式即整个民族的团聚仍未实现。一个民族必须有一块国土。古老的土地，古老的民族。这不是一项人为的实验，而是天理，是历史。[12]

第14章

迫近

迪斯累里、苏伊士、塞浦路斯

1876 年，英格兰买下了苏伊士运河，这是迪斯累里担任首相后开的第一枪，就是这一枪，宣告了英国长达四分之一世纪的大规模帝国扩张，只有亚历山大大帝的征伐能与之相比。苏伊士之后的逻辑演进即是 1878 年签订的《塞浦路斯协定》。根据这份协定，英国承诺用军事手段保证土耳其在亚洲的领土。从尼罗河到幼发拉底河的这片历史性地区是上帝划给亚伯拉罕的，如今都进入了英国的势力范围。土耳其对巴勒斯坦的统治此后又延续了 40 年，但英国在获得苏伊士运河和塞浦路斯之后，最终得到巴勒斯坦仅是个时间问题。

英国在成功处置 1858 年的印度暴动之后正式成为帝国，此后英国的一切都是围绕印度展开的。这就出现了"获得可防御边境的迫切不可抗拒的需要"[1]——按照建立帝国的功臣克罗默勋爵（Lord Cromer）所说——于是英国在 1879 年至 1889 年一共取得了 125 万平方英里的土地[2]。阿富汗在北面阻止俄国进入印度，缅甸是印度的东部边疆，埃及用以保护苏伊士运河，这条运河就是在这段时间买下的。接着英国来到非洲，从非洲底部的德兰士瓦（Transvaal）到顶部的埃及，中间保留出足够的土地建造一条从好望角到开罗的道路，让穿着红色军服的英国军人穿越这片黑色的土地。如此扩张的帝国不仅是为了建立可防御的边境，还有个同样重要的目的，就是急迫地为曼彻斯特生产的棉布寻找市场。这个组合之所以如此的不可抗拒，是因为英国人心怀傲慢且真诚的信念，即英国正在实现自己的天命——扩大不列颠种族的统治以传播文明。约瑟夫·张伯伦（Joseph Chamberlain）毫不犹豫地说：我们是"这个世界前所未有的最伟大的统治种族"。[3]

"上帝的英国人"（God's Englishman）这个说法是被米尔纳（Milner）勋爵推广出名的，他是帝国的发言人。罗斯伯里（Rosebery）勋爵在帝国扩张中看到了"神的亲手帮助"[4]。利文斯通博士以传教士的身份打开了中非的大门。戈登将军踏上了去苏丹的不归之途，衣兜里揣着《圣经》，经常拿出来读，如同奥利弗·克伦威尔一样。斯特德（W. T. Stead）写了《评论的评论》，他在前言中宣告，帝国主义分子的信条是"说英语的种族是上帝挑选出的主要助手，将要帮助上帝改进人类"[5]。另一方面，以格拉德斯通为首的"小英格兰"派认为帝国扩张是"疯狂的掠夺"[6]，"害死帝国的欲望"[7]。

但发展趋势与格拉德斯通等人的看法相反，苏伊士运河仅是英国的初始冲动。英国在获得了从红海通往印度和远东的航线之后，地中海东南角就变成了帝国的战略要地。自此以后，圣地变成了英国的军事左侧翼，而埃及和苏丹变成右侧翼，并在1880年代被英国占领。这就是陆军部以《圣经》研究为由，送皇家工兵去巴勒斯坦绘制地图的原因。

英国迈出的第二步是用《塞浦路斯协定》的形式保证土耳其在亚洲的权益，这个协定不是太有名气，但同样重要。协定意味着英国已经看出巴勒斯坦地区的重要性，于是在第一次世界大战后，英国以各种托管形式占领了它。安全保证代表为之开战的意愿，实际上，安全担保通常隐含对战争即将到来的预期。英国在1939年向波兰提供安全担保就是一例。所以，《塞浦路斯协定》标志着英国已经下定了决心，包括巴勒斯坦在内的这个地区是值得为之开战的。实际上，《塞浦路斯协定》中英国预想的结果并没有出现。这个协定的预想敌是俄国，但到了 19 世纪末，德国超过俄国成为英帝国的主要敌人。后来，战争真的来了，英国借机成为土耳其亚洲领土的继承者，但这场战争不是支持土耳其抵御俄国，而是与德国和土耳其为敌。

在 19 世纪的一头一尾，先是拿破仑与英国为敌，后是德皇与英国为敌，在这两个时段之间，俄国是英国的首要敌人。不是针对不列颠岛，而是针对大英帝国。俄国自古对其南方就表现出贪婪无度的欲望，这与英国迈向帝国的道路发生了冲突，叶卡捷琳娜大帝之后的俄国统治者都被这个问题所困扰。皮特为阻止叶卡捷琳娜大帝占有敖德萨，宁愿与俄国开战；帕麦斯顿在 1830 年挫败了尼古拉一世（Nicholas I）攫取黑海的企图。1850 年代的克里米亚战争也是为这个目的而展开的。迪斯累里在 1870 年为同样的原因几乎走到了战争边缘。俄罗斯人从来不放弃。1844 年，尼古拉一世访问伦敦，他向英国外交大臣阿伯丁提出建议，俄国和英国联手瓜分土耳其帝国，俄国成为土耳其在欧洲巴尔干领土的保护者，而英国拿走埃及和克里特，君士坦丁堡则变为自由城市，由俄国"临时占领"。[8]尼古拉是个头脑简单的独裁者，不觉得加速历史进程有什么坏处，因为当时所有人都预计土耳其帝国随时会崩溃。然而，他的计划虽然有吸引力，但在议会制的英国是不可能的。虽然英国有诡计多端的名声，却总是根据现实需要制定政策，而非反过来。正如西利（Seeley）给出的精辟解释，英国几乎是通过一系列无计划的偶然动作，"心不在焉地"征服了半个世界。[9]

俄国的下一个企图是强行闯入奥斯曼帝国的地盘，耶路撒冷为俄国提供了借口。克里米亚战争因圣所的纠纷而爆发[10]，这是人类历史上引发大规模战争最荒谬不过的理由。"就为了几个希腊教士。"[11]利芬（Lieven）公主不屑地说道。虽然借口微小，但如果没有尼古拉一世和拿破仑三世的借题发挥，根本不会引发一场大战。俄国在历史上一直充当圣地内希腊东正教机构的保护人，而法国则保护拉丁或罗马天主教徒。两边的修道会、教士、朝圣者经常就圣所和圣殿的使用权发生冲突。1535年，苏莱曼与弗朗索瓦一世（François I）签订协约，给予法国保护下的拉丁教士以主导权。但这项权力在法国大革命和拿破仑一世期间的反基督教政策下衰败了。在沙皇的蓄意支持下，东正教不断扩张。尼古拉用东正教作为深入奥斯曼帝国的楔子，要求土耳其苏丹答应让他做奥斯曼治下的圣所和东正教徒的保护人。

此时，拿破仑三世是欧洲新晋的帝国统治者，他刚刚把本不属于他的王冠从储藏柜中拿出来，戴在自己头上。与他叔叔相比，他对东方的野心并不小。笼罩在他叔叔的阴影下，他为自己的王位担心，为自己的安全担心。他需要荣耀。对，他需要一场战争，一次胜利，给法国在东方找一块土地做礼物，这能让他坐稳王位，并建立起拿破仑王朝。他急切地要求在圣所给拉丁人特权。可怜的苏丹，深陷在两个皇帝之间，提出了一个折中方案，但这方案令两个皇帝都不满意。沙皇想与土耳其开战，取得胜利后，他就能拿走巴尔干诸省份，得以进驻多瑙河河口。他发出了最后通牒。土耳其苏丹向英国求救。英国早有不许俄国进入地中海的决心，并且无论输赢都不愿看到法国独自行动，于是派遣舰队开赴达达尼尔海峡。沙皇错误地以为英国公众不支持战争，于是从塞瓦斯托波尔调来他的舰队，在黑海之滨亚洲一侧的锡诺普（Sinope）消灭了土耳其人的一支舰队。英国公众激动得狂暴起来，英国回荡着恐俄症。帕麦斯顿因为在党派斗争中失利而被发落到内政部，正为战事愤怒不已。女王问他是否有关于英格兰北部罢工事件的新进展。"没有，陛下，"他痛苦地回答，"但似乎土耳其人已经跨过了多瑙河。"[12] 克里米亚战争很快全面展开了，英国和法国联合起来支援土耳其抗击俄国。

这场战争打破了俄国的如意算盘。1856年签署的《巴黎条约》[13]规定所有签署国均要尊重土耳其领土的独立和完整性，并允许土耳其作为列强进入"欧洲协调"（concert of Euorpean powers）；作为回报，土耳其要给予其领土上的基督徒相同的权利，并像过去一样承诺进行改革。这份条约本应该帮助土耳其恢复活力，但这个"病夫"仍然不辜负沙皇尼古拉轻蔑地给他取的这个绰号。土耳其政府仍然独裁，像过去一样腐败，似乎没有改革的迹象。秃鹰依然在土耳其周围盘旋，等待着它的死亡。实际上，《巴黎条约》没有改变任何情况，反而为下一次危机提供了火花。

听说要给予基督徒同样的权利，穆斯林恼怒了，这一情绪的巅峰是黎巴嫩好战的德鲁兹人（Druses）在 1860 年的爆发。他们对黎巴嫩地区的天主教马龙派教徒（Maronite）进行了为期三天的大屠杀，[14] 这一教派自圣路易率领十字军东征时就受法国人的特别保护。拿破仑三世抓住这次机会，立即派遣军队维持秩序，因为土耳其人对此没有兴趣。帕麦斯顿和罗素深深地怀疑拿破仑的动机，但又无法表示反对，因为基督徒正在被屠杀。他们犹豫地同意召开一次国际会议，授权法国军队为维持秩序占领黎巴嫩六个月。[15] 条约中的每一行文字，都能嗅出大国之间的互不信任，他们都宣称自己"完全不感兴趣"，"不想也不会谋求任何领土，不谋求排他的影响力或任何特许贸易权……"。拿破仑又争取到四个月的延期，这使得英国人疑心更重。"我们不想在东方创造出一个新的罗马教皇国，这会给法国永久占领以新借口。"[16] 英国外交大臣约翰·罗素（John Russell）勋爵写道。只要还没有把法国人赶出叙利亚，他就寝食难安，因为他把英国的利益置于基督徒的安全之上。他死后，《牛津英国外交政策史》为此谴责了他。但他实现了自己的主张。他逼迫土耳其批准在黎巴嫩实施半自治，总督须是一名土耳其基督徒，且必须由诸大国提名。他用这个办法消除了法国人继续占领的理由。

1861 年，拿破仑撤出了军队，但营救基督徒的举动为法国赢得了声誉，使法国在叙利亚建立起一个落脚点，一直延续到我们的时代法国对叙利亚的托管。与此同时，拿破仑没有放弃他的梦想。他委派吉福德·帕尔格雷夫（Gifford Palgrave）[17]在1862年至1863年间去阿拉伯旅行，报道阿拉伯人对法国的态度。帕尔格雷夫是英国人，基督教传教士、探险家。他旅居叙利亚，曾经向外界提供了大马士革屠杀的目击报告。但这次旅行没有任何结果。另一方面，他继续追求他前辈的旧梦。1866年，他征得苏丹同意开凿一条连接地中海和红海的运河。1869年，雷赛布成功了，苏伊士运河的梦想变成了现实。1869年11月17日，欧仁妮皇后（Empress Eugénie）乘坐着帝国游艇，率领庆典的游行船队通过了运河的水闸，这是法兰西第二帝国荣耀的最后一刻。此后不到八个月的时间，普法战争爆发，拿破仑被俾斯麦打败，一位新的征服者出现在欧洲大陆上，德国扩张的新时代开始了。

至此，苏伊士运河已经是既成事实。英国一直梦想拥有这样一条运河，但同时又加以阻挠，因为运河是法国东方野心的体现，从路易十四到拿破仑均是如此，法国之所以做穆罕默德·阿里的保护人，也是为了实现这个梦想。这位埃及帕夏希望用铁路和运河构建一条通往红海的通道。英国视这个项目为法国妄想占领埃及的信号，于是决心另辟蹊径，沿幼发拉底河建造一条通往红海的铁路，虽然进行了多次试验，但结果证明这个方案不切实际。帕麦斯顿关心的其实不是运河，而是害怕运河引发新的中东冲突，使得东方问题愈发无解。"我必须坦白地告诉你，"他对雷赛布说，"我们害怕失去商业和海上的优势，因为这条运河将使其他国家获得与我们相同的地位。"[18]

老迈的帕麦斯顿似乎要永远将英国首相做下去，但他终于还是于1865年去世了。于是新思想和新人有了发展的空间。大约十年后，《坦克雷德》的作者成为英国首相。"迪斯累里先生，"女王高兴地发现，"有宏大的想法，对这个国家的地位有很高明的见解。"[19]迪斯累里先生将这条运河看作帝国通往东方的途径，并下决心将之控制在英国手中。他采取的行动是如此大胆，如此独出心裁，那个时代绝对不会有第二位政治家会像他那样做。他在几天之内就买下了苏伊士运河。

"热心于英格兰的强大，为此他倾注了一生的激情。"[20] 索尔兹伯里勋爵在听到迪斯累里的死讯时说。就如同《阿尔罗伊》是他的理想抱负一样，英国是他理想中的以色列。而正是他为英格兰买下苏伊士运河，使英国开始充当犹太人重返巴勒斯坦进程中的中间国了。

情况来得很突然。穆罕默德的孙子、埃及总督伊斯梅尔（Ismail）破产了。有传言说他正在与法国人谈判，卖出他拥有的苏伊士运河的股份。英国外交部获得一份电报证实总督确实要出售股份，价格是 400 万英镑。迪斯累里约罗斯柴尔德一起吃饭。饭后，他召集内阁会议。他的私人秘书蒙塔古·科里（Montagu Corry）在屋外等着事先定好的信号。当迪斯累里把头从门口伸出来，说了一声"是"的时候，科里立即去新宫（New Court），告诉罗斯柴尔德，首相"明天"需要 400 万英镑。

根据科里的描述，罗斯柴尔德停下手中的工作，吃了一粒葡萄，然后问道："谁来担保？"

"英国政府。"

"好的，你能拿到这笔钱。"[21]

第二天，迪斯累里收到一封贷款确认信，他将在不到一周后的 12 月 1 日获得 100 万英镑，在 12 月至次年 1 月之间获得剩余的部分。这位银行家能获得 2.5% 的佣金和 5% 的利息，直到所借款项还清为止。女王处于"狂喜"之中，《泰晤士报》感到"震惊"。除了格拉德斯通以外，整个国家都狂热起来。女王的"利奥波德舅舅"比利时国王，向她祝贺道，这是"现代政治生活中最伟大的事件"。女王的女儿、德国王储的王妃，给女王寄来未来的德皇威廉二世的一封信，当时他 16 岁：

亲爱的外婆：我必须写点什么，因为我知道英国买下了苏伊士运河你会非常高兴的。多么快活啊！威利。[22]

英国议会召开会议，迪斯累里在会上为自己收购运河做了辩护，说运河是去印度道路上至关重要的一环。议会全票批准拨款 400 万英镑，没有人提出异议。从那时以后，"从尼罗河到幼发拉底河"之间的腹地，就变成了对英国高度敏感的地区。守住奥斯曼帝国的大门，不许外来者入侵，这项任务比从前更加关键，除非英国准备自己去接管从尼罗河到幼发拉底河之间的地区。考虑到法国在叙利亚和埃及的利益，直接控制这一地区可能会触怒法国，加之英国国内自由派的反帝国主义倾向，这尚不可行。唯一的可能是支持那个"病夫"站住，把腰杆挺得足够直，不让俄国近身。

但就在这个时候，从北面传来了隆隆炮声。1875 年保加利亚人起义反抗土耳其的独裁统治，俄国就好像听到吃饭铃声的狗一样，口水不由自主地流了下来。这导致"一切都被大火吞噬了"，迪斯累里写道，"我确实认为折磨欧洲一个世纪的东方问题……要落在我们这群人头上——我们能不能解决这个问题"？[23] 结果是他从柏林会议上带回了"体面的和平"，这让他名声大噪。但想"解决"东方问题超出了迪斯累里的能力，也似乎超越了所有人力可及的范围，即使在今天，这一问题仍然在困扰着世界。然而，迪斯累里的努力有一个成果，就是获得了离巴勒斯坦海岸 150 英里远的塞浦路斯，作为英国保证土耳其亚洲领土完整的交换。1877 年的俄土战争为此提供了机会，但为了避免谈论任何涉及巴尔干的战争，就让我们直接讨论结果吧。土耳其战败了，俄国占领了土耳其在欧洲的省份，于是大国召开了一次大会，限制俄国的战争果实。

为什么英国没有像从前那样支持土耳其？实际上，英国几乎就要参战了。这时仇俄情绪达到了巅峰。女王形容自己一想到俄国可能会进入君士坦丁堡，就"感觉焦虑得像生病了一样"。[24] 对这件事，她表达了"极大的惊愕、恼怒和警觉，必须庄严地重复一遍：如果我们允许这件事发生，英格兰就不再是一个强国了！！"

伦敦的音乐厅里回荡着合唱声：

> 我们不想打仗，但如果一定要打，我们都是爱国猛士——
> 我们有战舰，我们有大炮。
> 我们也有钱——
> 俄国人绝对拿不走君士—坦丁—堡！ [25]

所谓的"爱国猛士"都赞同参战。但内阁有分歧，国民也有分歧。此外，仇视土耳其人的心理也高涨起来。土耳其人在保加利亚的暴行引发了众怒，至少自由党所代表的那部分民众是愤怒的，在这种情况下，与土耳其公开结盟变得不可能。谁能抵挡得住极度兴奋的格拉德斯通先生的长篇大论？谁能抵挡得住描述保加利亚梦魇的宣传册？格拉德斯通咆哮道：土耳其人是"人类中最邪恶的反人类标本"，土耳其"那魔鬼般的纵欲，残暴的激情，腐败得无可救药的政治"使欧洲蒙羞。英国政府保护土耳其人统治的政策简直就是"在豁免其无穷无尽的暴行，满足其肆无忌惮的野蛮欲望"，就是在延续其"魔鬼般"的滥权，维持由"不可救药的罪人"组成的"令人憎恶的独裁"。让土耳其覆灭吧。让"那些土耳其军人和高官都滚出欧洲，带着他们的皮包和行李，从那些被他们破坏得荒凉、污秽的省份里滚出去吧"。连欧洲监狱中的囚犯和南太平洋诸岛的食人族，在听完土耳其的罪行后，都不能不感到愤慨。必须把土耳其人赶出被他们"浸满鲜血"的土地，只有这样才能让"气得发抖的世界"获得安慰。

显然，这个让食人族战栗的魔鬼不适合做英国的盟友。不过，当俄国舰队接近君士坦丁堡后，迪斯累里成功地压制了内阁中的反对派，派遣英国舰队进入博斯普鲁斯海峡，从印度调来增援部队，进驻远至马耳他岛的地方，并且召集预备役部队。在《笨拙》杂志的漫画中，迪斯累里和不列颠站在标示着"战争"的悬崖边上，迪斯累里要求不列颠继续向悬崖"再靠近一点"。[26] 德比（Derby）勋爵与《笨拙》杂志持相同看法，并提出辞职。这让迪斯累里终于可以按照自己的意愿任命外交大臣了，他选择了后来成为首相的索尔兹伯里勋爵。

在索尔兹伯里勋爵的构想下，英国签署了那份秘密协定，获得塞浦路斯，并承诺保护土耳其在亚洲的领土。在迪斯累里做首相前，他就已经和美索不达米亚的考古学家、时任驻君士坦丁堡大使的莱亚德一起寻找"某块对英国有益的领土"，苏丹在极端情况下能接受劝诱，割让给英格兰。许多年前，在1840年的东方危机中，有读者给《泰晤士报》写信，建议吞并塞浦路斯和阿卡，作为对英国帮助苏丹从穆罕默德·阿里手里收回叙利亚的补偿。[27] 如今历史又提供了一次类似的机会，迪斯累里不是一个犹豫不决的人。"现在是采取行动的时机，"他在一封私信中说，"我们必须控制局势，甚至可以去创造局势。"[28]

塞浦路斯是一个小地方，从未按照迪斯累里和索尔兹伯里的本意成为一个军事基地。对英国来说，这块地方的重要性在于让英国向巴勒斯坦又迈出了一大步。一位杰出的外交史学家[*]认为，"迪斯累里可能认为如果英国得到塞浦路斯，那么巴勒斯坦和叙利亚迟早会进入英国控制"。

这一步背后的理由由索尔兹伯里做了严肃且准确的说明。

索尔兹伯里在一封给莱亚德的信中发出警告，土耳其统治的地区对英国的安全极为关键，其中包括附近的苏伊士运河。如今土耳其政府几乎变成了俄国的附庸，其在亚洲维持地位的唯一办法就是

---

[*] 詹姆斯·黑德勒姆—莫利爵士（James Headlam-Morley），二等英帝国勋位爵士，英国外交部历史顾问，此处引自他的专著《外交史研究》。

与英国结盟。如果英国希望把俄国从去往印度的道路旁赶走，就必须与土耳其建立盟约。[29]

"我们应该做出抉择，要么让俄国主导叙利亚和美索不达米亚，要么将之据为己有，无论选择为何，都是很艰难的。"[30]

我用斜体字记录下做出这个决策的历史性时刻，这个使理查一世因未能实现而在离开耶路撒冷之时遮住眼睛不愿看到的目标。这位蓄着黑胡须、穿着长礼服的索尔兹伯里，独自一人在外交部办公室里写下了上述这段话，他的钢笔在纸上划出的声音刺破了办公室的寂静。这个决策虽然当时没有付诸行动，但自此之后就变得不可避免了。

但索尔兹伯里当时的建议不是上述两个，而是提出与土耳其建立防御同盟。"为此，英格兰必须比马耳他更加接近土耳其。"[31] 从马耳他到叙利亚海岸需要四天的航程，这"使高效、迅速的军事行动根本无法实现"。土耳其必须交出塞浦路斯，作为联盟的代价。联盟虽令人生厌，却是必需的。更少的承诺虽然能让自由党感到不那么受约束，但英国就会对中东失去控制。联盟是"在用英格兰的名誉做抵押"，所以"当关键时刻到来的时候"，不计代价保卫和平的党派就不能阻止政府采取行动，"国家的郑重承诺"是必须兑现的。

1878 年 6 月 4 日，双方签署了《塞浦路斯协定》[32]。英国承诺"用武力"抵御俄国"任何时候针对土耳其苏丹在亚洲的领土"的企图，并使苏丹将塞浦路斯"提供给英格兰占领和管治"。

稳稳地拿着这份文件，迪斯累里和索尔兹伯里来到柏林，加入其他几个欧洲大国的行列，收紧国际套索，迫使俄国吐出打败土耳其后的非法所得。"那个老犹太人，他是个人物。"[33] 俾斯麦很不情愿地夸奖迪斯累里。在迪斯累里这边，他看到那位德国首相"一只手抓满了樱桃，另一只手抓满了虾，左一口右一口地吃着，抱怨他的失眠，抱怨他必须回基辛根（Kissingen）去"。[34] 当会议所有棘手问题都最终写成条约后，迪斯累里拿出《塞浦路斯协定》，整个欧洲都被惊呆了，但基本上是持欣赏的态度。*大家很难不为这个协定喝彩，这位年迈大师的大胆举措基本上恢复了英国在东方的威望。这份协定"给世界留下很深的印象，使英格兰的老朋友十分高兴"，[35]维多利亚女王的好友比利时国王利奥波德写道。女王欣喜若狂，赐迪斯累里公爵爵位。

但也有例外。俄国的戈尔恰科夫（Gortchakoff）亲王离开的时候感到"深深的失望和沮丧"[36]。在英国国内，迪斯累里的一个朋友告诉他，自由党"怒吼说你犯了可怕的罪恶"，说协定违背宪法，威胁要解除协定。格拉德斯通大怒，抗议说即使是独裁者也做不出像迪斯累里所做的事，他逾越了大臣拥有的权限，秘密谈判是"欺骗行径"，迪斯累里答应了一个"不理智的协定"，过度地扩大了英国的责任。

遇到如此尖刻的攻击，迪斯累里的反驳值得记忆。他说如果有人失去理智，那也是"那个过度陶醉于自己三寸不烂之舌的诡辩家"[37]。关于保证土耳其人在亚洲的领土安全问题，他回答说，最好是提前向野心家表明英国的底线，态度坚决地指出"绝不可逾越这条界限"。这就是《塞浦路斯协定》所做的，这样做没错，他将坚守这份协定。尽管格拉德斯通的雄辩给予他巨大的压力，但他获

---

* 最近有人提出证据，说迪斯累里企图把巴勒斯坦问题提交给这次会议，并且提交了一份犹太复国计划。但证据的真实性令人怀疑。根据最近发现的那个时期的回忆录记载，有人称迪斯累里是一本1877年出版于维也纳的德文小册子的匿名作者，书名是《东方问题中的犹太人问题》。这本小册子建议，在奥斯曼帝国崩溃后，土耳其的领土再分配时要将巴勒斯坦分给犹太人。接着迪斯累里建议在大国会议上讨论这个问题，但被俾斯麦劝阻。这份证据由盖尔伯（N. W. Gelber）博士刊印在一份希伯来文书册上，由盖斯特（T. H. Gaster）翻译为《比肯斯菲尔德勋爵的犹太国计划》，于1947年在纽约出版。但塞西尔·罗思有不同看法。他是犹太史方面的英国权威，他在《迪斯累里》（1951）里提出了几个对上述证据真实性的质疑。匿名、用德文写成，以及应俾斯麦的要求收回，他认为这三点不可信。比肯斯菲尔德（迪斯累里勋爵名）的文件和与柏林会议相关的文件里完全没有提及这个小册子。如果它真是迪斯累里的手笔，这是无法解释的。如果迪斯累里选择在自己权力的巅峰时刻将《阿尔罗伊》中的主题实践在现实政治中，他是不会偷偷地用外语匿名写小册子的。

得了议会的支持，协定被通过了。后来，协定发挥了预期的效果。俄国不仅停止通过土耳其的欧洲领土向地中海扩张，也停止了通过小亚细亚向叙利亚、美索不达米亚和波斯湾的扩张。迪斯累里的传记作者巴克尔（Buckle）先生高兴地在 1920 年写道，俄国人的这些行动"显然停止了，此后再也没有依靠武力重新启动"[38]。然而，时间来到 1955 年，情况有所改变。

就 19 世纪而言，俄国很快就不再是大英帝国的严重威胁了。格拉德斯通给德国开了绿灯，取代了俄国。他极害怕帝国的承诺，在 1880 年上台后马上就致力于废除《塞浦路斯协定》，虽然被英国议会挫败了，但他嫌恶土耳其的一切，因此割断了英国与土耳其的所有联系。他从君士坦丁堡召回了莱亚德，这使得英国彻底失去了对土耳其宫廷的影响力，被疏离的土耳其则投入了等在一旁的德皇的怀抱。此刻德皇那双亮晶晶的眼睛已经盯在了他从柏林至巴格达的帝国之路上。

此时，迪斯累里已死，但巴勒斯坦已进入英国的势力范围。

第15章

秃鹰合围

土耳其苏丹的困境

　　德国加入原有争夺土耳其遗产的竞争者行列中，英国逐步变成穆斯林世界的大国，第一批犹太殖民者开始渗透进巴勒斯坦——这些变故都使土耳其苏丹愈发担忧。他的问题是如何牢牢地抓住纷纷要脱离他的领土。他需要帮助，但如何防止引狼入室呢？他害怕英国，也曾考虑过犹太人，最后还是选中了德国。

　　"有尸体的地方就会有秃鹰在附近盘旋。"当普鲁士王储腓特烈，也即未来的德意志帝国皇帝出现在耶路撒冷的时候，他就好像是被大风刮来的一片秃鹰羽毛，预示着又要有一只秃鹰加入在土耳其躯体附近盘旋的鹰群中了。"我们的弗里茨"在1869年访问了耶路撒冷，稍迟于他的表兄威尔士亲王。大约30年后，他的儿子德皇威廉二世来访问的时候就威风多了，有皇家游行队伍穿越耶路撒冷，当土耳其苏丹把耶路撒冷的一片土地作为礼物送给他时达到高潮。这个礼物是象征性的。此时德皇已成为欧洲大陆上的关键人物。苏丹决定选择德皇，他也因此葬送了自己的帝国。

　　德意志帝国在1918年战败，土耳其帝国也随之覆灭。土耳其苏丹阿卜杜勒·哈米德（Abdul Hamid）由英国转向似乎更有前途的保护者德国，最终导致土耳其的崩溃，这个结果欧洲已等待了一百年。土耳其的崩溃使受穆斯林忽略长达几个世纪之久的巴勒斯坦获得了解放，开始了历史的新篇章。英国征服了土耳其，自然成为土耳其亚洲领土的继承者，至少在短时间内如此。但如果土耳其没有选错边的话，这也许永远不会发生。从逻辑角度看，如果英国自皮特起一直延续到1914年的政策都按逻辑进行，那么土耳其与英国结盟就等于站在了胜利者一方。如果土耳其果真一直维系了与英国的盟约，那巴勒斯坦现代的命运将会如何？

幸运的是英国的外交政策失败了，土耳其选择了失败者，奥斯曼帝国这个跨越历史五百年的大帝国，最初因年轻力壮，随后又因年老体衰困扰着西方，最终被消灭了。这个结果对各方的好处是长期的，至少对土耳其人民是如此。一旦摆脱了腐败的独裁统治，土耳其人民证明他们能使自己的国家恢复惊人的活力，变成了中东地区最具活力和最有能力的国家。

土耳其帝国的错误决定的根源可追溯至柏林会议，这个错误决定极大地影响了巴勒斯坦的命运。阿卜杜勒·哈米德很不情愿接受英国人按照《塞浦路斯协定》的条件提供的保护。过去土耳其宫廷选择接受英国的拥抱，借以避免俄国的凌辱，如今他逐渐地感到他能改进这项传统政策。会议选在柏林召开，而且由有声望的俾斯麦亲王主持，这些都给他留下了深刻印象。他看到了一个新兴的、尚无东方野心的欧洲大陆强国。但这位苏丹不应被德国至1880年尚未对东方表现出热望的事实所蒙蔽。一旦普鲁士统一德意志邦国成为列强之一，它马上就患上了慢性的东方病，就跟俄国、法国、英国一样。1888年，那个觉得英国买下苏伊士运河是好事的威利，登基成为德皇威廉二世。他很快就燃起了同样的东方梦：柏林至巴格达的铁路。虽然德国在向东扩张方面是后起者，但冲劲很大。

铁路特许权变成各国喜欢的渗透方法。柏林会议之后不久，阿卜杜勒·哈米德就决定巩固其亚洲的领土，他视叙利亚为关键，于是推出了一个现代化计划。他开始增加要塞，成倍增派驻军，修建可用于运送军队的公路和铁路，把叙利亚与君士坦丁堡、美索不达米亚、阿拉伯联系在一起。他改善叙利亚的海港设施，铺设路面，建造现代的房屋，增添电车。这等于打开了一个礼物袋，引诱着欧洲特许经营商和投机家，特别是德国人。新成立的德意志巴勒斯坦银行[1]成了繁忙的中心，来来往往的人流中有德国商业旅行者、代理商、进出口商，混在其中的还有数名领事馆官员。法国人独霸了叙利亚的主要铁路建设；虽然英国过去拥有建设幼发拉底河谷铁路的优先权，但柏林比英国更受土耳其的偏爱，赢得了巴格达铁路的特许权。柏林—巴格达铁路有一种浪漫的东方气息，使人联想起东方快车上的阴谋。但这条铁路其实对英国来说具有险恶的用意。从其计划的路线上看，一个敌对的欧洲强国将控制通向波斯湾的交通线，最终打开去印度洋的通道。英国去印度的道路将受到直接的威胁。

在这段时间里，英国在中东的战略重点是埃及。英国通往巴勒斯坦的道路，在塞浦路斯就停止了，至少暂时如此。巴勒斯坦不再是帝国政策的明确目标。沿着尼罗河，伟大的殖民地总督克罗默勋爵正将鹰爪伸向比较容易撕下的土耳其帝国在欧洲以外的领土。在他的指导下，英国的地盘从已经获得的苏伊士运河出发向外扩张，最后成为整个埃及的实际统治者，但仍保留了土耳其任命的埃及总督，和土耳其对埃及名义上的主权。这件事必须做得很精巧，不能让其他欧洲强国心生忌妒。当1914年欧洲的战争爆发时，英国从埃及的基地出发，循当年摩西夺回应许之地的路线进击巴勒斯坦。

自有《塞浦路斯协定》之后，英国在土耳其苏丹眼里就变得很可疑。阿卜杜勒·哈米德为了寻找新支援，听从了一个名叫劳伦斯·奥利芬特（Laurence Oliphant）[2]的英国人的意见，考虑过暂时利用犹太人。奥利芬特是前英国驻外事务处官员，职业是记者，在宗教信仰上很古怪。[有一个很奇怪的现象，有许多著名的英国怪人都不由自主地被拉向东方。这可能由于他们中的大多数都跟阿拉伯的劳伦斯（T. E. Lawrence）一样，出于私人的宗教信仰或心灵需求去东方旅行，或者跟迪斯累里笔下的坦克雷德一样，去那个孕育了世界三大宗教的地方寻找精神的再生。]

奥利芬特的宗教信仰近乎荒谬，但他同时又是一个有经验、有才华的年轻人。年轻的亨利·亚当斯（Henry Adams）在一个家庭舞会上见到他后，认为他看起来"特别理智，特别适合在乡下别墅的生活，那里每个男人都会喜欢跟他交朋友，每个女人都会爱慕他"。[3]虽然他是个世俗之人，却跟沙夫茨伯里伯爵一样在宗教的驱使下投身于以色列复国运动。此外，他与沙夫茨伯里一样，试图用基于战略和政治的理由来掩盖自己的宗教动机。他的父母都是狂热的福音主义者，而他进入了外交部门，在加拿大和日本任过职，游历过印度、土耳其帝国、欧洲及美国，为《泰晤士报》报道了克里米亚战争，在意大利支持过加里波第（Garibaldi）和卡武尔（Cavour），在1865年成为议员。随后突然辞去了议会的席位，消失在人们视线之外。后来，当人们知道这位以个人魅力、调情、远方冒险而著称的人，竟然去了新英格兰的一个宗教社区挖水沟，整个伦敦都被震动了。

实际上，奥利芬特看破尘俗，走上了一条所有看破尘俗的人都走的道路：想放弃俗世，像最初的基督徒一样过着卑微的生活。他并不适合过这种生活，他被允许以改宗者的身份回到俗世之中。他与那位名声不好的布罗克顿（Brocton）先知的关系长期困扰着他，使他的母亲和两位妻子牵扯其中，还招致多起诉讼。尽管如此，他至死都热衷于"人类的重建"。他否认自己倡导犹太人返回巴勒斯坦与《圣经》有关。但第二位奥利芬特夫人时常产生幻视和幻听，说话不太谨慎。她描绘了她曾看到的幻象：一个犹太人骑着白马。按照她的解释，马象征力量，而白色代表了正义的力量。她认为这幅图景象征着以色列被基督救赎了，将会恢复在巴勒斯坦的权力。受到"启示"的犹太人，将变成"杰出的犹太—基督教种族，掌握着宗教的力量，因为只有基督徒才适合管理圣地"。

奥利芬特本人说话更加现实一些。他说，事实上，这与"最受欢迎的宗教理论"相吻合并"不影响其政治价值"。1879 年，柏林会议的次年，他在罗马尼亚看到了一系列反犹太人事件。他看到难民聚集在布罗迪（Brody）和伦贝格（Lemberg），目睹了他们的悲惨境遇。他去雅西（Jassy）参加犹太复国运动大会。由于着迷于看到《圣经》预言的成真，他立即动身前往君士坦丁堡，想说服土耳其苏丹批准让犹太人殖民。次年，他去巴勒斯坦勘测土地，并在1880 年出版著作《基列山》（The Land of Gilead）。他在这本书中建议在土耳其主权下，由英国提供保护，在约旦河东岸的巴勒斯坦进行犹太人定居。

奥利芬特有个信念：如果想阻止另一个帝国与英国竞争在土耳其的利益，英国可以且必须使土耳其在亚洲的领土复兴，而这个目标可以通过犹太人来实现。他想象中的竞争者是俄国，当时英国的主要敌人。但他的预想对其他没有提及的帝国也同样有效。"日子所剩无多了，"他警告说，"也许我们会发现大英帝国最重要的利益受到威胁，正是因为我们没有为可能到来的危机提前设计好预案。"

有件不幸的事，他说，就是英国人支撑土耳其亚洲领土的努力——即迪斯累里的政策——"被君士坦丁堡误解为英国想获得小亚细亚的野心"。但这个风险是值得承担的，巴勒斯坦的战略意义和声望是显而易见的。英国的步骤是符合逻辑的，犹太人是符合逻辑的殖民者。"英格兰需要决定是否通过回迁在 3000 年前就拥有这片土地的民族，去完成勘探被毁的城市、开发农业资源的工作，从而获取这项政策带来的巨大政治利益。"

在描述了 1880 年他所看到的这里的现状之后，他建议在约旦河东岸建立一个 150 万英亩的殖民地，用铁路与海法港（Haifa）相连，最后通过未来的铁路线，与红海边上的亚喀巴（Akaba）和苏伊士运河相连接。约旦河东岸的土地比其他相邻的土地要更加肥沃，居民少，比较容易获得。对付现有阿拉伯人口，他认为也容易。可以把喜欢打仗的贝都因人赶走，安抚阿拉伯农民，像加拿大对付印第安人一样安排好"预留地"。其他地方的阿拉伯农夫可以按照康德上校的建议，把他们用作劳动力，但让犹太人去指导。不管怎样，"我们不会太同情阿拉伯人，因为他们曾经把这片国土变成荒地，毁坏了土地上的村庄，掠夺了当地居民"。

将来，犹太人可以做土耳其臣民，叙利亚最终变成半独立的省份。如果土耳其允许一个敢冒险，精力充沛，拥有"商业智慧、勤劳、富裕"美名的民族来殖民，这个民族将变成土耳其的力量源泉。

现实是令人痛苦的，最先来的犹太殖民者此时正处于半饥饿状态，绝望地看着庄稼在太阳的烘烤下枯萎。相比之下，奥利芬特的预言也许太乐观了。他是一种错误概念的受害者，非犹太人都相信它。根据这种错误概念，犹太人在返回巴勒斯坦这个问题上有统一的意志，并且犹太人愿意自己出资负担返回家园的费用。他争辩说，与这个"富裕、强大、四海为家的民族"做盟友，对任何想介入中东"即将到来的复杂局面"的强国都是有益的。他跟沙夫茨伯里和其他前辈一样都忘记了一件事——十分之九的犹太人都不是蒙蒂菲奥里和罗斯柴尔德，而是处于死亡边缘的少数群体。这些积极分子没有意识到，那些想返回巴勒斯坦的犹太人既没有钱也没有权（他们是因为太穷困才愿意去的），而那些有钱、有影响力的犹太人不愿返回巴勒斯坦。

奥利芬特几次访问君士坦丁堡，都谈到了犹太人的勤劳和商业智慧，以及预计会随之到来的大批金银财宝，这对苏丹产生了诱惑作用，土耳其进步党喜欢上了他。他赢得了一个很有价值的英国金融家做同盟者，此人就是维克托·卡扎勒特（Victor Cazalet），在幼发拉底河谷的铁路线持有股份。两人一起向苏丹提出一份计划，在所建议的铁路两侧给犹太人一条两英里宽的地带。但这项计划没能实现，当改革党的政治献金丑闻暴露后，奥利芬特所有的努力都失败了。他的失败是时代的产物。在英国，反帝国主义的自由党取代了迪斯累里，没有人对他感兴趣了。在土耳其，阿卜杜勒·哈米德这位历史上最善变的君主，如今一想到允许一个可疑的新群体进入叙利亚就感到害怕。这难道不是另一个有外国势力支持的非穆斯林少数民族想在他的领土上扎根吗？这些人会不会像黎巴嫩的基督徒那样不断进行西方式的抗议活动，做西方渗透的工具呢？黎巴嫩已经脱离他的统治了，只是名义上还属于帝国，因为自法国在1860年的干涉之后，黎巴嫩就是法国的势力范围了。苏丹不想看到巴勒斯坦成为下一个黎巴嫩。

此时，在柏林外交代表团周围，气氛明显升温了。可英国此时正沉浸在格拉德斯通政府治下，对这种趋势没有采取任何反制措施。格拉德斯通厌恶土耳其人，痛恨帝国的一切，似乎认为只要不理睬英国在过去的帝国扩张时期获得的责任，他就能让这些责任消失。在他眼里，爱尔兰地方自治问题比欧洲、亚洲、非洲和美洲加在一起还重要。很不幸，英吉利海峡对面的世界，虽然未被格拉德斯通所关注，但并没有因此而消失。戈登将军在苏丹死去了，自由党的无能证明了英国的帝国事业不会因被忽视而消失。戈登的悲剧引发了一波义愤，格拉德斯通和自由党在选举中失利，索尔兹伯里和保守党又回来了。

这是1885年的事。索尔兹伯里勋爵亲自担任外交大臣，他做的第一件事就是调出有关土耳其的档案，了解在前政府治下，英国在君士坦丁堡的地位变成了什么样子。他默默地读完，绝望地将档案放下。"全都被他们丢进大海了，"他说道，"而且什么都没有换回来。"[4]

索尔兹伯里勋爵认为很可能无法恢复英国在土耳其宫廷的影响力，甚至完全没有这个必要。他不相信土耳其改革的可能性，也不认为土耳其帝国能坚持更长时间。很久之前，他在反思克里米亚战争的时候说过："我们赌错了马。"他认为英国应该在1840年接受沙皇尼古拉的建议瓜分土耳其。那么为什么他要在1878年制定《塞浦路斯协定》保证土耳其在亚洲的领土呢？索尔兹伯里勋爵曾经被一位有洞见的评论家称作英国政界的哈姆雷特。他能痛苦地看到局势的正反两方面，这使他无法全心全意地选择任何一方。他不喜欢土耳其，但不得不牵制俄国，因为俄国正在挤压土耳其。《塞浦路斯协定》不是对土耳其信心的表述，而是对俄国发出的警告，同时也是一种防备，一旦土耳其崩溃，英国要有条件介入。

如今他重新当政（迪斯累里已经去世），拥有完全的权力，他不准备再浪费精力去讨好土耳其苏丹。埃及成为主要目标。他向英国驻君士坦丁堡大使坦言，丧失对土耳其宫廷的影响力是"可怕的打击"，但我们不是已经丧失了吗？只要那个"病态的、肉欲的、可怕的、变幻无常的苏丹仍然在位"[5]，任何政策都无法维持。更好的办法是去一点一点地蚕食埃及，根本不必谋求与土耳其苏丹达成任何协议，因为这样的协议毫无意义，而且还会激起其他列强的反对。

索尔兹伯里感觉英国与苏丹的疏远是永久性的。"他恨我们。"他在1891年给大使的信中写道。[6]这位大使抱怨他对土耳其宫廷的影响力从来没有像现在这样低过，苏丹明显厌恶他。"埃及和塞浦路斯的事足以解释苏丹的感情。"索尔兹伯里继续写道，但更为严重的是英国人证明比他更会统治穆斯林。"在阿拉伯，人们开始谈论改变，他们问自己的问题是，土耳其人的长期恶政是否是不可改变的厄运。阿拉伯半岛是苏丹的噩梦——因为有一天终会出现一个反对派领袖。"他的结论是苏丹不会原谅英国介入其穆斯林世界的，因为"苏丹认为他在穆斯林世界的至尊地位就是一切"。

索尔兹伯里勋爵冷静地看到了真相。苏丹此刻很不安，因为他看到自己的帝国两侧都在受到侵蚀：南方的埃及正在被英国吞噬，北方的巴尔干正在滑走。于是他决定要死死地守住叙利亚，包括巴勒斯坦，特别是耶路撒冷。圣城的声望是绝对的关键，正如索尔兹伯里勋爵所看到的那样，苏丹在穆斯林世界的最高统治权正在从边缘处消逝，他在伊斯兰教中的哈里发地位也受到了质疑。外国势力已经深深地渗透入叙利亚内部了。越来越多的"访客"涌入圣地。俄国的朝圣者数目在奇怪地增长着，过去每年只有几百人，如今是数千人，并且购买耶路撒冷的土地，声称是为了保护圣地的东正教教徒。法国的耶稣会会员、英国的新教徒、美国的传教士通过他们建立的教会学校传播着致命的自由思想，而且教会学校的数目每年都在增长。犹太殖民者正在购买土地。随处都能看到英国陆军的工兵小队拿着测量杆和三脚架丈量这片上地。

阿卜杜勒·哈米德试图阻止这个潮流。1887 年，他把耶路撒冷地区从叙利亚分割出去，使之直接隶属于土耳其宫廷。而在 1885 年，土耳其宫廷已宣布不许再建立犹太人定居点，并发布法令禁止外国人购买土地。[7] 但苏丹此时已经是帝国政府腐败行为的受害者。他的法令几乎没有得到执行，因为贪污成性的高官们能轻易绕过法令。

早期的犹太人定居点都是由"锡安山爱好者"（Chovevé Zion）社团建立的，规模都很小，很分散。[8] 虽然弱小，但他们逐渐在雅法地区有了落脚点。尽管苏丹颁布法令禁止，但他们到 1889 年的时候已经购置了 7.6 万英亩土地，分散在 22 个独立的定居点里，总人口有 5000 人。[9] 这个数字听上去挺惊人，但实际并非如此。在现实中，这些早期的犹太复国主义者处境极度原始和危险。1882 年，有 20 个家庭在雅法南面的沙丘上建立起锡安山第一定居点，并开始开垦祖先的土地。第二个定居点安置在北面 60 英里的海边，而第三个是在更偏北的罗什平纳（Rosh Pinah），位于加利利北面的山中。这些定居点挣扎了不到一年，几乎全部失败了。这些从俄国犹太人隔离区来的小群开拓者，在已经延续了两千年的理想和希望驱动下，根本没有想过定居点的现实条件，带着火车票就来到了圣地。他们中几乎没有自耕农。他们在早就荒废的巴勒斯坦的土地上胡乱种下他们在乌克兰富饶的黑土地上看到的玉米和小麦，但种下的庄稼全都枯萎了。疟疾迫使在佩塔提克瓦（Petah Tikvah）的耶路撒冷犹太人遗弃了这个定居点。其他定居点也都接近关闭的状态，有些定居者走了，剩下的在忍饥挨饿。

巴黎的埃德蒙·德罗斯柴尔德男爵赠给锡安山第一定居点一笔三万法郎的援助。随后，他提供了更多的援助，给其他定居点也送去了现金。他帮助那些去他购买的土地上定居的新来者安家。自此之后，外围的小犹太定居点开始获得救助，这才得以维持。到了那个世纪结束的时候，犹太复国运动真正动员了起来。

然而，想让一个半死不活的民族在一个半死不活的国家中复兴，困难是巨大的，甚至是难以克服的。除了土地和气候等外部因素之外，犹太殖民者也存在一些内部问题。他们都经验不足，而最严重的问题是意见不合，这个问题一直折磨着犹太人的复国运动，当时几乎使巴勒斯坦再定居运动夭折。虽然他们在忍饥挨饿，但仍然争论是否应该谨守安息年不种田、不畜牧的戒律。这听上去似乎很不可思议，但确实是真实发生的情况。在欧洲，这类争论非常激烈，犹太人的杂志为此消耗了大量油墨。实际上，引发这场争论的是耶路撒冷的一个犹太教祭司派别，他们反对"锡安山爱好者"发起的犹太复国运动，希望看到殖民计划失败。有些犹太殖民者不满对罗斯柴尔德之慷慨的依赖（如果没有这些援助，他们肯定早就死了），以安息年问题作为旗帜，反抗那些替罗斯柴尔德分发援助的管理者。

敖德萨委员会是"锡安山爱好者"的指挥部，这些委员的激情比他们手中的资金要多，他们吃惊地发现要想保证第一批开拓者活下来需要大量的资金。在各欧洲首都活动的代表拼命恳求，但也只能募集到几法郎而已。巴勒斯坦能恢复到有生产力的程度吗？境遇优越的犹太人虽然不缺少意愿去帮助那些仍然处于俄国大屠杀下的同胞，但拒绝把钱用于如此冒险的方案。他们不仅害怕巴勒斯坦，也害怕犹太复国运动展示出的前景，因为那会危及他们想融入西方社会的梦想。他们比较喜欢德希尔施男爵的阿根廷移民计划，不太喜欢埃德蒙男爵对巴勒斯坦的激情。

在那些支持犹太人的贵人中，只有罗斯柴尔德（在蒙蒂菲奥里死后）对巴勒斯坦有信心。"拯救犹太民族的唯一希望是把他们带回圣地。" [10] 他说。他的家族嘲笑他，称他的巴勒斯坦定居点为"男爵的幻想"。他们希望他集中精力去做艺术品收藏。自从他拒绝照顾他在拉菲特街的银行生意之后，艺术品收藏就成了他在巴勒斯坦事业以外唯一的激情所在。埃德蒙男爵没有听从他们的规劝，反而去听取那些崛起中的犹太民族主义思想家和活动家的意见——平斯克尔，《自我解放》的作者；内特（Netter），《联盟》的作者；犹太教拉比莫希尔佛（Mohilever），一位工作极为努力的"锡安山爱好者"代表；阿哈德·哈姆（Ahad-ha-Am），犹太运动的智囊，呼吁把犹太教复兴为一种活生生的文化和宗教的最有影响的意见领袖。

所以，返回巴勒斯坦的运动在 1880 年代里是犹豫不决的、一点一点展开的，没有大国作为中间人。运动的发起者是犹太人，他们放弃了对奇迹的等待，意识到如果不把命运抓在自己的手里就只能等死。开拓者是自发的。当时没有第二个波斯国王居鲁士对他们说："回去吧，回到你们的祖国去。"土耳其苏丹曾想发挥居鲁士的作用，但所基于的想法是错的，因为他想利用犹太人的财富拯救自己快要崩溃的帝国。甚至德皇都有类似的想法，他在巴勒斯坦同意与赫茨尔见面时，就产生过这样短暂的愿望，但很快就放弃了。此时，英国人的注意力放在了别处。

犹太人兴奋起来了——他们交谈，写作，相互劝说着。但到此时为止，在巴勒斯坦建造家园的力量、影响力、资金都还没有到位。仅一个罗斯柴尔德成就不了大事。对受到俄国政府迫害的犹太家庭来说，去纽约和伦敦更加容易一些。把家庭的希望放在巴勒斯坦的未来和犹太国的未来之上，需要英雄般的勇气，只有少数人愿意这样做。出埃及的条件已经具备，但犹太人还没做好去巴勒斯坦的准备。动员回归古老家园定居的大规模行动必须等到欧洲的生活压力变得更加恶劣，以及一位领袖的出现。

这不必等待太长时间。

第16章

赫茨尔和张伯伦

第一份领土许诺

1896 年，一个声音仿佛一声惊雷刺破天空："我要问一个最简单的问题：我们要'离开'吗？到哪里去呢？"

"或许我们可以再逗留一阵子？可再逗留多长时间呢？"

西奥多·赫茨尔，一名维也纳记者，马上就给自己的设问做了回答。他说犹太人是个民族，必须建立并运作一个国家，必须有国家的硬指标：土地和主权。他省略了 50 年的废话，只说了一个词：建国。他写了一本名叫《犹太国》的小册子。犹太人问题在此前的几十年里引发了论战，形成了一道巨大的藩篱，屏蔽住了东欧犹太人深受反犹主义迫害的真实情况。赫茨尔在他那本小册子的首页就冲破了这道藩篱："一切都依靠我们的推动力。我们的推动力是什么呢？就是我们犹太人的不幸遭遇。"接着他宣布了根治措施："犹太国是这个世界上必不可少的国家。所以必须建立犹太国……请在这个地球上分给我们一块足够大的地方，可以满足建立一个主权国家的要求，剩下的事我们自己去办。"

当时，赫茨尔在犹太人世界并不知名，在《犹太国》出版 18 个月后，他就组织召开了第一次犹太复国主义者大会。此后每两年开一次，这个大会扮演国家机构的角色长达 50 年之久，直到犹太国真正建立。第一次大会于 1897 年在巴塞尔（Basle）召开，赫茨尔担任大会主席，有来自 15 个国家的 200 名代表参加。这次大会的召开被人称为"犹太国的巨轮出海"。

赫茨尔写《犹太国》的时候 36 岁，但八年后就病逝了。为了使犹太民族摆脱奴役获得自由，他做出了超人的努力，自己却蜡炬成灰。他有心脏疾病，但拒绝休息，因为嗥叫的恶狗正在扑倒受害者。他不断受挫，心急如焚：在犹太人内部，他遇到了无休止的阻挠和激烈争论；在外部世界里，他遇到了拖延、失望与挫败。摩西花费了 40 年的时间克服了同样的问题，最后才把他的民族带到了应许之地。但摩西白天有云柱相助，晚上有火柱相助；在敌人马上就要追上他的时候，上帝为他劈开了红海；当他的族人抱怨起来，想造反的时候，上帝用雷电加以斥责；在荒野里，当他们饥饿的时候，上帝赐给他们粮食。然而，当犹太人在 19 世纪末着手返回应许之地时，他们没有圣人的协助。没有燃烧的荆棘的帮助，赫茨尔成为领袖。在犹太复国运动中，有比他更深刻的思想家，有比他更明智、沉着的人，在他前后都有像他一样具有献身精神的人，但赫茨尔有做领袖的独特天资——他的个人使命感。拿破仑天生就有个人使命感，赫茨尔则在找到目标后获得了个人使命感。摩西在上帝显灵告诫和督促他之前是个行动缓慢、犹豫不决、谦虚谨慎的人，缺乏个人使命感。赫茨尔虽不像摩西一样塑造了人类，但他可以说是半个摩西——他是《出埃及记》中那半个摩西，而不是制定十诫的那半个摩西。

赫茨尔和摩西都不是底层的受难者，却率领受难者摆脱苦境。摩西在法老的宫廷中长大，赫茨尔则生活在维也纳相对舒适的犹太人圈子里，这里的犹太人是自由的，受过启蒙教育的。或许这才是他俩能做领袖的原因。人们常说，如果赫茨尔多知道点犹太人的真实情况，他肯定没有勇气去面对困难。他的对手乌色什金（Ussishkin）曾说过，赫茨尔适合去领导犹太复国运动，因为他既不懂犹太人和巴勒斯坦，也不懂土耳其。乌色什金还说："他的眼睛肯定是闭着的，他这才保住了自己的伟大信心。"[1]赫茨尔的眼睛睁开时，他的信心确实变小了，但他的决心依旧。任何困难也吓不倒他。他从不松懈，从不停止，除非生命终结。他的名字和性格对犹太复国运动影响之大，让人很难想象他参与这个运动只有 9 年的时间。犹太复国运动中另一个人物魏茨曼——未来的以色列总统，投身犹太复国运动长达 60 年的时间。

犹太人的现实触动了赫茨尔。看到埃及人殴打以色列人，摩西感到震惊，这才采取了行动。对赫茨尔来说，那记埃及人的重拳是杜林（Dühring）的书，这本书残暴地呼吁西欧国家取消犹太人的公民权，把犹太人赶回集中居住区去。赫茨尔是在 22 岁那年看到这本书的，在接下来的 12 年里，"犹太人问题"一直困扰着他。他感到很苦闷，因为犹太人问题挤进了他正在写作的小说和剧本中。《新自由报》是中欧最享有盛誉的报纸，他是这家报社里最令人羡慕的专职作家，这是一种成功，但他成功的愉快被犹太人问题刺痛了。他相信 19 世纪的乐观主义信条，即进步驱散偏见，反犹情绪也会随文明的进步而消散。但当他读了戈比诺（Gobineau），读了迪蒙（Dumont）的《法国犹太人》，当他经历了奥地利和德国的反犹太人暴动后，他意识到这不是进步，这是难以解释的倒退。慢慢地，他的希望枯萎了，变成了一个空虚的幻觉。1890 年，俄国颁布了一条法令实施此前通过的《五月法案》，禁止犹太人在农村居住、拥有或耕作土地、进入大学、从事工商业及担任政府职务。但对他影响更大的不是俄国犹太人隔离区的缓慢窒息，而是在奥匈帝国、德国已获解放的犹太人受到的攻击。这类攻击甚至发生在人类理性的中心法国，这使得他的幻想在极度痛苦中破灭了。

赫茨尔在巴黎做驻地记者时，法国国民议会为巴拿马丑闻而吵翻了天，而且有犹太人涉嫌其中。接着又发生了德雷福斯事件。事件的发展就如同撒哈拉沙漠上的沙暴一样猛烈，最后整个法国都被扭曲了。1894 年 12 月德雷福斯上尉审判日那天，街头的暴民号叫道：

"死去吧！犹太人，死去吧！"赫茨尔负责报道这桩案子，旁听了当时的审判，这桩案子让他终生难忘。"我这是在哪里？"他后来在反思时写道，"在法国，一个现代共和国里，文明的法国。《人权宣言》已经有一百年了……在此之前，我们大多数人都相信犹太问题的解决方案是耐心等待，等待人类有了大发展，我们的问题就自然而然地解决了。这个民族，在各个方面都是如此的先进，如此高度发展的文明，却发生了如此大的转变，我们还能期待其他民族有多么好的表现吗？其他民族甚至还没有达到法国一百年前的水平。"[2]

一种"奇怪的兴奋"开始占据了他的心灵，因为形势清楚了，他突然顿悟到问题的答案。他感到自己命中注定要发挥关键作用。在接下来的两年里，他努力工作，日记上写满了计划。他强迫朋友和犹太人领袖跟他长谈，情绪激动地跟他们争论，他给罗斯柴尔德家族写信，给俾斯麦写信，给编辑写信，面对面地与德希尔施男爵讨论"犹太国贷款计划"，借以资助大规模的移民。但必须有一块犹太人拥有主权的土地，否则移民潮可能随时被终止——后来，这一点在英国托管时期被证明了。想法不断涌现出来，他慌乱地把想法写在小纸片上，何时有想法，他就何时写："走着，站着，躺着，在街上，在桌子上，在夜里，我不止一次担心自己要疯了。"[3]

五天后，他写了一本 65 页的小册子，原始的标题是《致罗斯柴尔德家族》，简要地描绘了新国家的轮廓，内容涉及政治独立、领土完整、国旗、议会、军队、法律和法庭，总之是"至少能让我们像自由人一样生活在自己的土地上"。赫茨尔逼着一个朋友从头到尾听他念完这份致辞，他的朋友说他看上去蓬头垢面、睡眼惺忪，断定是精神过度紧张所致，劝他去休息一下，看看大夫。赫茨尔拒绝了，并开始写一份致德皇的备忘录，请一个外交界的熟人呈递。他与新上任的奥地利首相巴德尼（Badeni）伯爵展开一番谈判。坐在慕尼黑一家旅馆的床沿上，他把小册子读给另一位朋友、维也纳犹太教的主要改革派拉比古德曼（Güdemann）听。这位拉比听他的计划以为目睹了摩西复活，于是小心地加以鼓励。还有一些人干脆说赫茨尔疯了或"不切实际"。罗斯柴尔德家族保持沉默，德希尔施男爵不支持。赫茨尔的编辑拒绝刊印他针对这个主题写的任何东西。他在伦敦获得了鼓励。他受邀在马加比社团做讲演，并赢得了追随者，受邀在《犹太纪事报》上发表一篇文章。这篇在英国发表的文章很富有预见性，是后来出版的《犹太国》的第一个简写版本。一个月后，一本经过修改的同名小册子在维也纳出版了。

这份文件是卓越的，其作者是非凡的，两者叠加实现了迄今无人做到的事：一群犹太人为了控制自己的命运而建立起自治的政治组织。开篇第一句就亮出了旗帜："我在这本小册子里写下的想法是相当古老的：犹太复国。"接着他讨论了把反犹太主义作为"推动力"的问题。余下的部分是实现国家的详细蓝图：创立一个统治团体（未来的议会），融资，政治计划，获取土地和经营权，聚拢移民，在"新国土上"接待移民，并把他们组织起来。

赫茨尔几乎没有意识到从奥斯曼帝国那里购买巴勒斯坦的土地会有困难。他轻率地假定苏丹愿意让犹太人"控制土耳其的所有金融活动"。此后，当筹资公司建立起来后，所有计划要"系统地提前准备好"，划分出几个省份，为城镇选址，铺设街道，之后大规模的移民便可以开始了。第一批定居者在管理部门的安置和指挥下，行动起来就跟军队一样，他们铺设道路，耕种、灌溉土地，建造房子；逐渐会有越来越多的人到来，建立起工业，使贸易变得有吸引力，贸易的开通会吸引来更多的定居者，就这样一步一步地，建成"一个历史上从未有过的国家，这个国家将会取得前所未有的成功"。

《犹太国》这本书里充满了一厢情愿式的宏大愿景。赫茨尔对未来议会的看法错得离奇，他把议会描绘成了一个意见极其统一的群体，"完全没有投票的必要"。他对反犹太主义的分析错误更多，他天真地认为它对移民有帮助。"所有受反犹太主义折磨的政府都会热心地帮助我们获得我们想要的政权。"他写道。用后见之明的目光去评判赫茨尔当时的想法或许并不公平，但现在我们清楚，任何反犹太主义国家的政府都不会让替罪羊有机会活着离开。

但赫茨尔有一个极为重要的贡献：毫不动摇地坚持土地、主权和国家独立。他坚持犹太人要公开建国，这个国家像正常国家一样要有合法的权力。在此之前，犹太人一直试着用渗透的办法避免对立，希望好的举止能有所回报。寄希望于获得解放，其实就是等待施舍。而正如赫茨尔意识到的那样，施舍是可以被收回的。他推动犹太人走向自治，摒弃对他人施舍的依赖，让犹太人按照现代公认的政治规则组织起来，从而管理犹太人自己的命运。他告诫第一届犹太人议会："我们的基本要求只能是公认的权利，而非勉强容忍[4]。我们被"勉强容忍"够久了。我们的运动……就是要去获得大家公开承认的法律保证。"[5]

他知道会有反对意见和争执，但没有想到《犹太国》引发的狂怒。总体看，已经获得解放的犹太人觉得这个疯子对他们是个威胁，因为他可能会驱散他们希望最终融入西方社会的幻想。这些犹太人暴怒不已，称赫茨尔是疯子，犹太国是妄想。赫茨尔的建议，按照创始美国犹太教改革运动的拉比艾萨克·怀斯（Isaac M. Wise）[6]的说法，是"病态思维的短暂陶醉"。那个从来都无法抵御赫茨尔魔力的犹太教拉比古德曼，此时几乎就要被说服了。

"你让我彻底地站在你那一边了。"古德曼说，赫茨尔在日记中如此写道。

"'好，'我说，'在你的教堂里讲一讲吧。'"

"'那可不行！'他面带惧色地大叫道，'人们根本不想听这种说教。'"[7]

甚至那个已经投身于小规模殖民的"锡安山爱好者"组织也对赫茨尔持批评态度。这些人是开拓者，而这个在维也纳穿着礼服大衣的赫茨尔博士是谁？他根本不知道巴勒斯坦的情况，连希伯来语都不懂，他凭什么来对他们指手画脚？他连赫斯或平斯克尔的著作都没读过。（令人吃惊的事实是赫茨尔后来坦承，如果他读过《自我解放》这本书，就不会去写《犹太国》了。[8]）阿哈德·哈姆的那帮信奉"文化犹太复国主义"的门徒被赫茨尔的激进计划震惊了，觉得他的计划太快，缺少灵魂，是不会成功的。文化犹太复国主义者坚信犹太教的灵魂必须先于肉体得到复活，犹太人必须先在心中认同自己的民族，然后才能成为一个真正的民族国家。

　　然而，那小册子引发的争论越激烈，就变得越广为人知。这必然导致一个结果，小册子的基本诉求被接受了——犹太人要有尊严，要自救，要像个男人一样挺立。这是赫茨尔的人格品质最引人注目的地方，它触及了犹太民族的本质，就是那种自认为超人一等的信念。事实上，虽然这个信念几个世纪以来一直被掩盖在犹太人所受的羞辱之下，但它才是犹太人的生存奇迹产生的根本原因。在赫茨尔身上，这个信念根本没有被掩盖着。实际上，他一直在坚守着，当他在梵蒂冈与教皇会面时，拒绝亲吻教皇的手。[9]在第一次犹太复国大会召开的时候，他规定与会者必须穿长礼服，系白领带。[10]这个要求虽然惹恼了许多人，但他是故意为之，以使与会代表感到他们作为国家开创者的庄严。

　　赫茨尔无法抗拒这一特质，他也因此成为犹太人运动的领袖，在他的大旗下聚集了许多助手和追随者。1896 年夏天，他去与土耳其苏丹谈判，在去君士坦丁堡的路上，人群聚集在火车站月台上想见他一面，大家欢呼他是弥赛亚和国王，叫喊着古老的口号"明年耶路撒冷见！"，此时他身上已经闪耀着传奇的光芒了。到犹太人大会在巴塞尔召开的时候，人们把近几个月来的热情、紧张、期待都集中在他身上。"所有人都感到无法呼吸，好像见到了奇迹。"[11]一名目击者说。当他走上讲台，准备做开幕讲话时，人们看到了他伟岸的身躯，像亚述国王一样蓄着黑胡须，台下报以一阵疯狂的欢呼声。众人都知道他黝黑的皮肤和迷人的眼睛，但他在那个时候显露出一种格外不同的东西——那是一种君王的气质，就好像人们期待已久的大卫王的后代现身了一样。

在这里，我们没有必要回顾犹太复国运动的发展史，只需知道其目标在第一次犹太人大会上被确立下来，形式是四点原则声明，后来这四点原则被称为"巴塞尔大纲"（Basle Program）。这个大纲宣称："犹太复国的目标是给犹太民族在巴勒斯坦创造一个受公共法律保护的家园。"[12]

赫茨尔在君士坦丁堡期间发现苏丹完全不准备把巴勒斯坦的主权交给他。他虽然具有高贵、沉稳的气质，但却没有土耳其人想要的金钱。显然有必要尽全力找到既富裕又有影响力的犹太人。除非找到组建银行或殖民信托基金的出资人，苏丹是不会愿意合作的。赫茨尔将不得不靠"出卖自己的灵魂给魔鬼"以获得公债发行的成功，他在日记中如此写道。他认为伦敦是募集资金的关键，那里有犹太社群的领袖。这些领袖忐忑地发现赫茨尔似乎是走对了道路，于是很诚恳地提出建议，但在资金方面却很谨慎。除非他能把罗斯柴尔德男爵请进董事会，并且从犹太人殖民协会[13]拿到1000万英镑支票，他们不愿拿钱出来。赫茨尔试图说服男爵领导这场运动，放弃零散的殖民计划，转而支持建立民族国家使犹太人拥有移民的权利，但男爵拒绝了。"他是个民族主义者，但不信任民族主义者的运动及其参与者，"魏茨曼曾经这样评论这位男爵，"他希望每件事都安安静静地进行。"

大人物的犹豫只能让赫茨尔确信他之前的天命感是正确的，他自己才是命中注定的领袖。"我总是感到子孙后代在我的背后看着我。"他在日记中写道。他的进步很快，他开始意识到犹太复国运动必须变成"一个属于穷人的运动"，需要在东方那些还没有被解放的犹太人中去寻找支持，因为他们"没有思想顾虑，不渴望被同化"。对他们，赫茨尔既不了解也不理解，但他认识到，如果他想做领袖，就必须领导一大群"乞丐和狂热者"。

然而，他无法放弃对"皇室宫廷"的喜好，寄希望于穿着长礼服的外交家、银行家、首相能把他的国家送给他。伊斯雷尔·赞格威尔（Israel Zangwill）的小说《犹太区中的孩子》（*Children of the Ghetto*）中有个人物叫平卡斯（Pinchas），似乎就是在描写赫茨尔。

> "我们不再沉默——我们应该像黎巴嫩的狮子那样咆哮。我要做号角，从四面八方召集人群——对，我就是弥赛亚。"平卡斯说道，他说到激动处连烟都忘记吸……
>
> "嘘，嘘!"菜贩圭达拉说道，"我们应该实际点。我们还没有准备好迎接马赛曲或弥赛亚。第一步先要找到送一个家庭去巴勒斯坦的资金。"
>
> "是，是，"平卡斯说完猛吸了一口烟，烟卷又燃了起来，"但我们必须往远处看，我已经看到了未来。巴勒斯坦由犹太人掌控了——圣殿被重建了，犹太建国了，我们有了一个总统，他文武皆通——这一切都展现在我的眼前。我看问题很像拿破仑，将军和君王是一样的。"
>
> "我们真心希望那样，"菜贩谨慎地说，"但今晚的问题是找十几个人，成立一个筹募协会。"

赫茨尔有时确实"看问题很像拿破仑"。他此时把注意力放在了德皇身上，因为大家都在谈论德皇即将对圣地的访问。德皇能不能利用他对苏丹的影响力，一举获得巴勒斯坦的所有权，或至少是殖民特许权？赫茨尔想走捷径，相信自己能办到这件事。巴登大公（Grand Duke of Baden）是德皇的叔叔，对实现《圣经》的预言很热心，支持赫茨尔的理想。巴登大公告诉赫茨尔，德皇很倾向于做巴勒斯坦犹太移民的保护者，并同意在耶路撒冷接见以赫茨尔为首的犹太复国运动代表团。听到这个消息，赫茨尔心中燃起了狂热的希望。"德皇完全了解这件事，且对此事十分热情……他相信苏丹将接受他的建议。"大公这样对赫茨尔说。赫茨尔跟德皇在君士坦丁堡谈了一个小时,证实了德皇对此事的兴趣,尽管德国外交大臣冯·比洛(von Bülow)不同意。接下来在巴勒斯坦一个名为"以色列的希望"的定居点外又安排了一次见面,德皇在土耳其卫兵的护送下骑马走来,他勒住马,在敬畏的民众面前与赫茨尔握了手。德皇谈及天气的炎热,宣称巴勒斯坦是一片有希望的土地,"但需要水,需要大量的水",再次握手,然后骑马离开。最后的高潮是在耶路撒冷召开的正式会议(雅法的大门被部分拆除,以便德皇不必下马就能进入圣城)。两人进行了会面,但德皇含糊其词,态度冷淡。赫茨尔写的讲话稿被用蓝色的铅笔提前标记,所有提及特许权的地方都被划掉了。[14]

赫茨尔把全部希望都放在皇家公报上,希望这位欧洲最有实力的人能公开支持他的诉求。然而,皇家公报没有提及犹太复国运动,仅提到了"犹太代表团",说德皇陛下对改进巴勒斯坦的农业状况有着"仁慈的兴趣",但前提是要完全尊重苏丹的主权。对赫茨尔而言,这是一次彻底的失败。但他有同时看到事物正反两面的天赋,因此每次失败后都能继续下去。他在绝望之余写道,长远看,如果成功,犹太民族将被迫向德国保护者付出"最高昂的高利贷"。

失败震动了赫茨尔,虽不是立即,但他逐渐转向了英国。在其间的四年中,他又做了不懈的努力——开了多次大会,多次请愿、外交谈判、讲话、群众集会;在求财的土耳其大臣们的邀请下,他又去了君士坦丁堡三次。1901年,他与阿卜杜勒·哈米德会面,苏丹同意如果犹太人负担土耳其的债务就允许他们殖民——但只能以土耳其臣民的身份散居,不给予特许权,地点也不在巴勒斯坦,而是美索不达米亚。"矮小,寒酸,染色不佳的胡须,大黄牙,不合身的彩色袖扣,微弱的声音,每个词的声调都在变化,每一瞥都透露出羞怯——这样的人却是君主!"赫茨尔带着反感这样描述苏丹。他回国了,被迫向自己承认这时从土耳其什么都得不到。

1900 年，第四次大会在伦敦召开，犹太国家基金（Jewish National Fund）终于建立起来了，但金额不足赫茨尔认为必需的 200 万英镑。就好像从外部获得了某种惊人的预言能力一样，他预言道："从这个地方，犹太复国主义运动将会越飞越高……伟大、自由、放眼四海的英格兰会理解我们。"[15]

在等着土耳其帝国进一步消损或彻底崩溃的时候，能不能在前往巴勒斯坦的途中找个中转站是他此时注意力的焦点。他想起了一个老方案，他曾经异想天开地梦想犹太人先在塞浦路斯落脚，然后用武力夺回巴勒斯坦。西奈半岛的埃尔阿里什或其他地方是另一个可能。西奈在当时被称为埃及巴勒斯坦，在《圣经》里被称为"埃及小河"（Brook of Egypt）。这两个地方现如今都被英国占据。与此同时，罗马尼亚发生了犹太人大屠杀，在欧洲制造出一条血腥的难民之路。犹太人的状况更加紧迫了，必须找到一片国土。虽然德皇有许多夸张的野心，但实实在在地站在巴勒斯坦边境上的是英国。赫茨尔曾经写下一句完美的、富有预见性的话：英格兰是"阿基米德杠杆的支点"。[16]

那时英国正面临廉价劳动力涌入带来的就业压力。一个皇家委员会受托进行调查，并做政策建议。罗斯柴尔德勋爵是这个委员会的成员，并拥有曾成功推动英国通过《解放法令》的上议院的席位。他不仅是英格兰银行的董事之一，还是英国犹太人的领袖。长时间以来，他一直敌视赫茨尔，拒绝与他见面，但此时发现对方有可以利用之处。如果殖民项目可以展开，就会吸收从东欧来的难民，进一步减少来到伦敦的难民数目，这能使那个皇家委员会不必推荐限制性的法规。于是他传召赫茨尔见面。[17]罗斯柴尔德问赫茨尔，如果他被邀请去委员会做证，会告诉他们什么。

"我要向英国政府申请殖民特许权。"赫茨尔对着听力不太好的罗斯柴尔德大叫道。

"不要说特许权，这个词不好听。"

"随便你怎样称呼，我要在英国领地上建立一块犹太人的殖民地。"

"可以把乌干达给你。"

"不，我只能选这个——"由于还有其他人在场，他在一张小纸片上写下几个地名：西奈半岛，埃及巴勒斯坦，塞浦路斯。"你同意吗？"

罗斯柴尔德勋爵思考了一小会，微笑着回答说："非常赞同。"他请赫茨尔起草一份书面计划，以便交给殖民大臣约瑟夫·张伯伦，并答应与张伯伦讨论这件事。

这位来自伯明翰的"富有进取心的乔"是螺丝钉生产商，被公众称为"帝国大臣"，此时是英国最有权势之人。他有一张狐狸脸，戴着单片眼镜，纽扣眼上别着兰花。他此时主导着议会，吸引着公众的注意力，代表了正从 19 世纪迈向 20 世纪的大英帝国最得意的巅峰。就在这个巅峰期的 1897 年，英国举办了维多利亚女王在位60 周年庆典，帝国全球殖民地和领地的代表都来祝贺，这种家庭式的荣耀让英国人激动不已。布尔战争虽遭遇了被张伯伦称为"小英格兰主义者"和"布尔人支持者"的反对，也不算是个胜利，但却继续了帝国的高歌猛进。张伯伦发明的商业帝国主义把殖民地看做帝国巨大的未开拓市场，如果能加以正确的开发（所以他为关税改革奔走），将会提高每个人的工资和利益。"你们希望永远有工作，但这有赖于我们的对外贸易。"他说道。随后他又补充说这个国家的未来不仅是要守成，还必须"敏锐地抓住每个扩张的机会"。[18]

当时的英国坚信上帝给自己选定的命运是去统治吉卜林（Kipling）所说的"没有法律的劣等种族"。吉卜林宣称应"肩负起白人的担子"，而英国官方的桂冠诗人艾尔弗雷德·奥斯汀（Alfred Austin）则赞颂英国的高贵任务是"收割帝国，比希腊更明智，比罗马更广阔"。张伯伦的炽热情感不比诗人差，虽然他是个商人，但赞同英国的"国家使命"是成为"历史和世界文明中的主导力量"。

英国显然有义务扩大统治范围，越广、越快越好，这样对征服者和被征服者都有利。那些被征服的原住民除了能收获基督教和文明的好处，还能大量购买曼彻斯特的棉制品、谢菲尔德和伯明翰的出口产品。这就是"伯明翰的乔"所宣讲的，英国工厂主、商人、工人们喜欢听的道理。在帝国温暖的夏日阳光下，他们感受着做"好事"的愉快，并且发现还有回报。

在这个扩张的时代，张伯伦充当先知，克罗默勋爵在埃及、米尔纳勋爵在非洲充当帝国的工具，罗伯茨勋爵和基钦纳勋爵领导军队充当帝国的英雄，不幸的自由党被视为卡桑德拉[*]。

这个威力巨大的旋涡中心不在唐宁街 10 号，而是在殖民部。张伯伦在贸易委员会中赢得声誉，此时他主理殖民部。索尔兹伯里勋爵在1902年辞去了首相职务，他在卸任前成功地结束了布尔战争，或者按他在私下里的称呼——"乔的战争"。接替他的新首相是他的外甥阿瑟·贝尔福（Arthur Balfour），塞西尔家族的后裔。在伊丽莎白时代，一对塞西尔父子曾统治英国。450 年之后这个家族又产生了连续两任首相。身高体长、常穿纺格法兰绒的贝尔福与张伯伦截然相反，他是一名高级贵族、彻底的怀疑主义者。他还是个哲学家，不仅继承了他舅舅对保守党的领导权，还继承了使索尔兹伯里勋爵被称为"19 世纪最聪明的英国人"[19]的素质。许多人认为应该由张伯伦担任首相，而不是更年轻的贝尔福——张伯伦本人可能也这样认为。但张伯伦坚称他只想继续在殖民部任职。

张伯伦为什么会对给犹太人寻找家园感兴趣呢？"伯明翰的乔"对《圣经》的预言毫不关心，也不是出于人道主义情怀或对那个上帝古老选民的罪责感。从《泰晤士报》记者威克姆·斯蒂德（Wickham Steed）报道的一次不愉快的失言来看，张伯伦对这项事业并不支持。斯蒂德曾在罗马安排张伯伦和松尼诺（Sonnino）男爵共进午

---

[*]　Cassandra，希腊、罗马神话中特洛伊的公主，她的正确预言不被人相信。——编注

餐。松尼诺是意大利财政大臣，有犹太血统。言谈之间，斯蒂德清楚地听到张伯伦忽然说起盎格鲁—撒克逊种族的优越性——他最喜欢的话题。张伯伦对松尼诺说："先生，是的，我被人称为盎格鲁—撒克逊的使徒，我对这个称号很骄傲。我认为盎格鲁—撒克逊种族跟地球上其他种族一样好……世界上只有一个种族我很蔑视——犹太人。他们简直就是懦夫。"听到这话，斯蒂德在桌下踢这位殖民大臣的腿以示提醒，而松尼诺开始激烈地为犹太人辩护。会面结束后，张伯伦对斯蒂德说："谢谢你的善意提醒。我虽然被踢得很疼，但理解你的意思。不过我现在终于说出了我想说的话。"[20]

在这次事件之后两年，张伯伦又与赫茨尔见了三次，双方同意了西奈半岛的犹太人殖民计划，条件是能获得埃及官方的允许。当这件事失败后，张伯伦又提出在东非为犹太人提供一块自治领土。于是，英国不仅成为第一个与作为一股政治力量的犹太人进行正式谈判的国家，还是第一个许诺给犹太人提供领土的国家。不过，那片领土并不合适，这个许诺也并不慷慨。相当一部分犹太复国主义者表示强烈的反对，东非的英国殖民者也表达了不满。这个被各方反对的提议最后胎死腹中。但它正逢俄国基什尼奥夫大屠杀（Kishinev massacre）之后，犹太人正迫切需要领土。且英国认可了犹太人作为一个民族的地位，标志着这个已丧失家园 2000 年的民族与世界的关系朝着复国的方向迈出了第一步。

张伯伦不知道这件事的意义，也并不关心。但当他听到赫茨尔所做的大胆预言时，马上就看到扩张大英帝国势力的"合适机会"。他看到犹太人是一群已经准备好的欧洲殖民者，等待着安置和开发，可在英国的庇护下去占据空旷的土地。张伯伦的传记作者有机会看到他的一些私人文件，根据这些文件，他不仅希望通过殖民者"开发出基本上属于英国的领土"，还希冀这些西奈半岛上的殖民者可能成为"把英国的势力扩张到巴勒斯坦本土去的有用工具，因为奥斯曼帝国终将分崩离析"。[21]当殖民地点被换到东非后，张伯伦的基本兴趣变为让一些对英国有感激之情的定居者填满那块被征服的土地。

　　有人试图粉饰张伯伦。比如，张伯伦传记最后一卷的作者朱利安·埃默里（Julian Amery）说，张伯伦在与犹太复国主义运动的短暂交往中不仅是一个"先知和开拓者"，还是第一个看到犹太复国主义既能终结古老的犹太问题也能推进英国利益的英国政治家。还有人说他是贝尔福后来思想的原创者。这样的粉饰都是荒谬的。即便他（以及他的传记作者）没有意识到（这个可能性不大），但从克伦威尔时代到沙夫茨伯里时代，已有很多先于张伯伦的开拓者。贝尔福的兴趣来自更早的传统，而不是来自张伯伦。当然，就在这位殖民大臣向赫茨尔提出建议的时候，贝尔福是首相。"我尽全力支持了它。"贝尔福后来回忆说。尽管那项建议具有良好的企图和许多优点，但"它有一个严重的问题——它不是犹太复国运动"。[22]

　　赫茨尔也发现了这一点。他在去世前几个月的日记中描述了与意大利国王维克托·伊曼纽尔（Victor Emmanuel）见面时的情况。当他提醒国王拿破仑曾想在巴勒斯坦重新安置犹太人时，国王说："不，他仅是想把世界上散居的犹太人变成他的代理人。"

　　"这个想法，"赫茨尔回复说，"我在张伯伦那里也发现了。"[23]

　　赫茨尔两年前在君士坦丁堡的所有努力都遭遇失败之时，接到英国殖民大臣要与他见面的通知，他内心会涌起多么大的希望啊！1902 年 7 月，苏丹召唤他去君士坦丁堡，双方进行了一系列毫无结果的交涉。在他出发去君士坦丁堡之前，他给罗斯柴尔德勋爵留下一份有关埃尔阿里什和西奈项目的大纲和一封信："为了避免现在和未来的误解，我希望澄清一点，我提交这个计划的唯一原因是你反对巴勒斯坦的殖民计划……但……在地中海东部展开一次伟大的犹太人定居运动将会加强我们在巴勒斯坦的地位。"[24]

　　赫茨尔 10 月份一回到伦敦就接到会面的通知。会面由利奥波德·格林伯格（Leopold Greenberg）安排，此人是《犹太纪事报》的编辑、赫茨尔最有价值的盟友和代理人，他在赫茨尔与英国人的整个谈判过程中充当顾问。1902年10月23日，赫茨尔与那位"著名的英格兰之主"进行了第一次会见。[25]赫茨尔感觉自己的声音似乎要颤抖，但逐渐地平静下来。"我用不流利的英语向面无表情的约瑟夫·张伯伦解释了整个犹太人问题。"接着赫茨尔讲述了与苏丹的漫长交往过程。"但你知道与土耳其人谈判是个什么情况。如果你想买一块地毯，你必须先喝下五六杯咖啡，抽一百根香烟，然后才能插上几句话说要买地毯。我虽有时间谈判，但我的人民没有。他们在俄国的犹太人隔离区中忍饥挨饿。我必须迅速援救他们……之后，我提出了我想从英格兰申请的领土：塞浦路斯、埃尔阿里什和西奈半岛。"

张伯伦回答塞浦路斯不行，希腊和穆斯林居民不会同意，而英格兰必须站在他们一边。但如果赫茨尔"能找到一处没有白人定居的英国领土则可以谈一谈"！关于埃尔阿里什和西奈，他要询问一下克罗默勋爵。但很遗憾，他已经回埃及去了。

赫茨尔的日记继续写道："我在一张放在他桌上的小纸片上画出了埃尔阿里什，还讲了我的海法贸易区的想法。我说我希望能让土耳其人尽快与我达成协议。我说如果我出现在'埃及小河'（西奈），也许能以更低的代价获得海法地区。"

"听到这里，那不动声色的面具笑了，摘下了他的单片眼镜。但他根本不知道埃尔阿里什在哪里。"赫茨尔感到很好笑，这位殖民大臣"不完全知道英国的属地所在，却无可争议地站在主人的位置上。这就好像一个纺织品仓库管理员不清楚一些不太常见的商品是否在库"。他俩一起查看地图，当张伯伦在埃及找到埃尔阿里什时，说这会产生跟塞浦路斯一样的本地居民问题。"不，"赫茨尔告诉他，"我们不去埃及。我们已经去过那里了。"听到这话，那不动声色的面具又笑了。"此时他才真正理解了我在巴勒斯坦寻求土地集结犹太民族的希望。"

和他对罗斯柴尔德一样，赫茨尔对张伯伦一点都没有掩饰他把西奈当作返回家园的跳板的想法。他争辩说埃尔阿里什和西奈都没有被人租用，英国可以把这块地区给犹太人，从而增加在那个地区的实力。这似乎给张伯伦留下了印象。当赫茨尔直截了当地问："你同意我们在西奈半岛上建立犹太人殖民地吗？"张伯伦回答："我同意，如果克罗默勋爵赞成……"他请赫茨尔第二天来见他。

张伯伦给赫茨尔留下的印象是一个讲究实际、精力充沛的人，他不算聪明，没有想象力，但总体来说是一个决心要扩大业务的商人。张伯伦对那个折磨世界两千年之久的问题几乎没有多做思考，他像刚得到一笔满意报价的商业大亨一样迅速开始了工作。第二天早晨，当赫茨尔来到殖民部的时候，张伯伦告诉他，跟外交大臣兰斯多恩（Lansdowne）勋爵的会议安排好了，时间是下午。"我已为你铺好路，你要把整件事说给他听。要让兰斯多恩勋爵放心，你没有从埃尔阿里什向巴勒斯坦发动一次詹姆森式袭击*的想法。"

"他在说这些话的时候两眼发光……我说：'当然不会出现那样的问题，因为我只想在苏丹准许的情况下才去巴勒斯坦。'他高兴地看着我，好像是在说：'就这么办！'"

赫茨尔赶紧去和兰斯多恩勋爵会面，勋爵的秘书告诉他张伯伦在安排这次会议时态度极为恳切。外交大臣很友善地听着，重复说一切都取决于克罗默勋爵，并同意安排利奥波德·格林伯格前往埃及，在当地进一步进行谈判。

格林伯格于 11 月返回，报告说克罗默勋爵没有拒绝，但提出了一个异议：在西奈半岛已经出现土耳其和埃及之间的边境争端。尽管如此，克罗默对殖民项目的认真态度鼓舞了赫茨尔，他草拟了犹太复国运动宣言和承诺兰斯多恩的埃尔阿里什项目计划。第一步，英国应允许一个犹太复国主义者考察团去殖民地点进行考察。第二，

---

*　1895 年詹姆森博士发动对德兰士瓦的袭击，引发了布尔战争。这次袭击是在开普（Cape）殖民地首相塞西尔·罗兹（Cecil Rhodes）知情的情况下策划的，许多人相信这次袭击获得了殖民大臣的暗中支持。

从埃及政府那里获得土地特许权。最终，俄国犹太人面临的严重问题将获解决，而英国也能"获得实际利益"。最重要的是，犹太人将获得"殖民权"，这比任何东西都重要。

赫茨尔在这里暗示了建国问题，不过他显然不准备对英国政府明说此事。外交部把这份备忘录交给了克罗默勋爵，他立即抓住这点猛攻。"在你的文件中，你说你们'获得殖民权后会变得强大，前途光明'。但你的文件没有明说殖民者需要怎样的权利。"在1918年的巴黎和会期间，犹太复国主义者再次避免了将建国明确作为自己的最终目标，这在巴勒斯坦托管时期引发了无穷的问题和相互指责。然而，如果明确要求建国，可能也会产生一样多的麻烦，特别是可能触怒那些希望同化的犹太人。赫茨尔不敢这样做，因为他依然希望获得他们的资金建立殖民信托基金。无论怎么做，他的努力都会遇到这个障碍。除非拿出钱来，否则就得不到土地。而除非他拿到土地，否则就拿不到钱。

无论怎样，克罗默勋爵已经警告过，从埃及人的态度看，"结果可能不会太乐观"。兰斯多恩勋爵在附信中指出，殖民者应该拥有土耳其公民身份，尊重埃及人的法律。面对这样的挫折，赫茨尔并不气馁。虽然他的犹太复国主义伙伴同意让他成立调查委员会，并且他也答应了兰斯多恩的提议开始寻找一块可替代的领土，但他此时已经开始怀疑西奈项目是否会成功。此刻，他的目的更加清晰了，当然还不是彻底清晰。他说，土地本身不重要，重要的是要产生一种犹太气氛，"使犹太人的自由、公正和安全得到保证。我知道阁下重视民族意识不可估量的价值，这种民族意识过去曾把我们民族从最恶劣的堕落中拯救出来，所以它在未来也能把我们从今天的苦难境遇中解救出来"。

他在1903年初再次拜访外交部，发现他的观点并没有被接受。接待他的是外交部永久次长托马斯·桑德森爵士（Thomas Sanderson），这位"消瘦、聪明、多疑的老人"因有关殖民"权"

的讨论而产生疑虑。他简洁地说，国际保证是不可能的，顶多是埃及政府颁发的特许权，但细节问题必须由克罗默勋爵确定。"英国政府不可能比克罗默承诺得更多。"

　　此时，英国方面对此事感兴趣的张伯伦不在伦敦，他于 1902 年 11 月去非洲弥合布尔战争带来的伤痕。他在对东非的乌干达和肯尼亚山岳地带的考察中，听到了英国殖民者为巩固地盘而需要更多定居者的要求。张伯伦再次敏锐地抓住了这个机会。"如果赫茨尔博士，"他在 12 月 21 日的日记中写道，"愿意把他的努力转移到东非去，可以毫无困难地给犹太定居者找到合适的土地。但我估计东非离巴勒斯坦太远，对他没有吸引力……"但他把这个想法留存在记忆中供未来之用。

　　与此同时，在开罗方面，埃尔阿里什项目进展不利。克罗默勋爵愿意为之走多远的关键问题有了清晰的答案：不太多。犹太复国主义者考察团的专家给出了报告，没有大规模的灌溉，这片土地并不合适。埃及政府顽固地反对引尼罗河水进行灌溉。土耳其给埃及发电报反对给予犹太人特许权。赫茨尔此时感觉到时间的紧迫性，亲自于 1903 年 3 月前往开罗面见克罗默勋爵。他知道，只要殖民地总督施压，可以消除所有阻力。但克罗默勋爵很冷淡，仅是说他可以请英埃管理局的灌溉专家威廉·加斯提尼（William Garstyne）爵士做进一步调查。

　　赫茨尔在 4 月回到伦敦，去见了张伯伦——他刚好从非洲回来。就是在这次会议上，这位殖民大臣第一次提出了那个历史性的建议。在听到赫茨尔说西奈项目进展不利的消息后，张伯伦说：在东非，"我看到了你需要的土地。海边地带炎热，但越向内陆走气候越好，对欧洲人来说是一样的……所以我自己想：这里就有可以给赫茨尔博士的土地！"

　　这片土地到底在何处，张伯伦并没有明确给出，大约指的就是"乌干达"那片土地。但犹太复国主义者去调查后发现并不适合欧洲人居住，引发了大量批评。根据赫茨尔对这次谈话的记录，张伯伦明确地提到了乌干达这个名字。张伯伦的传记作者有不同说法。他坚持说张伯伦心目中的是肯尼亚高地，此地毗邻乌干达，非常适宜白人定居者，并解释说张伯伦可能是对赫茨尔说他在去乌干达的火车上看到过那片土地，或者与此类似的说法，但被赫茨尔误解了。无论真实情况为何，赫茨尔当时试图向张伯伦解释圣地作为犹太复国运动的焦点的重要性。西奈仅与圣地一步之遥，所以他催促张伯伦去说服克罗默勋爵做出对犹太人有利的决定。张伯伦答应去试一试。

此时是1903年4月23日。几天后，基什尼奥夫复活节大屠杀[26]的消息出现在欧洲和美国的报纸上。谋杀与尖叫，攻击者用石头砸向逃命中的人群，妇女受到攻击，婴儿被摔在卵石地上，房屋受到劫掠和焚烧，犹太教会堂被污损。一名老犹太教拉比背靠着圣坛被刺死，他双臂张开，用身体保护着犹太律法书，圣卷在他身旁被撕破，在污秽中遭受践踏——这些惨剧被报纸杂志传播着，出现在被震惊的外交官的书信中。

此外，从5月初开始，赫茨尔收到了几封格林伯格和戈德史密斯上校（Colonel Goldsmith）发回的电报，他俩受他之托留在开罗进行谈判，电文说他俩的努力可能会失败。加斯提尼报告说实现灌溉需要的水量至少是原本估计的五倍。克罗默勋爵认为整个项目不确定性太大，不值得强压埃及人接受。最后，这个项目在5月11日被正式否决了。

对赫茨尔来说，这次失败比他在德皇、苏丹等其他人那里遭受的失败还要惨重。在基什尼奥夫之后，形势变得像无法逃避的希腊悲剧一样。如果没有其他选择，他可能就会考虑东非的方案了，尽管他知道在犹太教里土地和灵魂密不可分。5月20日，张伯伦在与格林伯格的一次会面中明确了该方案的条件。赫茨尔授权格林伯格继续就"公开承认的，受法律保护的定居计划"进行谈判。[27]这就是他对基什尼奥夫惨案的回答——"我们必须应付当前的政治"。他私下说他希望通过展示对东非的真正兴趣，表明犹太人准备去其他地方，以诱使土耳其苏丹重新考虑给他们提供更好的条件。他重新开始谋求获得土耳其人的特许权，这次也许是在美索不达米亚，只要毗邻巴勒斯坦即可。为了增加对土耳其宫廷的影响力，他甚至去俄国会见了大屠杀背后的黑手——那个令人憎恶的内政大臣冯·普勒韦（Von Plehve）。赫茨尔认为此人不会不帮助犹太人离开俄国。只要他认为可能有用，赫茨尔甚至愿意亲自去会见这个魔鬼。

　　赫茨尔走后，格林伯格继续东非谈判。他虽然知道这并不是个理想的地方，但就像他在写给赫茨尔的信中所说，如果这个方案得到英国的正式认可，将使英国成为第一个承认"我们作为一个民族"的政治地位的现代国家。他继续写道，即使犹太复国主义者大会拒绝这项建议也没关系，因为"我们获得了英国无法收回的承认"。他接着发挥出一种相当非凡的预见力："他们必将提出进一步建议，这可能逐渐导致我们最终到达巴勒斯坦。"

　　沿着上述思路，格林伯格设想在英国政府和犹太殖民信托基金之间达成一项协议，但这件事后来被张伯伦转交给了外交部，而外交部过于谨慎。格林伯格提出的草案如今仍然保存在外交部档案里，在文件的边缘，能看到外交部法律官赫斯特（C. J. B. Hurst）写下的谨慎批注，熟练地把犹太人要求的自治权逐一挑了出来。在文件的底部，有外交大臣兰斯多恩勋爵用铅笔写的话："我担心这是要建立国中之国。"[28]

　　在与格林伯格做了进一步商讨后，赫斯特在 7 月 23 日写下的备忘录中总结了外交部的观点，那就是在不违背保护国法律的情况下，不反对犹太殖民点。"但如果犹太活动家希望获得比这更多的东西，要成立自己的小国家，恐怕就要遭遇极大的反对了。"这个关键问题后来也出现在英属巴勒斯坦托管地。

　　但富有进取心的张伯伦急于把这个有用又精力充沛的民族安置到英国在非洲的前哨阵地上，并不关心任何潜在的含义。他向不情愿的外交部施压，在 8 月最终敲定了发给犹太人的方案，但并不是格林伯格的那份草案。1903 年 8 月 14 日，外交部非洲保护地总监克莱门特·希尔（Clement Hill）爵士给格林伯格送去一封信，承诺"同意建立犹太定居点或安置点，尊重他们的民族风俗"。如果能在东非找到合适的地方，将"授予其一大片土地，任命一名犹太官员总管当地事务……这样的自治需要以女王陛下政府的总体控制权为条件"。

在这个不精确的表述中，存在一个明显的、后来也损害了《贝尔福宣言》的致命缺陷。毫无疑问，这是有意为之的。犹太人和英国政府都不想触碰这个萦绕在大家心中的问题——犹太人建国。犹太复国主义者，或者说他们中的大部分人，盼望着建立犹太国，但因害怕危及正在进行的谈判而不敢提及。英国政府也知道建国是最终目标，这点在赫斯特 1903 年和 1917 年的备忘录*中可以看出。但为给日后操作预留空间，英国政府按传统避免了精确表述，能不说的就尽量避而不谈。

赫茨尔从俄国回来后看到了这份方案。第六次犹太复国者大会即将于月底在巴塞尔召开。赫茨尔痛苦地忍受着道德折磨，试图说服自己和行动委员会（大会的管理机构）的同事相信，他们提交这份既不符合犹太复国主义目标也不符合巴塞尔原本章程的方案是正当的。那至少是个容身之处，一个收容所——按照马克斯·诺尔道（Max Nordau）的说法—— 一个临时避难所，供你在寒夜里栖身之处。如果他们不提交这份自犹太人丧失家园以来接到的第一份授予土地的方案，难道是合理的吗？在这种痛苦的情况下，委员会似乎没有正式投票表决，但当犹太复国者大会召开的时候，英国政府提出的东非方案被赫茨尔正式宣布了。

先是不知所措的沉寂，接着是惊讶，之后是一阵暴风雨般的欢呼，这就是台下听众的最初反应。[29] 作为一个民族，他们竟然收到

---

*　请参考下文中贝尔福和劳合·乔治对"民族家园"的解释。

一个世界大国的赠与，但当代表们最初的惊喜冷却后，他们开始动摇了。当各国代表进行内部讨论时，反对的声音越来越多，特别是俄国代表团。他们是最狂热的复国主义者，他们的争论最富于感情。甚至来自基什尼奥夫的代表也否决了东非方案，这些代表曾经告诉赫茨尔，只要能离开俄国，就是地狱他们也去。最后成员就是否授权向东非派遣一个调查团进行投票，而非是否接受这个方案，结果以 295 票同意对 178 票反对的结果批准了授权。但反对者全部起立离开会堂。这些离开的人自己召开了一次会议，会上人们高呼赫茨尔是"叛徒"。但也有人按传统哀悼仪式撕裂衣服，痛哭哀号。

　　如此深厚的感情，如此顽固的原则，如果不从犹太人对巴勒斯坦充满激情的依恋来看是无法理解的。正如阿哈德·哈姆布道时不断说的，巴勒斯坦不仅是块土地，更是唯一可能的犹太人精神力量的来源，这种力量将在犹太人中间重建民族意识。还是在第一次犹太复国大会期间，阿哈德·哈姆就称自己是"婚礼上的哀悼者"，拒绝被赫茨尔的政治愿景裹挟，一直强调必须先获得巴勒斯坦这个"文化中心"。他的影响力非常深远，特别是在东方的犹太人中间，这些人如今都认为自己的理想被出卖了。他们中的一个曾叫喊着"东非去死吧！"试图刺杀马克斯·诺尔道。

　　长期酝酿的对赫茨尔独裁式领导作风的不满倾泻而出。俄国犹太人也一直不喜欢他的过于世俗和西化，他们认为他依赖高层交易是天真之举。但赫茨尔其实是出于急切，并非天真。他比俄国人更心切，但也更不现实。对他们来说，迫害是老故事；对赫茨尔来说，正常经历就像加速播放的电影一样，他认为自己有责任立即找到解决方案。他的心脏不断发出警告信号，他听到死神就在背后逼近。他将自己视为犹太复国运动的代名词，这是他最大的缺陷。他从来不确定如果他不在了，运动应该如何继续。"我死后不要做蠢事。"[30]他在给同事的一封长信中突然冒出这样一句话。两个月后，1904 年7 月，他去世了，年仅 44 岁。

返回应许之地的实际过程比他想象的更缓慢、痛苦。或许从这一点看，领导权转交给更耐心、更讲究实际、更冷静的魏茨曼是一件好事。赫茨尔不安的心灵绝对无法在旷野中再坚持40年。早期以色列人用了这么久才完成这段短短300英里的旅程，始终是个令人吃惊的事实。当约瑟的同胞去埃及买谷物时，他们在这段距离上只花了几个月的时间，其间还来回重复了一些路段。也许无法用历史加以解释，《圣经》说出埃及的那代人不适合回到应许之地，所以他们要在荒野中流浪，等到下一代人才能返回。古老的经历看来要在现代重演了。

但巴勒斯坦仍是唯一的天国。东非方案使犹太复国运动分裂成多个派别。当然，这个运动的成员原先就有分歧，在沉重打击下分裂了。否定派称自己是"锡安犹太复国主义者"（Zion-Zionists），在哈尔科夫（Kharkov）召开分离会议。由于赫茨尔的心仍然在巴勒斯坦，他在自己生命的最后一年里再次试图获得土耳其的特许权，与否定派实现了和解。赞同东非方案的人在伊斯雷尔·赞格威尔的领导下形成一个新组织，自称是犹太自治区主义（Territorialists）。

与此同时，对东非的勘察发现许多障碍。原先许诺给犹太人的土地有很多已经被许诺出去。肯尼亚的英国殖民者开始在《泰晤士报》上进行抗议。东非殖民管理局重新分配的空地不适合欧洲人。有迹象表明，英国政府并不急于履行这项承诺，赫茨尔和大多数犹太复国主义领袖也都愿意避开这件事所带来的难堪。谈判又继续了一段时间，方案虽然从未被正式否决，但还是心照不宣地不了了之了。

赫茨尔死后，犹太自治区主义者继续就此方案提出要求。但英国一方的始作俑者张伯伦本身就兴趣不大，此时也已经离开了政府。他在1903年辞职，选择将关税问题交由公众投票，而不是毁掉自己的政党。他从来也没有真正关心过东非方案，他的离开也没有对这一方案产生太大影响。东非不是巴勒斯坦，这是东非方案的先天缺陷，而这也是它死亡的原因。

第17章

结局

贝尔福宣言和巴勒斯坦托管

1.贝尔福先生和魏茨曼博士

巴勒斯坦的关键地理位置决定了一旦土耳其帝国解体，英国肯定会将其据为己有。翻开历史画卷，从英国炮舰在叙利亚沿岸轰击拿破仑，到索尔兹伯里勋爵主张"将之据为己有"，我们能看到，这期间的所有历史事件都指向上述结论。但这不是一次普通的领土吞并，因为英国还同时将这片土地重新开放给其古老拥有者定居。

宣言的种子在它被公布之前十年就已经埋在贝尔福心中了。当时贝尔福任首相，犹太复国主义者拒绝张伯伦提出的东非方案，使他产生了好奇心理。在好奇心的驱使下，他与魏茨曼进行了一次决定性的会面，并理解了犹太人要复国的意志。在"一战"前的几年，他心中逐渐形成了一个愿望，想看到英国为犹太人"做点什么事"。

悲观，怀疑，这是熟悉贝尔福的人常用来形容他的词，使用的频度就跟他们试图描述他的魅力的频度一样，跟他谈话的人无不感到愉快。他的思想深刻，富于哲理。他不喜欢争吵，在喧闹中仍能保持冷静。他不关心细节，具体事务都让下属处理。只要有时间，他就去打网球。他凭借超常的智慧治理国家，在充分发挥政治艺术的同时，还能坚守原则。他出身贵族，有独立的收入，终生未娶，过着超脱于纷乱现实之上的生活。他高大的身材和冷漠的态度给人高傲的感觉。"他很无畏，"丘吉尔说，"当他们带他去前线观察战斗时，他透过他的夹鼻眼镜平静地看着炮弹的爆炸。"丘吉尔补充说："实际上，没有什么能触动他。"[1]

但犹太人问题却触动了他。

贝尔福的动机出自《圣经》，而不是帝国利益。如果英国的《圣经》文化对其从伊斯兰统治下营救出巴勒斯坦产生了任何作用，那贝尔福就是它的缩影。他与沙夫茨伯里在性格上截然相反，他缺乏热情，而具有怀疑精神，对宗教不热心，是个哲学上的悲观主义者。尽管如此，他像福音主义者和清教徒一样，被《圣经》中包含的希伯来文化强烈影响。贝尔福从小就浸淫在《圣经》中，早在听说犹太复国主义之前，他对"书中的民族"就有浓厚的兴趣。根据他的传记作者、外甥女达格代尔（Dugdale）夫人的说法，他对犹太人的兴趣是"终生的"，"源自他从小就从母亲那里接受到的《旧约》教育，以及在苏格兰的成长经历。随着年龄的增长，他对犹太哲学和文化的一些方面的钦佩和同情也在增长，现代世界中的犹太人问题似乎对他有着巨大的重要性，他总是热切地谈论这一点。我记得小时候就听他说，基督教和基督教文明都亏欠犹太教无法估量的债务，而且可耻地没有偿还"。[2]

1895 年，罗斯柴尔德家族的康斯坦丝·巴特西（Constance Battersea）女士拜访了贝尔福在惠廷杰姆（Whittingehame）的家。饭后，他们"谈了很长时间的话，谈到了犹太人、外国移民、犹太人集会、合唱团及教会"。[3]像所有给贝尔福唱赞美诗的女性崇拜者一样，她也倾诉出了自己与贝尔福见面时的激动心情，因为他是"最令人愉快的男士……可爱、杰出、大度、文雅——哎呀，他与大多数男人的差距实在太大了"。之后，她又补充说，他从《以赛亚书》中挑出一章，"优美、虔诚"地阅读起来。

提及《以赛亚书》很有意思，没有哪章比《以赛亚书》更坚定地表达了对巴勒斯坦的永恒渴望。冷静、高傲的贝尔福完全不像《旧约》中的人物。但在所有曾经帮助过犹太人返回家园的英国人中，他可能是唯一从犹太人的角度思考问题的人。对他来说，犹太人既不是基督教千禧年的工具，也不是商业帝国主义的代理人。犹太人就是犹太人，他们就应该返回家园，这是基督教在返还那笔"无法估量的债务"。不能是随随便便的一块土地，而只能是犹太人的古老家园。为什么是巴勒斯坦？"答案是，"他写道，"犹太人与众不同。对他们来说，种族、宗教和国土紧密相连，地球上任何其他宗教与土地都没有这样密切的关系。"[4]

当然，贝尔福任外交大臣，宣言由他签署，但他并非是那份宣言的唯一作者。不同人写的回忆录会给读者留下不同印象，有的让读者感到劳合·乔治是最终决策者；不，是真正说服内阁的赫伯特·塞缪尔（Herbert Samuel）；不，等一等，当然是魏茨曼，因为他才是真正的幕后人。虽然贝尔福没有留下回忆录，也没为自己邀功，但该宣言以他的名字命名并非文书错误。

事情开始于 1906 年，由贝尔福担任首相的保守党政府在议会中失利，因此提前召集大选。在竞选曼彻斯特的议员席位时，贝尔福在他的政治事务代理人德赖弗斯（Dreyfus）的引导下，与一位年轻的科学家、热情的犹太复国分子、未来的以色列国第一任总统见面了。哈伊姆·魏茨曼当时是维多利亚大学的化学教授，在那段时间里脱颖而出成为赫茨尔的接班人，领导犹太复国运动。他当时 32 岁，到英国不满两年，但他自少年时代起就在俄国的犹太人隔离区里为犹太复国运动工作，分发传单，为犹太人社团募集捐款。募集捐款按照传统是在 3 月的普林节期间，此时处于融雪期，平斯克（Pinsk）的大街上到处是烂泥和融冰，少年魏茨曼穿着哥哥的大衣，徒步从一家的大门走到另一家的大门，他迈向巴勒斯坦的初始步履既冰凉又不舒服。[5] 后来，他去犹太复国者大会做代表，当乌干达问题出现后，他最先支持回归巴勒斯坦并坚持到底。许多年之后，有个英国人问他为何拒绝去乌干达，他反问道：假定英国人被流放几个世纪之后被允许返回，但不许返回祖国，只许回到法国的加来，你们能接受吗？提问的英国人［耶路撒冷总督罗纳德·斯托尔斯爵士（Sir Ronald Storrs）〕承认，他"具有惊人的说服力"。[6]

魏茨曼代表了东方犹太人的声音，不同于有教养的、具有国际视野的赫茨尔，也不同于有钱有势的西方犹太人，而这些人此时正在和西方政客谈判。有趣的是，这次会面是贝尔福提出的，因为他在求知欲的驱使下想了解为什么犹太人会拒绝东非方案。在更急迫的事务之下，这个令他百思不得其解的问题一直萦绕在他脑中。他认识一些想融入西方社会的犹太人，他们极力避免提及巴勒斯坦这个名字，即使可以也不愿解释乌干达方案激起的热情和恼怒。在被问到后，德赖弗斯提议把他在大学里的年轻朋友找来，此人可谓是"另类犹太人"的典型，有可能解答这个疑问。贝尔福独自一人来到了见面地点，不带任何宣传自己的私心，仅是想获知问题的答案。这是典型的贝尔福风格，显示出了他与巴勒斯坦问题的特殊关系。很难想象有人能在刚失去首相职务，又正值闹哄哄的政治选战期间，竟然关心与自己选票无关或没有直接影响的政治问题。

然而，这样的事偶尔发生，而这次会面成为历史性事件。[7]被流放的民族与作为中间人的大国相遇了，在短暂的接触中发生了某种化学反应。双方在会面前都没有寄予多大希望。会面地点是在贝尔福设在曼彻斯特饭店里的竞选中心，他留出15分钟给访客，但实际上会面持续了一个多小时。魏茨曼很紧张，这是可以理解的，他的英语说得不流利，却要在15分钟里向面前这位知名的政治家解释清楚犹太人的历史和希望、派系和争执，所以没有对会谈结果报什么希望。贝尔福的长腿伸出沙发之外，就像那幅著名漫画一样。他问为什么犹太复国主义者如此激烈地反对乌干达方案。英国政府确实想为缓释犹太人的悲惨境遇做点什么，这个问题很实际，需要实际的解决方案。

魏茨曼做了回答，他回忆道："我长篇大论地解释了犹太复国运动……只有用现代政治术语表述出的深厚宗教信念才能把这项运动维持下去，而那个信念必须也只能是基于巴勒斯坦之上的。偏离巴勒斯坦无异于邪神崇拜。我又说，如果摩西来参加第六届犹太复国者大会，当大会通过派出乌干达调查团的决议时，他一定会再次摔碎法版……"

"我情绪激动，拼命寻找不那么笨拙的词汇表达我的意思……我突然说：'贝尔福先生，假定我给你巴黎而不是伦敦，你会接受吗？'"

"他站起来，看着我，回答说：'但魏茨曼先生，我们就在伦敦。'"

"'确实，'我说，'但当我们拥有耶路撒冷的时候，伦敦还是一片沼泽。'"

"他向后靠到椅背上，看着我……我直到 1914 年才再次见到他。"

谈话中，魏茨曼对巴勒斯坦是犹太信仰的中心的强调，以及他说偏离这一点就是邪神崇拜的古怪说法，肯定会让张伯伦感到厌烦和疑惑，但对贝尔福却是恰到好处。"贝尔福常对我说起那次会谈给他留下的深刻印象。"达格代尔夫人写道。从此之后，贝尔福才理解了犹太人特有的爱国主义，没有巴勒斯坦，他们绝对不会满意。

贝尔福理解魏茨曼。在后来的战争岁月里，他俩又重新交往起来，成为密友。"一位有科学心的政治家，"斯托尔斯说，"在与一位有政治心的科学家的交谈中逃避日常党务，同情的种子就在此时播下了。"在贝尔福弥留之际，魏茨曼是唯一被允许探望他的非家族成员。"他俩没有说话，因为贝尔福非常虚弱，而魏茨曼博士悲痛至极。"贝尔福伸出手摸了摸访客低垂的头。屋里一片静默，他俩之间的感情无须言语就能感知。[8]

由于魏茨曼代表了还没有被西方同化的犹太复国分子的主流，他在贝尔福眼里代表了他们的理想。魏茨曼从来不情绪激动，从来不像赫茨尔那样有任何夸张言行。他是个儒雅之人，极具智慧，是个精明的谈判者，一个"极简派"，能主动把自己的要求降至实际可能达成的水平。他有魅力，这一点跟贝尔福一样。有人猜想他的人格魅力使贝尔福把犹太人的运动理想化了。"作为宗教和种族传统的保护者"，贝尔福断定犹太复国主义者是"世界政治中强大的保守力量"。[9]

两人于1906年在曼彻斯特进行的这次决定性的会面之后不久，贝尔福的政党在大选中落败，他从公职中获得解放。于是他把自己着意保留的"富有激情的思考时刻"（达格代尔夫人用语）转向这个使他感兴趣的新问题。

也就是在这个时候，贝尔福看到了一个机会，不仅能使在穆斯林统治下变得荒芜的圣地恢复生机，而且"还能实实在在地洗刷掉沾染在我们文明上的古老污渍"。这个措辞引自他1922年在上议院的一次关键发言[10]，当时上议院正在就一项得到广泛支持的否决巴勒斯坦托管的动议进行辩论。贝尔福奋起反驳这项动议，他为自己曾试图在巴勒斯坦推行的、以他的名字命名的政策做了认真的辩护。他在最后说，他如果未"尽全力强调"英国帮助犹太人返回家园是一个高尚的理想，就是对自己的不公正。"这个理想是激励我的主要动力……基督教世界并没有遗忘犹太人的信仰，没有忘记他们为世界上的伟大宗教做出的贡献。我们希望尽全力给他们提供在英国的统治下和平发展的机会，而至今他们都不得不生活在那些既不懂他们的语言也不属于他们种族的国家中。"

贝尔福在早年研究犹太复国运动时遇到的犹太人几乎都是顽固的反犹太复国主义者。[11]贝尔福从未有过不安全感，从来不曾感知到外在的挑战，也不可能有人挑战他的社会地位，因此他无法理解是什么使他们不安。当康斯坦丝女士在1911年来惠廷杰姆拜访他的时候，他向康斯坦丝女士请教这个问题。"贝尔福对犹太人问题极为感兴趣，"她在给妹妹的信中写道，"他问了许多有关克劳德（蒙蒂菲奥里，伦敦犹太同化组织的理论领袖）的问题——他的书，他的态度，他的影响力。他让我告诉他克劳德在犹太社群中的地位，他的作品如何影响犹太问题。"[12] 康斯坦丝女士遗憾地补充说，贝尔福"从纳蒂那里获得了大量信息，因此十分偏颇。"纳蒂是她的表兄纳撒尼尔，第一代罗斯柴尔德勋爵，自从与赫茨尔有交往以来，过分热衷于赫茨尔的理想，至少在罗斯柴尔德家族的次等成员或与外族通婚的成员们看来是如此。后来，纳蒂的儿子成为贝尔福宣言的接受者，该宣言是以"给罗斯柴尔德勋爵的信"的形式公开的。但大多数英国犹太人认同康斯坦丝女士在她的《追忆》（Reminiscences）和另一本有关其家族的回忆录[13]中隐晦表达出的态度。这两本书都是在《贝尔福宣言》之后出版的，书中虽然频繁谈及贝尔福本人，但对《贝尔福宣言》却缄口不谈。

这种态度将在历史上留下印记，当反对宣言的埃德温·蒙塔古（Edwin Montagu）在他战时内阁的位置上没有能彻底阻止贝尔福宣言时，他便在措辞上含糊语义，使宣言发布者究竟持有什么态度成为永恒的争论。这种含糊其词的致命后果在后来才显现。反犹太复国主义者的理由不属于本书的讨论范围，这个问题很复杂，以本书的篇幅去讨论这样的问题，是不明智的。如果说这种态度是错的，它至少是可以理解的。不过，贝尔福感到迷惑。犹太同化主义者害怕犹太人返回巴勒斯坦会损害他们在寄居国的地位，贝尔福认为这种担忧是无稽之谈。与此相反，他说，"自古代以来的厌恶"是可以被缓释的，只需给犹太人"所有国家都拥有的东西：人民有居所，国家有领土"。[14]

这件事，贝尔福达成了。按照贝尔福自己的评价，这是他逐步登上英国政坛巅峰的 50 年政治生涯中最大的成就。"最后，"达格代尔夫人写道，"他告诉我，他感觉自己为犹太人所做的是他一生中最有价值的事。"贝尔福在做这番评价时，历史的沉重负担肯定占据了重要地位。除去纠正一个古老的错误所带来的满足感，他还感到（我们只能猜测），在他一生的工作中，这件事给了他特别的荣誉，因为他此时正踏着《旧约》中古代英雄的脚印前进。

2.贝尔福宣言：丙酮还是良知？

一个著名的传闻说，英国之所以制定《贝尔福宣言》，承诺为犹太人在巴勒斯坦建立"民族家园"，是为了回报魏茨曼解决英国的丙酮短缺问题。虽然这个传闻极为简洁而有吸引力，但实际并非如此。劳合·乔治要对这个传闻负责。根据他写的战争回忆录，他建议给魏茨曼某种奖励，但遭到拒绝。劳合·乔治问："我们能做点什么来表彰你对这个国家的贡献呢？"魏茨曼回答："我希望你为我的民族做点事。"劳合·乔治夸耀说这就是《贝尔福宣言》的"源泉"。[15]

毫无疑问，他俩进行过这段谈话，但《贝尔福宣言》的"源泉"不是这个骑士传奇故事，而是中东的战局。

第一次世界大战在1914年8月打响。英国做了最后的外交努力，希望土耳其保持中立，但土耳其还是在10月公开加入了同盟国一方。其实，土耳其早在几个月前就与德国秘密缔结了同盟关系。英土终于决裂了，索尔兹伯里勋爵的刺耳判断被证实是正确的——他说，"我们赌错了马"，那匹马现在正在比赛，还穿着德国人给的衣服。英、法、俄组成的协约国在11月2日至5日之间向土耳其宣战。战争期间英国顺便吞并了塞浦路斯聊以自慰。两周后，驻印英军攻占了波斯湾的巴士拉（Basra），接着开始向巴格达进军，形成从东面攻击土耳其的态势。

然而，真正决定性的是苏伊士运河，这是理所当然的，因为这里是拴着大英帝国的铰链。1915年2月，土耳其军队跨过西奈半岛，向苏伊士运河发动攻击，为此英军赶紧派出增援部队。土耳其军队虽被击退，但仍然是一个威胁，从此中东变成一个主要战场。温斯顿·丘吉尔在基钦纳和劳合·乔治的支持下，激情满怀地催促英国将中东作为主要战场，特别是在西线陷入僵局的情况下。达达尼尔海峡战役是公认的失败，既没有拿下君士坦丁堡，也没能从背后向俄国提供支援。陆上战役先在美索不达米亚展开，后来扩展到了巴勒斯坦，经过四年的包围、攻击和僵持，土耳其人终于被击退，先撤出美索不达米亚和阿拉伯，最后退回了土耳其本土。在美索不达米亚战场，英国人在 1917 年 3 月成功占领了巴格达，但在向底格里斯河和幼发拉底河推进中遇阻。当时英国的盟友俄国本应从北面发动侧翼攻击，但俄国爆发了革命，俄军的攻势随即瓦解。与此同时，基于埃及的军事行动在 1916 年进入叙利亚。英国人在西奈沙漠里铺设了铁路和供水管之后，攻占了埃尔阿里什，随后跨越沙漠进入巴勒斯坦。在边境的加沙，英军遇到了有德军支持的土耳其人，两次进攻受阻，僵持了六个月。最后，在新指挥官艾伦比的领导下，英军重新进行了部署，攻下了这个大力士参孙获得悲剧性胜利的镇子。雅法这个英王理查曾经血战之处，随后被英军攻占了。1917 年 12 月，英国攻占了耶路撒冷，随后大马士革、霍姆斯、阿勒颇也被相继攻占，最后整个叙利亚全落入盟军之手。

　　在战场之外、战役之间，展开了这场世界大战中最复杂和相互矛盾的外交斡旋，达成的秘密交易让美国总统威尔逊感到无比厌恶。

　　这是秃鹰聚集的时刻，土耳其帝国的残骸就要被瓜分了。俄、法、英各有自己的领土要求。同时又多出两个新瓜分者——犹太人和阿拉伯人，他们有各自的野心，而英国出于各种战略考虑同时给予他们以支持。每个人都在谈判，却没人能完全掌握全局。英国外交部与法国和俄国谈判；英国陆军部与阿拉伯人进行谈判，有时跟这群阿拉伯人，有时又跟另一群，有时是通过开罗的阿拉伯办事处，还有时是通过身在前线的劳伦斯上校。犹太复国主义者在伦敦与不同的内阁成员进行谈判。因此形成了一大批互相矛盾的秘密协定、承诺、"共识"，此后从未有人能厘清。想从这堆乱麻中总结出英国的政策是浪费时间的愚蠢行为。这期间英国根本没有统一的政策，仅是为了赢得战争和牢固地守住中东这片地盘。为了这个目标，英国人不择手段，或者说每个谈判者都在为了自己的任务而不择手段。

结果出现了我们这个时代最烦冗也最令人痛心的争执。无休止的争执——不同的英国派别之间，阿拉伯人、犹太复国主义者与反犹太复国主义者之间，不同的白皮书之间，永久托管委员会内部，17 组调查团之间，长达数小时甚至数周的议会辩论，无数书籍、报纸专栏、报告、大会、案情摘要——都没有准确地向历史说明英国为巴勒斯坦的未来做出了怎样的设计。实际上，设计者自己也不知道。他们的确希望把巴勒斯坦置于英国的控制之下，不许法国介入。但英国的控制应该采取何种形式，他们一直都无法确定。他们是在等待时间解决一切问题。与此同时，不同的谈判者也有自身的偏好。劳伦斯上校的要求比他的上级、阿拉伯办事处领导人亨利·麦克马洪（Henry MacMahon）爵士更加宏大；马克·赛克斯（Mark Sykes）爵士想要什么谁也搞不清楚，因为他跟法国人、阿拉伯人、犹太复国主义者谈的都不一样；我们甚至不能肯定英国外交大臣与首相的想法是一致的。事实上，我们能肯定他们的目标不一样。贝尔福想看到以色列的复兴，而劳合·乔治想牵制法国人。

我们能说的仅是当时发生了什么。战争爆发的时候，赫伯特·塞缪尔爵士是阿斯奎思政府的内阁成员，他后来成为第一任巴勒斯坦特派员。根据他的说法，他认为自己作为第一个进入内阁的犹太人，有责任了解犹太复国运动。在研究了一段时间后，他倾向于支持犹太复国运动。1914 年 11 月，在土耳其参战后，他与时任外交大臣爱德华·格雷（Edward Grey）爵士、财政大臣劳合·乔治讨论了各种可能性。[16] 他认为英国应发挥主导作用支持犹太复国运动，因为巴勒斯坦的地理位置很重要，必须保证那里的居民对英国友好。格雷被这个想法"在感情上深深地吸引住了"，而劳合·乔治也"很赞同"。除了法国的可能态度之外，他们还讨论了是否应通过帮助俄国沙皇重获俄国犹太人的效忠，从而换取面临困境的俄国沙皇的支持。格雷警告说，当法国出面索要叙利亚时，英国应避免默许任何与"在巴勒斯坦建立犹太国的意图不相符合的"[17]要求。从他们当时的用词来看，他们在最初讨论的是"国家"而不是"家园"。

受到这次会谈的鼓励，格雷通过英国驻彼得格勒大使，谋求俄国政府的支持，但未能如愿。[18]与此同时，又有一个人参与到这场讨论的第一幕中，他虽是幕后人物，但发挥了激励人心的作用——斯科特（C. P. Scott），《曼彻斯特卫报》一位受人尊敬的编辑。战争刚爆发不久他就与魏茨曼见过面，全面了解了犹太复国主义者的目标，此后便悄悄地、持续地安排魏茨曼及其同事能够与英国政府中的要员见面。他的报纸也努力让公众熟悉这个问题。斯科特在 12 月带魏茨曼来伦敦与劳合·乔治和塞缪尔见面。[19]

"劳合·乔治开始连续向我提问，"魏茨曼记录，"有关巴勒斯坦的，有关我们在那里的定居点和人数，还有多少人会去那里。接着赫伯特·塞缪尔插了几句非常有帮助的评语，让我极度惊奇……劳合·乔治指出我应该去见贝尔福和阿斯奎思。就在这时，赫伯特·塞缪尔说——我无法相信自己的耳朵——他准备写一份有关在巴勒斯坦建国的备忘录，提交给首相。"

魏茨曼原以为塞缪尔是个反犹太复国者，现在虽发现塞缪尔是个拥护者，但他两似乎从没有一起密切工作过。但下一个步骤是塞缪尔做的。1915 年 1 月，他把题为《巴勒斯坦的未来》的备忘录交给了首相。阿斯奎思看后感到不快，在笔记中写道，塞缪尔提议"英国吞并巴勒斯坦，这块地方跟威尔士差不多大小，到处是荒芜的山冈，部分地区没有水源。塞缪尔想在这片没有希望的土地上安置 300 万到 400 万欧洲犹太人，对欧洲剩下的犹太人很有好处。这读起来就好像新版的《坦克雷德》。我承认我对把这片土地加入到我们职责范围内不感兴趣。它以奇怪的方式印证了迪斯累里最喜欢的那句话——'种族决定一切'。塞缪尔的思维有条不紊，但写这篇备忘录时却好像是诗兴大发"。[20]

英国驻巴黎大使伯蒂（Bertie）勋爵也来泼冷水了，魏茨曼曾询问过他的意见。伯蒂勋爵是天主教徒，认为整个事情是"一个荒谬的诡计"，一想到"教皇会说什么"就浑身发抖。[21]

与此同时，塞缪尔修改了备忘录，但没有降低要求，因为仍然谈到了"自治的犹太国"，并再次呈交给首相。首相看后几乎没有什么反应，只粗鲁地说这份"狂热的"计划只能找到劳合·乔治做同党，因为他这个人"既不关心犹太人的过去，也不关心他们的未来，只认定如果让圣地落入'信奉不可知论和无神论的'法国的保护下，那简直就是一种暴行"。[22]

阿斯奎思这番话大错特错了，因为凭他的性情根本无法理解劳合·乔治。在贝尔福看来，最早引起劳合·乔治兴趣的是《旧约》在现代政治中的再次出现。劳合·乔治自己也承认："当魏茨曼谈论巴勒斯坦时，他提及的许多地名在我耳中比西线的地名听起来更加熟悉。"[23]确实，对英国人来说，但、贝尔谢巴比伊普尔（Ypres）和帕斯尚尔（Passchendaele）更有意义。无论怎样，阿斯奎思的反对意见从长期来看并不重要。在战争的压力下，英国内阁分裂了，阿斯奎思被更强势的劳合·乔治压制并最终取代。内阁进行了一次初步人事调整，劳合·乔治改任军需大臣，这使得他离掌控全局又近了一步。与此同时，贝尔福进入了新的联合政府，成为海军大臣。一年半之后内阁才再次发生改变，劳合·乔治成为首相，贝尔福改任外交大臣。1916 年 12 月，英国政府开始认真考虑公开宣布对巴勒斯坦的政策，并与犹太复国主义者进行正式对话。

但在此之前，政策已经开始在战场上形成了。1915 年春，在奥斯曼战区，在开罗和大马士革之间出现了两个人物——"密探"，我们今天会这样称呼他们，当时他们为陆军部工作。陆军部的指挥官是个富于想象力的伟大军人，他是圣地的勘查者、喀土穆的拯救者，以及此时英国的英雄——陆军元帅基钦纳勋爵。他慧眼识人。

在他的手下，有个因不够军人体格而做文书工作的年轻考古学家、阿拉伯学者，曾游荡于幼发拉底河和尼罗河之间，在战前为巴勒斯坦探险基金会勘察了西奈半岛。或许就是因为他们一样都是"沙漠人"，基钦纳选择了 T. E. 劳伦斯，并派他去开罗执行一项被含糊地称为"军事情报"的任务。

自从帕夏穆罕默德·阿里反抗奥斯曼帝国的那个令人骄傲的时代开始，反抗之声就回荡在阿拉伯世界的各个角落里。过去，这些阿拉伯反抗者一直都没有引起注意，如今英国突然开始感兴趣，动员一切力量袭扰土耳其人。这些阿拉伯人内部充满了纷争，并非有价值的盟友，而他们提出的价码更加令人生疑。但英国人此时已经下定决心推翻土耳其，并以某种形式接管其阿拉伯领土。是直接行使主权，还是作为保护国或势力范围，取决于形势的发展。但无论形式如何，当地居民的支持是必须或至少是便利的。

当时的许多人和事都已经变成了历史——劳伦斯的戏剧性冒险，沙漠战，伪装，对麦加的老谢里夫侯赛因和他的儿子费萨尔（Feisal，后来的伊拉克国王）、阿卜杜拉（Abdullah，后来的约旦国王）的拉拢。英国关于未来的自治和领土范围等问题的承诺都由劳伦斯向阿拉伯人提出，然后由谢里夫侯赛因与亨利·麦克马洪爵士通过书信确认。但这些内容偏离了本书的范围，因为巴勒斯坦在约旦河的另一侧。

在这里我们必须讲一讲马克·赛克斯爵士。他几乎掌握了历史上最全面的信息，如果他没有突然死去的话，可能会将手中的信息整合成一个可以实施的政策。1919年，在巴黎和会期间，他感染流感，五天后就死了，年仅 40 岁。"如果他活着，"与赛克斯和劳伦斯一样曾供职于阿拉伯办事处的奥姆斯比—戈尔（Ormsby-Gore）写道，"近东的历史将会有所不同……休战后的各种灾难性拖延耽搁是不可能发生的。他会去各政府部门协调，去议会讲演，与所有人会谈，引起人们的关注……" [24]

赛克斯是在 1914 年引起基钦纳注意的。他是一个聪明、古怪、具有冒险精神的外交官，早年在中东游历了许多地方，彼时在陆军部做参谋。"赛克斯，"基钦纳突然有一天对他说，"你在法国做什么？你应该去中东。"[25]

"我去那里干什么？"赛克斯问道。

"就去那里看看，然后回来。"陆军大臣说，他讨厌条列各项命令，这让他的同事很苦恼。但赛克斯是一个不需要详细指令的人。他立即出发，开始了调查。他四处游历，与人交谈，之后回到英国。他所看到的，特别是他所预见到的，影响了英国未来四年的政策。像劳伦斯一样，他的影响力超越了他的职务范围——劳伦斯是因手下有一支忠实于他的军队，赛克斯则是因为他不可抗拒的能量和激情。他俩都属于那一长串对东方魔力着迷的英国人。虽然东方如今因衰败而被人遗忘，但它曾经是熙熙攘攘的世界中心，世界的信仰、艺术、法律均诞生于此。对那些跟他俩一样的人来说，东方释放着出生地一样不可抗拒的吸引力。像劳伦斯一样，赛克斯被东方文艺复兴的愿景紧紧吸引住了，他俩都相信实现这个愿景的机会触手可及。一旦把奥斯曼帝国的幕布撤掉，古闪米特人，以色列和以实玛利，就能使自己和土地得到复兴。

"我想建立一个新国家，"劳伦斯在《智慧七柱》(*Seven Pillars of Wisdom*)中写道，"恢复失去的文化影响，给 2000 万闪米特人一个基石，供他们建设民族思想的梦幻宫殿。"他把恢复以色列国也包括在这个梦幻宫殿中。"我支持犹太复国，"他在另一处说，"不是因为犹太人，而是因为巴勒斯坦重建后将提高中东地区的整体道德水平和物质生活水平。"[26]

赛克斯的动机是一样的，他下决心为一个阿拉伯国家而努力。后来，他发现了犹太复国主义者，他看出他们的热情和能量能为中东的复兴提供帮助。"这可能是犹太民族的命运，"他说，"成为亚洲和欧洲的桥梁，把亚洲的精神带给欧洲，把欧洲的生机带给亚洲。"[27]

此时，有两方面的情况很紧急。一是为攻占君士坦丁堡，缓解俄国的压力，进而吞并土耳其而进行的达达尼尔战役；另一方面是在盟友之间就如何分配土耳其领土达成协议。赛克斯被派去谈判条件，其结果就是《赛克斯—皮科协定》（Sykes-Picot Treaty），一战中最不受欢迎的文件之一。赛克斯的传记作者看到过一份协定签署后的解释性文件，英国外交部用极为罕见的方式形容这份协定是"必要的权宜之计"[28]。这样说是有道理的。当时的形势确实很微妙。每个盟国都踮起脚尖盼望满足自己百年来的野心，同时警惕着身旁其他的秃鹰，不许他们抢到比自己更多的残骸。但如何才能一方面合理地分配战利品，另一方面不打乱阿拉伯办事处的计划呢？因为阿拉伯办事处此刻正在小心地把侯赛因拉入反抗土耳其的行列，条件是承诺支持他做未来阿拉伯人的国王。[29]显然必须保守秘密，否则让阿拉伯人听到风声便会止步不前。这两组谈判是同时进行的。当赛克斯在彼得格勒和巴黎进行谈判的时候，亨利·麦克马洪爵士正在与身在阿拉伯半岛的谢里夫侯赛因交换信件，而劳伦斯就在他身边。当这位首领获得了某种形式的主权承诺时，他未来的领土正在被盟国以另一种形式进行瓜分。

《赛克斯—皮科协定》是老式的、纯粹的帝国交易，谈判过程和签署是秘密进行的，从未对外公开，直到布尔什维克革命者上台后公布了沙皇的档案。这份协定确实允许在土耳其从前的领土上建立阿拉伯联邦，但细看其条款，无论如何引申也不能与给阿拉伯人的承诺相吻合。由于此前没有向犹太人做出过任何承诺，还不能说损害了犹太人的利益。赛克斯本人不知道犹太复国主义者的存在（但他知道与侯赛因的所有交易）。虽然《赛克斯—皮科协定》的条款[30]乱得如同黑暗中的迷宫，但有一条是清晰的，即巴勒斯坦被留待"特别安排"，没有承诺给任何人。巴勒斯坦周围的前土耳其领土都被明确地瓜分了：这些地方被分成红、蓝两个地带，A、B 两个地区，根据各方不同的影响力水平分配了港口、铁路、城市、行政区和行省；这块地方用来与你交换那块地方，之所以把那个地方给那一国，是因为有第三方获得了第三块地方，如果考虑到另一种新情况……然而，巴勒斯坦被指定为"棕色"地带，命运待定。协定的措辞是这样的："巴勒斯坦及圣所从土耳其领土中分割出来，另做特别安排，未来将由俄国、法国、英国协商确定。"

巴勒斯坦的这种例外待遇，同样出现在麦克马洪与麦加谢里夫之间的谈判中，并且双方在纸面上都给予了承诺。英国在此前已谈定的限制和边界基础上"愿意承认和支持阿拉伯人的独立"。这个陈述出现在日期为 1915 年 10 月 24 日的重要信件上。但其中有一个地区明确地被排除在外，就是"叙利亚大马士革、霍姆斯、哈马、阿勒颇以西的地区"。这个笨拙的措辞指的就是巴勒斯坦，但专家们不会用这个地名，因为它在地理上意义很不明确。简单地说，"约旦河以西的巴勒斯坦全部被排除在亨利·麦克马洪爵士的许诺之外"。[31] 说这番话的是 1922 年任殖民大臣的温斯顿·丘吉尔，他把外约旦（trans-Jordan）从巴勒斯坦分割了出来。

当时包括费萨尔、劳伦斯、魏茨曼、赛克斯、英国内阁成员等所有人，没人认为给阿拉伯人的承诺会与犹太复国主义者正在形成中的计划产生矛盾。甚至于在《贝尔福宣言》公布后，大家依然没有觉得有矛盾之处。麦克马洪承诺给阿拉伯人的大片土地，没有包括贝尔福称之为"一小块土地"[*32] 的巴勒斯坦地区。阿拉伯人此后所有的主张都无法掩盖一个事实，即当时的主要领袖——他们的老谢里夫侯赛因和费萨尔——都知道并默许了巴勒斯坦被排除在承诺给他们的独立领土以外，[33] 无论他们当时是否抱有不满。甚至在英国人想在巴勒斯坦内为犹太人留出空间的企图被公开之后，他们

---

* 不包括外约旦的受托管巴勒斯坦土地，总面积是 10434 平方英里，大约是 1918 年解放的阿拉伯（现在的沙特、也门、约旦、伊拉克、叙利亚和黎巴嫩）土地面积的百分之一。这相当于比利时在俄国以西的欧洲大陆中所占面积的比例。

也没有提出异议。当以魏茨曼为首的犹太复国主义者委员会在炮火还未停息的 1918 年来到巴勒斯坦时，麦加的一家报纸发表了一篇欢迎文章，署名是谢里夫侯赛因，这篇文章告诫阿拉伯人要欢迎犹太人，与他们共谋福祉。[34] 魏茨曼访问了费萨尔在安曼的沙漠指挥部。[35] 在夜空下，魏茨曼和费萨尔与似乎无处不在的劳伦斯进行了一次会晤，这个著名的三人组达成了共识的基础。后来在巴黎，他们之间的共识以文件的形式出现了，由魏茨曼和费萨尔共同签署。在这份文件中，这位阿拉伯埃米尔同意"保证全力实施英国政府在 1917 年 11 月 2 日的宣言（贝尔福宣言）"，并且要"采取一切必要措施鼓励犹太人大规模向巴勒斯坦移民"。[36] 费萨尔还给来参加巴黎和会的美国犹太复国主义者代表写了一封信，说阿拉伯人和犹太人"正在一起改革、复兴近东"，且阿拉伯人希望给予返回家园的犹太人以"最热情的欢迎"，"叙利亚有足够的空间容得下你我"，"事实上，我认为缺了谁都无法取得真正的成功"。[37]

　　后来，由于哈希姆家族（Hashimite family）没有能统一阿拉伯的所有领土和民族，被伊本·沙特（Ibn Saud）赶出了叙利亚，失去了阿拉伯半岛，这才涌现出一批新阿拉伯领袖坚称英国给犹太人的许诺一开始就违背了最初给阿拉伯人的许诺。只有到了这个时候，麦克马洪的信件才被发掘出来，被解释为阿拉伯人同意起义的原因。此时，英国处于绥靖政治的高潮期，一边加倍地否定《贝尔福宣言》和巴勒斯坦托管的条款，一边要显示这样做的公正性。政府发言人从档案中翻出亨利·麦克马洪爵士的信件，掸去 20 年落下的灰尘，带着痛苦的惊喜宣布，有鉴于这份许诺，实施巴勒斯坦托管的有效性确实值得怀疑。没有什么比给恶劣的行为披上神圣的外衣更虚伪了。但仍然有当事人愿意澄清事实。费萨尔、赛克斯、劳伦斯和贝尔福在 1935 年时都已经去世，但奥姆斯比－戈尔还在，他在阿拉伯办事处工作时参与了整个谈判过程。在英国议会作证时，他清楚地指出："阿拉伯办事处里从来没有人认为约旦河以西的巴勒斯坦地区属于英国政府承诺给阿拉伯人的范围。"[38]

约旦河以西的巴勒斯坦是圣地，绝对不可能交由穆斯林统治。此外，法国人坚决反对阿拉伯人统治叙利亚。但英国将这片土地排除在许诺给阿拉伯人的领土范围以外，主要是因为军事需要使英国人的道德责任变得愈发清晰：英国必须自己占据巴勒斯坦。

"苏伊士运河两岸军事形势的迫切逻辑"使这一结论成为必然。这番话来自《曼彻斯特卫报》的军事记者赫伯特·赛德博特姆（Herbert Sidebotham）。1915 年 11 月 22 日，《卫报》发表了赛德博特姆的社论，开启了其为以色列在英国保护下在巴勒斯坦复国造势的宣传战。"只要巴勒斯坦是被敌对力量或可能的敌对力量占领着，就无法稳固地守卫埃及和苏伊士运河。"这篇文章写道。为了从英国自身利益角度论述，就像沙夫茨伯里把自己的宗教动机隐藏起来一样，《卫报》指出埃及在古代解决防御问题的办法就是通过在朱迪亚建立一个缓冲国，借以抵御北方的军事帝国。"如果巴勒斯坦现在是介于埃及和北方的缓冲国，"这篇文章总结说，"并像古代一样由一个有强烈爱国心的民族居住……那么埃及问题在这场战争中就很次要了。这就是我们要实现的目标……大英帝国作为海上帝国的前途就依赖于其是否能实现。"

这篇社论使赛德博特姆认识了魏茨曼，魏茨曼请他把这篇社论扩展为一篇能交给英国外交部的备忘录。这篇备忘录在 1916 年初被交给了英国外交部的中东司，建议将缓冲国的计划制订"充分……因为如果希望第二个犹太国能避免第一个犹太国的命运，应该使其具有足够的空间"。这个缓冲国具有的战略优势应该对"英国理性的利己主义"有吸引力。但赛德博特姆无法完全避免将英王统治下的犹太人复国称为一次历史性的伟大机会。在此后的六个月里，赛德博特姆与曼彻斯特的犹太复国主义者和幕后的斯科特展开合作，为他们提供建议、鼓舞信心、发展渠道，继续通过英国巴勒斯坦委员会办的《巴勒斯坦》周刊公开传播这一思想。

就在这时，一个完全局外的因素突然闯入，造成各方的整合。英国的木材用光了，无法生产制造丙酮的木醇，而丙酮是制造无烟火药的重要原料。激战正酣时大炮因缺乏弹药而哑火的前景令人担忧。必须尽快找到合成丙酮的方法。劳合·乔治作为军需大臣"正想方设法寻找解决办法"。他找到斯科特，因为"绝对信任他的智慧"。当听说要找一个足智多谋的化学家后，斯科特推荐了"一个在曼彻斯特的杰出化学教授"，名叫魏茨曼。[39] 在如此尴尬的时刻请外国人帮忙是冒险的，而且斯科特不清楚此人的出生地，只知道是在"维斯瓦河附近"。但他保证这位教授对协约国的忠诚，因为他知道魏茨曼关心犹太复国运动，还知道魏茨曼相信只有协约国胜利他的民族才有希望。

"我知道斯科特在我认识的人中最具识人之明……"，劳合·乔治说，"我信任他对魏茨曼教授的判断，并邀请他来伦敦见我。我立即喜欢上了他……他是个非凡的人。"魏茨曼曾花了很长时间秘密研究淀粉发酵工艺，于是立即着手为政府解决这个困难。仅用了几周时间（根据劳合·乔治的叙述），就研发出了丙酮的生产工艺。不过，直到战争结束，他仍在研究大规模生产和按新工艺改造工厂的问题。

丙酮事件的重要性不在于它使劳合·乔治做出回报魏茨曼的承诺，而在于它使魏茨曼长期驻留伦敦，并在那位"不知疲倦"的斯科特先生的引导下，与政策制定者建立起了联系。

"我从来没有见到过像魏茨曼博士这样的人，"陆军元帅艾伦比几年后在耶路撒冷说，"他富于感染力的激情能把任何人转变成为犹太复国主义者。"[40] 1916 年至 1917 年间，机会终于在伦敦出现了，在某种历史规律的作用下，魏茨曼迎来了自己的历史时刻。他的丙酮工作受到了英国海军部的资助，而贝尔福是海军大臣。"你知道，"贝尔福遇到魏茨曼后说，就好像没有意识到此时离他俩上次会面已经有一段时间了，"我正在想我们上次的谈话。我相信当大炮停止轰击后，你也许能得到你的耶路撒冷。"[41]

1916 年 12 月，劳合·乔治成为首相，贝尔福成为外交大臣，最后一幕开始了。他们"从头到尾把事情讨论了一遍"，劳合·乔治仅简单地总结道。但与犹太复国运动的正式谈判自此启动了。各方就法国索要叙利亚、教皇的反对、美国的态度、对正在滑向革命边缘的俄国的影响等问题纵横捭阖，谈判了好几个月。主要的麻烦是与反犹太复国主义的英国犹太人产生的激烈争论；在印度大臣埃德温·蒙塔古的推动下，内阁中的争论异常激烈。在舆论界，犹太人代表委员会主席亚历山大和副主席蒙蒂菲奥里也把争论推向高潮。在那些日子里，大多数有身份的犹太人依然认为犹太复国主义是"一群乞丐和怪人"的疯狂幻想。重新创造一个家园对他们来说似乎不是在实现梦想，而是破坏他们在西方国家辛苦赢得的公民权。非犹太人永远无法理解这一点。用《泰晤士报》的措辞，他们有一种"想象出来的紧张情绪"[42]。另一方面，他们认识到犹太复国主义者身上带有一定的民族主义成分，类似于捷克人、波兰人或阿拉伯人的民族主义。应对民族主义，他们相当得心应手。

在内阁里，像寇松勋爵这样反对《贝尔福宣言》的阁员，不是因为赞同反犹太复国主义者的态度，而是认为宣言使英国承担了过多的责任。那里不是衰败到无法承受新增人口了吗？寇松勋爵质问道。他还警告大家不要在没有做好资助其建国的充分准备之前发出故意含糊其词的声明，让人们解读为英国想建立一个犹太人的"国家"。他请政府不要支持一个包含如此多无法解决的问题的理想。[43]从政策的可操作性来看，他当然是正确的，未来事态的发展也证明了他的正确性，但他的意见被驳回了。

总体看，批准这项计划的是那些掌握权力的人。克罗默勋爵曾经让赫茨尔对埃尔阿里什的希望破灭，如今却让犹太复国主义者大吃一惊，因为他公开同意了他们在巴勒斯坦的诉求。米尔纳勋爵是自由党内的帝国主义分子，他在基钦纳去世后接管了陆军部，是内阁中最强烈的支持者。罗伯特·塞西尔（Robert Cecil）勋爵是贝尔福的副手，他对犹太复国主义的激情甚至超过了他的这位上级。

但最有活力的是马克·赛克斯。他如今的职位至关重要——协调战时内阁、外交部和陆军部中东事务的联络官。他在各方之间奔波时发现了犹太复国主义运动，并把他们视为推动中东复兴的动力，因此在宣传他们的理想的时候都带着他特有的激情。他参加他们的会议，阐述他们的战略，给他们安排会面，指导他们去会见谁，说什么话。在白厅的走廊里，到处能看到赛克斯的身影。"到处是犹太复国主义者和关于他们的谣言。"罗纳德·斯托尔斯回忆他的陆军部岁月时说。赛克斯经常冲进他的办公室，带来"最大的麻烦和最大的愉快"——兴奋不已或垂头丧气，这可能是他与贝尔福见面的结果，或者是宣言的草稿又要做出调整了。

无论遇到什么样的障碍——法国的要求、梵蒂冈的反对、犹太复国运动的内部矛盾——赛克斯都知道牵动哪一根绳子能清除它。无论白天或黑夜，无论何时，任何犹太复国运动的领袖都有可能会被赛克斯召见，或是进行一次头脑风暴，或是报告出现的新对手，或是制订新战略计划。当纳胡姆·索科洛夫（Nahum Sokolow）博士代表欧洲大陆的犹太复国主义者于 1917 年 4 月去罗马完成一项任务时，他发现赛克斯此前不久刚在前往东方的路上经过罗马。他发现赛克斯已经为他订好了旅店的房间，大使馆里也有赛克斯给他留下的指导，在意大利政府机构中有赛克斯留下的口信，每天都有赛克斯从阿拉伯半岛发来的电报。

无论出于什么原因、源自何方，私人的激情都不是英国战时内阁决定公开宣布向犹太人重新开放巴勒斯坦的原因。那么他们是为什么做出这个宣言的呢？他们的动机混合了多种成分，每个阁员也并不一样，这在此后始终没有定论。

他们是为巴勒斯坦的战略价值，但又必须同时具有合适的道德理由。时机是关键。当宣言在 11 月 2 日被发布的时候，艾伦比的军队早在 10 月即已开始向巴勒斯坦进发了。他们于 31 日攻占了贝尔谢巴，来到雅法的城门外，耶路撒冷是下一个目标。五周后的 12 月 8 日，耶路撒冷被攻占。一支英国军队要进入圣城了，这个使人敬畏的时刻突然变成了现实。选择此时公布《贝尔福宣言》就是为给这个时刻增添威严，并非仅是为了吸引世界的目光，而更是为了英国人自己。不仅是为了这个时刻，也是为了未来。因为英国人不仅要攻占巴勒斯坦，也要采取各种必要措施守住它。"我们应该这样制定政策，"马克·赛克斯在 10 月中旬给罗伯特·塞西尔勋爵写信说道，"不要表露出我们吞并巴勒斯坦或做其保护国的意图，而是要形成一种态势，当选择托管国的时刻到来时，当地居民自愿形成共识和愿望，把我们视为最可能的候选者。"[44]

宣布英国将以《旧约》拥有者的受托人身份进入巴勒斯坦，将极好地满足这个目的，更重要的是能使英国人的道德心提前获得安抚。这种姿态，既非虚情假意，也非自命清高，而是保持英国人自己的道德心所必需的。在英帝国的发展进程中，每向前走一步都必须有道德理由，即使借口仅是一桩传教士谋杀案或是原住民对英王代表的侮辱。圣地在世界各地人的头脑中都是最珍贵的，如今英国人要进入圣地，那应该需要多么正当的道德理由呀！征服巴勒斯坦是最微妙、最不同寻常的帝国战果，艾伦比在大马士革门前下马步行进入圣城就是这种谨慎态度的体现。不能像祖鲁兰（Zululand）或阿富汗一样，随便丢进殖民地的口袋里就算了结。英国人要比其他民族表现出更大的公正。"让我给你们讲一讲英国人，"萧伯纳以他爱尔兰式的语气写道，"英国人的口号永远是责任……从来不缺少有效的道德态度……你会发现英国人善恶都做，但他们从来不会承认自己有错。"[45]

或者用张伯伦的一位传记作者的话说："即使情况糟糕到极致，英格兰依旧有好的理由。"[46] 基于同样的道理，英国也无疑有赖于有力的右手。克罗默勋爵用他那庄严的官员的口气做了表述："在执行帝国政策时……不应完全诉诸物质考虑而排除想象力方面的考虑，因为这也是我们的民族特征。"[47]

这就是《贝尔福宣言》所达到的目的：它提供了有效的道德态度和好的理由。宣言呼唤出英国民族特征中富于想象力的那一方面。简言之，宣言让英国人心安理得地夺取圣地。

要想宣言有效就必须真心实意，在 1917 年，宣言的拟定者就是真诚的。说这份宣言虚情假意或仅是宣传，等于完全错误地理解了它的意义。有种理论说《贝尔福宣言》是为了赢得美国犹太人和俄国犹太人的支持，这是 1930 年代的有意歪曲，彼时英国感到愈发难以实现托管的条款，正痛苦地想摆脱对犹太人的承诺。这使人们形成一种错误的感觉，即《贝尔福宣言》是政治宣传的姿态，是战时的权宜之计。

这种说法经不住推敲。一个支持犹太复国主义的宣言怎么可能影响最厌恶它的人呢？劳合·乔治虽在回忆录里特别说道，这份宣言是为了获得两方面的盟友，一是俄国犹太人——他们"对布尔什维克有很大影响力"，二是"有可能提供资金援助的美国犹太人"，[48] 但这两个人群都极为厌恶犹太复国主义。用蓖麻油是吸引不来小孩子的。劳合·乔治用蓖麻油假装糖果，但这是不可能成功的。*对美国的犹太裔资本家和俄国布尔什维克犹太人来说，犹太复国主义就是蓖麻油，而不是糖果。那些有条件提供道德、资金援助的有影响力的美国犹太人与他们在英格兰的同胞一样，都持反犹太复国主义

---

* 劳合·乔治事后对内阁发布《贝尔福宣言》的动机进行了反思，他的反思始终困扰着后世关于这个问题的研究者。毫无疑问，他修改了对事件的描述。为什么他要这样做，众说纷纭。我的感觉是他知道自己和贝尔福的动机基本是出于感情的（即源于对《圣经》的感情），但他不能承认。他的回忆录在 1930 年代写成，那时巴勒斯坦的矛盾特别尖锐，他甚至不能承认对《旧约》的怀念和基督徒对犹太人的良心亏欠是发布宣言的动机，而这个宣言使英国陷入痛苦的、昂贵的、似乎无解的托管问题中。所以，他让自己相信《贝尔福宣言》是为了回报魏茨曼发明丙酮工艺，或是为影响美国犹太人和布尔什维克犹太人的宣传姿态——本质上讲，这样的解释是自我矛盾的，与真相相比显得既不简洁，也不合理。

态度；当然也有例外，如大法官布兰代斯（Justice Brandeis）。英
国政府相当了解这种态度，他们已经花了很长时间应对内阁中埃德
温·蒙塔古那样的难以调和的反对意见，以及政府外著名犹太人在
《泰晤士报》专栏里表达的反对声音。宣言草案里的每个字在内阁
里都曾引发争论，在1917年断断续续争论了一整年，并且伴随着
公开或私下表达的反犹太复国主义声音。在这样的情况下，很难想
象内阁会去讨好住在美国、德国或任何西方国家"与高层人物有交
往的"、被西方同化的犹太人，请他们去支持被他们认为给犹太同
化论判死刑的宣言。

俄国的犹太人又是另一回事。那里的大部分犹太人肯定是支持
复国的，但他们没有任何影响力。而在布尔什维克圈子里，有影响
力的犹太人跟俄国之外的富裕犹太人一样反对犹太复国主义。正如
马克思主义者相信犹太性在国际工人大联合中会消失一样，他们视
犹太复国主义为最恶劣的资产阶级民族主义。此刻，布尔什维克正
处于权力的边缘，威胁要与德国单独和谈。但《贝尔福宣言》根本
无力吸引这些俄国犹太人支持西方盟友以使俄国继续留在战场上。

认为英国政府是因过于天真或无知而不知道他们试图影响的人
反对犹太复国主义是不符合事实的。劳合·乔治意志坚定，贝尔福
思维冷静。支持他俩的还有米尔纳、丘吉尔、史末资（Smuts）将军，
以及战时内阁的大多数成员，他们都不是政治新手，难道我们要相
信他俩会如此草率地发布《贝尔福宣言》吗？"几乎没有决策经过
了更多深思熟虑。"[49]温斯顿·丘吉尔多年后告诉议会。他们的深思
熟虑肯定是有其他目标的。

无论自觉与否，他们的目标是英国人的道德感，而不是犹太人的。
正如沙夫茨伯里勋爵曾为基督复临而支持犹太人返回家园一样，如
今的英国政府正为帝国扩张所需的"有效道德态度"而重复这一试验。

1917年11月2日，英国外交大臣贝尔福公布了"如下这份由
犹太复国主义者提交并获内阁批准的宣言以表达英国政府对这一诉

求的支持"。这份宣言被精简到了尽可能无害的地步：

> 英王政府赞成犹太人在巴勒斯坦建立一个民族家园（national home），并会尽全力促成这一目标。需要明确说明的是，不得伤害巴勒斯坦非犹太居民的公民和宗教权利，以及其他国家犹太居民享有的各项权利和政治地位。

宣言的文本此前已经传给了美国总统威尔逊，并获得了他的批准，但美国国会参众两院的联合决议一直拖到哈定（Harding）总统任内的 1922 年才做出。法国和意大利分别在 1918 年 2 月和 5 月表示拥护这份宣言。

"哦，请为耶路撒冷的和平祈祷"曾经是沙夫茨伯里的箴言。《贝尔福宣言》是在大炮背后发出的，像是为预报和平和一个更美好的世界敲响的钟声。抛开其对犹太人的意义不说，它似乎提振了其他人的精神，至少是社论作者和演说家的精神。这个宣言被誉为"最古老的民族悲剧"的谢幕，伟大希望的信号，正义、自由和民族自决的胜利，耶路撒冷和平带给全世界的黎明。土耳其人的独裁统治终将被摧毁，巴勒斯坦将再次流淌牛奶和蜂蜜，正如曼彻斯特市长所说，"先知以赛亚的预言即将实现了"。

宣言不是一个国家诞生的标志，罗伯特·塞西尔勋爵说，"它标志着一个国家的复活……我相信它对世界历史有长远的影响，它对未来人类历史的影响无人能预测"。在一次群众集会上，犹太复国主义者请赛克斯赞颂宣言，他说，宣言为一个由多个大洲、种族和理想组成的联盟提供了一个愿景。几个月后魏茨曼和埃米尔费萨尔在沙漠中的亲切会面几乎证明了他的正确。热情和善意在很短的时间内达到了高潮。

对犹太人来说，或者是对那些仍然不断复述着古老祷告词"明年耶路撒冷见"的人来说，宣言是犹太圣殿倒塌后的第一缕希望之光。伦敦塞法迪犹太人的首席拉比盖斯特博士回顾了那个古老的传说，当犹太圣殿被毁后，圣殿墙壁的碎片进入了犹太人民的内心。"我感到我内心的石块正在松动。"他说道。后来在耶路撒冷，军事总督罗纳德·斯托尔斯看到等待巴勒斯坦第一位英联邦高级专员赫伯特·塞缪尔进城的民众，"几乎幸福得昏厥过去"，"好像处于荣耀和梦想成真的快意之中"。[50]

几乎在同一时刻，荣耀就开始销蚀了，情况开始恶化，直到30年后英国驱逐舰炮击一艘名为"出埃及"号（Exodus）的客船，这艘船正运送犹太难民前往他们的"民族家园"。

3.历史的陷阱：托管

"历史上委托给一个国家的最重要的国际责任"，这是英国工党成员斯内尔（Snell）勋爵用来描述巴勒斯坦托管的话。[51] 实际上，没有人把巴勒斯坦委托给谁，巴勒斯坦的托管权是被夺取的，夺取的方式很文雅，而夺取者就是英国。英国军队征服了巴勒斯坦，并驻扎下来，托管仅是承认了一个既定事实。但承担了托管就代表英国要负起国际责任，此举实际上使英国人落入自己挖下的陷阱之中。

托管，而不是《贝尔福宣言》，给以色列在巴勒斯坦复国提供了法律基础。这份宣言仅是宣布了一项政策，英国后续政府可以不予理睬，任它失效，甚至收回。但托管是国际承诺，国际联盟主要成员国都已签字批准，这就使得《贝尔福宣言》上升为国际协定。

当土耳其在1918年10月30日投降时，其让欧洲诸大国垂涎已久的亚洲领土有十分之九掌握在英国手里。从名义上，土耳其在停火协定下应把领土交由盟国处置，但实际上，英国是唯一能挑拣土耳其领土的协约国成员。在美索不达米亚战役中，英军推进到巴格达以外，到达距传说中的伊甸园不远的拉马迪（Ramadi）；巴勒斯坦战役使英国人控制了古代的迦南。法国在此的军队仅够占领叙利亚北部地区，那里也是法国人长期居于主导的地方。革命使俄国不再是一个帝国主义竞争者。德国是最后加入的一个竞争者，但是战败国。只有英国笑到了最后，获得了一直想要的地盘——从尼罗河到幼发拉底河的广大地区，即以色列人的应许之地。这片土地曾留下亚历山大和拿破仑的足迹，曾相继被罗马、拜占庭和伊斯兰统治。如今英国人在罗马皇帝哈德良修建的道路上行进，英国船只停泊在红海的亚喀巴港——所罗门建立海军的地方。他们来到了法老的开罗，来到了亚述人的尼尼微和巴比伦，来到了耶路撒冷——占据中世纪世界地图中心位置近千年的耶路撒冷。

这时，摆在英国人面前的问题是如何对待这份遗产：如何占有这份遗产，但又不能太过明显；如何在不丧失控制的条件下，实现在获取这份遗产过程中向犹太人、阿拉伯人、法国人做出的许诺。根据《赛克斯—皮科协定》，巴勒斯坦将由一个国际机构管理，如今这个方案无法实施了，因为曾经的协定方俄国政权消失了。管理巴勒斯坦需要某种新的安排。此外，自赛克斯—皮科时期起，就出现了一个新闯入者，过去欧洲处理殖民地战果的现成规矩被改变了。不能再用老办法处理殖民地问题了。威尔逊总统的"十四点和平原则"制造出一个新环境，外交官们不得不小心行事。美国总统威尔逊坚持民族自决，未来的巴勒斯坦托管者需要等待当地居民的意见。

在巴黎和会上，英国在宣布自己是巴勒斯坦托管者的候选者时态度暧昧。但在英国的内阁会议上，英国人对自己的企图很明确。寇松勋爵一直对中东问题特别关注，他在1918年12月告诉内阁，巴勒斯坦是埃及和苏伊士运河的"战略缓冲地"。运河必须从巴勒斯坦那一侧进行防御。谁将会是"守护国"，需要内阁做出决断，而且必须在劳合·乔治和贝尔福出发去巴黎前获得答案。只有法国、美国和英国可以做候选者，寇松轻易地否定了其中的两个。他说，法国不是合格的候选者，因为"无论法国人的意愿如何，没有人愿意法国去那里"。对于美国，他说："我认为美国人在巴勒斯坦不会帮忙，反而会给我们在埃及帮倒忙。"他的答案很清楚：英国是唯一可能的"守护国"，且幸运的是犹太人和阿拉伯人本来就喜欢英国人。在接下来的讨论中，罗伯特·塞西尔勋爵想到了未来，他评论说，"谁去谁倒霉"，最好留给美国人。但内阁批准了寇松勋爵的意见。[52]

巴黎和会上的交涉十分复杂。法国人要求得到他能守住的叙利亚几乎所有的地方。美国人，至少是威尔逊总统，喋喋不休地谈论自决。他的"十四点"中的第十二点说，应该保证土耳其帝国治下的民族获得"一种绝对不受干扰的自治"。比这更糟糕的是，他在国际联盟盟约中包括进了这样的语句："挑选托管者时，当地居民的意见应是最主要的考虑。"阿拉伯人从来没有尝过独立的美酒，但却陶醉在酒香中。他们每天都在索要更多的自治和领土。犹太复国主义者要求公开保证他们在巴勒斯坦重建犹太国的权利，反犹太复国主义者希望所有人忘记这一切。英国人寻求"战略缓冲"：美索不达米亚用于保护去印度的道路，巴勒斯坦用于保护苏伊士运河。

相互矛盾的利益难以调和，巴黎和会持续了一年多。赛克斯本有可能整合各方利益，但却病逝了。劳伦斯穿着阿拉伯白袍，领着费萨尔国王出现在和会现场，最后却心灰意冷地离开了巴黎。克列孟梭（Clemenceau）与劳合·乔治展开激烈的斗争，但仍然失败了。美国国务卿兰辛（Lansing）在最高委员会质询时问了魏茨曼那个关键问题："民族家园"的确切含义是什么？魏茨曼给出了他的著名回答：逐步在巴勒斯坦建设"犹太人国家"的机会，建设一个"像法国一样法国化、像英国一样英国化的犹太化国家"。[53]

有隆重举办的公开听证会，也有在饭店客房中私下进行的会议。甚至有个美国代表团去巴勒斯坦——英国谨慎地不予承认——调查本地居民的意见。[54]这简直就是多此一举。关键的事实是，无论外交官如何争论，英国军队控制了那片土地。巴黎和会谈了一年，当正式协议无法达成的时候，既成事实决定了现实，英国非正式地成为托管者。

指定托管者的事被留给圣雷莫会议（San Remo conference）决定，时间是 1920 年 4 月 25 日。不出人们意料，会议授权英国托管巴勒斯坦和美索不达米亚。巴勒斯坦成为 A 级托管地：受托者负责管理这片土地，而不包含未来独立的条款。实际上，对巴勒斯坦的托管法律一直拖到 1923 年 9 月才生效。由于土耳其外交和内政都发生了巨变，与土耳其的和解被迫拖延了，洛桑会议之后才与土耳其签订和平协定。此时，麻烦的种子已经发育成了匕首。与此同时，巴勒斯坦的文职政府已经运作了三年，犹太事务局也建立起来，具有犹太复国主义精神的赫伯特·塞缪尔爵士被任命为第一任高级专员。此时恢复过去老式的殖民保护国已经太晚，但否定过去的许诺又为时尚早。有所犹豫的英国以白皮书的形式把外约旦从巴勒斯坦托管协议中分离出去。但除此以外，圣雷莫会议上拟定的巴勒斯坦托管协定草案未作更改，并在 1922 年由国际联盟批准生效。

当托管变成公开法律的时候，用权力政治的术语来说，英国人承担起自己加在自己身上的国际责任。巴勒斯坦"托管"是国际联盟授予的说法是个法律虚构。"实际上，国际联盟是从受托者那里收到了托管协定。"[55] 几年后永久托管委员会的一位成员讽刺说。"我们坚持要求把巴勒斯坦托管的任务交给我们。"《经济学人》郑重地说。[56] "实际上，是我们起草了托管书。"[57] 当时参与起草的埃默里（L. S. Amery）称。

所以，对托管所涉及的义务不存在不知情或意外的情况。托管义务是英国给自己加上的。受托者的义务是明确的，这一点在前言中就说明了："要负责实现于 1917 年 11 月 2 日英王政府公布的宣言，这份被主要盟友采纳的宣言同意在巴勒斯坦为犹太民族建立一个民族家园。"下一段确认："因此确认在巴勒斯坦重新建立犹太人家园。"第四和第五段"选择"英王陛下为受托者，并记录陛下许诺"代国际联盟"行使托管权，且"遵从如下规定"。规定一共有二十八条，

第二条规定了基本义务：“使这个国家达到建立起犹太民族家园的政治、管理和经济条件。”

第四条规定：“犹太事务局应该被视为公共机构，目的是为巴勒斯坦的管理提供建议和协调。”第六条承诺“协助犹太人移民，鼓励犹太人进行封闭式的定居”。第七条规定“犹太人如何获得巴勒斯坦公民身份”。所以，前七条中有四条是关于犹太人地位的，剩下的二十一条涉及技术细节。阿拉伯人没有被直接谈及，仅提到“其他人口”或者是“不同的民族和社群”，这些人群或社群的公民权、宗教权、个人地位要受到保护。“毫无疑问，”皮尔委员会（Peel Commission）在1937年总结说，“*前言和条款表达了托管的基本目的，那就是促进犹太民族家园的建立。*”

皮尔勋爵在此处用了斜体字，或许是为了说明托管还有未表述出的目的：帝国主义者的目的是建立“战略缓冲”。但在美国总统威尔逊的时代，帝国主义者的目的最好掩盖起来。在利剑逻辑的指挥下，英国在100年的时间里实实在在地来到了中东。但《圣经》的影响力要比利剑长远得多，它建立起一种思维方式，使获取圣地不能仅为了“战略缓冲”，而必须有更高的目的。所以，当巴勒斯坦到手后，英国陷入了自己历史的陷阱。尽管帝国主义者的企图并不复杂，但英国人的道德感却使问题变得极度复杂。英国获取巴勒斯坦却只是为了给其原始拥有者提供空间，英国成了新国家的接生婆。

魏茨曼和英国政府虽然在摆满了鸡蛋的舞池小心地绕过“国家”一词，但毫无疑问，所有人都知道最终的结果是什么。贝尔福清楚地看到了这一点，当宣言的最后一稿提交给内阁时，他就是这么说的。他在解释“民族家园”这个词的时候说，它不意味着必须早早地建立起“独立的犹太国家”，但“它是个逐渐发展的过程，要与正常的政治演化规律相符合”。这就是内阁对自己行为的理解。首相劳合·乔治在20年后对皮尔委员会说：“内阁当时的想法是毫无疑问的，我们并不想在和平协定签署后就立即建立犹太国……另一方面，内阁对未来的预想是，当巴勒斯坦建立起代表性机构时，时机才算成熟。如果此时犹太人能响应提供给他们的机会，而且人数超过当地居民的半数，那么巴勒斯坦将成立犹太人共和国。"[58]

　　其他内阁成员没有这样明确。丘吉尔先生在 1920 年代的一篇文章里预言："在我们有生之年将能看到，在英王的保护下，约旦河边将会产生一个犹太国。"[59] 史末资将军也有同样的预言，但认为时间较为久远："在几代人之后，一个伟大的犹太国将会崛起。"简言之，皮尔委员会概括了当时的口头和文件证据，结论是英国的领袖和新闻界接受了以"最终建立犹太国"为条件的托管。

后记
梦想的破灭

像另一个高尚的试验一样，巴勒斯坦托管不能算成功。托管的墓志铭是温斯顿·丘吉尔在1939年的一份白皮书中说出的，这份白皮书取消了进一步的犹太移民和土地购买，结束了犹太民族家园的希望。"这是违背许诺的，"他说道，"这是抛弃《贝尔福宣言》，这是愿景的破灭，希望的破灭，梦想的破灭。"[1]

然而，托管起到了一定的作用。如果说托管对英国人来说是永恒的痛苦，对阿拉伯人来说是民族耻辱——阿拉伯人的看法就是这样——对犹太人来说则是个机会，一个几乎致命的机会。就在宏伟的希望破灭之际，犹太人奋力拼搏，至少抢下那奇妙公式的前半部分，即"政治独立和领土完整"，这是国家的必要条件。为独立而战不是悲剧（不战而获得的独立不会长久），真正的悲剧是托管带来的不必要的仇恨，而仇恨击碎了巴勒斯坦的复兴梦。犹太人梦想恢复曾经拥有的影响力，梦想提升中东的整体道德水平和物质生活水平。试验的失败究竟是因为犹太人政治野心太大，或是阿拉伯人太强硬，还是英国人太软弱，每个人都会有自己的看法，至少在历史的余音未尽之前不会有定论。只有经过时间考验的客观观察才能做出最终判断。

巴勒斯坦，正如贝尔福说的那样，仅是英军在大战中解放的大片阿拉伯地区中的"一小块土地"。对阿拉伯人来说，这块土地在英国承诺给阿拉伯人实施自治的领土中仅占百分之一。对犹太人来说，这片土地代表着恢复家园、领土和国家地位的唯一希望。托管的筹划者意识到力量的对比，在条款中承担了对犹太人的基本义务。从决定同时照顾阿拉伯人和犹太人利益的双重责任那一刻起，托管的成功就成为不可能之事。

或许时代是错误的根源。如果换一个时代，一个不受埃德蒙·伯克所说的"懦弱委员会"所限制的时代，托管可能会有成功的机会。然而，托管变成了英国长期无法摆脱的累赘，这累赘是英国凭良知许诺的后果。原先的许诺很快就被发现难以维系，于是英国企图加以削减，使之不再有效，最后英国厌倦了令人绝望的纠缠，而把许诺彻底取消。托管的最后几年，英国在拒绝托管条款后仍然试图以受托者的身份控制巴勒斯坦，到最后连这个位置也保不住了。"我们可耻地逃跑了，"前殖民大臣利奥波德·埃默里说，"在周围的屠杀和混乱之中。"[2]

以色列能有今天是因英国之功，还是英国之过？就跟当年在美洲的殖民地一样，英国为未来的国家铺垫好基础，之后却阻止其按照逻辑发展，直到原先的纽带在怨恨和斗争中磨损殆尽。答案可能不是绝对的，而是两者的结合——历史的真相就是这样难以令人满意，经常击败那些试图解释她的人。

参考文献和注释

作者要感谢三个重要资源：纽约公共图书馆主馆，没有它的各项设施就不会有这本书；《英国人物传记辞典》（*Dictionary of National Biography*，后文简称"DNB"），由莱斯利·斯蒂芬爵士和西德尼·李爵士（Sir Sidney Lee）编纂；纳胡姆·索科洛夫所著的《犹太复国主义史》（*History of Zionism*），是上一代学者做出的开创性研究，为本书指明了方向。

此处列出的参考文献不包括背景资料，仅为本书参考的主要文献，并非全部文献。

注释中的 PPTS 和 EETS 分别表示巴勒斯坦朝圣者文本协会（Palestine Pilgrims Text Society）和早期英文文本协会（Early English Text Society）。

前 言

［注释］

1. Speech opening a Palestine Exhibition at Basingstoke, 1908, reprinted in *Subjects of the Day*, Earl Curzon of Kedleston, London, 1915.

2. Quoted in *Cambridge History of English Literature*, IV, chap. II, 49.

3. Herbert Sidebotham in the *Manchester Guardian*, November 22, 1915.

4. Preface to *Great Cultural Traditions*, Ralph Turner, New York, 1941.

5. Quoted by D. C. Somervell in his *British Empire and Commonwealth*, London, 1954, p. 204.

第1章

［参考文献］

1. 寻找祖先

Anglo-Saxon Chronicle, ed. and translated by J. A. Giles, Bohn's Library, London, 1849.

Bale, John, *The Laboryous Journey and Serche of John Leylande for Englande's Antiquities*, 1549, reprinted Manchester, 1895.

Bayley, Harold, *Archaic England*, London, 1920.

Bede, *Ecclesiastical History of England*, ed. and translated by J. A. Giles, London, 1843-44.

Borlase, William, *Antiquities of Cornwall*, 1769.

Camden, William, *Britannia*, 1586, first English ed. translated by Philemon Holland, 1610, ed. Richard Gough, 4 vols., 1806.

Chadwick, H. M., *Origin of the English Nation*, Cambridge, 1907.

Childe, V. Gorden, *The Dawn of European Civilization*, 4th ed., London, 1947.

Elton, Charles, *Origins of English History*, London, 1882.

Geoffrey of Monmouth, *Historia Britonum*, in J. A. Giles, *Six Old English Chronicles*, Bohn's Library, London, 1848.

Gildas, *De Excidio Britanniae*. Also in Giles, *Six Chronicles*.

Green, John Richard, *History of the English People*, 4vols., London, 1893. *The Making of England*, London, 1881.

Guest, Edwin, *Origines Celticae.*, ed. W. Stubbs, 1883.

Hodgkin, T., *History of England from the Earliest Times to the Norman Conquest*, London, 1906.

Keith, Arthur, *The Antiquity of Man*, 1925.

Mac Curdy, George G., *Human Origins*, Vol. II, *The New Stone Age and The Ages of Bronze and Iron*, New York, 1926.

Mackenzie, D. A., *Ancient Man in Britain*, 1922.

Milton, John, *History of England*, 1670.

Nennius, *Historia Britonum*, in Giles, *Six Chronicles*.

Oman, Sir Charles, *England Before the Norman Conquest*, 8th ed., London, 1938.

Palgrave, Sir Francis, *Rise and Progress of the English Commonwealth*, 1832, rev. ed., Cambridge, 1921.

Plummer, Charles, *Introduction to Bede's Historia Ecclesiastica*, Clarendon Press, Oxford, 1896.

Stubbs, William, *Chronicles and Memorials of Great Britain and Ireland During the Middle Ages*, London, 1876. *Historical Introductions to the Rolls Series*, ed. A. Hassall, London, 1902.

Trevelyan, George Macaulay, *History of England from the Earliest Times to 1919*, 2d ed., 1937.

Wright, Thomas, *The Celt, the Roman and the Saxon*, 2d ed., London, 1861.

2. 阿尔比恩的腓尼基人

Cooley, W. D., *History of Maritime and Inland Discovery*, 3 vols., London, 1846.

Cornwall-Lewis, Sir George, *An Historical Survey of the Astronomy of the Ancients*, London, 1862.

Hawkins, Sir Christopher, *Observations on the Tin Trade of the Ancients*, London, 1811.

Henchen, H. O'Neill, *Archaeology of Cornwall and Scilly*, London, 1932.

Holmes, T. Rice, *Ancient Britain*, 1907, rev. ed., Oxford, 1936.

Hughes, John, *Horae Britannicae or Studies in Ancient British History*, London, 1818.

Jackson, J. W., *Shells as Evidence of the Migrations of Early Culture*, Manchester, 1917.

Massingham, H. J., *Pre-Roman Britain*, London, 1927.

Sammes, Aylett, *Antiquities of Ancient Britain derived from the Phoenicians*, London, 1676.

Smith, George, *The Cassiterides, An Inquiry into the Commercial Operations of the Phoenicians in Western Europe Particularly with Reference to the British Tin Trade*, London, 1863.

Waddell, L. A., *The Phoenician Origin of Britons, Scots and Anglo-Saxons*, London, 1924.

3. 罗马治下的朱迪亚和不列颠

Cambridge Ancient History, Cambridge, 1934. Vol. X, chap. XXIII by R. Syme and R. G. Collingwood and chap. XXV, "Rebellion Within The Empire," a. Momigliano.

Cheesman, G. L., *The Auxilia of the Roman Imperial Army*, Oxford, 1914.

Collingwood, R. G., *Roman Britain and the English Settlements*, Oxford, 1936.

Graetz, Heinrich, *History of the Jews*, ed. B. Löwy, 6 vols., Philadelphia, 1891-95.

Haverfield, Francis, *Roman Occupation of Britain*, ed. G. Macdonald, 1924.

Josephus, Flavius, *The Wars of the Jews*, translated by William Whiston, Everyman ed., London, 1915.

Margoliouth, Moses, *History of the Jews in Great Britain*, London, 1851.

Mommsen, Theodor, *Provinces of the Roman Empire from Caesar to Diocletian*, New York, 1887.

Rabin, Max, *The Jews Among the Greeks and the Romans*, Philadelphia, 1915.

Roth, Cecil, *A History of the Jews in England*, Oxford, 1949.

Tacitus, Cornelius, *The Works*, containing the *Annals*, the *History*, *Agricola*, etc., Oxford translation, Bohn's Library, 2 vols., London, 1854.

［注释］

1. From the *Palestine Exploration Fund Quarterly Statement for 1875*, p. 115.

2. Teliesin, Y *Cymmrodor*, London, 1918, XXIII, p. 23.

3. *Ecclesiastical History*, Book I, chap. XV.

4. Genesis, X, 1-5. Ralph de Diceto，一位与蒙茅斯的杰弗里同时代的编年史家将时任国王亨利二世的家族史上溯至诺亚的儿子闪，而非雅弗。请见 Stubbs, Preface to his edition of Diceto in his *Chronicles and Memorials*。

5. I Kings, IX, 26.

6. Ezekiel, XXVII, 12.

7. 希罗多德和其他古典地理学家 Strabo，Posidonius，Diodorus，请见 Cornwall-Lewis and T. Rice Holmes。

8. 亚里士多德和普利尼详细描述了腓尼基人用柳条筐捕贝和提取紫色染料的方法。在康沃尔和萨默塞特的贝壳堆积中发现的化石 *Murex trunculus* 和 *Purpura lapillus* 请见 Jackson and Massingham。

9. George Smith.

10. Massingham.

11. Josephus, *Wars of the Jews*, Book VI, chap. VI.

12. 围困耶路撒冷的罗马军团请见 Tacitus, *History*, Book V, chap. I 和 Josephus, *Wars of the Jews*, Book III, chap. IV。Mommsen 列出了在朱迪亚反叛时所有在东方的军团。他还列出了于公元 66 年占领不列颠的军团。罗马使用不列颠辅助军团的情况出自 Cheesman。

13. Theodor Reinach, article on Diaspora in the *Jewish Encyclopedia*. Also Max Rabin.

14. Margoliouth, Cecil Roth.

第2章

［参考文献］

关于亚利马太的约瑟各版本传说的一手资料，按时间顺序罗列如下：

1. *Historia Josephi* (The Narrative of Joseph of Arimathea), a part of the Gospel of Nicodemus. English translation in Walker, *Apocryphal Gospels, Acts and Revelations*, Edinburgh, 1873.

2. William of Malmesbury, *De Antiquitate Glastoniensis Ecclesiae*, 1135, in J. R. Migne, *Patrologiae Cursus Completus*, Vol. CLXXIX, Latin ed. with index, 221 vols., 1878.

3. Map, Walter, *Quête du Saint Graal* and *Joseph d'Arimathie*, 1170, ed. F. K. Furnivall, Roxburghe Club, London, 1864.

4. Skeat, Walter, ed. This volume, published by the Early English Text Society, London, 1871, contains the following:

    a. "Joseph of Arimathea or The Romance of the Saint Grall or Holy Grail, an alliterative Poem, A.D. 1350," from the unique Vernon ms. at Oxford.

    b. Wynkyn de Worde, *The Lyfe of Joseph of Armathy. A Treatyse taken out of a book whych sometime the Emperor found in Jerusalem in the pretorye of Pylate of Joseph of Armathy*, printed by Wynkyn de Worde, 1516. This version is based on the *Nova Legendia Angliae* by John Capgrave (1393-1464) which in turn was taken from the Latin verse version *Chronica de rebus Glastoniensis* by John of Glastonbury, ca. 1400.

    c. *De Sancto Joseph ab Arimathea*, printed by Richard Pynson in 1516, based on John of Glastonbury.

    d. *The Lyfe of Joseph of Armathia*, printed by Richard Pynson in 1520, English translation of John of Glastonbury.

5. Lonelich, Henry, *History of the Holy Grail*, 1450, ed F. K. Furnivall, EETS, London, 1874.

6. Malory, Sir Thomas, *Morte d'Arthur*, 1470, ed. Eugene Vinaver, Oxford, 1947.

关于约瑟和圣杯传说的二手资料：

Brown, A. C. L., *Origin of the Grail Legend*, Harvard University Press, 1943.

Cambridge History of English Literature, Vol. I, chap. XII, "The Arthurian Legend," by W. Lewis-Jones.

Catholic Encyclopedia, articles "Acta Pilati" and "Apocrypha."

Gaster, M., "Legend of the Grail," *Folklore*, Vol. 2, London, 1892.

Kennedy, Jr., "Joseph of Arimathea and the Eastern Origin of the Grail," *Imperial and Asiatic Quarterly Review*, XXVII, No. 3, 1909.

Ker, W. P., *The Dark Ages*, London, 1904.

Nitze, W. A., "Glastonbury and the Holy Grail," *Modern Philology*, Chicago, October 1903.

Nutt, Alfred, *Legends of the Holy Grail*, London, 1902.

Weston, Jessie L., *From Ritual to Romance*, New York, 1920.

关于教会史和编年史家的文献：

Bright, William, *Early English History*, Oxford, 1897.

Browne, G. F., *The Christian Church in These Islands Before the Coming of Augustine*, London, 1899.

Cambridge History of English Literature, Vol. I, chap. IV, "Latin Chroniclers from the 11th to 13th Centuries," by W. Lewis-Jones.

Capes, W. W., *The English Church in the 14th and 15th Centuries*, London, 1900.

DNB, articles on William of Malmesbury, Walter Map, Capgrave, John of Glastonbury, etc.

Fuller, Rev. Thomas, *Church History of Britain*, 1655, ed. James Nichols, London, 1842.

Hunt, Rev. William, *History of the English Church, 597-1066*, London, 1901.

Ollard, S. L., and G. Cross, *Dictionary of English Church History*, London, 1912.

Oman, Sir Charles, *England Before the Norman Conquest*, London, 1938.

［注释］

1. Luke, XXIII, 50-51, 53; Matthew, XXVII, 57, 59-60; Mark, XIV, 64, XV, 43-46; John, II, 23, XIX, 38-42.

2. 当时的作家包括 Tertullian 和 Origen。关于他们和阿尔勒理事会的参考文献，请见 Oman。

3. A. W. Haddan and W. Stubbs, *Councils and Ecclesiastical Documents Relating to Great Britain and Ireland*, Oxford, 1869.

4. Capes, Thomas Fuller, and *Catholic Encyclopedia*, article, "Basle Council." 主教所写纪念文字的拉丁文原文出自 A. Zelfelder, *England und das Bazler Konzil*, Ebering's *Historische Studien*, Berlin, 1913.

5. John Hardyng's *Chronicle*, 1464, ed. Sir H. Ellis, London, 1812.

6. Pynson's 1516 Latin version of John of Glastonbury. The passage reads: "Per quod patel, quod rex Arthurus de stirpe Josephus descendit." See also Alfred Nutt.

7. Lonelich. Also Wynkyn de Worde.

8. Gaster and Weston.

9. Psalms, LXXIV, 14.

10. Quoted by Skeat. 就约瑟是不列颠的首位使徒一事，其他参与讨论的 17 世纪教会史学家包括：Bishop Stillingfleet, *Origines Britannicae*, 1685, 和 Archbishop Ussher, *Britannicarum Ecclesiarum Antiquitates*, 1639。

11. Jacquetta Hawks, *Prehistoric Britain*, Harvard University Press, 1953.

12. "Glastonbury British and English," in *Proceedings of the Somerset Archaeological Society*,

XXVI (1880), reprinted in *English Towns and Districts* by E. A. Freeman, London, 1883.

第3章

［参考文献］

Anglo-Saxon Chronicle, ed. J. A. Giles, Bohn's Library, London, 1849.

Arculf, *Pilgrimage of Arculfus in the Holy Land*, ed. J. R. Macpherson, PPTS, 1889. Also in Wright and in Giles'Bede.

Beazley, Charles R., *The Dawn of Modern Geography*, 3 vols., London, 1887.

Browne, G. F. 见第 2 章参考文献。

Cambridge Medieval History, planned by J. B. Bury, 8 vols., 1911-36.

Coulton, G. G., *Life in the Middle Ages*, 4 vols., *Cambridge*, 1929. *Medieval Panorama*, New York, 1938. *Social Life in Britain from the Conquest to the Reformation* (contemporary documents), Cambridge, 1918.

Fuller, Thomas, *Church History*. 见第 2 章参考文献。

Guylforde, Sir Richard, *Pilgrimage of...*, Camden Society, n.d.

Heath, Sidney, *Pilgrim Life in the Middle Ages*, New York, 1912.

Hodgkin, R. H., *History of the Anglo-Saxons*, 2 vols., Oxford, 1935.

Informacion for Pylgrymes, Wynkyn de Worde, 1498, 1515, and 1524, ed W. Gordon Duf, London, 1893.

Jones, G. Hartwell, *Celtic Britain and the Pilgrim Movement*, Society of Cymrodorion, London, 1912.

Jusserand, J. A. A. J., *English Wayfaring Life in the Middle Ages*, translated by L. Toulmin Smith, London, 1892.

Mandeville, Sir John, *Voiage and Travaile of ...*, ed. J. O. Halliwell, 1839. Also in Wright. For discussion of Mandeville's identity, see *DNB* and *Encyclopaedia Britannica*.

Migne, J. P., *Patrologiae Latinae Cursus Completus*, 221 vols., Paris, 1844-64.

Oman, Sir Charles. 见第 1 章参考文献。

Powicke, F. M., *Christian Life in the Middle Ages*, Oxford, 1935.

Saewulf, *Travels of ..., in 1102 and 1103*, ed. Canon Brownlow, PPTS, 1892. Also in Wright.

Stubbs, William, *Lectures on Medieval and Modern History*, 3d ed., Oxford, 1900.

Torkyngton, Sir Richard, *Ye Oldest Diarie of Englysshe Travell*, ed. W. J. Loftie, London, 1883.

Way, William, *Itineraries of ... to Jerusalem, 1458 and 1462*, Roxburghe Club, London, 1857.

Willibald, *Travels of ..., A.D. 721-27*, ed. Canon Brownlow, PPTS, 1891. Also in Wrght.

Wright, Thomas, *Early Travels in Palestine*, London, 1848.

［注释］

1. Migne, Vol. XXII, Epistle XLVI, col. 489 and Epistle LXVIII, col. 581.

2. Browne, p. 78. Quotation from *Historia Lausiaca*, Migne, Vol. LXXIII, chap. CXVIII, col. 1200.

3. Washington Irving's *Life of Mahomet*, Everyman ed., chap. XII.

4. Temple cleaned of filth, R. A. S. MacAlister, article "Palestine," *Encyclopaedia Britannica*, 11th ed.

5. *Cambridge Medieval*. Vol. V, chap. VI, 254.

6. Fuller, *Church History*, Vol. I, 76. Also Browne, Hartwell Jones, *DNB, Catholic Encyclopedia*.

7. Wright, Introduction, p. xiv.

8. *The Book of …*, ed. S. B. March, Early English Text Society, London, 1940.

9. *Chronicle of …*, ed. T. Forester, Bohn's Library, London, 1854.

10. From *Anglo-Saxon Chronicle*, quoted by Beazley.

11. From *Anglo-Saxon Chronicle*. See also Hodgkin, Oman, *DNB*.

12. Beazley.

13. Coulton, *Social* Life, p. 415. See also Baring-Gould, *Lives of the Saints*, ed. 1872, V, 322-31. Also *DNB*.

14. Hartwell Jones.

15. *Piers Plowman*, ed. Wright, London, 1856, I, 109.

16. J. M. Marly, *Specimens*, I, 484.

17. *Froissart's Chronicles*, Everyman ed., 1906. chap. 1, p. 16.

18. T. Wright, *Biographica Britannica Literaria*, London, 1892.

19. Jusserand, p. 380.

20. *Informacion*.

21. Stubbs, p. 198.

22. Beazley.

23. Jusserand, p. 353.

24. *Ibid*., p. 351.

第4章

[参考文献]

Archer, Thomas, *The Crusade of Richard I, Extracts from Contemporary Accounts*, London, 1888.

Archer, T., and C. L. Kingsford, *Story of the Crusades*, New York, 1895.

Bohn, H. G., *Chronicles of the Crusades, Being Contemporary Narratives of the Crusade of Richard Coeur de Lion* by Richard of Devizes, Geofrey de Vinsauf, and the *Crusade of Saint Louis* by Lord de Joinville, London, 1848.

Cambridge Medieval History. 见第 3 章参考文献。

Coulton, G. G. 见第 3 章参考文献。

Dansey, James C., *The English Crusaders*, London, 1849.

David, C. W., *Robert Curthose*, Harvard, 1920.

Davis, H. W. C., *England Under the Normans and Angevins*, London, 1905.

Fuller, Thomas, *History of the Holy Warre*, London, 1639.

Gibbon, Edward, *Decline and Fall of the Roman Empire*, eds. Milman, Guizot, and Smith, 6 vols.

Itinerarium Regis Ricardi (Vinsauf). English text in Bohn's *Chronicles* and excerpts in Archer. Original in *Rolls Series* 38a, ed. Stubbs.

Jacobs, J., *The Jews of Angevin England*, London, 1893.

Joinville, Jean de, *Crusade of St. Louis*, Everyman ed. Also in Bohn's *Chronicles*.

Lane-Poole, Austin, *Domesday Book to Magna Carta*, Oxford, 1951.

Lane-Poole, Stanley, *Life of Saladin*, London, 1920.

Michaud, J. F., *History of the Crusades*, translated by W. Robson, 3 vols., London, 1852. *Bibliothèque des Croisades*, 4 vols.

Mills, Charles, *History of the Crusades*, 2 vols., London, 1822.

Norgate, Kate, *England Under the Angevin Kings*, 2 vols., London, 1887. *Richard the Lion Heart*, London, 1924.

Oman, Sir Charles, *A History of the Art of War in the Middle Ages*, 2 vols., London, 1924.

Ramsay, J. H., *The Angevin Empire*, Oxford, 1903.

Stubbs, William, *Historical Introductions to the Rolls Series*, ed. A. Hassall, London, 1902. (Includes Ralph of Diceto, Benedict of Peterborough, Roger of Hoveden, *Itinerarium Regis Ricardi*, Walter of Coventry.) *Lectures on Medieval and Modern History*, Oxford, 1900.

William Of Malmesbury, *Chronicle of the Kings of England*, ed. Giles, Bohn's Library, London, 1883.

［注释］

1. Gibbon, VI, chap. LIX, 109.

2. Richard Gough, *Sepulchral Monuments of Great Britain*, London, 1876.

3. C. W. Bardsley, *English Surnames, Their Source and Significations*, London, 1889.

4. See Appendix to Scott's *Talisman*.

5. According to Ramsey, p. 367, Richard was 6'2" .

6. David, *Robert Curthose*.

7. Quoted Gibbon, VI, chap. LVIII, note 77.

8. David, *Robert Curthose*.

9. Gibbon. Also Dansey.

10. *DNB*.

11. *DNB*, David, Dansey.

12. *Ancient British Drama*, 3 vols., London, 1810.

13. William of Malmesbury, Book IV, chap. II. Also Michaud's *History*, Book I, p. 49.

14. Gibbon, VI, chap. LVIII. Also *Cambridge Medieval*, Vol. II, chap. VII.

15. W. E. H. Lecky, *History of Rationalism*, New York, 1883, II, 266. Also H. W. C. Davis.

16. Michaud's *History*, Book VI. Also H. W. C. Davis.

17. Contemporary authorities are Ralph of Diceto and William of Newburgh. See Stubbs, *Introductions*. Also Jacobs and Ramsay.

18. Caxton's Preface to *Morte d'Arthur*.

19. Geoffrey of Clairvaux, quoted Dansey.

20. Austin Lane-Poole.

21. Roger of Hoveden, Stubbs, *Introductions*.

22. Roger of Hoveden, quoted Mills II, 10.

23. Austin Lane-Poole.

24. *Ibid.*, p. 350, quoting Richard of Devizes.

25. *Ibid.* Also Norgate's *Richard*, Book II, chap. I.

26. *Pipe Roll 2 Richard I* in Archer.

27. *Ibid.*

28. Contemporary authorities are Roger of Hoveden, Ralph of Diceto, Richard of Devizes, and *Pipe Roll 2 Richard I.* See Stubbs' *Introductions.* Also Norgate's *Richard*, Book II, chap. II.

29. 英格兰于 1200 年左右的人口数量，请见 S. R. Maitland, *Domesday Book and Beyond*, Cambridge, 1897, p. 437。1377 年收取人头税时的人口，请见 David MacPherson, *Annals of Commerce*, 1805, I, 548。另见 M. Postan, "Population in the Later Middle Ages," *Economic History Review*, 2d series, II, No. 3, London, 1950. Josiah Cox Russell, *British Medieval Population*, University of New Mexico Press, 1948.

30. Dansey.

31. Michaud's *Bibliothèque*, Vol. IV, passim. Also excerpts in Archer.

32. *IRR*, Bohadin, Roger of Hoveden in Archer.

33. Stanley Lane-Poole, p. 357.

34. Richard of Devizes, quoted *Historians' History of the World*, VIII, 389, note 1.

35. *IRR* in Archer.

36. Bohadin, *IRR*, etc., in Archer.

37. Book I, chap. III in Bohn's *Chronicles*.

38. Joinville, chap. CVIII.

39. 这些故事都来自 Joinville，他晚于理查 50 年来到巴勒斯坦。Gibbon, VI, chap. LIX; Michaud's *Bibliothèque*, IV, 304; Norgate's *Richard*, p. 262.

40. Dansey.

41. Dansey.

42. *IRR* in Archer, etc.

43. Stubbs, *Constitutional History*, chap. XII, quoting Walter of Coventry.

44. Joinville, Matthew Paris, Continuers of William of Tyre, Mills, Vol. II, chap. V. Also *DNB*.

45. *Ibid.*

46. In the "Song of Lewes," in *Political Songs of England from the Reign of John to that of Edward II*, ed. Thomas Wright, Camden Society, London, 1839.

47. Bohn's *Chronicles*, Appendix, p. 554.

48. Archer and Kingsford, chap. XXV; Mills, Vol. II, chap. VI; Fuller, *Holy Warre*, Book 4, chap. 29.

49. *A Crusader's Letter from the Holy Land*, PPTS, 1890.

50. *Historians' History of the World*, published by Encyclopaedia Britannica, 26 vols. and index, Vol. VIII, chap. VI.

第5章

[参考文献]

Brooke, Stopford A., *History of Early English Literature*, London, 1892.

Cambridge History of English Literature, Vol. I, chap. VII, "From Alfred to the Conquest," Vol. IV, chap. II, "The Authorized Version and Its Influence."

Coulton, G. G., *Chaucer and His England*, London, 1937.

Crawford, S. J., *The Old English Version of the Heptateuch, Aelfric's Treatise on the Old and New Testaments and His Preface to Genesis*, EETS, London, 1922.

Daiches, David, *The King James Version of the Bible*, Chicago, 1941.

Foxe, John, *Actes and Monuments*, ed. Townsend and Cattley, 8 vols., London, 1839.

Fuller, Thomas, *Church History of Britain*, ed. J. S. Brewer, 6 vols., Oxford, 1845.

Gairdner, James, *Lollardy and the Reformation*, 2 vols., London, 1908. *The English Church in the 16th Century*, London, 1902.

Hall, Edward, *Chronicle Containing the History of England*, 1548, printed for J. Johnson, 4 vols., London, 1809.

Henson, Herbert H., "Bible, English" in *Encyclopaedia Britannica*, 11th ed.

Hoare, H. W., *Evolution of the English Bible*, London, 1901.

Penniman, Josiah H., *A Book About the English Bible*, New York, 1919.

Pollard, A. W., *Records of the English Bible*, Oxford, 1911.

Skeat, Rev. Walter, *Aelfric's Lives of the Saints*, EETS, London, 1900.

Strype, John, *Memorials of Thomas Cranmer, Archbishop of Canterbury*, 1694, Oxford, 1848-54.

Trevelyan, George Macauley, *England in the Age of Wycliffe*, London, 1899.

Westcott, B. F., *History of the English Bible*, rev. ed., New York, 1916.

White, Caroline L., *Aelfric, A New Study of his Life and Writings*, Yale, 1898.

[注释]

1. Foxe, V, 167.

2. "Hebraism and Hellenism," chap. IV of *Culture and Anarchy*, 1869.

3. Quoted *Cambridge Lit.*, IV, 48-49.

4. *Enjoyment of Literature*, New York, 1938.

5. 盎格鲁—以色列运动最早由理查德·布拉泽斯（Richard Brothers）于 1794 年提出，在随后的 100 年中吸引了近 200 万名英国和美国追随者。这些追随者相信盎格鲁—撒克逊人是以色列十支派的子孙（犹太人是留在犹太的支派）。其理论基础是，《耶利米书》中的"远处的海岛"指的正是英国。这一理论将《圣经》的个别字句做脱离语境的解读，并混合基于相似词语、语音的伪哲学。它认为"英国人"（British）一词来自希伯来语中的"Berit"和"ish"两词，分别意为"契约"和"人"，所以"英国人"是"立约之人"的意思。撒克逊人（Saxons）是"以撒之子"（Isaac's sons）的意思。布拉泽斯称自己是大卫王的直系后代，所以应取代乔治三世成为国王。他因叛国罪被捕，但被认定为精神错乱。关于这一理论的主要著述有：Richard Brothers, *A Correct Account of the Invasion of England by the Saxons, Showing the English Nation to be the Ten Lost Tribes*, London, 1822; J. Wilson, *Our Israelitish Origin*, 1845; Edward Hine, *Identification of the British Nation with Lost Israel*, 1871. 另见以下期刊：*The Nation's Glory Leader, weekly* (irregular), 1875-80; *Our Race*, quarterly, 1890-1900; *The Watchman of Israel*, monthly, 1918- .

6. Introduction to *Sheppard's Pictorial Bible*.

7. Weizmann, *Trial and Error*, New York, 1949, p. 152.

8. *Praeterita*, London, 1885, p. 1.

9. Penniman.

10. Trevelyan's *Age of Wycliffe*.

11. *Ibid.*

12. *Ibid.*

13. Fuller, II, 381.

14. Coulton, p. 99.

15. Foxe, IV, 218.

16. Penniman.

17. *Cambridge Lit.*, Vol. 1, chap. VII. Also Penniman.

18. Translated by Stopford Brooke.

19. Caroline White, S. J. Crawford. Also *Cambridge Lit.*, I, chap. VII, 136 ff.

20. Skeat.

21. Brooke. Also *Cambridge Lit.*, I, chap. VII.

22. Foxe, V, 117.

23. Daiches.

24. Hall's *Chronicle*, pp. 762-63.

25. Westcott, p. 78.

26. Foxe, V, 114-34.

27. Penniman.

28. Quoted by Pollard.

29. Gardner's *Lollardy*, II, 289.

30. *Letters and Papers of the Reign of Henry VIII*, XV, 737.

31. Pollard.

32. Foxe, V, 451.

33. Gairdner's *Lollardy*.

34. Foxe, VI, 677.

35. Foxe, VII, 550.

36. Pollard.

37. Westcott, Pollard, Henson.

第6章

［参考文献］

Bent, J. T., Early Voyages and Travels in the Levant, Hakluyt Society, 1893.

Chew, Samuel C., *The Crescent and the Rose; Islam and England During the Renaissance*, Oxford University Press, New York, 1937.

Cunningham, William, *Growth of English Industry and Commerce*, 3 vols., Cambridge, 1892.

Foster, Sir William, *English Quest of Eastern Trade*, London, 1933.

Hakluyt, Richard, *The Principal Navigations, Voyages, Traffiques and Discoveries of the English Nation*, 12 vols., ed. MacLehose, Glasgow, 1903. 第五卷 167—328 页的 "古老而广阔的黎凡特贸易的重启和增长" (The Renuing and Increasing of An Ancient and Commodious Trade into Diverse Places in the Levant) 一章, 包括女王和黎凡特公司的通信和交易、哈伯恩的报告, 以及很多关于黎凡特公司 1579 年至 1585 年间历史的文件。第六卷 73—104 页覆盖了黎凡特公司第二次特许权和爱德华·巴顿爵士的第一个任期。

Holinshed, Raphael, *Chronicles of England and Scotland*, 1577, 6 vols., London, 1807-8.

Lithgow, William, *Relation of the Travels of ... in Candy, Greece, the Holy Land, Egypt and other parts of the East*. In Purchas, *His Pilgrimes (q.v.)* X, 447-92.

Morison, Fynes, *An Itinerary Containing his ten Yeeres travel*, 1617, ed. MacLehose, 4 vols., Glasgow, 1907.

Purchas, Samuel, *Hakluytus Posthumous or Purchas, His Pilgrimes, Contayning a History of the World in Sea Voyages and Lande Travells by Englishmen and Others*, 1625, ed. MacLehose, 20 vols., Glasgow, 1905-7.

Rosedale, H. G., *Queen Elizabeth and the Levant Company*, London, 1904.

Rowland, Albert L., *England and Turkey: the Rise of Diplomatic and Commercial Relations*, University of Pennsylvania, 1924.

Rowse, A. L., *The England of Elizabeth*, London, 1950.

Sanderson, John, *Travels of ... in the Levant, 1584-1602*, ed. Sir William Foster, Hakluyt Society, 2d series, Vol. LXVII, London, 1931.

Sandys, George, *A Relation of a Journey begun an. dom. 1610 containing a description of the Turkish Empire, Aegypt, the Holy Land ... 1615*. In Purchas, *His Pilgrimes (q.v.)* VIII, 89-248.

Timberlake, Henry, *A True and Strange Discourse of the Travaile's of two English Pilgrims*, 1603, in *Two Journeys to Jerusalem*, printed for Nathaniel Crouch, London, 1704.

Unwin, George, *Studies in Economic History*, Royal Economic Society, 1927, chap. V, "The Merchant Adventurers' Company in the Reign of Elizabeth."

Williamson James A., *Maritime Enterprise, 1485-1558*, Oxford. 1913. *The Age of Drake*, London, 1938.

Wood, Alfred C., *A History of the Levant Company*, Oxford University, 1935.

[注释]

1. *Epistle Dedicatorie*, Hakluyt, I, xviii.

2. Purchas, IX, 478.

3. Purchas, VIII, 19.

4. Hakluyt's "The Antiquitie of the trade with English ships into the Levant," from *Voyages and Travels*, ed. C. R. Beazley, 2 vols., II, 181.

5. *Generall Historie of the Turkes*, 1604, ed. Sir Paul Rycaut, 1700.

6. Quoted in *Historians' History of the World*, IX, 475.

7. Holinshed, IV, 262.

8. *History of Rationalism*, II, 320.

9. Tennyson's "The Revenge."

10. Rosedale.

11. *State Papers Domestic*, Elizabeth, Vol. CXLIV, No. 7.

12. Hakluyt, V, 192.

13. *Ibid*, 243.

14. Wood.

15. Hakluyt, V, 167-328, passim.

16. *Ibid*.

17. Rosedale.

18. Rowse, p. 147.

19. Sandys in Purchas, VIII, 89-248.

20. *Calendar State Papers*, Vol. VIII, No. 994.

21. Rowland.

22. Wood.

23. Sanderson.

24. Quoted in Rowland.

25. Letter from Staper, *State Papers Domestic*, James I, Vol. XV, No. 4.

26. *Works*, III, 477, eds. Spedding, Ellis, and Heath, 7 vols., London, 1857-74.

27. Purchas, VIII, 248.

28. Act I, Scene 1, *Dramatic Works*, 6 vols., London, 1879.

29. *Itinerary*, II, 1.

30. Hakluyt, V, 271.

第7章

［参考文献］

Arnold, Matthew, *Culture and Anarchy*, chap. IV, "Hebraism and Hellenism," London, 1869.

Bardsley, Charles W., *Curiosities of Puritan Nomenclature*, London, 1888.

Cambridge History of English Literature, Vol. VII, chap. VIII, "Scholars and Scholarship, 1600-60," by Professor Foster Watson.

Carlyle, Thomas, *Oliver Cromwell's Letters and Speeches*, 3 vols., 1884, Boston.

Crouch, Nathaniel (alias of Robert Burton), *Two Journeys to Jerusalem and Memorable Remarks Upon the Ancient and Modern State of the Jewish Nation*, etc., London, 1704, (first published 1683).

Firth, Sir Charles, *Cromwell's Army*, London, 1902. *Oliver Cromwell and the Rule of the Puritans in England*, London, 1900.

Gardiner, Samuel Rawson, *History of England, 1603-42*, 10 vols., 1885-1900. *History of the Great Civil War, 1642-49*, 4 vols., 1901. *History of the Commonwealth and Protectorate, 1649-60*, 3 vols., 3d ed., 1901.

Graetz, Heinrich, *History of the Jews*, Vol. V, chap. II, "Settlement of the Jews in England and Manasseh ben Israel."

Macaulay, T. B., *History of England*, 5 vols., Philadelphia, 1861.

Marsden, J. B., *History of the Early Puritans to 1642*, London, 1850.

Masson, D., *Life of John Milton*, 6 vols., Cambridge, 1859-80, index vol., 1894.

Morley, John, *Life of Oliver Cromwell*, 1900.

Neal, Daniel, *History of the Puritans, or the Rise, Principles and Sufferings of the Protestant Dissenters*, 5 vols., new ed., London, 1822.

Osterman, Nathan, *The Controversy Over the Proposed Readmission of the Jews to England*, Jewish Social Studies, July 1941.

Patenkin, Don, *Mercantilism and the Readmission of the Jews to England*, Jewish Social Studies, July 1946.

Prynne, William, *A Short Demurrer to the Jewes Long Discontinued Barred Remitter into England*, 1656.

Roth, Cecil, *A History of the Marranos*, Jewish Publishing Society of America, Philadelphia, 1947, chaps. IX and X, "The Dutch Jerusalem" and "Resettlement in England." *Life of Manasseh ben Israel*, Philadelphia, 1934.

Selbie, W. B., "The Influence of the Old Testament on Puritanism" in *The Legacy of Israel*, eds. E. A. Bevan and C. Singer, 1927.

Trevelyan, George Macaulay, *England Under the Stuarts*, rev. ed., London, 1938.

Williams, Roger, *The Bloudy Tenent of Persecution ...*, 1644, ed. E. B. Underhill, Hansard Knollys Society, London, 1848.

Wolf, Lucien, *Manasseh ben Israel's Mission to Oliver Cromwell*, Jewish Historical Society, London, 1901. Contains full text of *The Hope of Israel, the Humble Address*, and the *Vindiciae Judaeorum*.

［注释］

1. Text in Patenkin, from a facsimile of the original in the Sutro Branch of the California State Library, San Francisco.

2. From *A Narrative of the Late Proceedings at Whitehall Concerning the Jews*, 1655. Quoted by Osterman.

3. *Cromwell's Letters and Speeches*, I, 32.

4. From Macaulay's poem, "The Battle of Naseby."

5. Marsden.

6. From a letter to Major-General Fortescue quoted by Firth in *Oliver Cromwell*.

7. *History of England*, I, chap. I, 71.

8. Gardiner, *History of England*, X, 142. 这一事件发生于 1642 年 1 月 5 日。国王在前一天闯进议会试图逮捕五名议员，但发现他们已经逃走。第二天，他去市政厅要求对五名议员开具逮捕令，未能如愿。民众闻讯涌上街头，传言四起，在国王返回白厅的路上，民众包围了他的马车，并高喊"议会权利！"。一个红发的胆大者向车厢里扔了一个具有煽动性标题"以色列人啊，各回各家去吧！"的小册子。就像 Gardiner 所写，"对罗波安暴政的影射，查理一世不可能不明白"。据某些来源记载，那个胆大的人是记者亨利·沃克（Henry Walker），他和他的印刷商前一晚忙了整夜，他写好一页就交给印刷商迅速排印。但这个小册子现已无存。请见 J. G. Muddiman, *Trial of King Charles the First*, Edinburgh and London, n.d., pp. 15-16.

9. Firth, *Cromwell's Army*.

10. 见第 6 章注释。

11. Marsden, p. 252.

12. Cromwell's *Letters and Speeches*, I, chap. I, 1.

13. Wolf, Introduction, p. xxi.

14. Osterman.

15. Masson, III, 102.

16. Marsden.

17. Wolf, Introduction, p. xix.

18. Morley, p. 367.

19. Wolf, Introduction, p. xxi. Also DNB.

20. *A Pisgah-sight of Palestine*, Book V, p. 194.

21. Bardsley.

22. Cited by Bardsley.

23. Watson in *Cambridge Lit.*

24. *The City Match*, Mayne, 1639.

25. Masson.

26. Watson in *Cambridge Lit.*

27. Watson in *Cambridge Lit.* Also *DNB*.

28. *Relation of the Great Council of the Jews in the Plains of Hungaria in 1650 to Examine the Scriptures Concerning Christ*, by S.B., an Englishman there present. In Crouch.

29. 关于玛拿西此行和再次定居的情况，请见 Lucien Wolf、Roth 的两部著作，以及 Patenkin 和 Osterman 的文章。

30. Wolf, Introduction, p. xxx, Patenkin, Roth. Bishop Burnet 在 *A History of His Own Times* (1724) 中说，当克伦威尔了解了犹太人在国际贸易中的地位后，他邀请犹太人来英国定居并允许他们建立犹太教会堂，更多是基于这一原因，而非出于宗教宽容原则。

31. Carlyle, II, 322.

32. Wolf.

33. Prynne. Also Edward Nicholas, *An Apology for the Honorable Nation of the Jews and All the Sons of Israel*, 1648. *Israel's Condition and Cause 35. Pleaded; or some Arguments for the Jews Admission into England*, by D.L., 1656. Quoted by Osterman. See also Wolf, pp. xli-xlvi.

34. Henry Jessey's "A Narrative of the Late Proceedings at Whitehall Concerning the Jews," *Harleian Miscellany*, VII, 623. Also "The Proceedings about the Jews in England in the year 1655" in Crouch. 其他关于此次会议的成员和讨论的文献包括 *Thurloe State Papers*, IV, 321 ff., 和 *State Papers Domestic*, 1, 76 (1655), passim。Wolf, pp. xlvii-lv. Gardiner, *History of the Commonwealth and Protectorate*, III, pp. 216-24.

35. 认为这是克伦威尔最好的演说的人是保罗·莱科特爵士（Sir Paul Rycaut），他黎凡特公司的前外交专员，Knolles 的 *History of the Turks* 的编辑。见 Wolf, p. liii, note 2。

36. 此语出自包含在 *State Papers Domestic* 中的罗宾逊（Robinson）的一封信中，被 Gardiner 在 *History of the Commonwealth and Protectorate*, III, 221, note 3 中引用。William Godwin 在准备 *History of the Commonwealth*（1828）时检索了 Bevis Marks 犹太会堂的记录，发现了一个 1656—1657 年的墓地租约，证实白厅会议后一年内，犹太人已获得以犹太

人而非马拉诺人身份定居英国的权利。见 Graetz, V, 49。

37．Roth, Wolf.

第 8 章

［ 参考文献 ］

Benn, A. W., *History of English Rationalism in the 19th Century*, 2 vols., 1906, Vol. I, chap.III, "The English Deists" and chap. IV, "The 18th Century."

Bunyan, John, *The Pilgrim's Progress*.

Crouch, Nathaniel. 见第 7 章参考文献。

Fuller, Thomas, *A Pisgah-sight of Palestine and the Confines thereof with a Historie of the Old and New Testaments acted thereon*, London, 1650.

Gibbon, Edward, *Memoirs of My Life and Writings*, 1795. Included in Vol. I of *Decline and Fall*, eds. Milman, Guizot, and Smith.

Lecky, W. E. H., *A History of England in the 18th Century*, New York, 1883.

Macaulay, T. B., article "Bunyan," *Encyclopaedia Britannica*, 11th ed.

Maundrell, Henry, *A Journey from Aleppo to Jerusalem at Easter*, a.d. 1697, Oxford, 1697.

Pococke, Richard, *Description of the East*, 3 vols., folio, 1743-45.

Shaw, Thomas, *Travels and Observations Relating to Several Parts of Barbary and the Levant*, 1738.

Stephen, Sir Leslie, *English Thought in the 18th Century*, 2 vols., 1876.

Trevelyan, G. M., *English Social History, A Survey of Six Centuries*, illus. ed., 4 vols., London and New York, 1949-52.

Tyron, Richard, *Travels from Aleppo to the City of Jerusalem*, Glasgow, 1790.

［ 注释 ］

1．*Social History*, III, chap. II, 47.

2．From his *Autobiography*.

3．From Macaulay's article, "Bunyan," in *Encyclopaedia Britannica*, 11th ed., p. 806, b.

第 9 章

［ 参考文献 ］

Allison, Archibald, *History of Europe During the French Revolution, 1789-1815*, 10 vols., Edinburgh and London, 1839, Vol. III, chap. XXV.

Bourienne, *Mémoires*, 10 vols., Paris, 1829-32.

Bulwer, Sir Henry Lytton (later Lord Dalling), *Life of Viscount Palmerston*, 3 vols., 1870-74. 仅覆盖至 1846 年。

Burckhardt, John Lewis, *Travels in Syria and the Holy Land*, London, 1822.

Cambridge History of British Foreign Policy, eds. Ward and Gooch, 3 vols., 1922-23.

Chateaubriand, Rene De, *Itinéraire de Paris à Jérusalem*, Paris, 1811. English translation also 1811.

Greville, Charles C. F., *The Greville Memoirs, 1814-60*, 7 vols., plus index vol., eds. Lytton

Strachey and Roger Fulford, London, 1938.

Guedalla, Philip, *Napoleon and Palestine* (reprint of a lecture, 63 pp.), Jewish Historical Society, London, 1925. Palmerston, London, 1926.

Irby, Charles Leonard, and James Mangles, *Travels in Egypt, Nubia, Syria and the Holy Land, Including A Journey Around the Dead Sea and Through the Country East of the Jordan*, London, 1844.

Kinglake, A. W., *Eothen*, London, 1844.

Kobler, Franz, "Napoleon and the Restoration of the Jews to Palestine" in *New Judaea*, August, October, November, and December 1940 and February 1941.

Lamartine, Alphonse M. L., de *Voyage en Orient*, Vols. VI-VII of *Oeuvres Complètes*, 8 vols., Paris, 1842, in English translation, *Pilgrimage to the Holy Land*, 1832-33.

Lecky, W. E. H., *History of England in the 18th Century*, London, 1887.

Marriott, James A. R., *The Eastern Question, An Historical Study*, 4th ed., Oxford, 1940.

Rose, J. Holland, *Life of William Pitt*, 1923. *Life of Napoleon I*, 11th ed., London, 1934, chap. IX, "Egypt" and chap. X, "Syria."

Rosebery, Earl of, *Life of Pitt*, London, 1898.

Seetzen, Ulrich, *A Brief Account of the Countries Adjoining Lake Tiberias, the Jordan and the Dead Sea*, London, 1813.

Temperley, Harold W. V., *England and the Near East: The Crimea*, London, 1936. The subtitle is misleading. 此书详细记述了从 1830—1854 年关于东方问题的外交史。

Trevelyan, George M., *British History in the 19th Century*, 1782-1901, London, 1922.

［注释］

1. Matthew, xxiv, 28.

2. Rose's *Pitt*, chap. XXVI, pp. 585-606; Marriott, pp. 153-58; Temperley, pp. 43-46. See also *Cambridge BFP*, Vol. I, chap. I, "Pitt's First Decade."

3. *Parl. Hist.* XXIX, March 1791, 75-79. Quoted in Temperley, p. 44.

4. Quoted in Lecky.

5. Text in Kobler. See also Guedalla's *Napoleon and Palestine*.

6. Allison; Rose's *Napoleon*, chap. IX, "Egypt" and chap. X, "Syria" ; Bourienne, Vol. II; Marriott, pp. 164-92.

7. A. L. Thiers, *Histoire de la Revolution Française*, 10 vols., Paris, 1828, IX, 63.

8. Bourienne, II, 82.

9. *Ibid.*, II, 243.

10. Allison, III, 486.

11. Lucien Bonaparte, *Mémoires*, II, chap. XIV.

12. 关于她的记述在这一时期的所有东方旅行日记中都可以找到，因为对当时的人来说，不拜访这位著名的隐士，那叙利亚之旅就不能算完整。Lamartine 的记录是最完整的。

13. *DNB*.

14. Letter to Sir William Temple, Bulwer, II, 145.

15. *Ibid.*

16. Temperley, pp. 87-156; Marriott, pp. 225-49; *Cambridge BFP*, Vol. II, chap. IV, "The Near East and France" (covers the period 1829-47).

17. Foreign Office, Turkey, July 12, 1833, quoted *Cambridge BFP*, II, 166.

18. Bulwer, II, 257. Bulwer 时任君士坦丁堡大使馆秘书，他是以目击者的身份在写作。

19. F.O. 78/274, No. 52 of April 24, 1836, quoted Temperley, p. 75.

20. Greville, diary for October 7, 1840, IV, 308.

第10章

［参考文献］

Balleine, G. R., *A History of the Evangelical Party*, London, 1908.

Bunsen, Frances, Baroness, *A Memoir of Baron Bunsen*, 2 vols., London, 1868.

Dalling, Lord (Sir Henry Lytton Bulwer), and Evelyn Ashley, *Life of Lord Palmerston*, Vol. III, 1874, Vols. IV and V, 1876. This is a completion of the earlier life by Bulwer.

Finn, Mrs., *Reminiscences*, London, 1929.

Gidney, Rev. W. T., *The History of the London Society for the Propagation of Christianity Among the Jews from 1809 to 1908* (centenary vol.), London, 1908.

Goodman, Paul, *Moses Montefiore*, Jewish Publication Society of America, Philadelphia, 1925.

Halevy, Elie, *A History of the English People in 1815*, (this is Vol. I of what was to become Halévy's *History of the English People in the 19th Century*), translated by Watkin and Barker, London, n.d., Book III, chap. I, "Religion."

Hammond, J. L. and B., *Lord Shaftesbury*, London, 1923.

Hodder, Edwin, *Life and Works of the Seventh Earl of Shaftesbury*, 3 vols., London, 1886.（此书不仅对本章至关重要，也对理解维多利亚时期的宗教精神——福音主义以及信仰与科学的对峙十分重要。）

Holland, T. E., *The European Concert in the Eastern Question 1826-1885; A Collection of Treaties and other Public Acts*, Oxford, 1885.

Hyamson, Albert M., *The British Consulate in Jerusalem, 1839-1914*, 2 vols., London, 1939. *British Projects for the Restoration of the Jews*, British Palestine Commission, London, 1917.

London society for the propagation of Christianity among the Jews, *Annual Reports*, 1809, passim. *Historical Notice*, London, 1850.

Montefiore, *Diaries of Sir Moses and Lady Montefiore*, 1812-1883, 2 vols., ed. L. Löewe, London, 1890.

Rodkey, Frederick S., "Lord Palmerston and the Rejuvenation of Turkey," *Journal of Modern History*, June 1930.

Temperley, H. V. W. 见第 9 章参考文献。

Victoria, *Letters of Queen Victoria, 1837-61*, 1st series, ed. A. C. Benson and Viscount Esher, 3 vols., 1907.

Warburton, Eliot, *The Crescent and the Cross*, New York, 1845.

Wolf, Lucien, *Sir Moses Montefiore*, London, 1884.

［注释］

1. F.O. 78/390, No. 134, in Rodkey. Also Temperley, p. 186 and note 275.

2. 此处及此后引用的阿什利的日记、信件和讲话都出自 Hodder 的 *Life*, viz. Vol. I, chap. VI, 1838-39, VIII, 1840, IX, 1841, X, 1842 and Vol. III, chap. XXIII, "The Inner Life."

3. A word portrait written in 1838, quoted by Hodder, I, 228.

4. Hammond.

5. Trevelyan's *Social History*, IV, 29.

6. Balleine.

7. *Annual Reports, Historical Notice*, and Gidney, passim.

8. Balleine.

9. *Ibid.*

10. Gidney and Society's *Annual Reports and Historical Notice*. Also Mrs. Finn.

11. Gidney and Society's *Annual Reports and Historical Notice*.

12. Mrs. Finn, *Reminiscences*.

13. *Ibid.*

14. Hodder, III., 139

15. Gidney.

16. Romans, iv, 4.

17. Delivered May 8, 1818, Society's *Annual Report* for 1818.

18. April 17, 1833, in the House of Commons, reprinted in the *Works*, 12 vols., ed. Albany, London, 1898, XI, 540. 麦考莱的首次演说发表于 1830 年 4 月 5 日, 讨论了《犹太人救济法案》(Jewish Disabilities Bill), 关于同一问题的第三次演说发表于 1841 年 3 月 3 日。他还就这一法案在 1831 年 1 月的《爱丁堡评论》(*Edinburgh Review*)上发表了一篇文章。

19. F.O. 78/368, No. 2, January 31, 1839, Hyamson's *Consulate*.

20. Rodkey.

21. Hyamson's *Consulate*.

22. *Ibid.*; F.O. 78/368, No. 8, November 23, 1839.

23. Compiled from Edward Robinson, *Biblical Researches in Palestine*, 3 vols., Boston, 1841, Vol. III, Appendix A is a chronological list of works on Palestine and Mount Sinai.

24. Goodman.

25. Wolf, p. 276.

26. Wolf, p. 267.

27. Montefiore, *Diaries*.

28. Graetz, Vol. V, chap. XVII, "The Year 1840 and the Damascus Blood Accusation."

29. Hyamson's *Projects*.

30. Wolf, pp. 109-10.

31. *Ibid.*, p. 62.

32. F.O. Papers 78/427, No. 33 of February 17, 1841. The letter of February 17 is marked in the margin, "Appd. Victoria R." —Hyamson.

33. *British and Foreign State Papers, 1840-41*, Vol. XXIV, London, 1857.

34. Guedalla's *Palmerston*, p. 295.

35. Hyamson's *Consulate*.

36. Bunsen.

37．*Ibid.*

38．Hodder, I, chap VIII.

39．Ashley's diary, October 16, 1841 in Hodder, I, 377.

40．Bunsen.

41．Letter to Ashley, August 13, 1841 in Hodder, I, 373.

42．F.O. 78/501, No. I, May 3, 1842, Hyamson's *Consulate.*

第 11 章

[参考文献]

Churchill, Charles Henry, *Mount Lebanon*, 3 vols. London, 1853.

Cohen, Israel, *The Zionist Movement*, rev. ed., Zionist Organization of America, New York, 1946.

Disraeli, Benjamin, *Alroy, Coningsby, Contarmi Fleming, Life of Lord George Bentinck, Tancred.*

Egerton, Lady Francis, *Journal of a Tour in the Holy Land*, London, 1841.

Finn, James, *Stirring Times or Records from Jerusalem Consular Chronicles*, 2 vols., London, 1878

Finn, Mrs. 见第 10 章参考文献。

Hyamson, Albert M. 见第 10 章参考文献。

Kobler, Franz, "Charles Henry Churchill, A Zionist Pioneer. Centenary of the Damascus Episode," *New Judaea*, June-July 1941.

Lindsay, Alexander, Lord, *Letters from Egypt, Edom and the Holy Land*, London, 1838.

Martin, Sir Theodore, *Life of H.R.H. the Prince Consort*, 5 vols., 1875-80.

Monypenny, W. F., and G. E. Buckle, *The Life of Benjamin Disraeli, Earl of Beaconsfield*, 6 vols., London, 1910-20.（注释中简写为 M and B.）

Roth, Cecil, *Benjamin Disraeli, Earl of Beaconsfield*, New York, 1952.

Sokolow, Nahum, *History of Zionism, 1600-1918*, 2 vols., London, 1919.

Warburton, Eliot. 见第 10 章参考文献。

[注释]

1．Cohen, p. 51.

2．Kobler.

3．*Ibid.*

4．Letter to his wife, July 13, 1841, Baroness Bunsen's *Memoirs.*

5．Hyamson's *British Projects.*

6．*Ibid.*

7．*Ibid.*

8．Cohen, p. 52.

9．Hyamson's *Projects*. See also Cohen, p. 52.

10．Mrs. Finn's *Reminiscences.*

11．*Ibid.*

12．Consul Finn's correspondence with Foreign Office. F.O. 78 11274, Pd. No. 36, Hyamson's

> *Consulate.*

13. M and B, III, 69.

14. From Contarini Fleming (his novel written while on the tour), part VI, chap. 4.

15. M and B, I, 196.

第12章

［参考文献］

Ahad Ha'am, *Essays, Letters and Memoirs (on Judaism and Zionism)*, ed. and translated by Leon Simon, Oxford, 1946.

Byron, George Gordon, Lord, *Hebrew Melodies*, 1815.

Cohen, Israel, *Zionism*. 见第 11 章参考文献。

Croce, Benedetto, *History of Europe in the 19th Century*, translated by Henry Furst, New York, 1933.

Cross, J. W., *George Eliot's Life as Related in her Letters and Journals*, 3 vols., New York, 1885.

Dubnow, S. M., *History of the Jews in Russia and Poland, from the Earliest Times to the Present Day*, translated by I. Friedlander, 3 vols., Philadelphia, 1916.

Elbogen, Ismar, *A Century of Jewish Life, Philadelphia*, 1944. (Planned as a continuation of Graetz' *History*).

Eliot, George, *Daniel Deronda*. "The Modern Hep Hep," (Essay XVIII in *The Impressions of Theophrastus Such*, 1879).

Gottheil, Richard, *Zionism*, Philadelphia, 1914.

Haldane, Elizabeth S., *George Eliot and Her Times*, New York, 1927.

Hess, Moses, *Rome and Jerusalem*, translated by M. Waxman, 2d ed., New York, 1945.

Jewish Encyclopedia. Articles on individuals mentioned.

King, Bolton, *Life of Mazzini*, Everyman ed.

Lazarus, Emma, *An Epistle to the Hebrews, from the American Hebrew*, 1882-83, republished Federation of American Zionists, 1900.

Pinsker, Leon, *Auto-Emancipation*, translated by D. S. Blondheim, New York, 1935.

Simon, Leon, *Studies in Jewish Nationalism*, London, 1920.

Sokolow, Nahum. 见第 11 章参考文献。

Stein, Leonard, *Zionism*, 2d ed., London, 1934.

Stephen, Sir Leslie, *George Eliot*, London, 1902.

［注释］

1. 犹太学者希勒尔（Hillel the Great）语，他是希律王时代的律法学者，是公元 500 年之前的巴勒斯坦犹太教神学权威。*Jewish Encyclopedia*, VI, 398.

2. Mazzini, *Duties of Man and Other Essays*, Everyman ed., 1915, p. 53.

3. Quoted Gottheil, p. 38.

4. 关于赫茨尔之前的早期犹太复国主义者，请见 Sokolow, Vol. I. Cohen, Part I, chap. II, "The Advocacy of Restoration," and Part II, chap. III, "'The Love of Zion' Movement"；Elbogen, Book 3, chap. I, "The Lovers of Zion," Gottheil, chaps. I, II, III.

5. Sokolow, I, 202 and II, 262.

6. Cohen, p. 59 ff.

7. *Encyclopaedia Britannica*, 14th ed., article, "Anti-Semitism."

8. Sokolow, I, 188, 216.

9. *Ibid.*, I, 188.

10. *Trial and Error*, p. 162.

11. *Universal Jewish Encyclopedia*, IV, 78.

12. Stephen's *George Eliot*, p. 189.

13. Cross, III, 212.

第13章

［参考文献］

Arnold, Matthew, *Culture and Anarchy*, 1869. *St. Paul and Protestanism*, 1870. *Literature and Dogma; An Essay Towards a Better Understanding of the Bible*, 1873. *God and the Bible*, 1875.

Besant, Sir Walter, *Thirty Years Work, 1865-1895*, London, 1895. (A history of the Palestine Exploration Fund.)

Benn, A. W., *History of English Rationalism in the 19th Century*, 2 vols., 1906.

Cambridge History of English Literature, "The Oxford Movement" by Rev. W. H. Hutton, Vol. XII, chap. XII, and "The Growth of Liberal Theology" by Rev. F. E. Hutchinson, Vol. XII, chap. XIII.

Carpenter, J. E., *The Bible in the Nineteenth Century*, 1919.

Cheyne, Thomas K., *The Founders of Old Testament Criticism*, 1893.

Coleridge, Samuel Taylor, *Confessions of an Enquiring Spirit*, ed. H. N. Coleridge, 3d ed., 1853.

Conder, Claude Regnier, *Tent Work in Palestine, A Record of Discovery and Adventure*, 2 vols., Palestine Exploration Fund, New York, 1878. *Memoirs of the Survey of Western Palestine*, 7 vols., Palestine Exploration Fund, 1883.

Essays and Reviews, Benjamin Jowett, Mark Pattison, Frederick Temple, et al., 1860.

Halévy, Elie, *A History of the English People in the 19th Century*, Vol. III, 1830-41, Part I, chap. III, "Revolt of the Established Church and the Sects" ; "Victory of the Church," translated by Watkin, New York, 1930.

Hasting's Encyclopedia, article "Criticism, O.T.," IV, 314.

Lowdermilk, Walter Clay, *Palestine, Land of Promise*, New York, 1944.

Milman, Henry Hart, *The History of the Jews*, 3 vols., 3d ed., 1863.

Morley, John, *Life of W. E. Gladstone*, 3 vols., 1903.

Palestine Exploration Fund, *Quarterly Reports*. (注释中简写为 P.E.F.)

Prothero, Rowland, E., *Life and Correspondence of Arthur Penrhyn Stanley*, 2 vols., New York, 1894.

Smith, William Robertson, article "Bible," in *Encyclopaedia Britannica*, 9th ed.

Strachey, Lytton, *Eminent Victorians*, London, 1918.

Trevelyan, G. M., *19th Century*. 见第 9 章参考文献。

Young, G. M., *Victorian England, Portrait of an Age*, Oxford, 1936.

［注释］

1. P.E.F., *Quarterly Reports*. Also Prothero's *Stanley*.
2. Besant.
3. *Tent Work*.
4. *Sermons, Academical and Occasional*, Oxford, p. 127.
5. *Cambridge Lit.*, XII, chap. XII.
6. *Ibid.*, chap. XIII.
7. Besant.
8. *Ibid.*
9. *Report on the Survey of Sinai*, P.E.F., 1869.
10. *Tent Work*.
11. P.E.F., *Quarterly Report*, 1875, p. 115.
12. Sokolow, Vol. II, Appendix.

第14章

［参考文献］

Ashley, Evelyn, *Life of Henry George Temple, Viscount Palmerston*, 2 vols., 1879. A re-editing of the five-volume *Life* by Dalling and Ashley listed under Chapter X.

Cecil, Lady Gwendolyn, *Life of Robert, Marquis of Salisbury*, 4 vols., London, 1929-31, Vol. II, chaps. IV-IX on the Eastern Question and the Congress of Berlin.

Cambridge BFP., Vol. II, chap. IV, "The Near East and France" (covers 1829-47), Vol. II, chap. VII, "Prelude to the Crimean War" (covers 1853-54), Vol. II, chap. VIII, "The Crimean War."

Fitzgerald, Percy, *The Great Canal at Suez*, 2 vols.

Foreign Office, *Syria and Palestine*, F.O. Historical Section, H.M. Stationery Office, London, 1920.

Gladstone, W. E., *The Bulgarian Horrors and the Question of the East*, London, 1876.

Headlam-Morley, Sir James, *Studies in Diplomatic History*, New York, 1930.

Holland, T. E., *Treaties*. 见第 10 章参考文献。

Hoskins, H. L., *Routes to India*, New York, 1928.

Marriott, J. A. R., *Eastern Question*. 见第 9 章参考文献。

Martin, Theodore, *Prince Consort*. 见第 11 章参考文献。

Monypenny And Buckle, *Disraeli*. 见第 11 章参考文献。

Punch, Mr. Punch's History of Modern England, 1841, 1919, ed. Charles Graves, 4 vols., London, n.d.

Seeley, John R., *The Expansion of England*, London, 1898.

Seton-Watson, R. W., *Britain in Europe, 1789-1914*, Cambridge, 1937.

Temperley, H. W. V., *Near East*. Listed Chapter IX. "Disraeli and Cyprus," *English Historical Review*, XLVI, (April 1931).

Temperley, H. W. V., and L. M. Penson, *Foundations of British Foreign Policy, 1792-1902*, Cambridge, 1938.

Victoria, *Letters and Journal of Queen Victoria, 1862-1901*, 2d series, ed. G. E. Buckle, 5 vols.
Walpole, Spencer, *Life of Lord John Russell*, 2 vols., London, 1889.

［注释］

1. Cromer's *Ancient and Modern Imperialism*, p. 20.

2. *Ibid.*, p. 20.

3. S. H. Jeyes, *Joseph Chamberlain*, London, 1896, p. 245.

4. *Question of Empire*, London, 1900.

5. W. T. Stead, *Review of Reviews*, January 15, 1891.

6. Hansard, 4, 38, 1030.

7. From *Liberalism and Empire*, London, 1890. (Three anti-imperialist essays.)

8. Martin's *Prince Consort*, I, 215; Temperley's *Near East*, pp. 255-57.

9. *Expansion of England*, p. 10.

10. Temperley's *Near East*, chap. XI. For Crimean War, see also *Cambridge BFP*, Vol. II, chap. VIII and Marriott, pp. 249-85.

11. Quoted M and B, III, 524.

12. Guedalla's *Palmerston*.

13. Text in Holland.

14. *Cambridge BFP*. Also Seton-Watson.

15. Holland.

16. Seton-Watson, p. 420.

17. *DNB*.

18. Fitzgerald, I, 53.

19. *Letters of Queen Victoria*, II, 428.

20. M and B, VI, 624.

21. M and B, V, 447.

22. M and B, V, 452.

23. Letter to Lady Bradford, M and B, VI, 14.

24. Letter to Disraeli, July 15, 1877, *Queen's Letters*, 2d series, II, 548.

25. *Disraeli* by D. L. Murray, Boston, 1927, p. 268.

26. *Mr. Punch's History*, Vol. III.

27. Headlam-Morley.

28. M and B, VI, 381.

29. Temperley and Penson.

30. Letter to Layard, May 10, 1878, Temperley in *English Historical Review*.

31. 引自上一条注释中给莱亚德的两封信。

32. Text in Holland.

33. M and B, VI, 311.

34. Letter to Tenterden, July 2, 1878, Temperley and Penson.

35. Letter to the Queen, July, 1878, M and B, VI, 344.

36. Letter from Crown Princess Frederick of Prussia (Queen Victoria's daughter) to the Queen, July 16, 1878, *Ibid.*

37. M and B, VI, 356.

38. *Ibid.*, VI, 367.

第15章

［参考文献］

Cecil, Lady Gwendolyn, *Life of Salisbury*. 见第 14 章参考文献。

Druck, David, *Baron Edmond de Rothschild*, New York, 1928.

Foreign Office, *Syria and Palestine*. 见第 14 章参考文献。

Hogarth, D. G., *The Nearer East*, London, 1902.

Naiditch, Isaac, *Edmond de Rothschild*, translated by M. Z. Frank, Zionist Organization of America, Washington, D.C., 1945.

Oliphant, Laurence, *Land of Gilead*, London, 1881. *Haifa, or Life in Modern Palestine*, London, 1885. "The Jews and the Eastern Question," article in the *Nineteenth Century*, August 1882, 242-55.

Oliphant, Margaret, *Memoirs of the Life of Laurence Oliphant*, 2 vols., New York, 1891.

Revisky, Abraham, *Jews in Palestine*, New York, 1935.

［注释］

1. Foreign Office, *op. cit.*

2. In addition to works listed, see *DNB*, article by Sir Leslie Stephen and notices of Oliphant in memoirs of the period.

3. *The Education of Henry Adams*, Boston and New York, 1918, p. 139.

4. Cecil, II, 326.

5. *Ibid.*, letter to Sir William White, August 10, 1887.

6. *Ibid.*, letter to Sir William White, September 14, 1891.

7. Foreign Office, *op. cit.*

8. Druck, Revisky.

9. Revisky.

10. Speech at opening of the Hebrew University, 1925, quoted in Druck.

第16章

［参考文献］

关于犹太复国主义运动，请见第 12 章参考文献，此外还有以下文献：

Amery, Julian, *The Life of Joseph Chamberlain*, Vol. IV, London, 1951. (This is the final volume of the Life of which the first 3 volumes were written by J. L. Garvin.)

Bein, Alex, *Theodor Herzl*, translated by Maurice Samuel, Philadelphia, 1940.

De Haas, Jacob, *Theodor Herzl*, 2 vols., New York, 1927.

Herzl, Theodor, *Altneuland*, translated by J. de Haas, New York, 1902. *Der Judenstaat*, translated by J. de Haas, New York, 1904. *Diaries; Excerpts from the Tagebüche*, translated into English, New York, 1941.

Jewish Chronicle, London, files.

Rabinowicz, Oskar K., "New Light on the East Africa Scheme," a chapter in *The Rebirth of Israel; a Memorial Tribute to Paul Goodman*, various authors, London, 1952.

Weisgal, Meyer, (ed.). *New Palestine: Herzl Memorial Issue*, New York, 1929 (a collection of memoirs by various writers).

Weizmann, Chaim, *Trial and Error*, New York, 1949.

关于犹太复国主义的小册子和期刊众多，此处无法列全，仅列出最重要的文献。

［注释］

1. Quoted by Dr. Julian Sternberg in Weisgal, *Herzl Memorial*.

2. Bein, p. 116.

3. *Diaries*, June 16, 1895.

4. 赫茨尔的名言"公认的权利，而非勉强容忍"因丘吉尔的化用而闻名于世，时任殖民地事务大臣的温斯顿·丘吉尔在1922年7月的白皮书中写道，犹太人在巴勒斯坦定居是"基于权利，而非勉强容忍"。

5. Bein, p. 234.

6. Central Conference of American Rabbis, *Yearbook for 1897-98*.

7. Herzl's *Diaries*, January 6, 1897.

8. Gottheil, p. 89.

9. Weisgal, *Herzl Memorial*.

10. Bein. p. 230.

11. Observer was Ben Ami, Hebrew writer, quoted Bein, p. 232.

12. Cohen, p. 77.

13. Jewish Colonization Association.

14. Bein, chap. IX.

15. Bein, p. 346.

16. Message to Zionist Conference in London, February 28, 1898, quoted Cohen, p. 79.

17. Bein, p. 390.

18. Speech, June 2, 1892.

19. John Raymond reviewing A. L. Kennedy's *Life of Salisbury, New Statesman and Nation*, April 1, 1953.

20. Wickham Steed, *Through Thirty Years*, New York, 1924, I, 163.

21. Julian Amery.

22. From the Introduction to Sokolow.

23. Herzl's *Diaries*, quoted in Amery.

24. Herzl's letter to Rothschild on El Arish. Bein, p. 390.

25. 此处及后文与张伯伦、兰斯多恩、克罗默等人会面的情况出自 Amery 自己翻译的赫茨尔（Herzl）的 *Tagebüche*。此外，请见 Bein, chap. XIII 和 Rabinowicz。

26. Elbogen, pp. 376-89; Dubnow, III, 78.

27. Rabinowicz.

28. F.O. 2 (785) Africa (East) Jewish Settlement, 1903, and is reprinted in full by Rabinowicz.

29. Weizmann, pp. 83-88; Bein, chap. XIV.

30. Letter to Wolffsohn, May 6, Bein, p. 500.

第17章

［参考文献］

Antonius, George, *The Arab Awakening*, New York, 1939.

Asquith, H. H., *Memories and Reflections*, 2 vols., London, 1928.

Baker, Ray Stannard, *Woodrow Wilson and World Settlement*, 3 vols., New York, 1923.

Balfour, Arthur James, *Opinions and Arguments*, New York, 1928. Preface to Sokolow's *Zionism*, 1919. *Retrospect, An Unfinished Autobiography*, 1930. *Speeches on Zionism*, ed. Israel Cohen, London, 1928.

Battersea, Lady Constance, *Reminiscences*, London, 1922.

Churchill, Winston, *Great Contemporaries*, New York, 1937.

Dugdale, Blanche E. C., *Arthur James Balfour, first Earl Balfour*, 2 vols., New York, 1937.

Graves, Philip, *Palestine: the Land of Three Faiths*, London, 1922.

Grey of Fallodon, *Twenty-five Years*, 2 vols., London, 1926.

Hansard, *Parliamentary Debates*.

Hunter-Miller, David, *My Diary at the Peace Conference*, printed for the author, New York, 1924.

Lawrence, T. E., *Seven Pillars of Wisdom*, New York, 1935.

League of Nations, *Minutes of the Permanent Mandates Commission*.

Leslie, Shane, *Mark Sykes: His Life and Letters*, New York, 1923.

Lloyd George, David, *War Memoirs*, 3 vols., New York, 1933. *Memoirs of the Peace Conference*, 2 vols., Yale University, 1939 (published in England under the title, *The Truth About the Peace Treaties*).

MacMahon Correspondence, *Parl. Papers, Great Britain*, 1938-39, *Command 5957*, London, 1939. Also *Command 5964* and *5974* covering British policy vis-a-vis the Arabs in the years 1915-18.

Mandate, The Palestine, Text, *Parl. Papers, Great Britain, Command 1785*, London, 1922.

Montefiore, Claude, *Liberal Judaism and Jewish Nationalism*, London, 1917. (One of many studies representing the Anti-Zionist point of view.)

Peel, Earl, *Report of the Palestine Royal Commission, Command 5479*, July 1937.

Ronaldshay, *Earl of, Life of Lord Curzon*, 3 vols., London, 1928.

Samuel, Herbert, Viscount, *Grooves of Change*, New York, 1946.

Sidebotham, Herbert, *Great Britain and Palestine*, London, 1937.

Sokolow, Nahum. 见第 11 章参考文献。

Storrs, Sir Ronald, *Memoirs*, New York, 1937.

Sykes, Christopher, *Two Studies in Virtue*, New York, 1953.

Sykes, Sir Mark, *Dar ul-Islam, Record of a Journey through the Asiatic Provinces of Turkey*, London, 1904.

Sykes-Picot Treaty, *The Secret Treaty of London, Command 671*, 1920.

Weizmann, Chaim. 见第 16 章参考文献。

［注释］

1. Churchill, p. 205.

2. *Life of Balfour*, I, 324. 后文引用达格代尔夫人的所有话均来自此书，主要包括第一卷 19 章和第二卷 11 章。

3. Diary for September 6 and 7, 1895.

4. Introduction to Sokolow.

5. Dugdale, I, chap. XIX. *Trial and Error*, p. 26.

6. *Memoirs*, p. 439. 后文引用斯托尔斯的所有话均来自此书。

7. *Trial and Error*, chap. VIII.

8. Dugdale, II, 303.

9. Quoted Dugdale, II, 158.

10. *Opinions and Arguments*.

11. 见 Claude Montefiore，以及《泰晤士报》中 1917 年 5 月 24 日的亚历山大—蒙蒂菲奥里通信，和罗斯柴尔德勋爵、赫兹、魏茨曼等人的回复。

12. Letter to Mrs. Yorke, October 17.

13. *Lady de Rothschild and Her Daughters, 1821-1931*, Lucy Cohen, London, 1935.

14. Introduction to Sokolow.

15. *War Memoirs*, II, 50.

16. Samuel, p. 174.

17. *Ibid*.

18. Memorandum of British Embassy to Foreign Minister Sazonov, Stein, p. 138.

19. *Trial and Error*, p. 150.

20. *Memories*, II, 59-60.

21. *Trial and Error*, p. 151.

22. *Memories*, II, 65-66.

23. *Trial and Error*, p. 152.

24. Leslie, pp. 285-90.

25. Sokolow, II, xxvi.

26. *Manchester Guardian*, May 20, 1935.

27. Speech at the London Opera House meeting in celebration of the Balfour Declaration, December 2, 1917, quoted in Leslie.

28. Leslie, p. 250.

29. MacMahon correspondence.

30. *Command 671*, 1920.

31. Quoted *Peel Report*, p. 20.

32. Speech at Albert Hall, July 12, 1920, *Opinions and Arguments*.

33. Hunter-Miller, XIV, 230.

34. *Al Qibla*, March 23, 1918.

35. *Trial and Error*, chap. 21.

36. Text published in the *Times* (London), June 10, 1936.

37. *Trial and Error*, p. 246.

38. Commons debate on Partition, July 21, 1937.

39. *War Memoirs*, II, 48.

40. Speech at dedication of Hebrew University, reported in *New Palestine*, April 8, 1925.

41. *Trial and Error*, p. 152.

42. Article May 29, 1917 on controversy provoked by Alexander-Montefiore letter.

43. Ronaldshay, III, 156-61.

44. Leslie.

45. From his play, *The Man of Destiny*.

46. S. H. Jeyes, *Life of Chamberlain*, p. 256.

47. *Modern Egypt*, New York, 1908, II, 109.

48. *Memoirs of the Peace Conference*, II, 726 and chap. XXIII, passim.

49. Commons debate on the MacDonald White Paper, May 23, 1939.

50. All quotations are from speeches made at the London Opera House celebration of the Balfour Declaration on December 2, 1917.

51. Debate in Lords on White Paper, 1939.

52. Ronaldshay, III, 262-65. Also Lloyd George, *Memoirs of the Peace Conference*, II, 739-43.

53. *Trial and Error*, p. 244. Lloyd George, *Ibid.*, II, 748.

54. The King-Crane mission, Hunter-Miller, XVI, 461.

55. *Minutes of the 17th Session*, June 3-21, 1930. Official No. C 355, M 147, 1930, VI.

56. March 1936.

57. Letter to the *Times*, May 14, 1948.

58. *Peel Report*, pp. 24-25.

59. *Illustrated Sunday Herald*, February 8, 1920.

后记

［注释］

1. Commons debate on the MacDonald White Paper, May 23, 1939.

2. Letter to the *Times*, May 14, 1948.

索 引

理想国译丛

imaginist [MIRROR]